マンション管理組合のための

これで完璧！マンション大規模修繕

増補改訂版

マンション大規模修繕研究会＝著

X-Knowledge

はじめに

都市部の主要な居住形態であるマンションは、社会基盤の要素となり、都市の景観そのものとなっている。1960年代の第一次マンションブームに建てられたものが、現在、築後60年を迎えている。鉄筋コンクリート造の建物の耐用年数は、かつては60年から70年といわれていた。しかしながら実際に建て替えられたマンションは極めて少ない。ほとんどのマンションは大規模修繕工事を繰り返し、大事に使い続けられている。

環境問題を考えれば、簡単に建物を壊して廃棄物にすることはできない。また、管理組合が区分所有された建物の建替えの合意を図ることも難しい。今後、人口が減り続け、空き家も増え続けることを鑑みれば、新しい住宅は不要で、築後100年を超えても快適に暮らせるマンションを目指すことを考えるべきだろう。

外壁のペンキの塗り替えからはじまった大規模修繕工事は、躯体改修や防水改修などが普及することで、コンクリート躯体を長持ちさせる効果をもたらしている。一方、給水管や排水管などの更新は必ずしも適切な時期に行われていない。さらに旧耐震基準のマンションは、耐震診断や耐震補強をされずに取り残されている。快適どころか安全や安心すら確保できていないのだ。

マンションは、間取りや構造、設備がシンプルなので、改修工事そのものは平易な作業といえる。しかし、それを人が住みながらの状況で工事することに難しさが伴う。共用部分の改修工事を、さまざまな考え方を持った区分所有者で構成される管理組合が、総会で承認を得るまでの道のりは長い。そこにはハードとソフトの両面を兼ね備えた高度で緻密な計画技術が求められる。

従来の大規模修繕工事は、共用部分が対象であった。ところが排水管の更新では、専有部分の工事が余儀なくされる。また耐震補強では、共用部分のみならず専有部分にまで立ち入らないと目標に達しないものもある。大規模修繕工事は新たな領域へ、広がりと深みを増してきている。資産価値が向上するマンションとするには、管理組合と設計者と施工者のチームワークが欠かせないのだ。

目次 Contents

はじめに …… 2

Chapter 1 基礎知識と心得 …… 7

001 マンションのストック …… 8
002 マンションの歴史 …… 10
003 マンションの法規 …… 12
004 マンションの経年劣化の捉え方 …… 14
005 マンションの計画修繕の考え方 …… 16
006 マンションの修繕周期の考え方 …… 18
007 マンションの大規模修繕工事 …… 20
008 区分所有の考え方と管理組合 …… 22
009 管理組合の組織体制 …… 24
010 管理組合の意思決定　総会 …… 26
011 管理組合のルール　管理規約 …… 28
012 管理組合の業務と管理委託 …… 30
013 管理組合の経理 …… 32
014 管理組合の保管書類 …… 34
015 マンションの管理区分 …… 36
016 共用部分 …… 38
017 専有部分 …… 40
018 団地・複合用途の管理 …… 42
019 管理組合へのアプローチ …… 44
020 業務委託契約の結び方 …… 46
column1 マンション大規模修繕の海外事情 …… 48

Chapter 2 管理組合と大規模修繕 …… 49

021 大規模修繕の体制づくり …… 50
022 大規模修繕のパートナー …… 52

023 合意形成のステップとコツ 54
024 大規模修繕の資金計画 56
025 大規模修繕の決議 58
026 住みながらの修繕工事 60
027 居住者と大規模修繕工事 62
column2 専有部分のオプション工事 64

Chapter 3 大規模修繕の流れ 65
028 大規模修繕全体の流れ 66
029 調査診断の進め方 68
030 図面調査 70
031 修繕履歴調査 72
032 アンケート調査 74
033 目視調査 76
034 外壁の物理的調査 78
035 石綿含有の外壁仕上塗材の対策 80
036 防水材の物理的調査 82
037 専有部分の立ち入り調査 84
038 サッシとドアの詳細調査 86
039 詳細調査と試験施工 88
040 報告と情報開示 90
041 長期修繕計画の目的 92
042 長期修繕計画の内容 94
043 長期修繕計画の収支 96
044 長期修繕計画の費用区分 98
045 大規模修繕工事の基本計画 100
046 実施設計の進め方と仕様書 102
047 仕上表と図面類 104
048 見積項目と参考数量 106
049 諸官庁手続き 108
050 施工会社の選定方式 110
051 施工会社の公募・書類審査 112
052 見積合わせとヒアリング 114
053 工事請負契約 116
054 工事監理と準備 118
055 仮設工事の監理 120
056 定例会議と各種検査 122
057 外壁改修の工事監理 124
058 防水改修の監理 126
059 引渡しとアフター点検 128
column3 エレベーター改修と既存不適格の解消 130

Chapter 4

大規模修繕の各種工事

大規模修繕の各種工事 131

060 共通仮設工事 132
061 直接仮設工事 134
062 洗浄・剥離工事 136
063 躯体補修工事 138
064 タイル補修工事 140
065 外壁などの塗装工事 142
066 鉄部などの塗装工事 144
067 防水工事 屋上・屋根 146
068 防水工事 バルコニー・ルーフバルコニー 148
069 防水工事 廊下・階段 150
070 シーリング工事 152
071 金物工事 154
072 建具工事 鋼製建具 156
073 建具工事 アルミサッシ 158
074 共用内部工事 エントランス・屋内廊下・集会室など 160
075 給水システムの種類 162
076 給水システム変更のポイント 164
077 給水管の変遷 166
078 給水ラインの弱点 168
079 給水管改修のポイント 170
080 排水管の変遷 172
081 排水管改修のポイント 174
082 無駄なリフォームを防ぐ設備改修 176
083 タイル張り在来浴室の問題点 178
084 在来浴室と排水管の段階的スラブ上化改修手法 180
085 専有配管の一斉更新 182
086 配管の更新情報を継承する 184
087 エレベーター設備の改修 186
088 外構の構成要素と改修内容 188
089 舗装の改修 190
090 外構工作物の改修 192
091 駐車場の修繕 194
092 超高層マンションの改修のポイント① 196
093 超高層マンションの改修のポイント② 198
column4 改修時に苦しむデザイン 200

Chapter 5

マンションの耐震補強

マンションの耐震補強 201

094 耐震化に関わる社会的背景 202
095 耐震化の基本的進め方 204

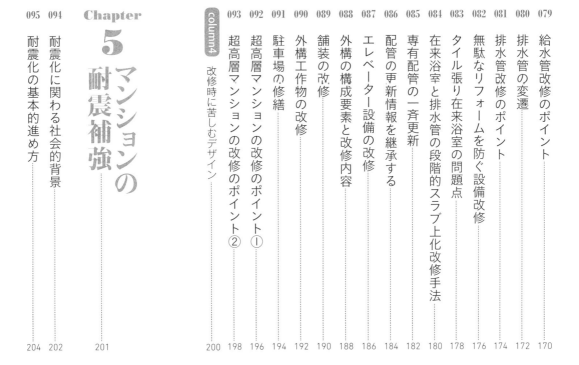

096 建物年代でみた耐震性能 206
097 構造形式と耐震性能との関係 208
098 建物形状と耐震性能 210
099 耐震診断とは 212
100 耐震診断の方法 214
101 耐震診断結果の見方 216
102 耐震化の方法と分類 218
103 耐震補強による耐震改修工事 220
104 制震工法による耐震改修工事 222
105 免震工法による耐震改修工事 224
106 耐震化検討段階でやるべきこと 226
107 耐震改修計画段階でやるべきこと 228
108 耐震改修実施段階でやるべきこと 230
109 耐震補強工事の実際と留意点 232
110 避難安全性の診断 234
111 非構造部材の耐震診断 236
112 ブロック塀等の安全対策について 238
113 設備の耐震安全性 240
114 耐震上問題な高置水槽の設置例 242
115 設備配管の耐震方法 244
116 貯湯式給湯器の耐震方法 246
column5 マンションの耐震化成功の3大要素（三つのP） 248

Chapter 6 グレードアップ 249

117 省エネ改修 外壁の外断熱改修 250
118 省エネ改修 屋根の外断熱改修 252
119 エコロジー改修 254
120 バリアフリー改修 256
121 セキュリティー改修 258
122 ＩＴ改修 260

執筆者プロフィール 262
協力・参考文献 263

Chapter 1

基礎知識と心得

Chapter 1

001

マンションのストック

住宅は余っているため、国の政策もストック重視に切り替えられた

マンションという居住スタイルが都市部において定着して久しい。国土交通省の推計によると、2018年末の全国の分譲マンションストック戸数は約655万戸、居住人口は約1525万人である。都市部ではマンションが住宅ストックの20～30％を占めており、世帯数に対するマンション戸数の割合も上昇している。東京の千代田区では83％、中央区では81％、港区では75％がマンション暮らしという状況だ。('17年）これだけ広く普及した居住形態のマンションではあるが、このうち第1回目の大規模修繕工事を迎える築12年以上のマンションが約528万戸、設備の老朽化が始まる築20年以上のマンションが約351万戸、1981（昭和56）年以前の旧耐震基準で構造計算されたマンションが約106万戸も存在しており、高経年マンションの改修や再生は、国の住宅施策のなかでも重点が置かれている。

住生活基本法に基づく住生活基本計画（全国計画）では、'25年までに耐震基準（昭56年基準）が求める耐震性を有しない住宅ストックをおおむね解消し、25年以上の長期修繕計画に基づく修繕積立金額を設定しているマンションの割合を70％に、マンションの建替え等の件数を約500件に、リフォームの市場規模を12兆円にそれぞれ引き上げようとしている。

人口も世帯数も減っていくなかで、マンションは人気が高い

わが国の人口は'10年の1億2805万人からは減り続けており、世帯数も地方圏においては、すでに減少に転じている（国立社会保障・人口問題研究所）。しかしながら、都市型居住形態の典型となったマンションはこれからもストックが増え続けるものと考えられている。住宅の数が世帯数を上回っているのに、空き家の数が846万戸（'18年住宅・土地統計調査）とマンションストックを超えているのに、新築マンションの需要は旺盛である。

各戸の住宅が上下左右に積層されたマンションは、建築物としては効率的で、居住者も利便性を享受しやすい。一方で、共同して生活、管理、運営を行っていく難しさを抱えている。

すでにマンションの転売価格では格差が生じている。資産価値を向上させて快適に住まい、次の世代に引き継いでいくための対策が必要である。

増大するマンションストック

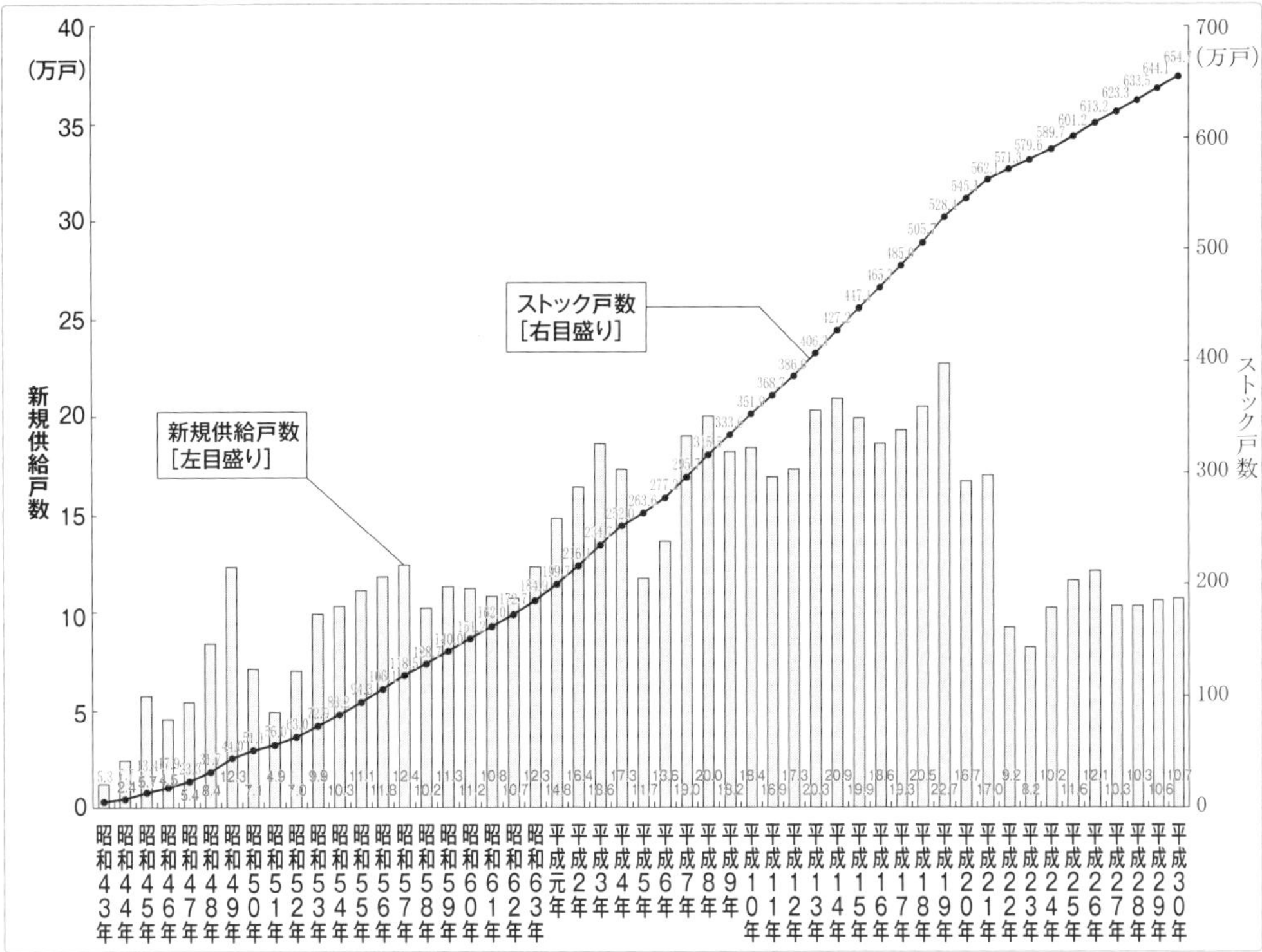

▲ 全国のマンションストック戸数（2018年末時点 約654.7万戸）

（注） 1．新規供給戸数は、建築着工統計などを基に推計した
2．ストック戸数は、新規供給戸数の累積などを基に、各年末時点の戸数を推計した
3．ここでいうマンションとは、中高層（3階建て以上）・分譲・共同建で、鉄筋コンクリート、鉄骨鉄筋コンクリート又は鉄骨造の住宅をいう
4．1968年以前の分譲マンションの戸数は、国土交通省が把握している公団・公社住宅の戸数を基に推計した戸数

国土交通省公表資料

二極化するマンションストック

▲ 東京湾岸エリアの超高層マンション群：
立地条件がよくステイタス性の高い物件は、転売価格が下落していない

▲ 都市郊外の集合住宅団地群：
利便性がよくて緑豊かな屋外環境が充実していても、エレベーターのない階段室型住棟は敬遠されて、転売価格は下落している

002

マンションの歴史

日本のマンションにも100年の歴史があった

わが国最初の鉄筋コンクリート造の共同住宅は、1916（大正5）年に三菱鉱業が長崎県端島（軍艦島）に鉱員社宅として建てた、鉄筋コンクリート造7階建て（30号棟）である。'74年に炭鉱が閉山した後は放置されたままであるが、現存している。市民のための共同住宅としては、'23年に東京市営アパートとして東京都江東区古石場に建てられた、古石場住宅である。食堂と浴場の併設施設もつくられている。同年に起きた関東大震災の義援金を基金として財団法人同潤会が設立され、'26年に中之郷アパートメント、青山アパートメントから、'34年の江戸川アパートメントまで、東京・横浜の16カ所に耐震・耐火構造の鉄筋コンクリート造アパートメントが建設された。

公共分譲マンション第1号は'53年の都営宮益坂アパート、民間分譲マンション第1号は'56年の四谷コーポラスとされている。ここから分譲マンションの歴史が始まるが、当初は都心のごく限られた高額所得層を対象とした、高いグレードであった。設計仕様がホテルの装備に匹敵しているものもある。

住宅不足から、質よりも量が求められた

第二次世界大戦の戦災復興からの高度経済成長は、大都市部への急激な人口流入を招き、住宅不足、無秩序な宅地開発のスプロールが国の喫緊の課題となった。'55年に日本住宅公団が設立され、ステンレス製の流し台や浴室バランス釜など、住宅部品の大量生産と団地形式による住宅の大量供給が行われ、サラリーマン階層の住宅が確保されていく。'56年に公団分譲団地として稲毛住宅が第1号として誕生する。'62には千里ニュータウン、'68年には高蔵寺ニュータウン、'71年には多摩ニュータウンなどの大規模ニュータウンが開発されていく。当初は住戸面積も40㎡程度と小さく水廻りも最小限の設備ではあったが、国民のあこがれの住宅として入居が殺到している。その後は多くの民間事業者が参入し、マンションの質の向上、住戸面積の拡大、テラスハウスやタワー型といった多様性を伴いながら、今日まで供給が続いている。

'68年には、総住宅数が総世帯数を上回る都道府県がではじめ、'73年にはすべての都道府県において総住宅数が総世帯数を上回っている。

古いマンションの現在と建替え

▲長崎県軍艦島（端島）：
'16年に炭鉱の旧鉱員社宅として建てられた30号棟が、日本で最も古い鉄筋コンクリート造アパートといわれている

▲古石場住宅（建替え後）：
'23年に東京市営アパートとして建てられた（鉄筋コンクリートブロック造3階建て4棟、鉄筋コンクリート造3階建て1棟・124戸）

▲同潤会江戸川アパート（建替え前）：
'34年に同潤会アパートとしては最後に建てられた（1号館：鉄筋コンクリート造地上6階地下1階　2号館：鉄筋コンクリート造地上4階建て・260戸）

▲同潤会青山アパート（建替え前）：
'26年に同潤会アパートとしては最初に建てられた（鉄筋コンクリート造地上3階地下1階建て・138戸）

▲同潤会青山アパート（建替え中）：
建物の高さを表参道の欅並木よりも低く抑えるために、地下50mまで掘削している

▲同潤会青山アパート（建替え後）：
下層部が表参道ヒルズで上層部が住居になり、同潤会アパートの復元も一部行われた

003

マンションの法規

区分所有法が生まれて初めて複数で所有することが可能になった

1962年に区分所有法（建物の区分所有等に関する法律）が制定され、区分所有建物の権利関係について定められた。マンションにおける大規模修繕工事は、全員賛成を得ないと実施できなかったが、計画修繕の必要性から'83年の改正で3／4以上の特別決議となり、管理をめぐる紛争の増加で2002年の改正では1／2以上の普通決議で実施できるようになった（共用部分の著しい変更は除く）。

2000年にはマンション管理適正化法（マンションの管理の適正化の推進に関する法律）が制定されて区分所有法を補うとともに、マンションという文言が法律で初めて定義された。国家資格のマンション管理士が創設されて、管理組合をサポートする専門家が誕生することになる。マンション管理業者には登録や管理業務主任者の設置、管理委託契約の重要事項説明などが義務付けられた。'02年にはマンション建替え円滑化法（マンションの建替え等の円滑化に関する法律）が制定された。法人格を有するマンション建替組合を設立できるようにし、マンション建替組合の運営・意思決定のルールを明確化、民間事業者が組合員として参加できる、土地・建物の権利を一斉に移行できる権利変換手法の導入、登記を一括して申請できる不動産登記法の特例措置、地方公共団体による技術的援助、建替えに参加しない者への公共賃貸住宅への優先入居、防災や居住環境で著しく問題があるマンションへの建替え勧告などが定められた。

耐震補強や建替え、敷地売却という再生メニューが用意された

'13年に改正された耐震改修促進法（建築物の耐震改修の促進に関する法律）では、区分所有建築物の耐震改修の必要性を認定されれば、大規模な耐震改修を行う決議要件が、区分所有法の特例で3／4から1／2に緩和されている。

また、'14年に改正されたマンション建替え円滑化法（マンションの建替えの円滑化等に関する法律）では、地震に対する安全性が確保されていないマンションの建替えなどの円滑化を図るため、マンションおよびその敷地の売却を4／5の多数決により行うことを可能とする制度が創設された。マンション再生に向けた、多様なメニューが設けられているのだ。

マンションに関連する法規

マンション関連法規一覧				
法律	略称	成立	施行	概要と主な改正
建物の区分所有等に関する法律	区分所有法	1962年(昭和37年)	1963年(昭和38年)	一つの建物を区分所有するときの所有関係や管理の考え方などを定めた 共用部分の変更：全員同意(改良を目的とし、著しく多額の費用を要しないものは3/4以上の多数で決定) 建替え：規定なし(民法の規定に戻り全員同意)
		1983年(昭和58年)	1984年(昭和59年)	昭和58年改正 共用部分の変更：3/4以上の多数に緩和(改良を目的とし、著しく多額の費用を要しないものは過半数に緩和) 建替え：過分の費用要件及び4/5以上の多数に緩和
		2002年(平成14年)	2002年(平成14年)	平成14年改正 共用部分の変更：形状又は効用の著しい変更を伴わないもの(大規模修繕等)は過半数の決議に変更 建替え：過分の費用要件、同一敷地・同一用途要件を削除 団地内の建物の建替え承認決議、団地の一括建替え決議の制定
建築物の耐震改修の促進に関する法律	耐震改修促進法	1995年(平成7年)	1995年(平成7年)	多数の人が利用する旧耐震基準で建てられた建物を「特定建築物」とし所有者に耐震診断や必要に応じた耐震補強などを努力義務として規定
		2013年(平成25年)	2013年(平成25年)	平成25年改正 区分所有建築物については耐震改修の必要性の認定を受けた建築物について大規模な耐震改修を行おうとする場合の決議要件を緩和 (区分所有法における決議要件が3/4以上から1/2以上に緩和)
被災区分所有建物の再建等に関する特別措置法	被災マンション法	1995年(平成7年)	1995年(平成7年)	法令で定める災害により区分所有建物が滅失した場合の措置を定めている 多数決で建物を再建できる 建物の取り壊しや売却は全員の同意 敷地の売却は全員の同意
		2013年(平成25年)	2013年(平成25年)	平成25年改正 建物の取り壊しや売却は4/5以上の多数に緩和 敷地の売却は4/5以上の多数に緩和
マンションの管理の適正化の推進に関する法律	マンション管理適正化法	2000年(平成12年)	2001年(平成13年)	マンションの管理が適正に行われるための仕組みを定めた法律 マンション管理士制度 マンション管理業者登録制度
		2009年(平成21年)	2010年(平成22年)	平成22年施行規則改正 財産の分別管理 会計の収支状況に関する書面の交付 業者標識の表記
マンションの建替えの円滑化等に関する法律	マンション建替え円滑化法	2002年(平成14年)	2002年(平成14年)	マンションの建替事業や除却する必要のあるマンションに係る特別な措置などを定めている マンション建替組合の設立 マンション建替事業など
		2014年(平成26年)	2014年(平成26年)	平成26年改正 耐震性不足のマンションに係るマンション敷地売却制度(4/5以上の多数) 容積率の緩和特例

004 マンションの経年劣化の捉え方

予防保全が維持管理の基本で、経年劣化の芽を摘む

マンションの維持管理は、予防保全の考え方が原則になっている。計画修繕は時間計画保全の概念から、長期修繕計画に基づいて運用されている。状態監視保全の概念として、定期的な点検あるいは日常の点検から不具合が報告されると、必要に応じて調査診断が実施され、緊急度が高ければ応急措置が施される。時間に猶予があれば、計画修繕にあわせて問題の解決を図ることになる。計画修繕は調査診断から計画、設計を経て修繕や改修を行い、その結果を長期修繕計画に反映させていく。この過程はすべて住宅履歴情報（修繕履歴）として蓄積され、将来の維持管理に活用されるよう保管しておく。

維持管理の目的は、安全で安心で快適な居住環境を確保することにある。このため、経年劣化を適切に修繕し保全することで資産価値を守り、社会的なニーズにも応えていかなくてはならない。経年劣化とは、必ずしも目に見えることだけではなさそうだ。

経年劣化は、3つの切り口で捉えると分かりやすい

① 物理的劣化

コンクリート躯体の中性化や設備の鋼管の腐食などの物理的な経年劣化をいう。一般的な経年劣化とは、物理的劣化を意味している。修繕や改修により物理的に修復可能な劣化ともいえる。計画修繕における予防保全は、物理的劣化の是正が主眼となっている。

② 社会的劣化

デザインや設備の性能が時代遅れとなり陳腐化してしまったり、法令が改正されることにより既存不適格になるなど、社会の変遷や生活スタイルの変化や居住者のニーズの動向など、マンションを取り巻く状況が変わることにより相対的に劣化することをいう。

③ 経済的劣化

資産価値としてマンションを捉えたときに、転売価格が将来の修繕費用を下回った時点で経済的に劣化が進んだものと見なされる。バブル経済期には転売価格が当初の分譲価格の2倍や3倍に跳ね上がり、経済的劣化は逆行する動きを示したが、経済低迷期あるいは不況時には、地価の下落とともに経済的劣化は進みやすい。

現実には3つの要因がお互いに関係し合い、さらに居住者の心理的な要因も作用する。

保全の管理上の分類（JIS Z8115 MA1 保全、保守）

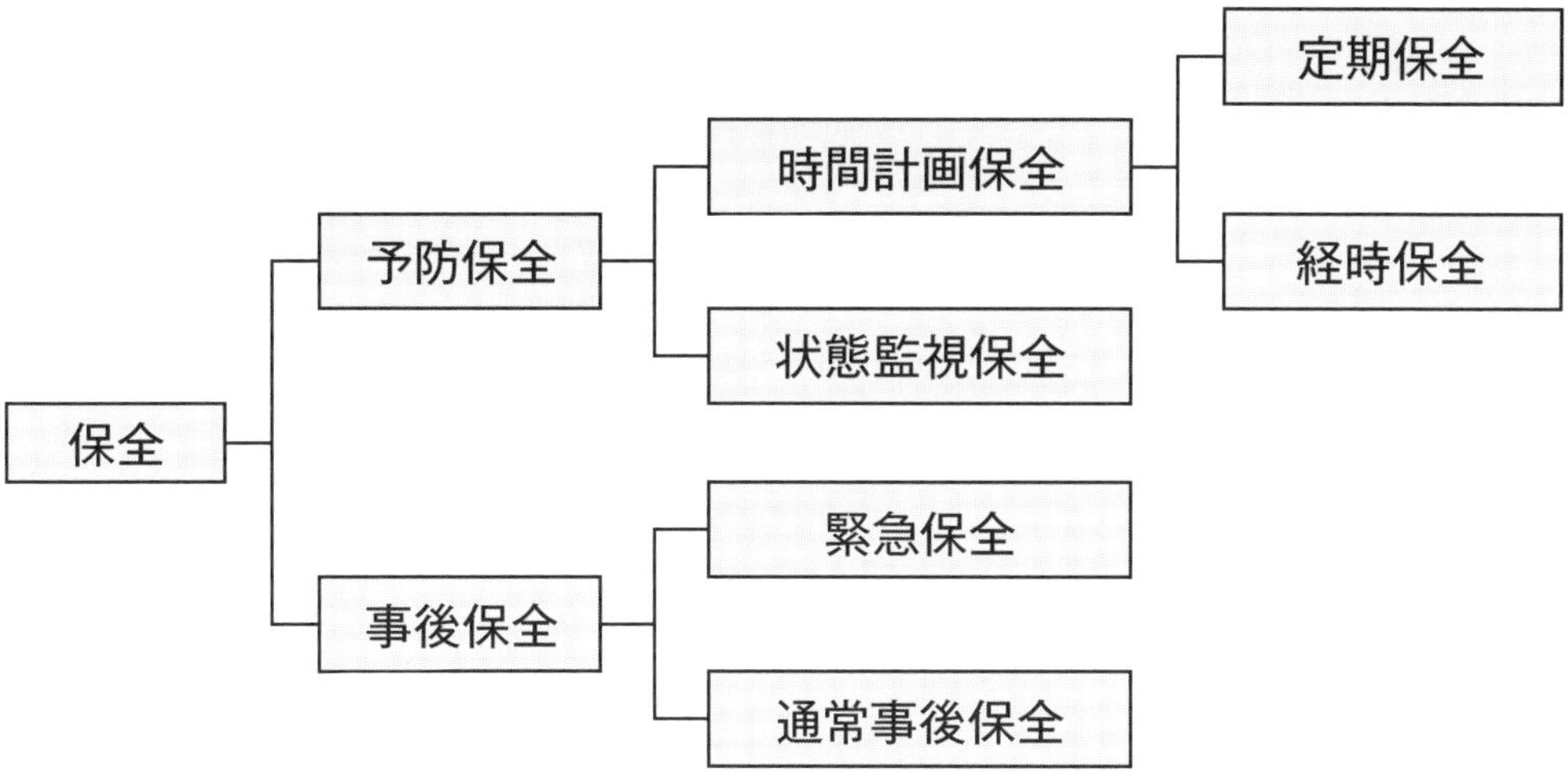

ディペンダビリティ（信頼性）用語
Glossary of terms used in dependability JIS Z8115

経年劣化の3つの切り口

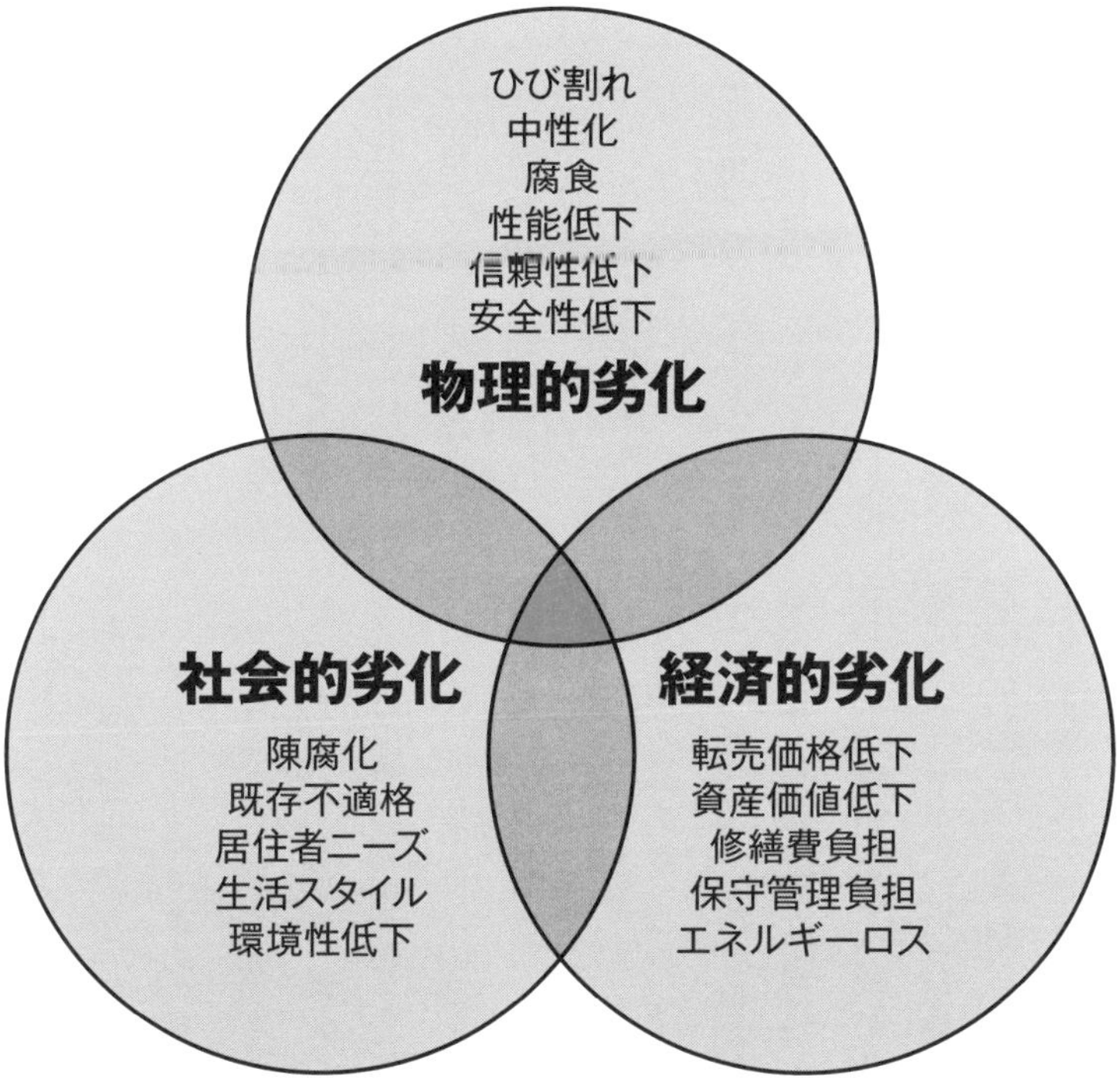

Chapter 1

005 マンションの計画修繕の考え方

管理組合の運営概念から見た、計画修繕

計画修繕は、年次的に計画して実施する中規模修繕や大規模修繕のことを意味している。管理組合は主体となって、計画修繕の運営と判断を下す重責を担っている。

長期修繕計画に示されている計画修繕の年次に近づいてきたら、調査診断を行って対象範囲の現状を把握して、計画通りの年次に想定された項目を予定した修繕仕様で工事を行うのかを判断する。日常的な維持管理の点検などで予期せぬ不具合が発見されれば、計画修繕の前倒しも検討していくことになる。工事が実施されれば、その実績と効果を長期修繕計画に反映させて、現状に則した長期修繕計画の保持を心がける。この長期修繕計画が根拠となって修繕積立金が蓄積されており、計画修繕費用（工事費）はこの修繕積立金から支払われる。

管理組合が運営判断を見誤ると計画修繕は実施されないし、長期修繕計画のヴィジョンに狂いがあると適切な時期に必要な工事が実現できないし、長期修繕計画を遂行していくために十分な修繕積立金が蓄えられていないと工事にたどり着くことはできない。

維持保全と会計区分から見た、計画修繕

マンションの会計は、管理費会計（一般会計）と修繕積立金会計（特別会計）の2つに大きく区分されている。マンションの維持保全には日常管理から計画修繕まで体系化されているが、支出できる項目は明確に分けられる。

管理費会計（一般会計）からは、日常点検、定期点検、定期清掃、経常修繕などが支出される。日常清掃も建物の不具合を早期に見つける機会であるし、定期点検には消防設備やエレベーターなど法律で定められたものもある。貯水槽の清掃も衛生上欠かせないもので、排水管の洗浄は配管の耐用年数を維持することになる。日常の部分的な小修繕は、管理費会計に見込んでおく。

修繕積立金会計（特別会計）から唯一支出できるのが計画修繕である。長期修繕計画に計上されている項目だけしか取り崩すことができない。計画修繕のための調査診断や計画、設計、工事監理も見込んでおくし、工事のときの予備費も修繕工事には用意しておく。災害復旧や性能向上も修繕積立金会計から捻出することになる。

長期修繕計画・修繕積立金の仕組みと運営概念

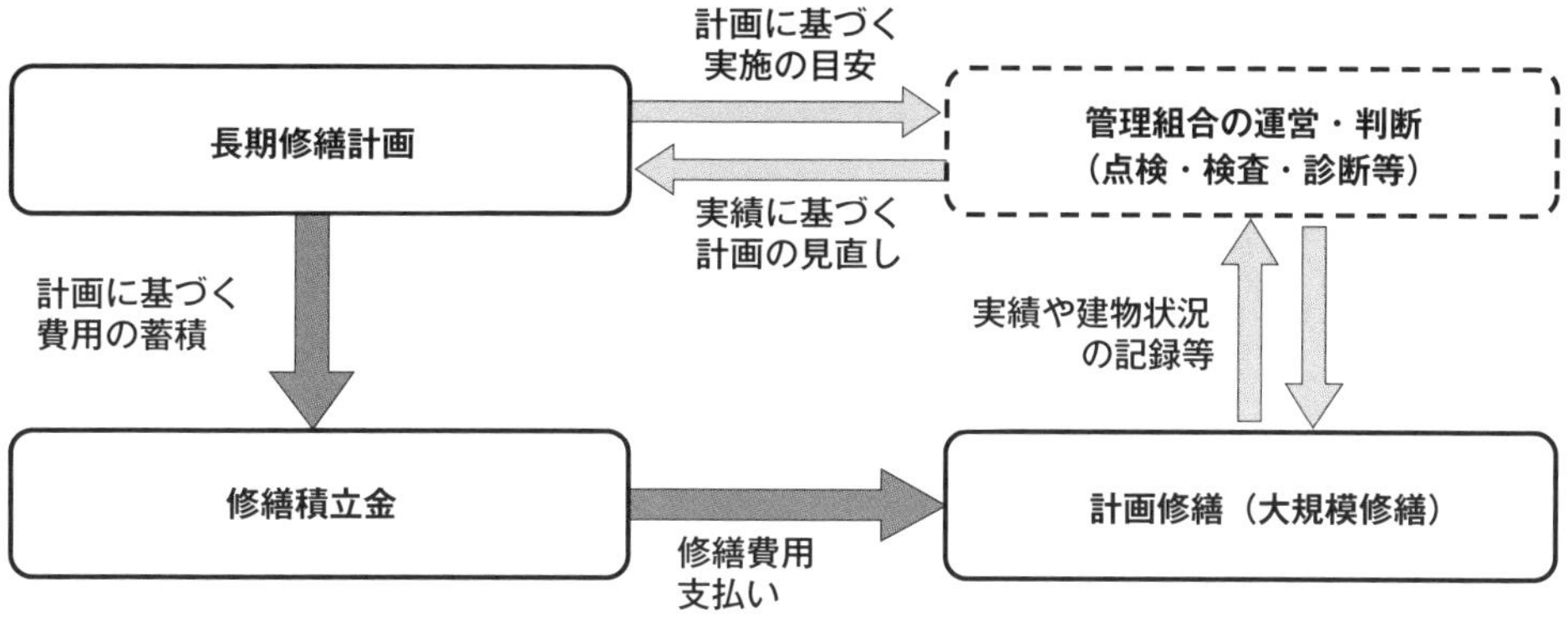

維持保全体系と会計区分

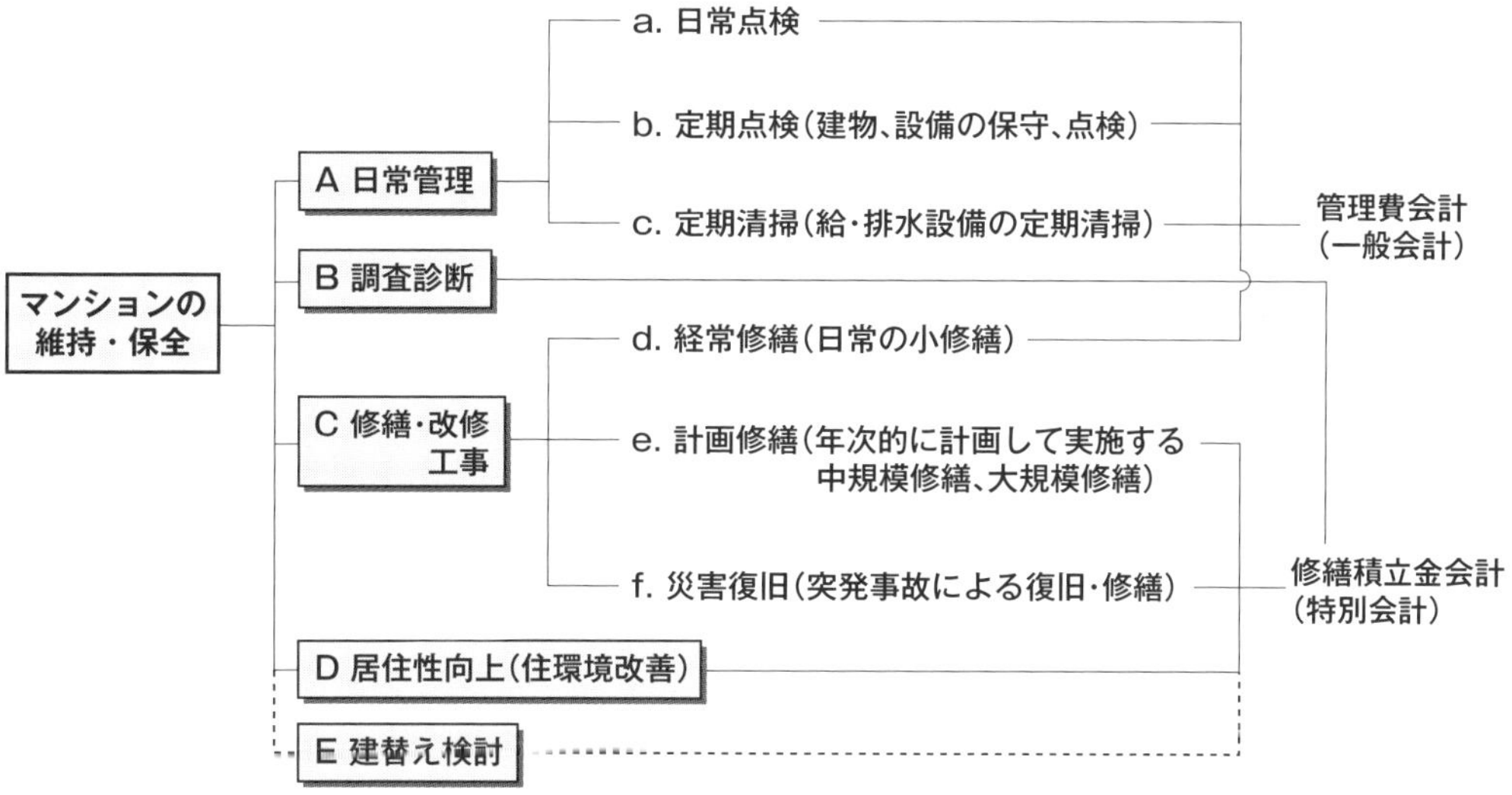

計画修繕に加える性能向上

耐震	耐震補強・避難安全性・インフラ耐震
省エネ	外断熱・開口部断熱・設備効率
バリアフリー	EV 新設・スロープ・ユニバーサルデザイン
セキュリティー	オートロック・防犯カメラ・照度アップ
その他	太陽光発電・蓄電池・カーシェアリング

006

マンションの修繕周期の考え方

経年劣化を補正していく、計画修繕の概念

建物の性能は、経年とともに物理的にも社会的にも経済的にも低下（劣化）していく。劣化した性能を初期の水準まで引き上げることを修繕といい、初期の水準以上に、時代の要求水準までさらに引き上げることを改良という。修繕と改良を併せたものを改修と定義している。改良も含めた修繕を定期的に継続的に繰り返すことで、建物の耐用年数を延ばしていこうとする考え方が計画修繕といわれている。時代の変遷は建物の性能水準を押し上げていくため、初期水準のままの現状維持では社会的劣化が進行していくことになる。維持管理の目的である安全・安心・快適な居住環境を得るには、いかにして改良を組み込んで既存マンションの性能向上を図るかが鍵となっている。

建物や設備の部分やパーツごとに耐用年数は異なり、修繕周期は違っている。しかしながら居住したままの状態で工事が行われるマンションの計画修繕の場合は、ばらつく修繕周期をできる限り集約させて、居住者の工事への負担を軽くする。

修繕周期を設定して、大規模修繕を繰り返していく

基調となるのが、大規模修繕工事である。仮に12年周期に設定すると、築12年目の第1回目の大規模修繕工事、築24年目の第2回目の大規模修繕工事、築36年目の第3回目の大規模修繕工事というように継続していく。大規模修繕工事の中間の6年周期で修繕周期の短い鉄部塗装や防水保護塗装などが入る。給排水衛生設備や電気設備なども、できるだけ修繕周期のサイクルにあわせていくと、共通仮設の合理化などメリットも増える。

1回目の大規模修繕の目標は新築時の姿に戻す程度なので、塗装工事や防水工事などコンクリートの劣化を補修する修繕にとどまる。2回目の大規模修繕になると、玄関ドアやアルミサッシなども不具合を呈してくる。修繕する程度が大きくなるため項目も広がり、改良も加えて性能を向上させる意識も求められる。3回目の大規模修繕は給水管や排水管など設備の多くが対象に加わる。

さらに耐震補強や省エネ改修となると、なかなか積極的な合意形成は整いづらい。築年数の浅い時期から、計画修繕の優先順位を修繕周期の枠にうまくあてはめながら、構築していくことが重要だ。

計画修繕と大規模修繕工事の概念

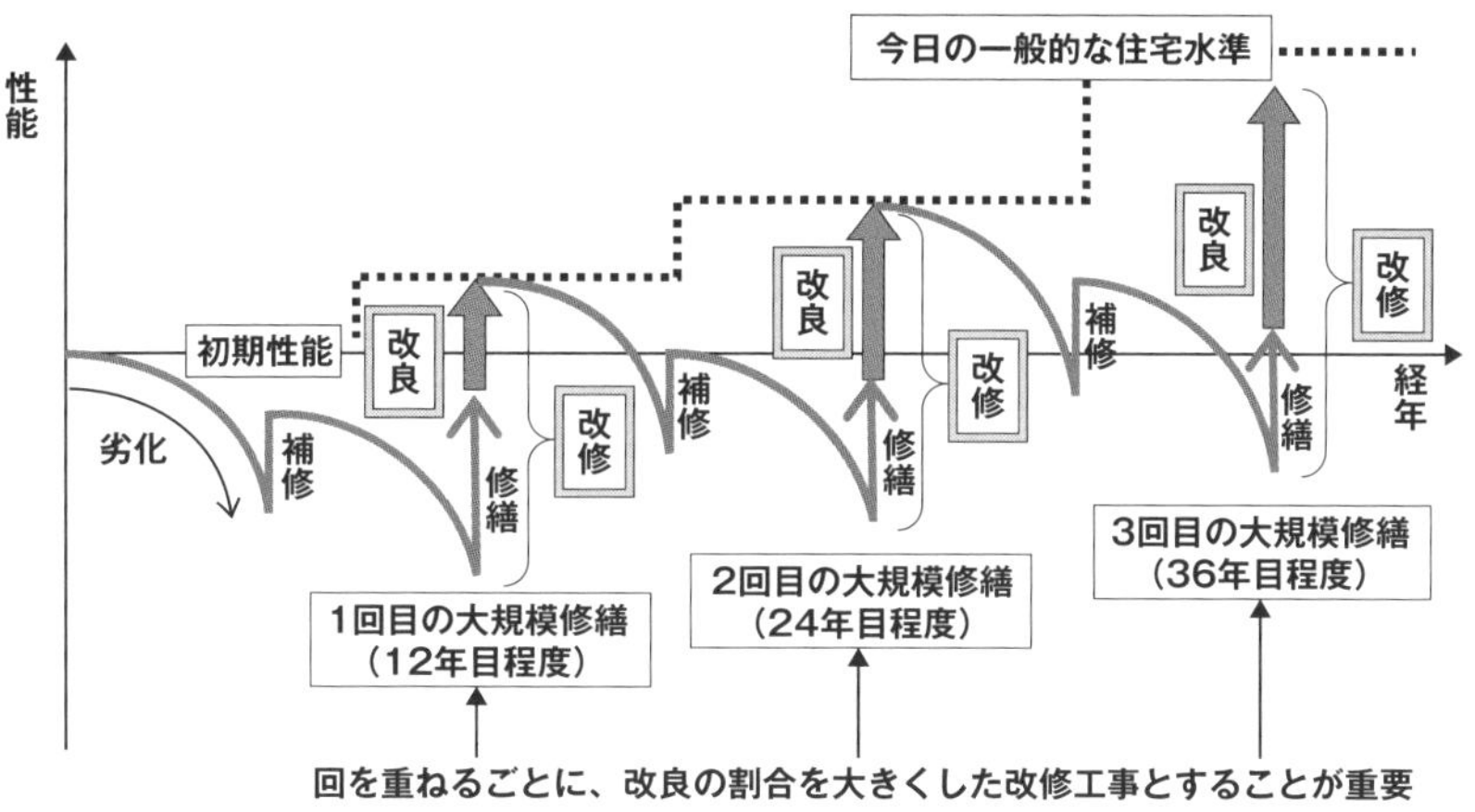

長期修繕計画における大規模修繕工事の概念

（様式4-2）収支計画グラフ

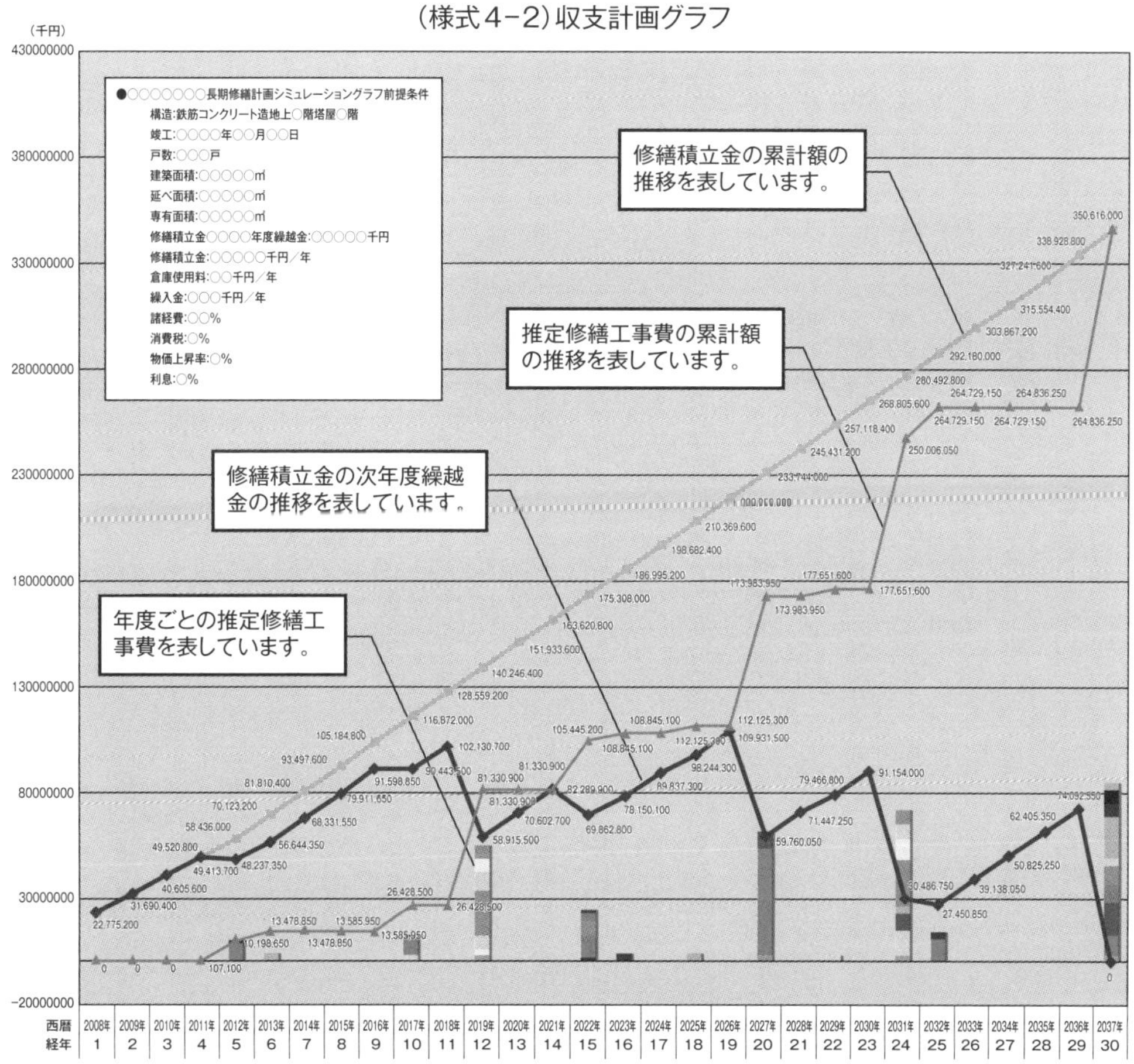

Chapter 1

007

マンションの大規模修繕工事

建築基準法には、大規模修繕工事という定義はない

マンションの大規模修繕工事という工事種別は、建築基準法第2条十四「大規模の修繕」（建築物の主要構造部の一種以上について行う過半の修繕をいう）や第2条十五「大規模の模様替」（建築物の主要構造部の一種以上について行う過半の模様替をいう）とは異なる。マンションの大規模修繕工事の場合、一般的には主要構造部に触れないし、増築や改築、用途変更などを伴わない限り確認申請は不要である。したがって建築基準法に適合する工事内容になっているかどうかは、役所や検査機関はチェックしない。ただし、建設業法においては必ず主任技術者を工事現場に置くことになり、請負契約金額と契約形態に応じて監理技術者を置かなくてはいけない。

設計者に求められるコンプライアンス

大規模修繕工事の設計は、建築基準法を熟知した一級建築士が行うべきである。10㎡未満の増築だから確認申請はいらないと、エントランスホールを広げているケースもあるが、マンションが立地する防火地域や準防火地域では適用されず、1㎡の増築でも確認申請は必要となる。よって、サッシを取替えた際、延焼の恐れのある部分に防火設備として認められない透明ガラスは入れられない。また、給排水管や電気幹線の更新でスラブや壁などの防火区画を貫通する場合は、区画から1m以内を不燃材料でつくり、すき間にモルタルその他の不燃材料を充填しなければならない。換気扇ダクトが防火区画を貫通する場合は、ダンパーが必要となる。しかし専有部のリフォームでは、1／7以上の採光面積が確保されていなかったり、あんどん部屋をつくってしまうケースまであるため、コンプライアンスは欠かせない。

かつては「外壁・屋根等修繕工事」など、工事内容を的確に表した工事名称が用いられていたが、今日ではさほど大規模な工事でなくても、大規模修繕工事と称することが多い。居住者が理解しやすいこともあるし、社会の認知度も高まった背景がある。一方で修繕といいながら、改良も含んで改修と同義で扱われることも増えている。定義は不十分ではあるが、マンションの大規模修繕工事には、幅広い工事項目と奥行きのある工事内容が包括されている。

工事現場に配置する技術者とは

マンションの大規模修繕工事でも金額により現場技術者の配置が義務づけられる。

建設工事の適正な施工を行うためには、実際に施工を行っている工事現場に、一定の資格・経験を有する技術者を配置し、施工状況の管理・監督をすることが必要である

主任技術者

①1級、2級資格者
②実務経験者

監理技術者

1級資格者等

主任技術者

建設業者は、請け負った建設工事を施工する場合には、請負金額の大小、元請・下請に関わらず、必ず工事現場に施工上の管理をつかさどる主任技術者を置かなければならない（建設業法第26条第1項）
※500万円未満であっても、施工する建設工事の許可業者であれば主任技術者の配置が必要である

監理技術者

発注者から直接工事を請け負い（元請）、そのうち4,000万円（建築一式工事の場合は6,000万円）以上を下請契約して施工する場合は、主任技術者にかえて監理技術者を置かなければならない（建設業法第26条第2項）

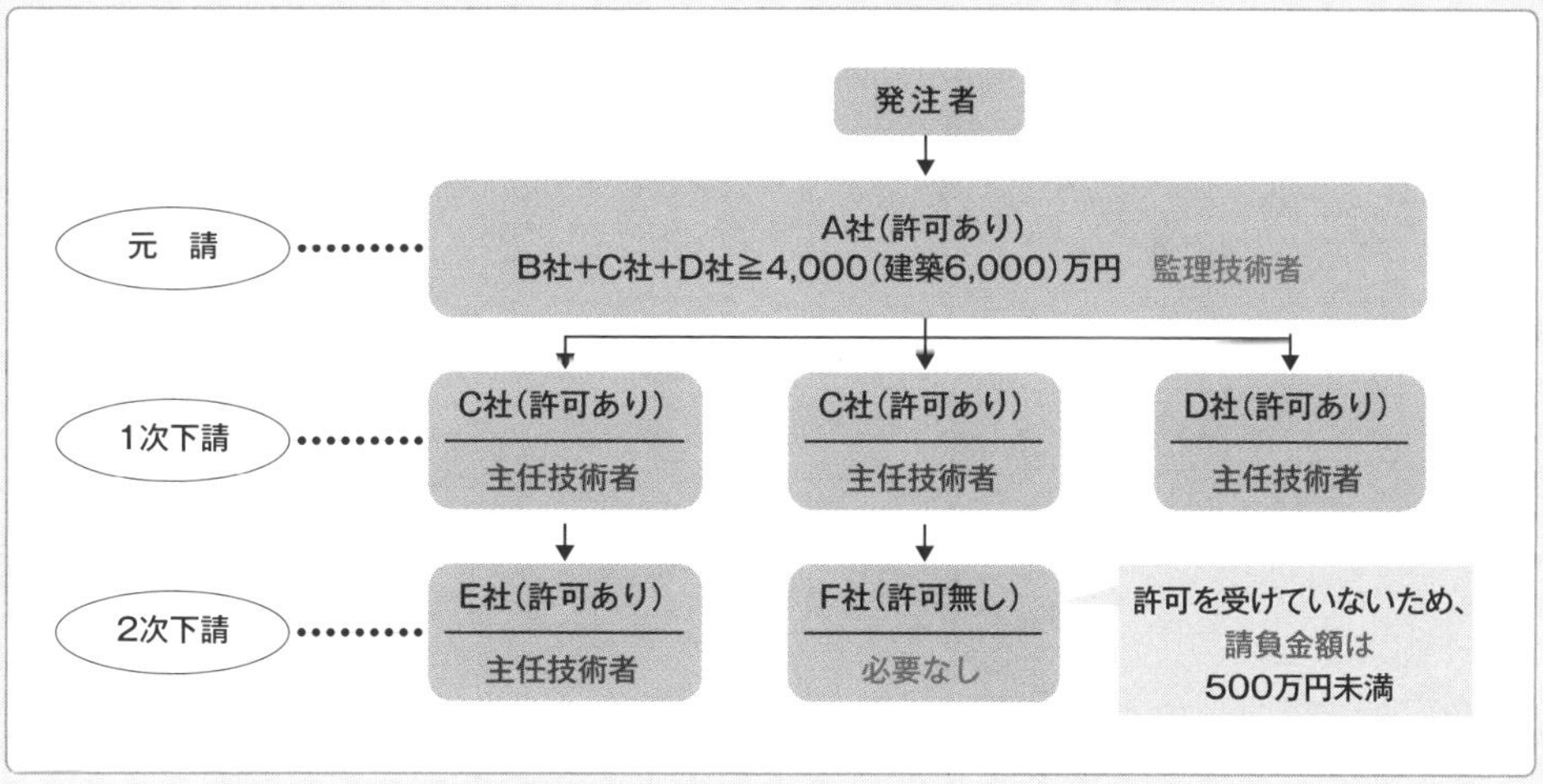

出典：「建設業法に基づく適正な施工体制についてQ&A」
（国土交通省中国地方整備局建政部計画建設産業課）

008

区分所有の考え方と管理組合

分譲マンションは住戸ごとに販売され、買った人は「区分所有者」となる

マンションは1棟の建物を住戸ごとに区分して分譲するため、所有者が複数存在する。この所有関係を「区分所有」といい、各所有者を「区分所有者」という。区分所有建物の管理については「建物の区分所有等に関する法律（区分所有法）」に定められている。

区分所有権の目的となる部分を「専有部分」、それ以外を「共用部分」という

マンションにおいて、構造上区分され、独立して住居、店舗、事務所、倉庫など建物としての用途に供することができる部分は、区分所有権の目的とすることができる。この部分を「専有部分」といい、各区分所有者が責任をもって管理する。

一方、構造体や階段、共用廊下など専有部分以外の部分については「共用部分」といい、区分所有者全員の共有となる。各区分所有者には「共用部分の共有持分」があり、その割合は、各区分所有者の専有部分の床面積割合によるのが一般的である（左ページ参照）。

土地については共有の場合と借地の場合が考えられるが、区分所有者には「敷地利用権」が与えられており、敷地利用権は原則、専有部分と分離処分できない。

区分所有者は全員で「管理組合」を構成し、管理組合が共用部分の管理の主体となる

区分所有者は共有財産であるマンションを共同で管理しなければならない。区分所有法では「区分所有者は、全員で、建物並びにその敷地及び附属施設の管理を行うための団体を構成し、この法律の定めるところにより、集会を開き、規約を定め、及び管理者を置くことができる」としている。この団体が「管理組合」であり、マンション管理の主体である。区分所有者は管理組合の「組合員」となる。

区分所有法では区分所有者が2人以上になった段階でこの団体が存在することになっているのだが、組織化も届出も義務付けていないので、管理組合としての認識がないマンションもある。また、賃貸マンションの一部の住戸が売られ、いつの間にか区分所有建物になったケースなども存在する。大規模修繕は主に共用部分の工事なので、事前に主体となる管理組合の有無、管理規約や集会の体制、会計が整っているのかを確認する必要がある。

共用部分の共有持分の考え方

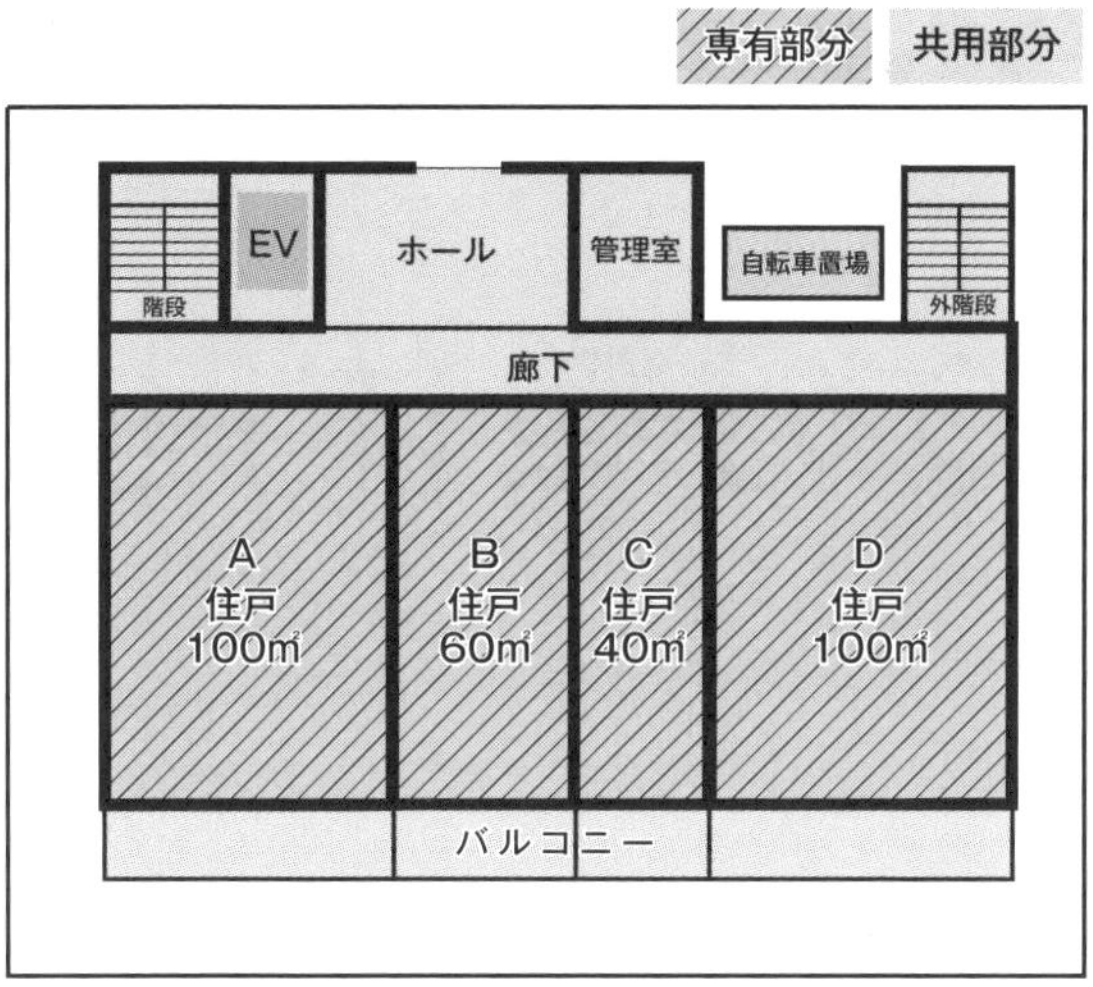

▼共用部分の持分

左図で3階建ての場合

（住戸の間取りは各階同じとする）
専有部分（斜線部）面積　900㎡
（300㎡／1階）
住戸Aの共用部分持分　100／900
住戸Bの共用部分持分　60／900
住戸Cの共用部分持分　40／900
住戸Dの共用部分持分　100／900

共有持分は専有部分の床面積の割合によることが一般的であるが、規約にて別段の定めをすることもできる

「区分所有」と「管理組合」に関する法令

建物の区分所有等に関する法律（区分所有法）　昭和37年法律第69号

第一条（建物の区分所有）
　一棟の建物に構造上区分された数個の部分で独立して居住、店舗、事務所又は倉庫その他建物としての用途に供することができるものがあるときは、その各部分は、この法律の定めるところにより、それぞれ所有権の目的とすることができる。

第二条（定義）
　この法律において「区分所有権」とは、前条に規定する建物の部分（第四条第二項の規定により共用部分とされたものを除く。）を目的とする所有権をいう。
2　この法律において「区分所有者」とは、区分所有権を有する者をいう。
3　この法律において「専有部分」とは、区分所有権の目的たる建物の部分をいう。
4　この法律において「共用部分」とは、専有部分以外の建物の部分、専有部分に属しない建物の附属物及び第四条第二項の規定により共用部分とされた附属の建物をいう。
（以下略）

第三条（区分所有者の団体）
　区分所有者は、全員で、建物並びにその敷地及び附属施設の管理を行うための団体を構成し、この法律の定めるところにより、集会を開き、規約を定め、及び管理者を置くことができる。一部の区分所有者のみの共用に供されるべきことが明らかな共用部分（以下「一部共用部分」という。）をそれらの区分所有者が管理するときも、同様とする。

第四条（共用部分）
　数個の専有部分に通ずる廊下又は階段室その他構造上区分所有者の全員又はその一部の共用に供されるべき建物の部分は、区分所有権の目的とならないものとする。

マンションの管理の適正化の推進に関する法律（マンション管理適正化法）　平成12年法律第149号

第二条（定義）
三　管理組合　マンションの管理を行う区分所有法第三条若しくは第六十五条に規定する団体又は区分所有法第四十七条第一項（区分所有法第六十六条において準用する場合も含む。）に規定する法人をいう。

009

管理組合の組織体制

マンションの管理権限をもつ「管理者」には管理組合理事長を定めることが多い

区分所有法により、管理組合は区分所有者を代理して職務にあたる「管理者」を置くことができる。管理者は共用部分などを保存し、集会の決議を実行し、規約に定めた行為を行う権利と義務を負う者であり、いわゆる「管理人さん」とは異なる。

管理者は区分所有者である必要はなく、理事長以外の区分所有者や、マンション管理業者、分譲会社、マンション管理士などが選任されているケース（第三者管理）もある。国土交通省の平成30年度マンション総合調査によると、管理組合の代表者を管理者としているケースが87％と多いが、区分所有者以外の第三者がなっているケースも6％みられる。

管理組合の運営は理事・監事からなる「理事会」を組織して実行するのが一般的

管理組合の運営には「理事会」を組織するのが一般的である。収支決算案・予算案、事業計画案の作成、承認や勧告、指示など、管理運営上の判断はこの理事会での決議による。

同調査によると、理事会の開催頻度は月1回程度が36％と最も多く、次いで2か月に1回程度が25％である。月に1回程度の割合は、完成年次が古いほど、住戸数規模が大きくなるほど高くなっている。

理事会の役員は理事長、副理事長、会計担当理事、理事、監事などで構成される。役員は区分所有者が順番で引き受けるケースが多いが、高齢化などでなり手がなく、メンバーが固定されているマンションも見られる。任期は1年または2年が多く、全員が一斉に交代するケースが多い。事業が円滑に引き継がれるように半数改選にするか、専門委員会の委員を固定するなどしておきたい。

専門委員会や管理組合事務局を設置して理事会を補佐するケースもみられる

理事会の限られた人数と時間でマンション内のすべての問題に取り組むのは大変なので、大規模修繕工事や規約改正など特定の問題を検討するため理事会の諮問機関として「専門委員会」を設けることもある。

また、理事会などを事務的に補佐するために事務局を設置することもある。実務ができるスペースが置けるような大規模なマンションで見られ、管理組合が事務局員を雇用しているケースが多い。

管理組合の組織体制

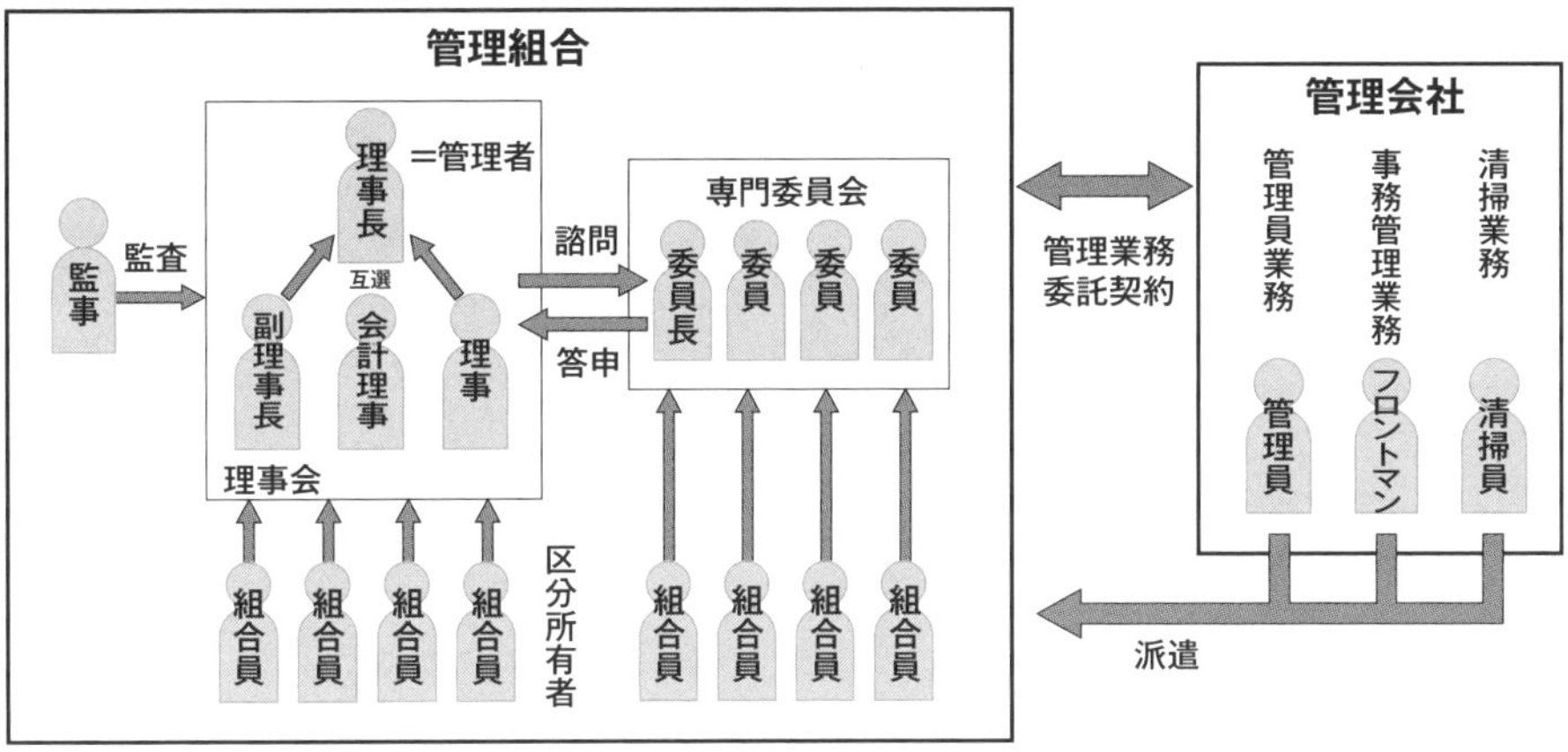

データでみる管理組合の役員体制

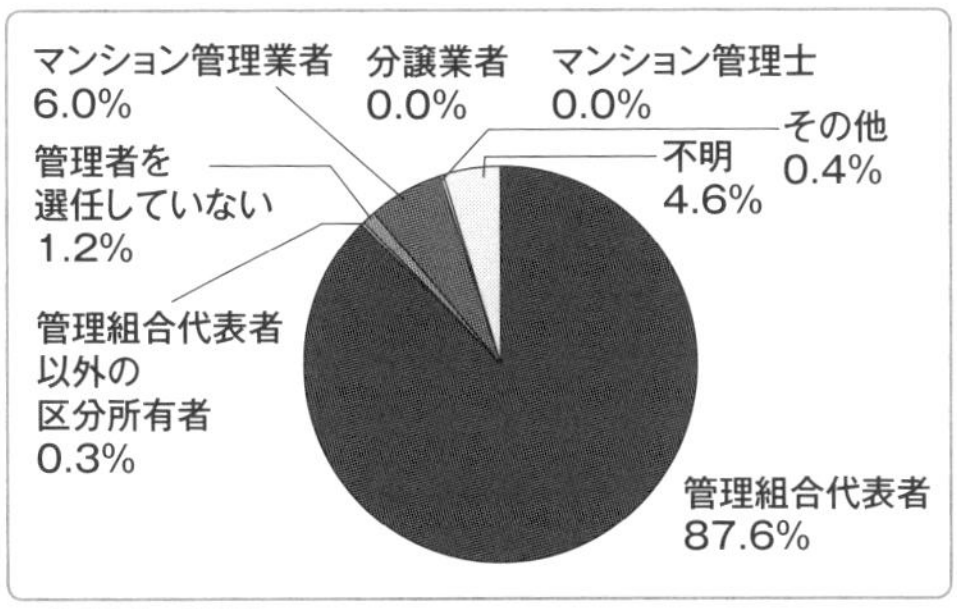

▲管理者の選任

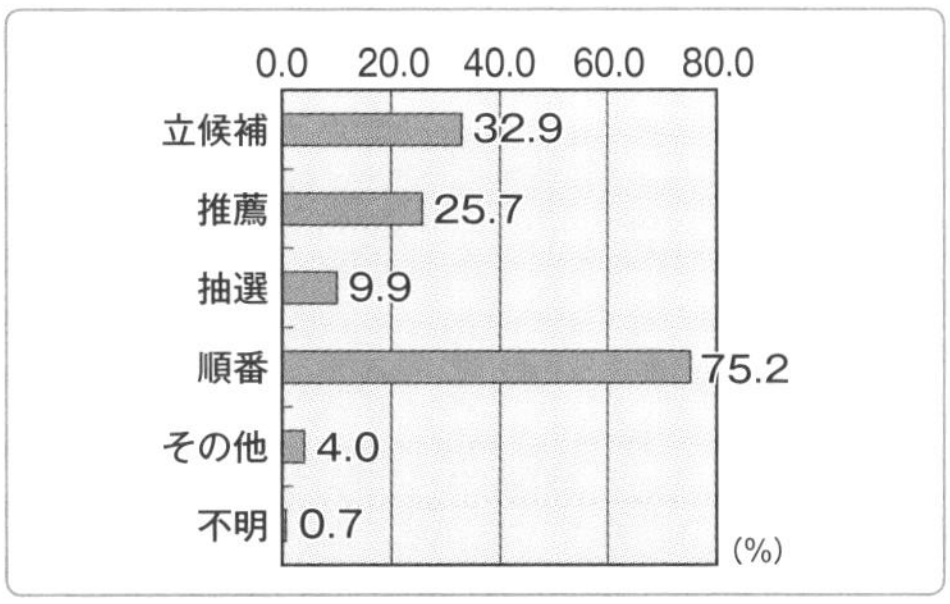

▲役員の選任方法（重複回答）

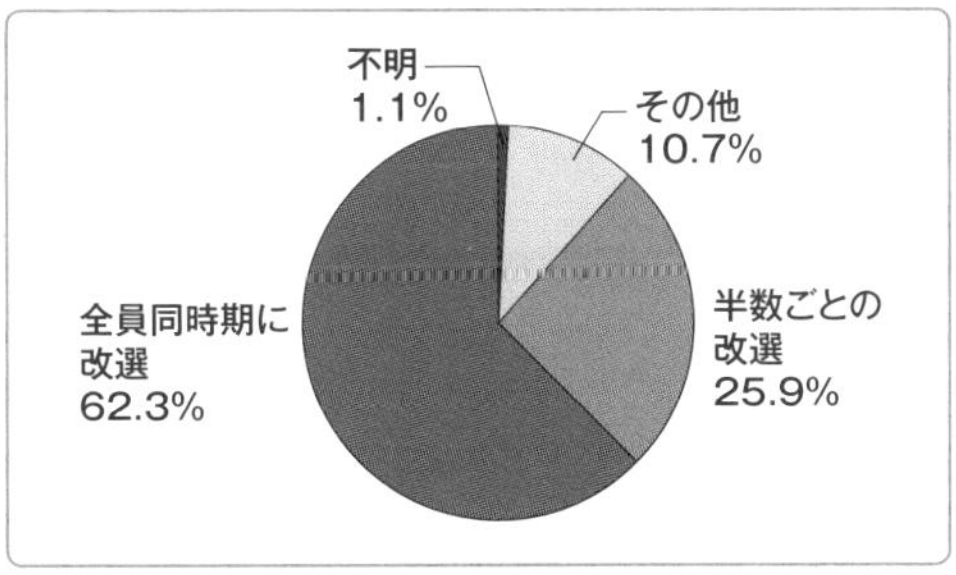

▲役員の改選人数

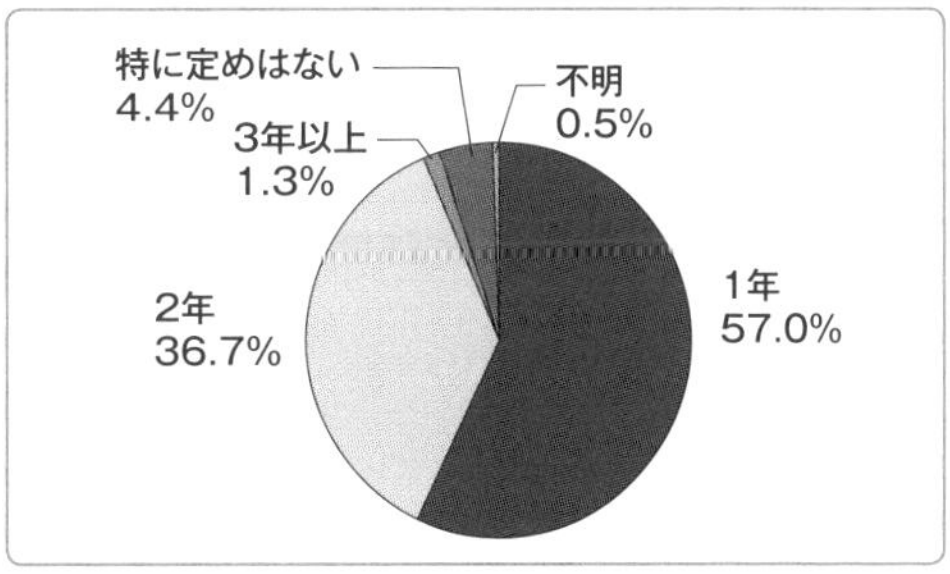

▲役員の任期

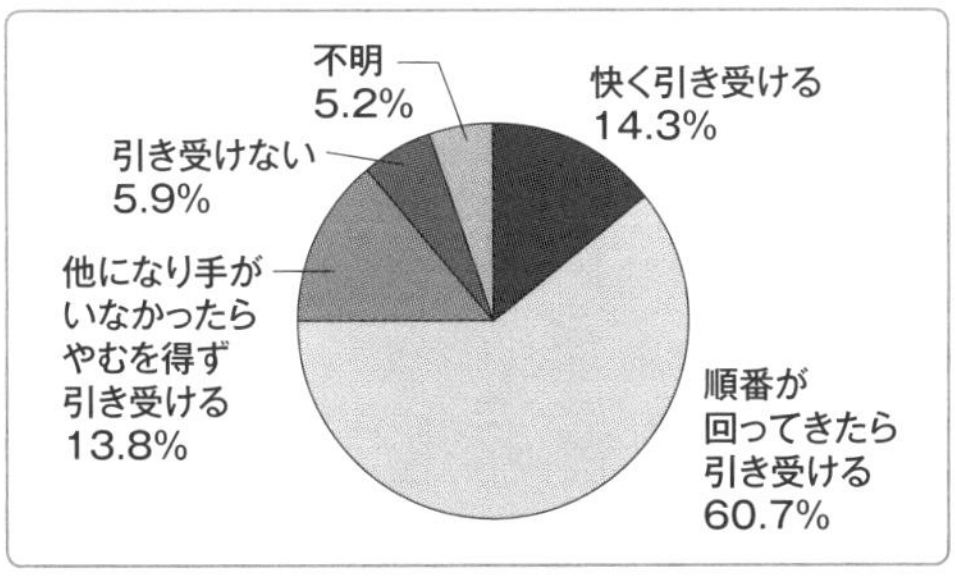

▲管理組合の役員就任への対応（現在役員を務めていない区分所有者）

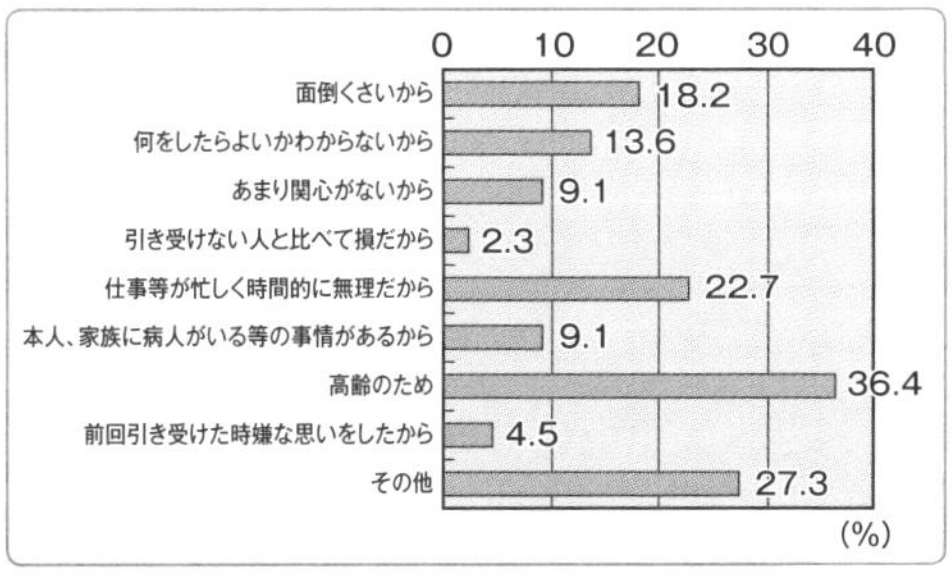

▲管理組合の役員就任を引き受けない理由（重複回答）

平成30年度マンション総合調査　国土交通省

010

管理組合の意思決定
―総会―

管理組合の意思決定のために年1回は「総会」を開催し、多数決決議を行う

管理組合の意思決定のために、管理者は少なくとも年1回、集会を開かなければならない。これが「総会」といわれるものであり、区分所有者の多数決決議により、意思決定がなされる。定期的に行われる総会を「定期総会（通常総会）」、必要に応じて開かれるものを「臨時総会」という。

定期総会では、管理組合の事業報告や決算、新年度の事業計画と予算、管理に関する審議事項、役員の交代などの議事について承認・不承認が行われる。なお議案については、あらかじめ「議案書」を作成し、総会の会日より前に区分所有者に配付しておく必要がある。

総会は、委任状などを含めた議決権総数の半数以上を有する組合員の出席で成立

総会は一般的に、議決権総数の半数以上を有する組合員の出席で成立する。実際に出席しなくても、「委任状」や「議決権行使書」を提出することにより出席組合員として扱われる。調査によると区分所有者の総会の出席状況は委任状などを含めると7～9割との回答が多いが、（委任状や議決権行使書によらず）実際に顔を見せるのは3割以下が半数を占めている。

議事の内容によって決議要件が異なり、「普通決議」と「特別決議」に分けられる

各区分所有者の議決権は規約に別段の定めがない限り、共用部分の共有持分の割合による。

収支決算・事業報告、収支予算・事業計画、長期修繕計画の作成や変更、修繕積立金の取り崩し、管理の実施、管理委託契約の締結など、一般的な議事については、議長を含む出席組合員の議決権の過半数で決議する。これを「普通決議」という。

一方、規約の制定や変更・廃止、敷地および共用部分などの変更（その形状または効用の著しい変更を伴わないものを除く）などの重大な議事は、区分所有法に基づき、区分所有者数および議決権の4分の3以上、建替えについては区分所有者数および議決権の5分の4以上で決する（団地の建替えは、区分所有法に別途規定あり）。これらを「特別（多数）決議」という。決議については各マンションの規約で定められているので確認していただきたい。

総会の決議事項

特別多数決議事項		
規約の設定、変更または廃止 団地規約の承認		区分所有者および議決権の各3／4以上
管理組合の法人化・ 管理組合法人の解散		区分所有者および議決権の各3／4以上
共用部分の変更 （その形状または効用の著しい変更を伴うもの）		区分所有者および議決権の各3／4以上（ただし、区分所有者数の定数は、規約でその過半数まで減ずることができる）
建物の一部（建物の価格の1/2以上に相当する部分）が滅失した場合の復旧		区分所有者および議決権の各3／4以上（ただし、規約で別段の定めをすることができる）
建替え決議（単棟）		区分所有者および議決権の各4／5以上
建替え決議 （団地）	棟別建替え	棟の区分所有者および議決権の各4／5以上かつ団地管理組合の議決権の3/4以上（承認決議）
	一括建替え	団地管理組合の議決権の4/5以上かつ各棟の区分所有者および議決権の各2／3以上

耐震補強工事については、2013年に「建築物の耐震改修の促進に関する法律」が改正され、区分所有法の特別措置として、耐震改修の必要性の認定を受けた区分所有建築物に対しては、耐震改修工事の議決要件が1/2以上に緩和されている

議決する場合、区分所有者と議決権の2つの要件がかかる場合があるので留意すること

普通決議事項
収支決算および事業報告
収支予算および事業計画
管理費等および使用料の額並びに賦課徴収方法
使用細則などの制定、変更または廃止
長期修繕計画の作成または変更
特別の管理の実施ならびにそれに充てるための資金の借入れおよび修繕積立金の取り崩し
建物の建替えに係る計画または設計などの経費のための修繕積立金の取り崩し
修繕積立金の保管および運用方法
管理の実施
訴えの提起並びにこれらの訴えを喚起するべき者の選任
共有部分の変更（その形状または効用の著しい変更を伴わないもの）
建物の一部（建物の価格の1/2以下に相当する部分）が滅失した場合の滅失した共用部分の復旧
役員の選任および解任並びに役員活動費の額および支払方法
組合管理部分に関する管理委託契約の締結
その他管理組合の業務に関する重要事項

データでみる総会出席状況

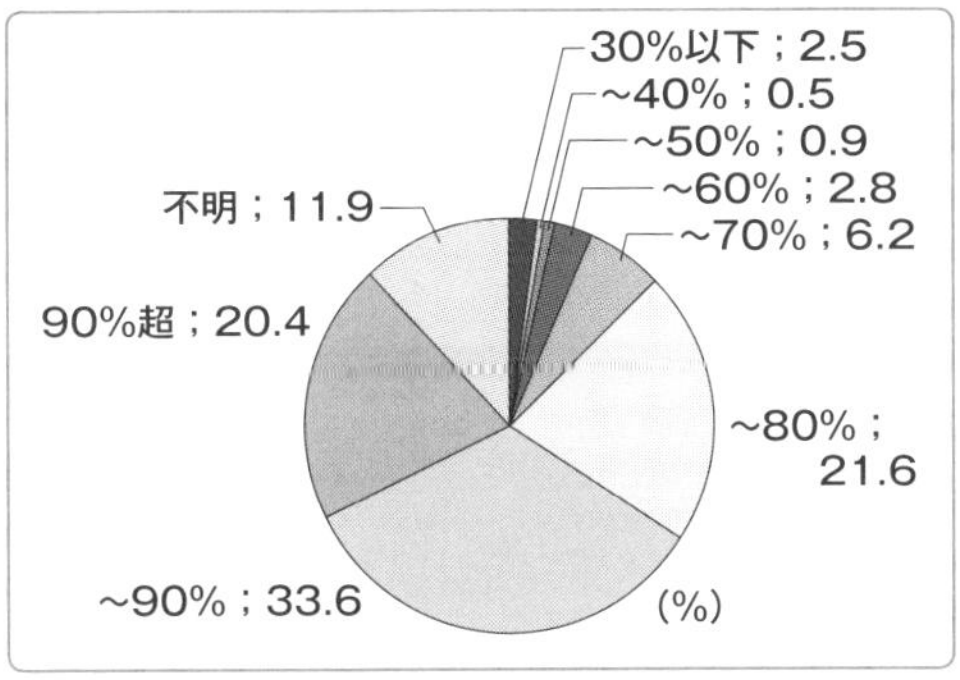

▲総会のおおむねの出席割合（委任状及び議決権行使書提出者を含む）

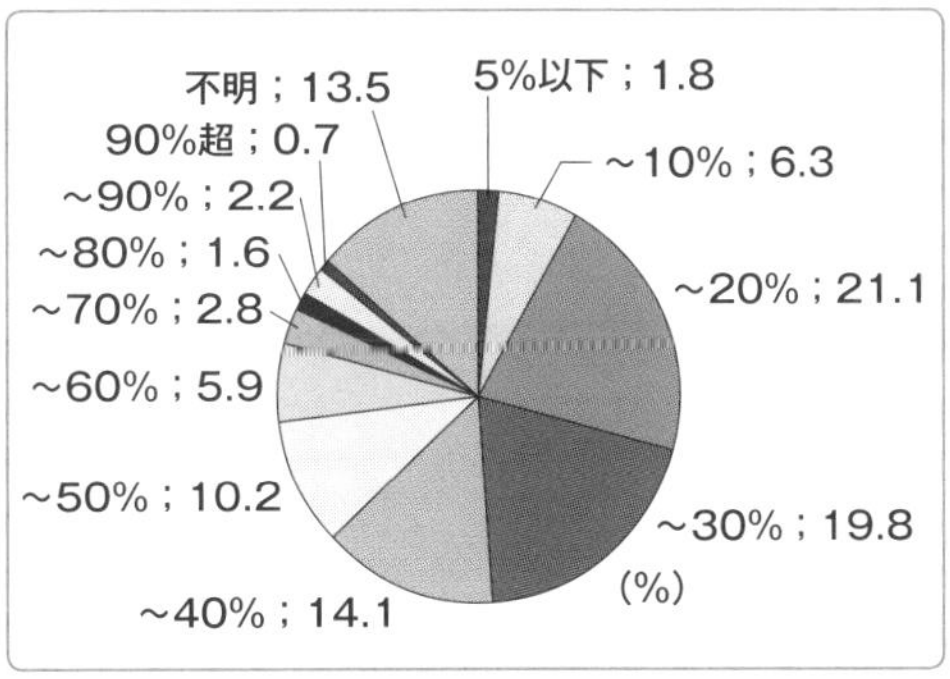

▲総会への実際の出席割合（委任状及び議決権行使書提出者を除く）

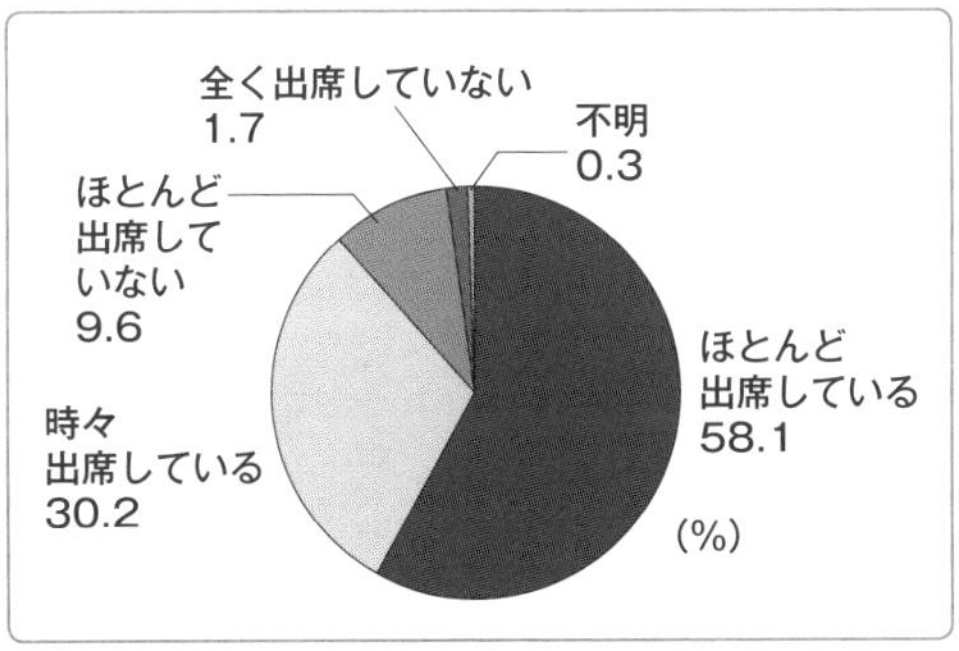

◀総会の出席状況
（区分所有者向けアンケート）

平成30年度マンション総合調査
（国土交通省）

011

管理組合のルール
―管理規約―

法律以外のマンションごとのルールは「管理規約」と「使用細則」に定められている

マンションに関する主要な法律としては「建物の区分所有等に関する法律」「マンションの管理の適正化の推進に関する法律」「マンションの建替えの円滑化等に関する法律」が定められている。

しかし、実際のマンション管理の現場では法律に書かれていないきめ細かいルールが必要となる。規約は区分所有法により、管理組合で定めることが認められており、それぞれのマンションの実情に即して作成されるものである。

管理規約には専有部分・共用部分などの範囲と用法、管理、管理組合、会計などのルールが記載されている。

規約に基づき、さらに詳細なルールを定めたものが「使用細則」である。マンションごとに、専有部分の使用方法やリフォームに関するもの、駐車場や自転車置き場に関するもの、ペット飼育に関するものなどが作成されている。

管理規約はマンション管理の最高自治規範であり、裁判でも「規約に定められているかどうか」が重視される。

規約の効力は、区分所有者の特定承継人に対しても生じ、占有者も建物などの使用方法については、区分所有者と同一の義務を負う。

規約や細則の違反は、理事会の決議に基づき、行為の差止め、原状回復のために法的措置をとることができる。

管理規約の見直し時に参考にしたい、標準モデル「マンション標準管理規約」

最初の管理規約（原始管理規約）は、分譲会社が作成したものを購入時に承認するのが一般的である。当時の内容が現在の法令にあっていなかったり、曖昧であったり、一部の区分所有者が特別の権利を持つなどの不公平な内容となっていることもまれにあるため、必要に応じて改定しておくことが重要である。

規約を見直す場合、管理規約の標準モデルとして「マンション標準管理規約」が国土交通省から公表されているので参考にするとよい。住戸のみの一棟の建物を想定した「単棟型」、複数の棟を想定した「団地型」、住戸と店舗などの建物を想定した「複合用途型」の3種類が用意されている。

なお、規約の設定・変更・廃止には区分所有者及び議決権数の4分の3以上の賛成が必要である。

管理規約の内容

▼標準的な管理規約の主な内容

第1章　総則	用語の定義　規約および総会の決議の遵守義務　効力　管理組合
第2章　専有部分等の範囲	専有部分の範囲、共用部分の範囲
第3章　敷地および共用部分等の共有	共有、共有持分、敷地または共用部分等の分割請求および単独処分の禁止
第4章　用法	専有部分の用途、敷地および共用部分の用法、バルコニー等の専用使用権、駐車場の使用、敷地および共用部分等の第三者の使用、専有部分の修繕等、使用細則
第5章　管理	区分所有者の責務、敷地および共用部分等の管理、費用の負担（管理費、修繕積立金、使用料）、承継人に対する債権の行使
第6章　管理組合	組合員、管理組合の業務、業務の委託等、役員、総会、理事会
第7章　会計	収入および支出、収支予算の作成および変更、会計報告、管理費等の徴収、借入れ、帳票類の作成・保管
第8章　雑則	義務違反者に対する措置、理事長の勧告および指示等

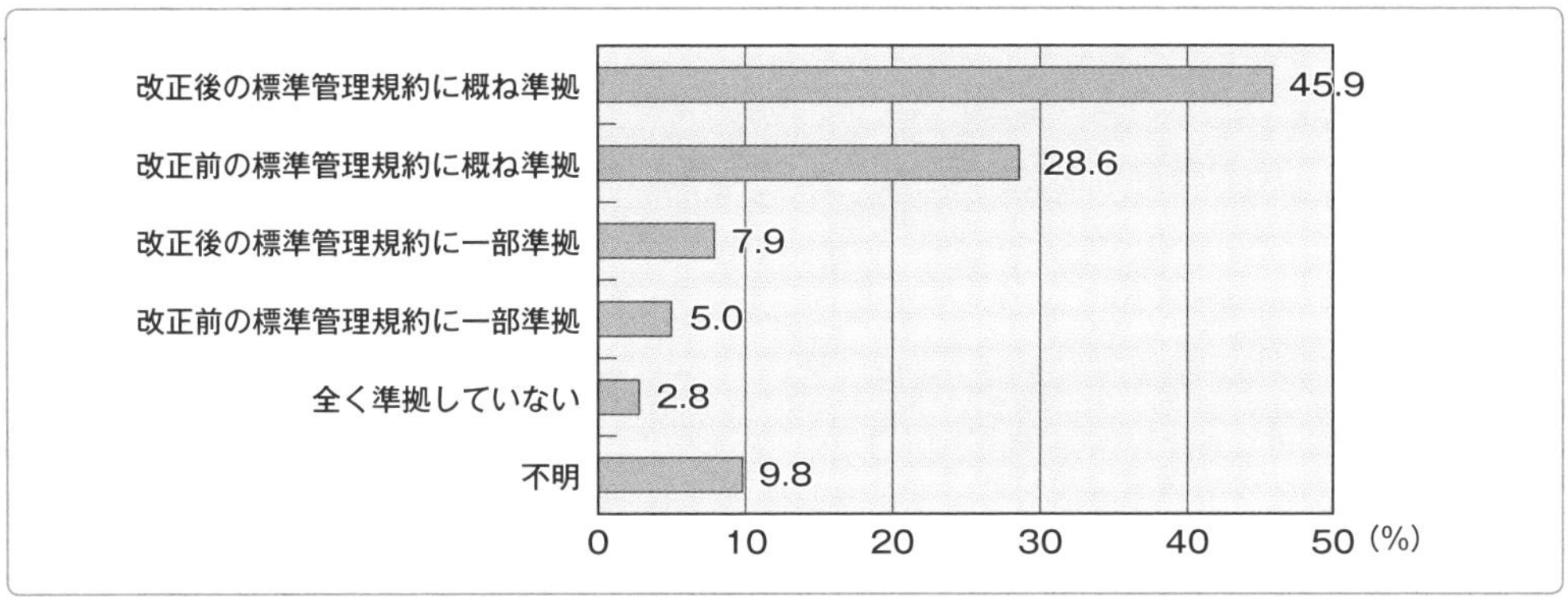

▲マンション標準管理規約への準拠状況　※マンション標準管理規約の平成29年改正について

データでみる使用細則の内容

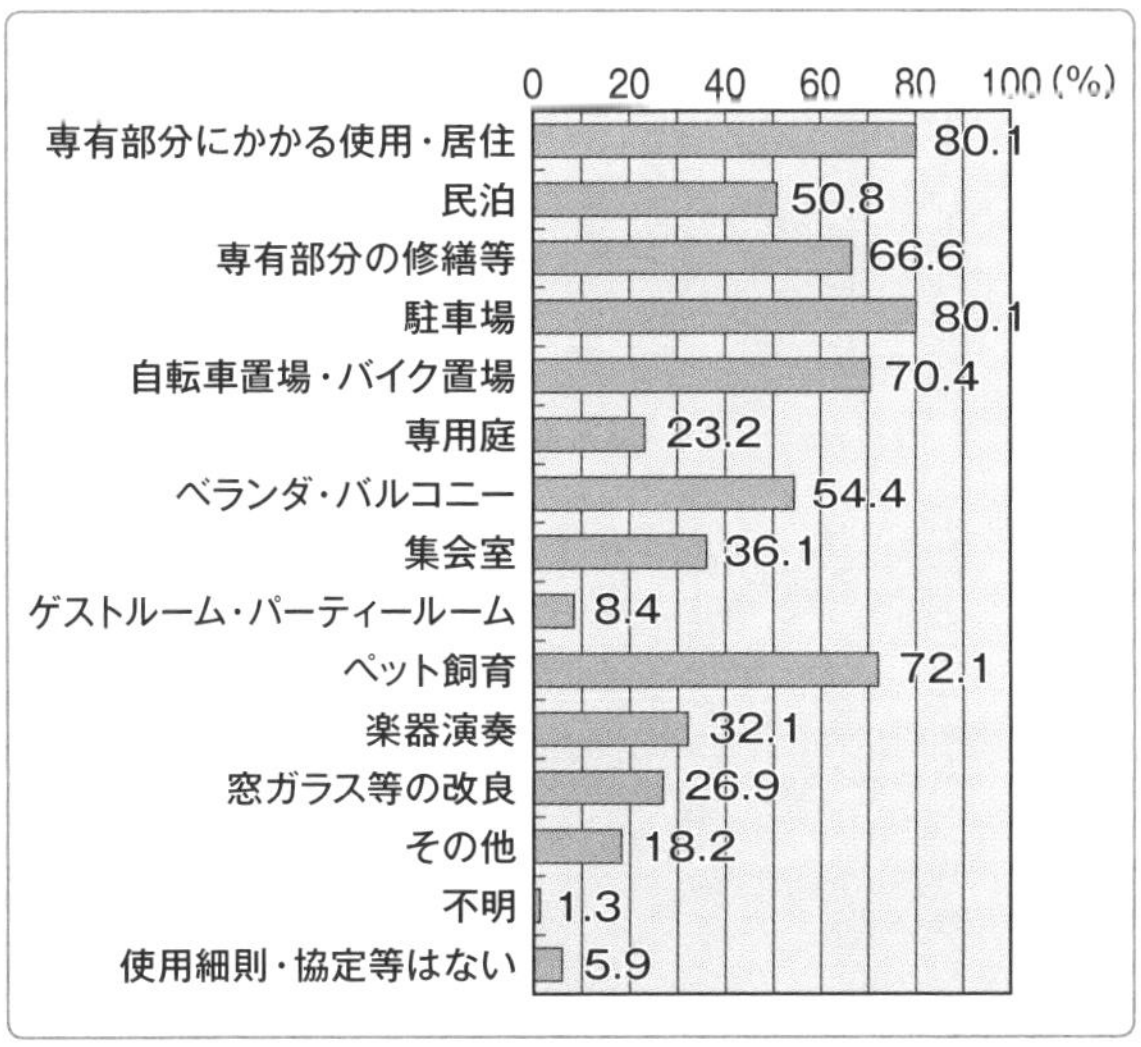

▲使用細則の有無および種類（重複回答）

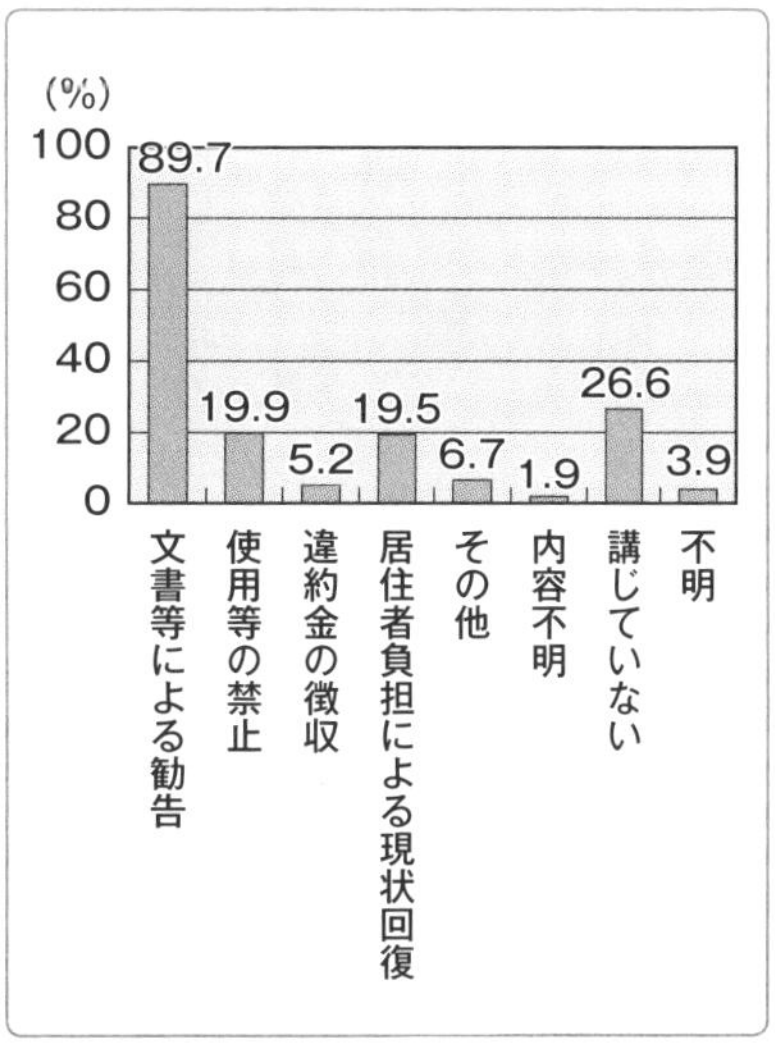

▲使用細則等の違反者への是正措置（重複回答）

平成30年度マンション総合調査（国土交通省）

012

管理組合の業務と管理委託

管理会社に頼らず管理事務を行うことを「自主管理」といい、小規模マンションなどに多い

管理組合の業務は、総会の開催、理事会・委員会活動、会計業務、共用部分の維持管理業務、住環境の風紀・秩序・安全維持のための取組などさまざまであり、専門知識も必要であることから、役員だけで取り組むのは大変である。

これらの業務を自ら管理組合で（清掃業務などは必要に応じて外部専門業者に委託して）行う管理を「自主管理」という。自主管理の割合は数%程度で、管理組合事務局が設置できるような大規模な団地型マンションか、逆に建物の規模が小さく維持管理の必要な設備が少ない小規模マンションで多く見られる。ただし役員の負担は大きいため、高齢化とともに委託管理に移行するケースも見られる。

管理事務を管理業者と委託契約を結んで行うことを「委託管理」という

一方で管理事務を管理会社に委託する方法を「委託管理」という。調査によると、「基幹事務（会計の収入および支出の調定、出納、維持修繕に関する企画・実施の調整）」を含め、管理事務のすべてを委託している管理組合は7割を超えており、分譲時に分譲業者が提示したマンション管理業者に委託しているケースが73%となっている。

「マンションの管理の適正化の推進に関する法律」により、基幹事務を行う管理会社は「マンション管理業務主任者」を置き、「マンション管理業」の登録を受けなければならない。管理組合と契約する場合は、重要事項説明を行い、管理委託契約を結ぶ必要がある。また、契約後も定期的に管理事務の報告をする必要がある。委託する場合でも、その方針はできる限り管理組合で決めるべき、との考えをもつ管理組合は78%と多い。

管理員とは管理員業務を行う者であり、必ずしも管理権限を有しているわけではない

マンションで点検や立会いなどの日常的な管理を行う業務を「管理員業務」といい、管理員は一般的に「管理人」と呼ばれている。区分所有法でいう管理権限をもつ「管理者」とは区別される。

管理員は管理会社から派遣されているケースや、管理組合が直接雇用しているケースがある。勤務方法として、以前は住込みも見られたが最近では減っており、通勤方式や巡回方式が一般的になっている。

管理組合の業務

管理組合の業務（「マンション標準管理規約」より）
組合管理部分の保安、保全、保守、清掃、消毒及びごみ処理
組合管理部分の修繕
長期修繕計画の作成又は変更に関する業務及び長期修繕計画書の管理
建替え等に係る合意形成に必要となる事項の調査に関する業務
適正化法第103条第1項に定める、宅地建物取引業者から交付を受けた設計図書の管理
修繕等の履歴情報の整理及び管理等
共用部分等に係る火災保険、地震保険その他の損害保険に関する業務
区分所有者が管理する専用使用部分について管理組合が行うことが適当であると認められる管理行為
敷地及び共用部分等の変更及び運営
修繕積立金の運用
官公署、町内会等との渉外業務
マンション及び周辺の風紀、秩序及び安全の維持、防災並びに居住環境の維持及び向上に関する業務
広報及び連絡業務
管理組合の消滅時における残余財産の清算
その他建築物並びにその敷地及び附属施設の管理に関する業務

管理会社への業務の委託内容

管理事務の実施状況		
基幹事務を含め管理事務のすべてをマンション管理業者に委託		74.1%
基幹事務の一部を委託	基幹事務以外の管理事務の一部または全部をマンション管理業者に委託	9.9%
	基幹事務以外の管理事務の一部または全部をマンション管理業者以外の者に委託	1.2%
管理組合が基幹事務のすべてを実施	基幹事務以外の管理事務の一部または全部をマンション管理業者に委託	1.1%
	基幹事務以外の管理事務の一部または全部をマンション管理業者以外の者に委託	1.1%
管理組合がすべての管理事務を行っている		6.8%
その他		0.5%
不明		5.4%

平成30年度マンション総合調査（国土交通省）

管理事務の内容（「マンション標準管理委託契約書」より）	
事務管理業務	1．基幹事務 1）管理組合の会計の収入及び支出の調定（収支予算案の素案の作成／収支決算案の素案の作成／収支状況の報告） 2）出納（管理費等の収納／管理費等滞納者に対する督促／通帳等の保管等／経費の支払い／会計に係る帳簿等の管理） 3）マンションの維持又は修繕に関する企画又は実施の調整 2．基幹事務以外の事務管理業務 1）理事会支援業務 2）総会支援業務 3）その他（各種点検、検査等に基づく助言等／各種検査等の報告、届出／図書類の保管）
管理員業務	1．受付等の業務 2．点検業務 3．立会業務 4．報告連絡業務
清掃業務	1．日常清掃 2．特別清掃（床面機械洗浄やワックス仕上げ等）
建物・設備管理業務	1．外観目視点検 2．特殊建築物定期調査、建築設備定期検査 3．昇降機の定期点検、定期検査 4．給水設備の検査、受水槽の清掃等 5．浄化槽、排水設備の検査、清掃等 6．電気設備の検査 7．消防用設備等の点検 8．機械式駐車場設備の点検

注）上記は一般的な管理業務委託の事項であり、実際には管理組合と契約する内容による

013

管理組合の経理

管理組合の主要な会計は「管理費」と「修繕積立金」であり、区分経理が必要

建物の維持管理や、管理会社への委託などにかかる費用として、毎月一定額を区分所有者から集める必要がある。通常、「管理費会計」と「修繕積立金会計」に区分して経理される。管理費が不足した場合に、修繕積立金から充当することのないよう、会計を区分しておくことが重要である。このほかに、「駐車場会計」「組合費会計」などを設けているケースもある。修繕積立金会計には駐車場使用料や専用使用料を充当することもある。

それぞれの会計については、収支予算書・収支決算書・貸借対照表を作成し、総会で承認を受ける。滞納がある場合は、文書などによる督促を行う必要がある。

「修繕積立金」は定期的に行う計画修繕の費用で取り崩しには総会決議が必要

「修繕積立金」は定期的に行う計画修繕に向けて工事費などを積み立てておくものである。大規模修繕に付随して行う調査・診断費用、設計・工事監理費も、ここから支出するケースが多い。

徴収額は長期修繕計画で予測した額を専有面積などで按分し、月割りにするのが一般的である。

しかし、長期修繕計画がなかったり、分譲時から低い額に設定されたままになっていたり、適切な金額を徴収していないケースも見られる。同調査結果によると、戸あたりの修繕積立金（使用料・専用使用料からの充当額を除く）は「１０、０００円超１５、０００円以下」が25％と最も多く、次いで「７、５００円超１０、０００円以下」が17％、平均は月額１１、２４３円である。

「管理費」は保守点検、小修繕、管理委託費など日常支払いが必要なものの会計

「管理費」は共用部分の水道・光熱費のほか、エレベーターや給排水設備などの保守点検、日常の小修繕、管理会社への業務委託などの費用に支払われる。区分所有者から徴収する額は、所用額を戸数按分や面積按分するなどして決められる。調査結果によると、戸あたりの管理費（使用料・専用使用料からの充当額を除く）は「１０、０００円超１５、０００円以下」が22％と最も多く、次いで「７、５００円超１０、０００円以下」が17％、平均は月額１０、８６２円となっている。

管理費と修繕積立金の使途

管理費・修繕積立金の使途（参考：マンション標準管理規約／国土交通省）	
管理費の使途	管理員人件費、公租公課、共用設備の保守維持費及び運転費、備品費・通信費その他の事務費、共用部分等に係る火災保険料、地震保険料その他の損害保険料、経常的な補修費、清掃費・消毒費及びごみ処理費、委託業務費、専門的知識を有する者の活用に要する費用、管理組合の運営に要する費用、その他第3条に定める業務に要する費用
修繕積立金の使途	一定年数の経過ごとに計画的に行う修繕、不測の事故その他特別の事由により必要となる修繕、敷地及び共用部分等の変更、建物の建替え及びマンション敷地売却に係る合意形成に必要となる事項の調査、その他敷地及び共用部分等の管理に関し、区分所有者全体の利益のために特別必要となる管理

データでみる管理費と修繕積立金

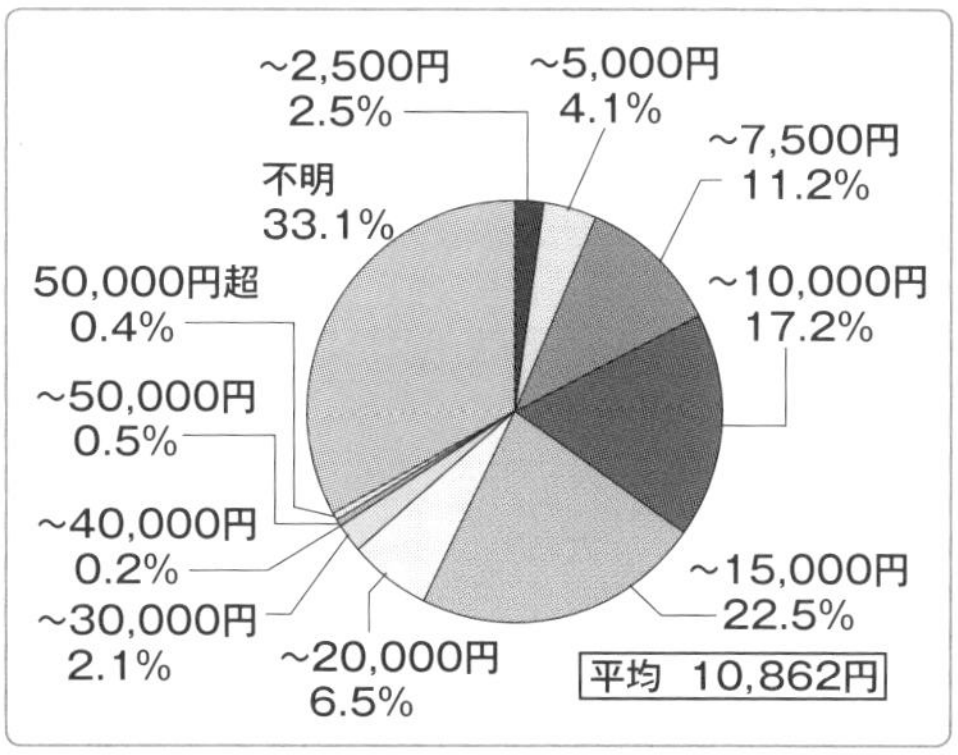

▲管理費収入／月／戸あたり（使用料、専用使用料からの充当額を除く）

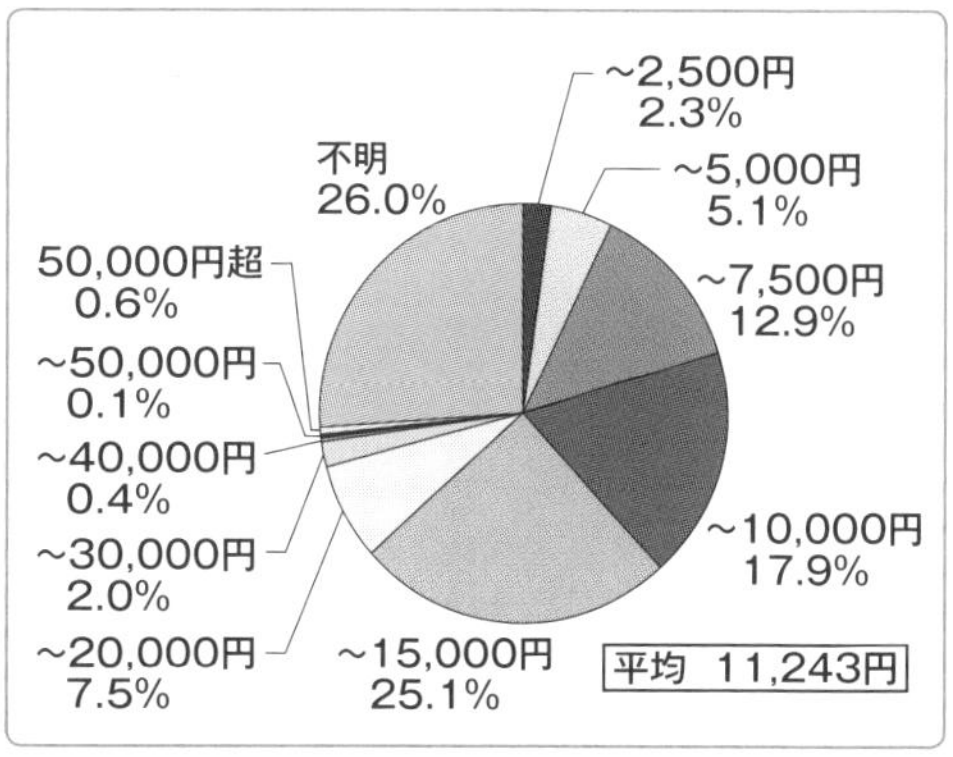

▲現在の修繕積立金の額／月／戸あたり（使用料、専用使用料からの充当額を除く）

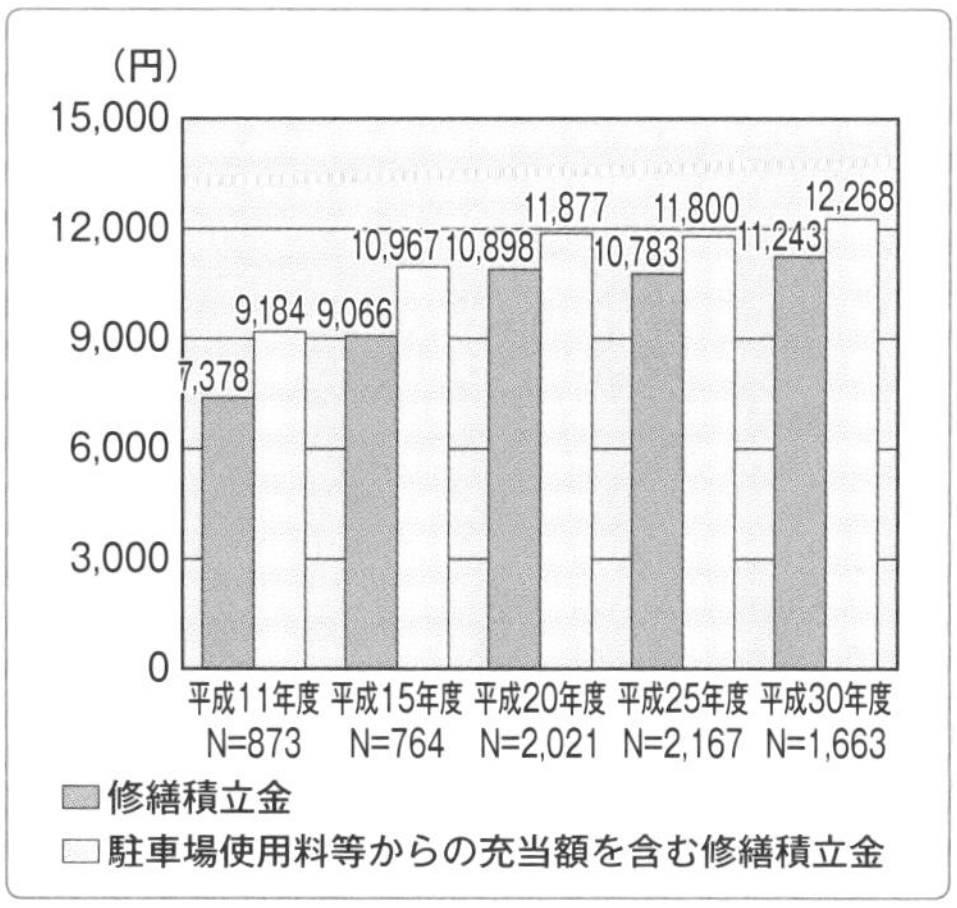

▲月／戸当たり修繕積立金の額

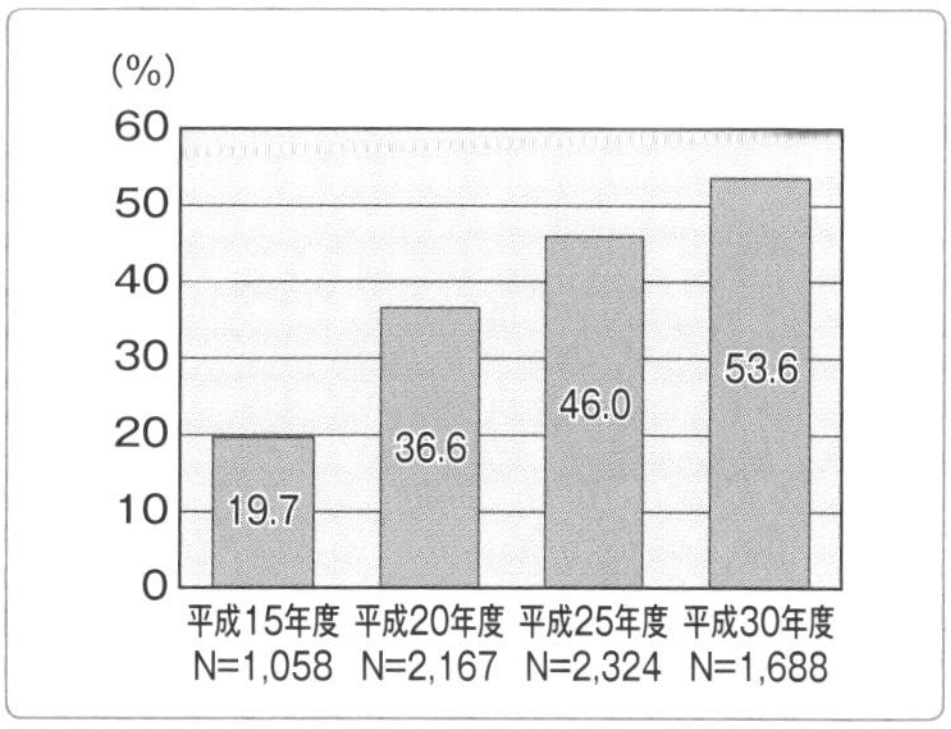

▲計画期間25年以上の長期修繕計画に基づき修繕積立金の額を設定している割合

平成30年度マンション総合調査（国土交通省）

014 管理組合の保管書類

管理組合で保管すべき書類は保管場所の用意、貸し出しのルールが必要

建物の調査診断や改修の際、既存建物の設計図書が必要不可欠である。新築時パンフレット、過去の工事の記録、不具合や事故の記録、各種点検記録、長期修繕計画書も参考となる。そのほか、管理規約、会計書類など管理関係の書類も権利関係の確認や資金計画の際に必要である。

これらは管理組合で保管していなければならないが、整備されていないこともある。

管理組合の書類は管理組合事務所、管理室などで保管するのが望ましいが、マンションによっては書類の保管スペースがなく、役員の自宅で持ちまわりで保管していることもある。管理室などを改修し収納スペースを設置する提案も必要であろう。

（一社）住宅履歴情報蓄積・活用推進協議会では、設計図書と履歴情報を蓄積する「いえかるて」を運営している。このような制度を利用して書類を保管するのもよい。

また、貸し出しにより紛失するケースもあるため、図面を借りるときは借用書を渡しておくのがマナーである。

マンション販売時の分譲会社からの設計図書の引渡しは2001年から義務化

築年数の古いマンションでは、分譲会社から図面の引き継ぎされておらず、図面を要求したものの、すでにどこにもないケースもある。これらが問題となり、マンション管理適正化法により、2001年8月1日以降に分譲したマンションには設計図書の引渡しが義務付けられるようになった。万一引渡しがない場合は、分譲会社に交渉する必要がある。

この法律以前のマンションについては、残念ながら引き渡し義務化の対象外であるが、分譲会社、設計者、施工した建設会社などに図面がマイクロフィルムなどで残っていることもある。有償であっても図面を復元するよりは安価なので、ぜひとも入手しておきたい。

設計図書の紛失は大損失。図面がきれいなうちに電子データ化をお勧め

図面があっても劣化して線が見えなかったり、破れていたり、現況と食い違いがあったり、そのまま使えない場合もある。そこでスキャニングによるデジタルデータ化や、CADによる図面復元と実態に合わせた修正を行うことをお勧めする。

管理組合で保管するべき書類

管理組合の保管書類の例	
図面関係	竣工図書（設計図書）
	分譲時パンフレット
	確認申請書副本・確認済証・検査済証
	長期修繕計画書
	建物診断報告書
法定点検類	特殊建築物等の定期調査報告書、建築設備定期検査報告書、昇降機定期検査報告書、消防用設備等検査結果報告書、専用水道または簡易専用水道検査結果書、電気工作物定期点検報告書、浄化槽保守点検報告書
管理組合運営関係	規約原本・現に有効な規約原本
	管理委託契約書、保守契約書
	修繕工事請負契約書
	総会議事録および議案書、理事会議事録
	名簿（管理組合員、居住者、防災用）
	会計帳簿（領収書、請求書類、収支計算書・貸借対照表、残高証明書）
	財産目録・什器備品台帳
	保険証券
	駐車場使用契約書

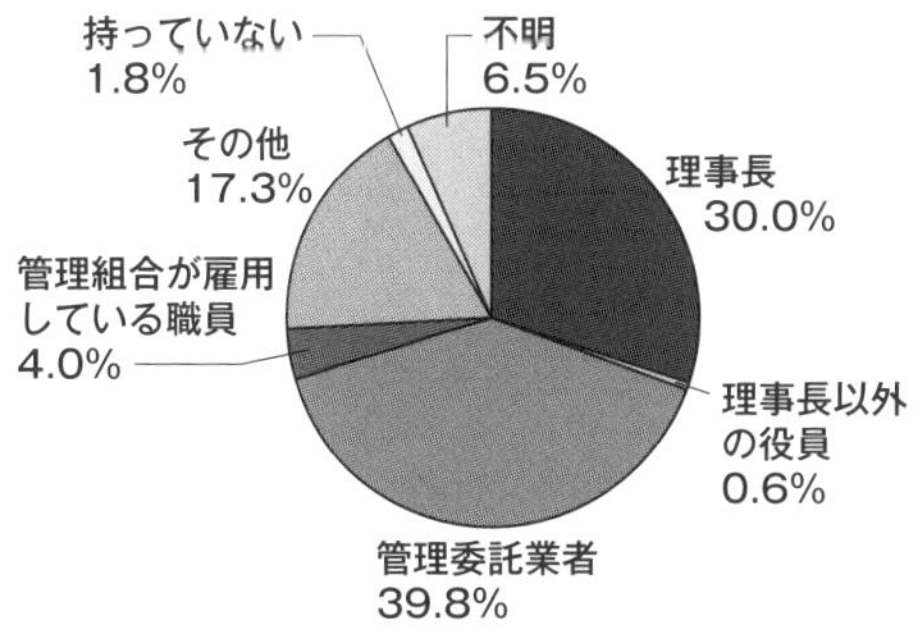

▲設計図書の保管者

平成30年度マンション総合調査（国土交通省）

設計図書の交付等
マンション管理適正化法　第103条 宅地建物取引業者（宅地建物取引業法第二条第三号に規定する宅地建物取引業者をいい、同法第七十七条第二項の規定により宅地建物取引業者とみなされる者を含む。以下同じ。）は自ら売主として人の居住の用に供する独立部分がある建物（新たに建設された建物で人の居住の用に供したことがないものに限る。以下同じ。）を分譲した場合においては、国土交通省令で定める期間内に当該建物又はその附属施設の管理を行う管理組合の管理者等が選任されたときは、速やかに、当該管理者等に対し、当該建物又はその附属施設の設計に関する図書で国土交通省令で定めるものを交付しなければならない。 2　前項に定めるもののほか、宅地建物取引業者は、自ら売主として人の居住の用に供する独立部分がある建物を分譲する場合においては、当該建物の管理が管理組合に円滑に引き継がれるよう努めなければならない。
マンション管理適正化法施行規則　第102条 法第百三条第一項の国土交通省令で定める図書は、次の号に掲げる、工事が完了した時点の同項の建物及びその附属施設（駐車場、公園、緑地及び広場並びに電気設備及び機械設備を含む。）に係る図書とする。 一　付近見取図 二　配置図 三　仕様書（仕上げ表を含む。） 四　各階平面図 五　二面以上の立面図 六　断面図又は矩計図 七　基礎伏図 八　各階床伏図 九　小屋伏図 十　構造詳細図 十一　構造計算書

015

マンションの管理区分

維持管理のために、建物の部位について所有区分、管理区分を明確にしておく

区分所有法によれば、「専有部分」とは、マンションの住戸のような区分所有の目的部分をいい、「共用部分」とは専有部分以外の建物の部分と、専有部分に属しない建物の付属物、さらに管理規約で共用部分と定めた部分をいう。

しかし、給排水管のように共用部分と専有部分が一体となっているものについては、どこで専有部分と共用部分に分かれるのかが曖昧になりやすい。また、玄関チャイム、インターホン設備、玄関灯、窓の面格子などのように、個人で勝手に取り付けたり、取り替えたりされている部位もあり、専有物なのか共用物なのか判断に困ることもある。

そのため、共用部分として管理組合が工事すべき部分と専有部分でも管理組合が工事をしたほうが合理的である部分を区分し、区分所有者が工事すべき部分を決めておくことが、大規模修繕や設備更新工事の前提となるのである。これにより、誰が工事の費用を負担するのかも明確になる。

なお、専有・共用の区分例が、国土交通省のマンション標準管理規約やマンション管理標準指針で示されているので、参考にしながら、個々のマンションの特徴に応じて整備するとよい。

マンションには、マンション所有者以外の第三者が所有・管理している部分も

マンション内には電気の変圧器やメーター類など、ライフライン事業者などの第三者が所有し管理する施設も存在する。また、まれにではあるが、分譲会社などが所有権を留保している駐車場やトランクルームなどもある。これらは管理組合工事の対象外であるから、必要に応じて所有者に補修を依頼する。

ライフライン事業者と管理組合との所有（管理）分岐点は、通常、事業者側であらかじめ設定されているので確認が必要である。

言葉だけでは分かりにくい建物の部位、所有・管理の区分は図示化することも有効

費用負担に係る部分は分かりやすく図示化して、規約などに添付することが望ましい。たとえば、専有と共用の管理区分、第三者の所有物、団地型マンションの場合は各棟と団地共用（全棟共用）の管理区分、複合用途型マンションの場合は住宅部会と店舗部会の管理区分などがある。

マンション専有・共用区分図の例

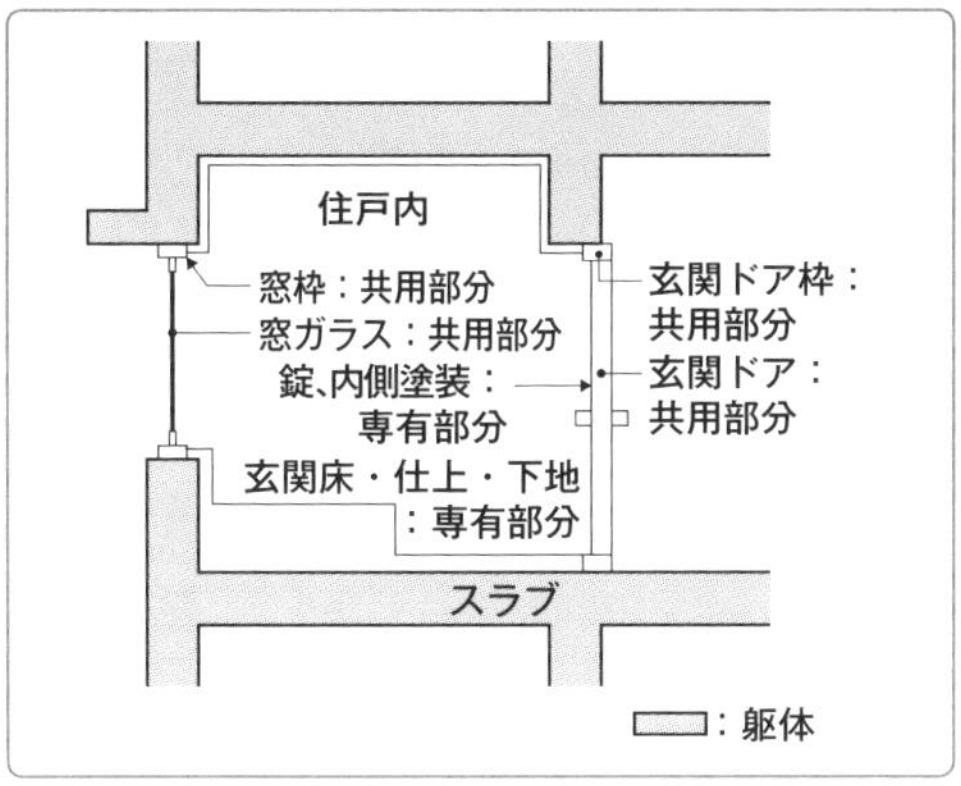

▲住戸（断面略図）

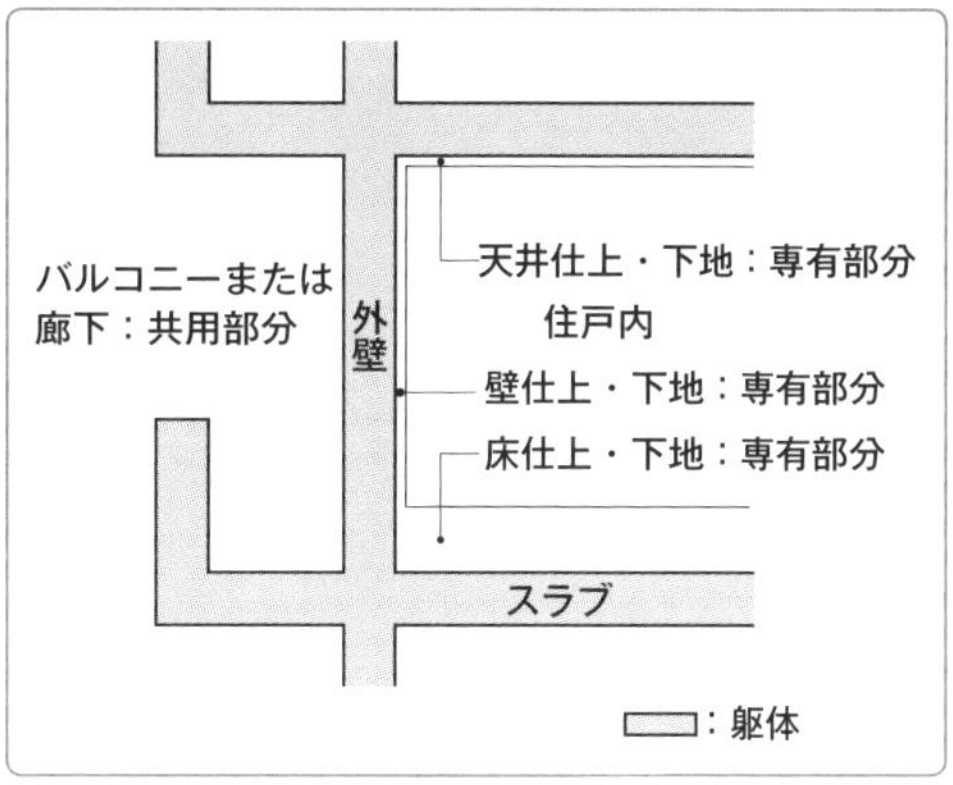

▲住戸（断面略図）

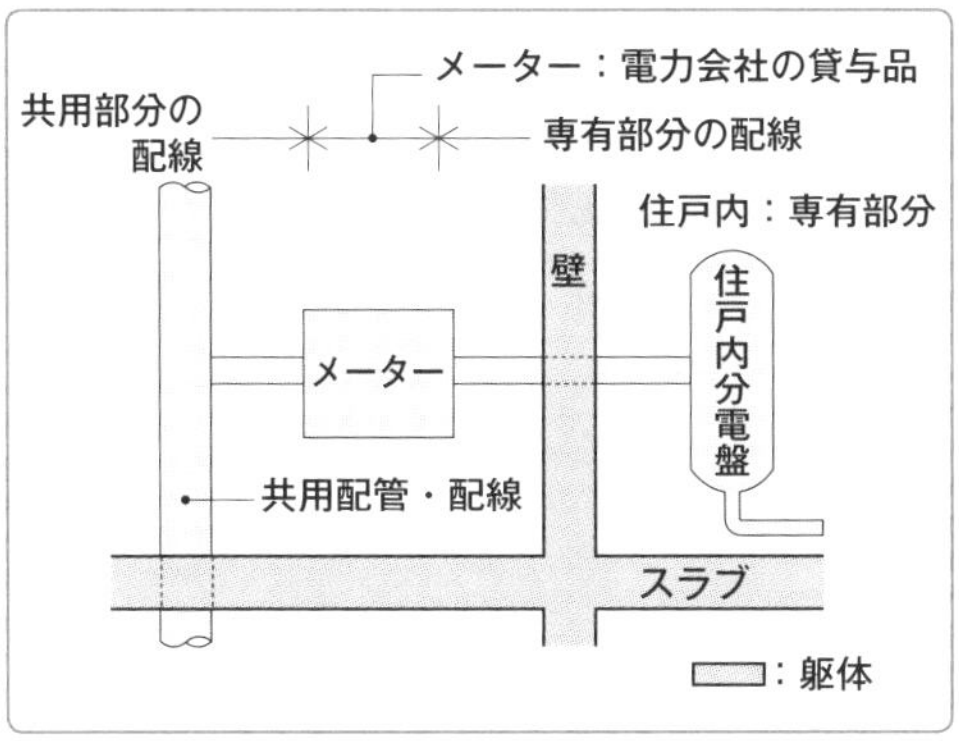

▲電気の区分（断面略図）

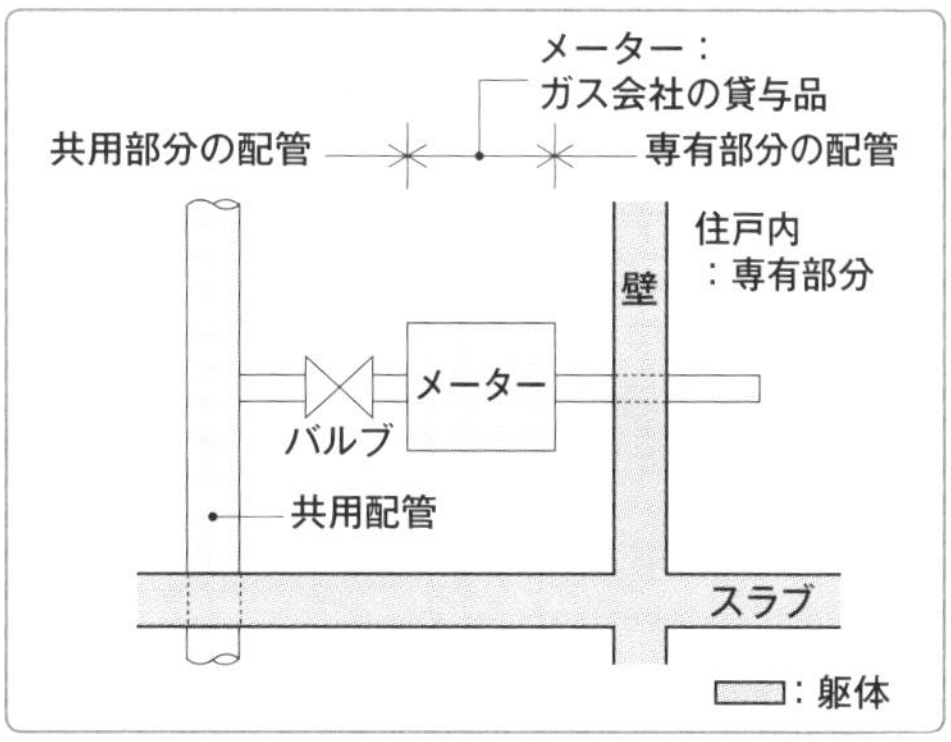

▲ガス管の区分（断面略図）

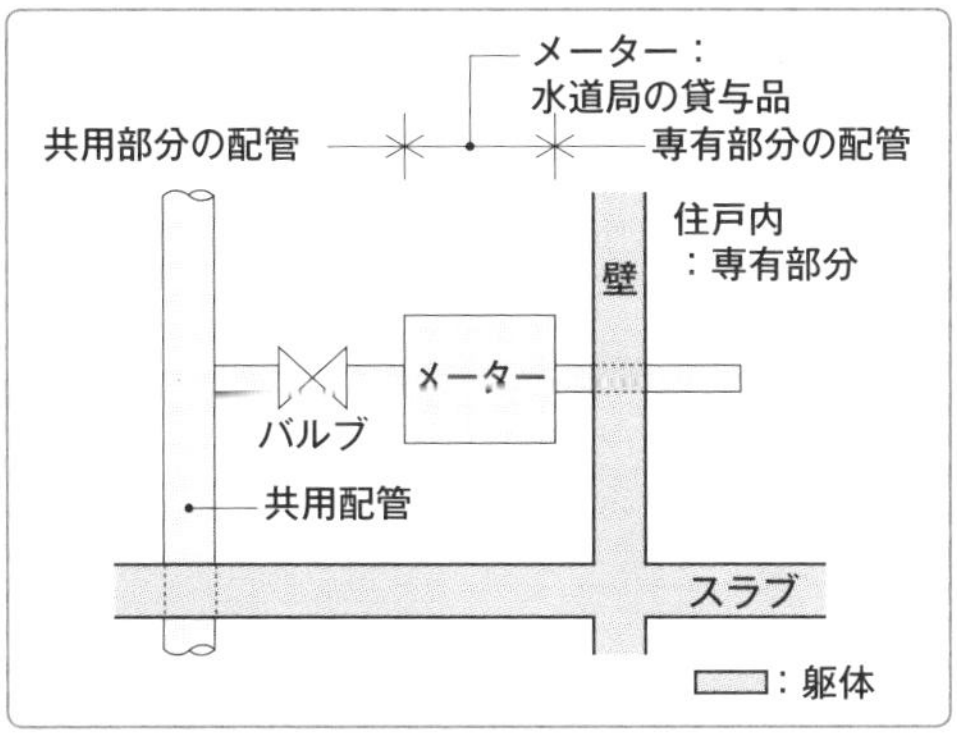

▲給水管の区分（断面略図）

※この区分図は、例示であり、各マンションの建物・設備の構造、設置場所、用途等によって判断することが必要です

（マンション管理標準指針　国土交通省）

第三者の所有部分の例	●水道のメーター（※事業者によってマンションの所有物であるケースあり） ●電気のメーター、電気室内の機器類 ●ガスメーター、ガスガバナー ●電話、インターネット等の機器類 ●屋上の広告塔 ●携帯電話のアンテナ基地 ●分譲会社や地主の所有権留保部分（駐車場やトランクルームなど）

Chapter 1

016

共用部分

共用部分には、法律で定められた部分とマンションごとに規約で定められた部分がある

区分所有法では「数個の専有部分に通ずる廊下又は階段室その他構造上区分所有者の全員又はその一部に供されるべき建物の部分」は区分所有の目的にならないものとしている。この部分を「法定共用部分」という。

一方、集会室や管理事務所、屋内駐車場やトランクルームなどは区分所有の目的になる可能性もあり、共用空間として使うには問題となりやすい。そこで区分所有法では、これらを管理規約で共用部分とすることを認めている。これを「規約共用部分」という。古いマンションでは、屋内の駐車場や管理室（管理人の住戸として使用していた例もあり）が共用部分ではなく専有部分になっているケースもある。こうなると管理組合の管理対象にできなくなるケースもあるので注意が必要である。

バルコニーは一般的に「専有部分」ではなく、共用部分を専用使用している「専用使用部分」

バルコニーやルーフテラス、一階住戸の専用庭は、緊急避難時やメンテナンスの通路として使用されることがあるため、専有部分とはせず、共用部分とするのが一般的である。しかし、特定の住戸が排他的に使用できるように「専用使用権」が認められている。この部分を「専用使用部分」という。これらの計画修繕は管理組合が行うが、日常の清掃や破損させた場合の修理は、専用使用者が負担する。

細かい部位については、専有部分か共用部分か管理組合による判断が必要

共用部分、専有部分の範囲は、法律で定められてはいるものの、建物を管理するうえで分かりにくい部分や問題が生じやすい部分もある。そのため、建物や設備のどの部位までを専有部分とするか、共用部分とするかは管理組合の判断によるところが大きい。たとえばユニットバス化されていない浴室の床の防水層（アスファルト防水など）や、下階の住戸に設置されるスラブ下の排水管類は、漏水事故の対応ができるよう、共用部分として管理することが望ましい。

また、玄関扉や窓などは個人で取り替えたりすると、防災や美観の点で建物に悪影響を及ぼすおそれがあるので、共用部分として扱うのが一般的である。ただし、最近では共用部分でも一定の細則の下に個人で行う改良を認める動きもあり、管理規約を確認されたい。

共用部分の種類

共用部分の種類と部分・部位の例	
法定共用部分	構造躯体、廊下、階段、エレベーター、住戸に接続する設備機器・配線・配管類
規約共用部分	※管理規約による 管理室、集会室、管理用倉庫、屋内駐車場、トランクルーム 1階の床下（床組み・空間）
専用使用部分	※管理規約による 専用庭、バルコニー、ルーフテラス 玄関扉、窓サッシ（枠・ガラス）

共用部分の管理

マンション標準管理規約（単棟型）
（敷地及び共用部分等の管理） 第21条　敷地及び共用部分等の管理については、管理組合がその責任と負担においてこれを行うものとする。ただし、バルコニー等の保存行為（区分所有法第18条第1項ただし書の「保存行為」をいう。以下同じ。）のうち、通常の使用に伴うものについては、専用使用権を有する者がその責任と負担においてこれを行わなければならない。 2　専有部分である設備のうち共用部分と構造上一体となった部分の管理を共用部分の管理と一体として行う必要があるときは、管理組合がこれを行うことができる。 3　区分所有者は、第1項ただし書の場合又はあらかじめ理事長に申請して書面による承認を受けた場合を除き、敷地及び共用部分等の保存行為を行うことができない。ただし、専有部分の使用に支障が生じている場合に、当該専有部分を所有する区分所有者が行う保存行為の実施が、緊急を要するものであるときは、この限りでない。 （以下略）
（窓ガラス等の改良） 第22条　共用部分のうち各住戸に附属する窓枠、窓ガラス、玄関扉その他の開口部に係る改良工事であって、防犯、防音又は断熱等の住宅の性能の向上等に資するものについては、管理組合がその責任と負担において、計画修繕としてこれを実施するものとする。 2　区分所有者は、管理組合が前項の工事を速やかに実施できない場合には、あらかじめ理事長に申請して書面による承認を受けることにより、当該工事を当該区分所有者の責任と負担において実施することができる。 （以下略）

マンション専有・共用区分図の例　横管（■の部分）の取扱いが異なることに注意

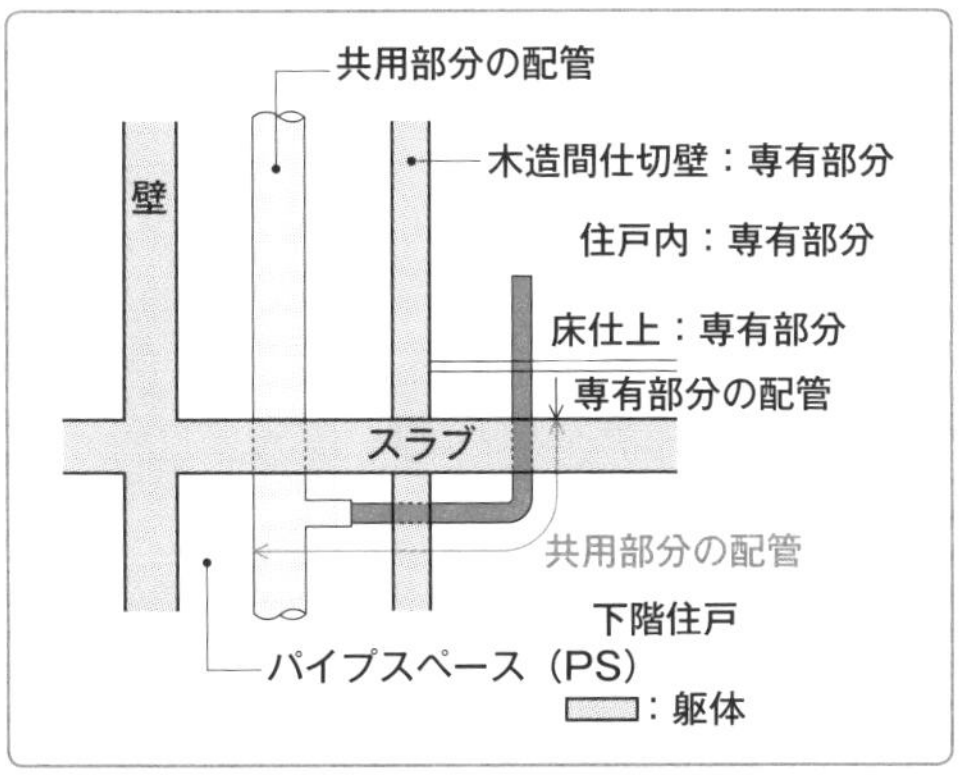

▲排水管の区分（断面略図）
（スラブ下配管の場合）

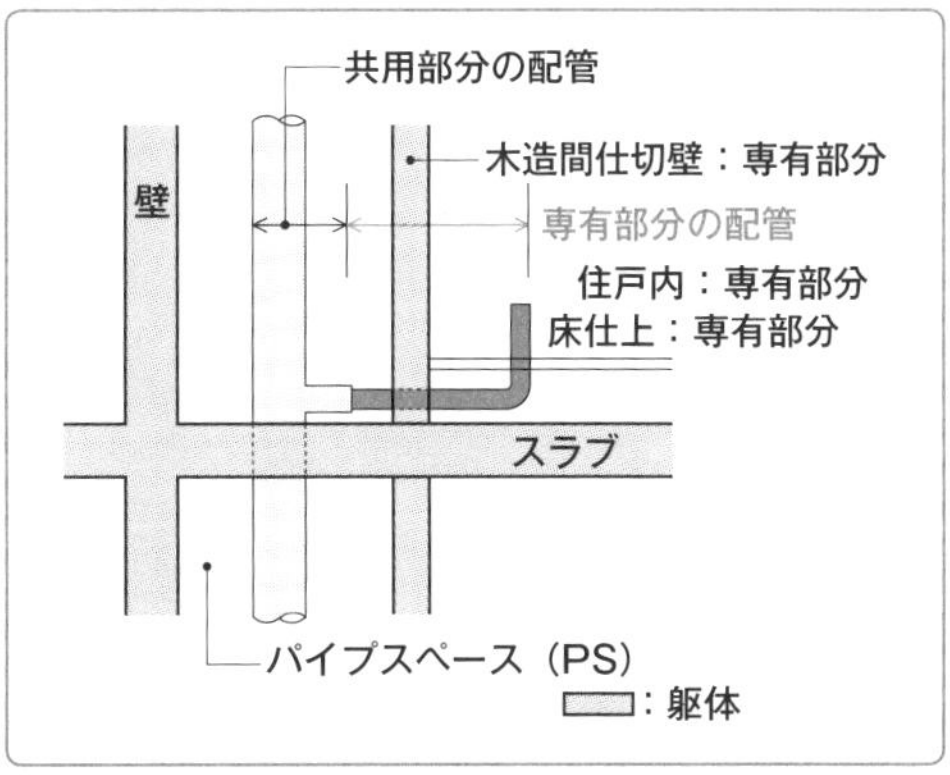

▲排水管の区分（断面略図）
（スラブ上配管の場合）

（マンション管理標準指針　国土交通省）

※この区分図は、例示であり、各マンションの建物・設備の構造、設置場所、用途等によって判断することが必要である

Chapter 1

017

専有部分

専有部分は区分所有者が管理するが、共用部分と一体になった部分や構造に影響する部分は制限あり

区分所有法は、区分所有権の目的たる建物の部分を「専有部分」としており、住戸の中がそれにあたる。専有部分であっても、配管類のように共用部分と構造上一体となった部分の管理については、管理規約にのっとり、管理組合が行うこともある。

専有部分は区分所有者個人の管理であるから、住戸のリフォームや設備機器の取替えは、各区分所有者の費用と責任で実施することになる。しかし、区分所有者の共同の利益に反する行為は法律上禁じられていることから、専有部分の増築や建物の主要構造部に影響を及ぼす行為を実施することはできない。管理規約や細則で制限されている行為もあるので注意する。

専有部分の修繕・リフォームについては、管理組合の承認が必要な場合がある

リフォームに関するトラブルは多く、裁判に発展することもある。たとえば、工事に伴う騒音・振動、工事マナーなどの問題、間取り変更や床材変更に伴う漏水や騒音の発生、外壁にスリーブを開けるなど共用部分の変更に関する問題などである。

トラブルを防ぐために、工事の承認制度を設けている管理組合も多く、近隣住戸の同意を求めたり、フローリングの遮音等級などの基準を、細則で定めたりしているところもある。

住戸リフォームの際には、事前に管理規約や専有部分に関する細則、承認制度を確認しておかなければならない。理事会の開催日まで承認を待たなければならないこともあり、時間に余裕を持った対応が必要である。

なお、マンション標準管理規約では、理事会の承認を受けないで工事を行った場合、理事長はその是正などのための必要な勧告または指示もしくは警告を行うか、その差し止め、排除または原状回復のための必要な措置などをとることもできるとしている。

住戸リフォームの際には、予定されている大規模修繕工事の内容も把握しておく

住戸のリフォームをする前に今後の大規模修繕などの予定を管理組合に確認しておくとよい。専有部内の設備配管の更新工事や、窓サッシ、玄関扉更新工事では内装の解体や復旧工事が発生することもあり、その前に本格的なリフォームをすると二重投資になりかねないからである。

専有部分リフォームの制限と手続き

マンション標準管理規約（単棟型）
（専有部分の範囲） 第７条　対象物件のうち区分所有権の対象となる専有部分は、住戸番号を付した住戸とする。 ２　前項の専有部分を他から区分する構造物の帰属については、次のとおりとする。 一　天井、床および壁は、躯体部分を除く部分を専有部分とする。 二　玄関扉は、錠および内部塗装部分を専有部分とする。 三　窓枠および窓ガラスは、専有部分に含まれないものとする。 ３　第１項または前項の専有部分の専用に供される設備のうち、共用部分にある部分以外のものは、専有部分とする。

マンション標準管理規約（単棟型）
（専有部分の修繕等） 第17条　区分所有者は、その専有部分について、修繕、模様替え又は建物に定着する物件の取付け若しくは取替え（以下「修繕等」という。）であって共用部分又は他の専有部分に影響を与えるおそれのあるものを行おうとするときは、あらかじめ、理事長（第３５条に定める理事長をいう。以下同じ。）にその旨を申請し、書面による承認を受けなければならない。 ２　前項の場合において、区分所有者は、設計図、仕様書及び工程表を添付した申請書を理事長に提出しなければならない。 ３　理事長は、第１項の規定による申請について、理事会（第51条に定める理事会をいう。以下同じ。）の決議により、その承認又は不承認を決定しなければならない。 ４　第１項の承認があったときは、区分所有者は、承認の範囲内において、専有部分の修繕等に係る共用部分の工事を行うことができる。 ５　理事長又はその指定を受けた者は、本条の施行に必要な範囲内において、修繕等の箇所に立ち入り、必要な調査を行うことができる。この場合において、区分所有者は、正当な理由がなければこれを拒否してはならない。 ６　第１項の承認を受けた修繕等の工事後に、当該工事により共用部分又は他の専有部分に影響が生じた場合は、当該工事を発注した区分所有者の責任と負担により必要な措置をとらなければならない。 ７　区分所有者は、第１項の承認を要しない修繕等のうち、工事業者の立入り、工事の資機材の搬入、工事の騒音、振動、臭気等工事の実施中における共用部分又は他の専有部分への影響について管理組合が事前に把握する必要があるものを行おうとするときは、あらかじめ、理事長にその旨を届けなければならない。

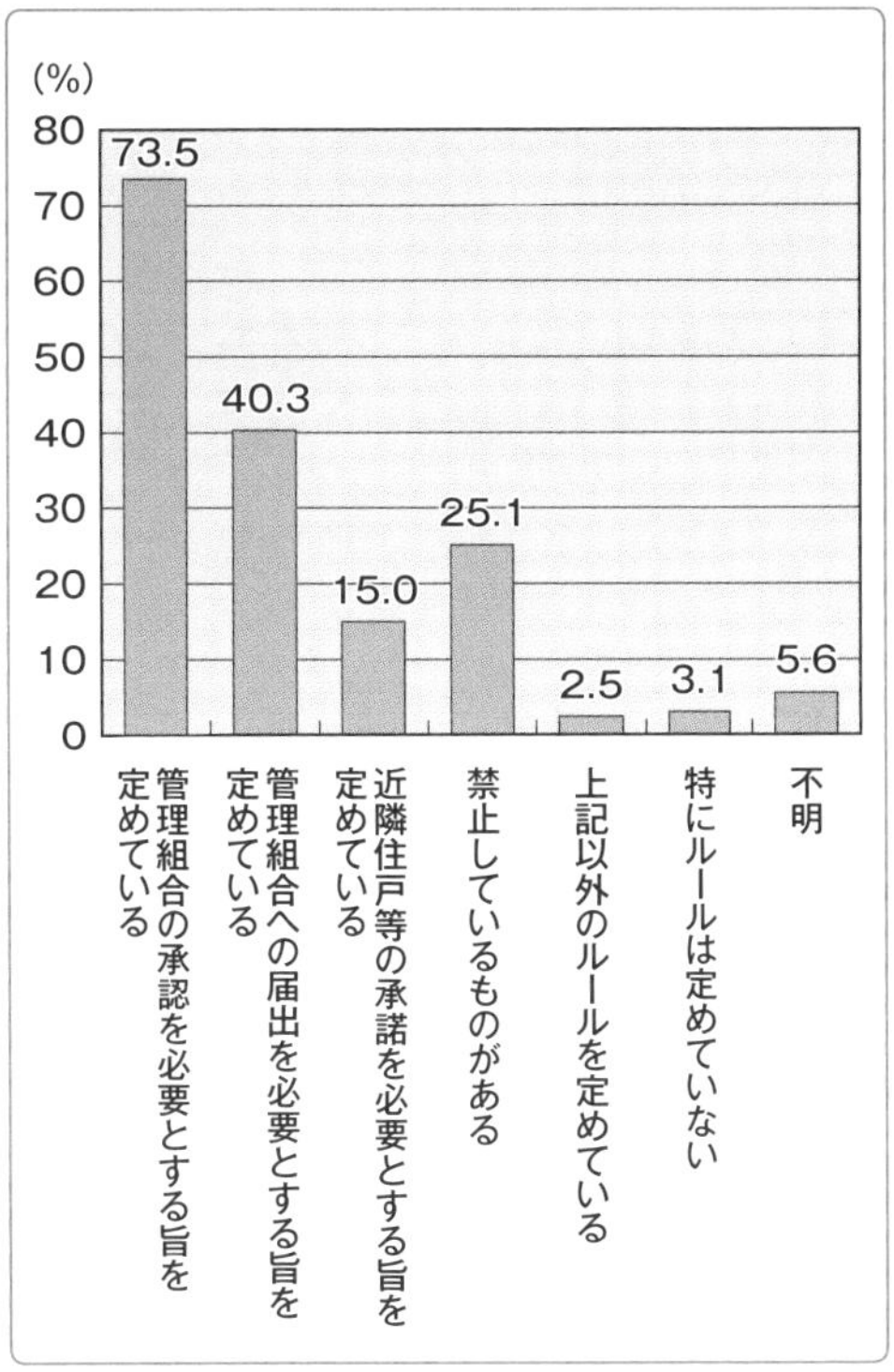

▲専有部分の修繕等のルール（重複回答）

平成30年度マンション総合調査（国土交通省）

一律に禁止するのではなく、可能な設置条件を見い出すことが望ましい。

管理組合で制限、把握すべき専有部分での工事	
1. 躯体に影響のあるもの	スリーブの穴あけ、壁の撤去など
2. 騒音、振動のおそれある床材	フローリング
3. 騒音、振動のおそれのある配管類	キッチン、ユニットバスの位置替えによる排水管、給水管等のルート変更
4. 共用部に接続する配管・配線類	管理区分の分岐点の確認
5. バルコニーに設置するもの	給湯器や電気温水器の設置位置、重量制限
6. 防水層への影響	防水改修を必要とする浴室の改修、バルコニーの床仕上げなど
7. 扉・サッシ取替の際に影響のあるもの	玄関土間の床仕上げ、雨戸・網戸等の取付
8. 建物全体の供給容量にかかわる電気、ガス類	電気・ガス等の契約容量の制限
9. 床下空間の利用	配管ルート等への影響、床下換気の阻害など

018

団地・複合用途の管理

複数棟からなる団地型マンションは、棟ごとの共用部分と全棟の共用部分をもつ

1つの敷地に複数の建物があって、敷地や附属施設を複数の建物の所有者が所有しているマンションのタイプを「団地型」という。管理の仕組みについては「マンション標準管理規約（団地型）」を参考にするとよい。

このタイプは棟ごとの共用部分と、全棟の共用部分をもつため、棟ごとの管理と全体共用の管理が必要であり、棟総会と団地総会が規定されている。区分所有法では棟ごとに適用される事項（義務違反者に対する措置、復旧及び建替え）については、棟ごとの棟総会で決議することとなる。決議が必要な議事でない場合は、棟別委員会や棟集会などを設置して合意形成を図っている例も見られる。

また、棟により戸数や建築年次、建物の形状、仕様が異なることもある。このような場合は当然、棟ごとの修繕費が異なる。不公平感をなくすために、棟別の修繕積立金会計と団地全体の修繕積立金会計を分けて管理するケースもある。

住宅や店舗が混在する複合用途型マンションは、用途ごとに組合をつくることも可能

もっぱら居住用につくられているマンションに対し、下階が店舗で上階が住宅のような用途が混在したマンションを「複合用途型」という。管理の仕組みについては「マンション標準管理規約（複合用途型）」を参考にするとよい。

このタイプは、同じ建物の中に住宅部分と非住宅部分とがあり、使用方法が異なるだけでなく、建物のつくりや仕上げも異なる。用途の違いによる利害関係（たとえば静かな住環境を求める居住者側からの店舗側への不特定多数の出入り、音、匂い、看板などの設置位置などに対する苦情など）を調整しやすくするために、「住宅管理組合（または部会）」と「店舗管理組合（または部会）」のような「一部管理組合（または部会）」をつくり、さらに、両者の調整を図る「（全体）管理組合」をつくることができる。

建物については全体の共用部分のほかに、住戸部分の区分所有者のみの共有となる部分と、店舗部分の区分所有者のみの共有となる部分に分けられる。これらを「一部共用部分」という。管理費や修繕積立金の額は、全体共用部分と一部共用部分を考慮し、適切に按分することが求められる。

団地型マンションと複合用途型マンション

団地型マンションの例

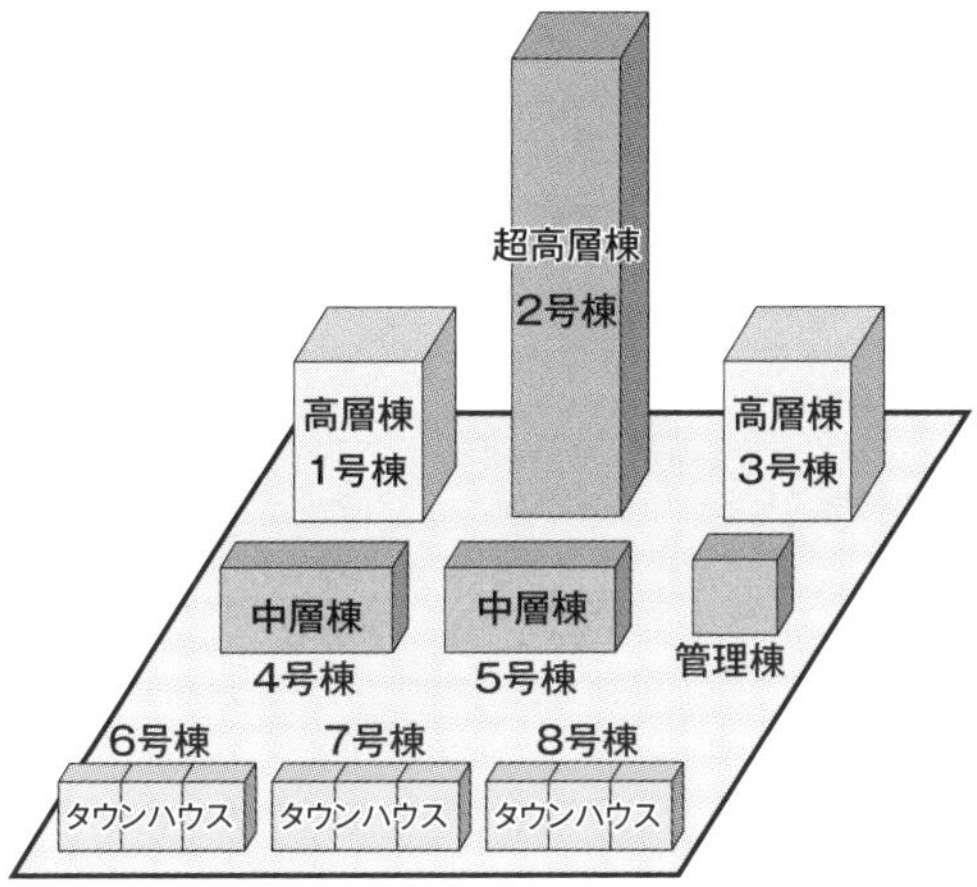

この場合、管理棟と敷地（外構）が団地共用部分となる

共用部分
棟の共用部分、団地共用部分

総会
団地総会、棟総会

管理費
管理費
または
団地管理費、各棟管理費
（管理費の棟別会計が必要な場合）

修繕積立金
団地修繕積立金、各棟修繕積立金

複合用途型マンションの例

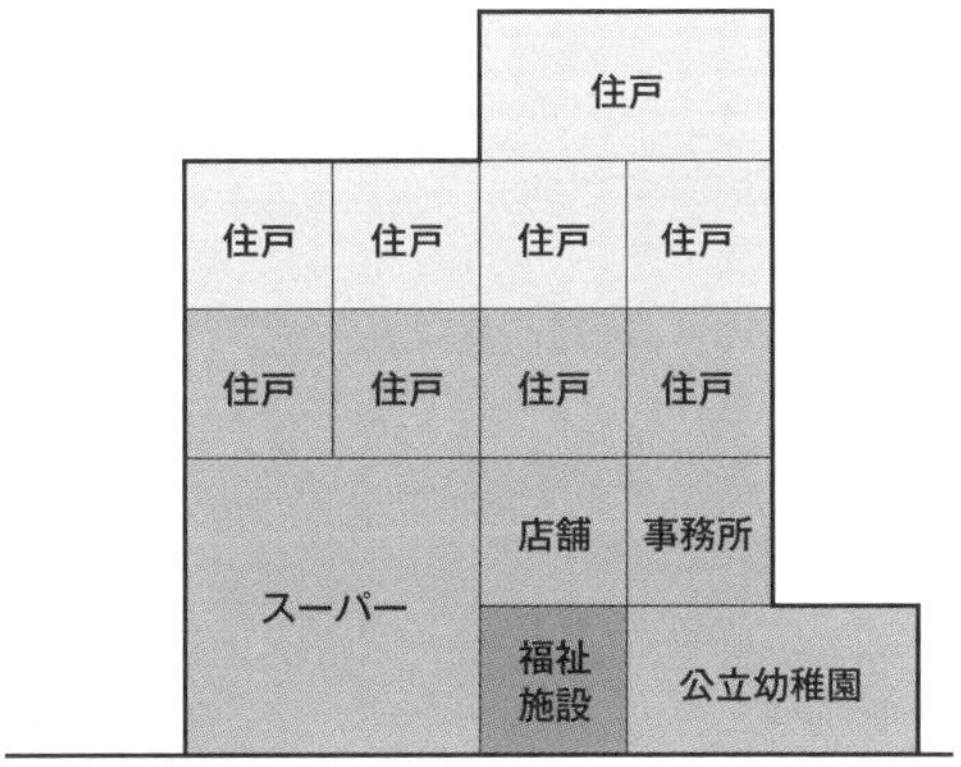

住戸が住宅部分
1～2階部は施設部分（店舗部分）
全体で管理する部分、住宅で管理する部分、施設で管理する部分を分けて管理する

共用部分
全体共用部分、住宅一部共用部分、店舗一部共用部分（施設に応じて名称をつける）

総会
総会
（住宅に住宅部会、店舗に店舗部会を設置。部会は意思決定機関ではないが、協議する組織として位置づける）

管理費
全体管理費、住宅一部管理費、店舗一部管理費

修繕積立金
全体修繕積立金、住宅一部修繕積立金、店舗一部修繕積立金

- 団地型で複合用途型の場合もある。棟ごとに用途が異なる場合、全体管理組合のほかに、一部管理組合（住宅管理組合、店舗管理組合）をつくるケースも見られる
- 超高層マンションでは、1棟に全体管理組合と住宅管理組合、店舗（施設）管理組合があるケースが多い。住宅部分でも全体の外観に影響する部位（バルコニーの壁、手すりパネル、上げ裏、シーリング、樋等）について、保全する主体が住宅管理組合か全体管理組合か、修繕前に確認しておく必要がある
- 超高層建物などに多い、人工地盤や広場の管理主体も明確にしておく必要がある

Chapter 1

019

管理組合へのアプローチ

コンサルタント選びで管理組合が頭を悩ますところ

マンションの大規模修繕工事が社会的に認知されてきたなかで、管理組合も学習を重ねている。コンサルタントを選ぶ際も公募をしたり、プロポーザル方式を採ったり工夫をしている。公開ヒアリングで十分に競争原理を働かせることは、コンサルタント選定でも重要である。ただし、施工者選定と変わらない感覚でコンサルタント選定を行っている状況も生まれている。

マンション管理士がコンサルタント選びをコンサルティングしていることもあるが、修繕に詳しくない場合には、選考のプロセスから見積仕様書、選考基準まで的を外してしまっていることもある。

マンションのごく普通の大規模修繕工事だけであれば、一級建築士事務所登録はいらない。管理建築士を置く必要もないし、スタッフにも一級建築士の資格は求められない。そのため、本当にマンションのことを親身に考えてくれるプロの集団なのかどうか、しっかりと見きわめなければならない。

施工者とは違う方法で、コンサルタントを探す

医者が患者を問診して、最適な医療診断メニューを組み立てるように、建物の調査・診断についても専門家が必要な調査項目や範囲、仕様を提示すべきで、管理組合はマンションの具合の悪さ加減を克明に説明するだけでよいはずである。調査・診断メニューそのものが専門家のノウハウであり、能力を比較できる部分でもあるとするならば、専門家を選ぶ方法は、設計図書を図渡しして、見積合わせとヒアリングで施工者を選ぶ場合と同じ方法は適していないことになる。たしかに医者や弁護士を選ぶ場合には、こちらから業務内容を指定して見積を提出させて、プレゼンテーションまでさせるようなことはない。新築の場合の設計者を選ぶときと同じように、選考基準は資本金やスタッフの数ではなく、実績と評判から得られる信頼によるべきであることを、一般に浸透させていかなければならない。

設計者が修繕の勉強会などで講師として派遣され、理事会や居住者の方々と交流を重ね、信頼できる設計者かどうかを見極めてもらうのが理想的だ。そのためには設計者もじっくり時間をかけ、情報提供を惜しまず、分かりやすいプレゼンテーションを繰返す努力も必要である。

不適切コンサルタントに要注意

国住マ第41号
国土建労第1021号
平成29年1月27日

設計コンサルタントを活用したマンション大規模修繕工事の発注等の相談窓口の周知について

～管理組合・区分所有者の皆様へ～

平成28年3月にマンションの管理の適正化に関する指針（平成13年8月1日国土交通省告示第1288号）が改正され、「工事の発注等については、利益相反等に注意して、適正に行われる必要がある」とされたところです。工事の発注等の適正化に向けては、マンションの大規模修繕工事の発注等に関する相談窓口の活用を促進することが有効であると考えられます。

このため、貴団体におかれましては、所要の広報措置を講じる又は貴団体所属の会員を通じる等の方法により、管理組合に対する別添の内容の周知に関し別格のご協力をいただきますよう、よろしくお願い致します。

現状の課題

マンションの大規模修繕工事等において、診断、設計、工事監理等を担う設計コンサルタントが技術資料を作成し、管理組合の意思決定をサポートする、いわゆる「設計監理方式」は、適切な情報を基に透明な形で施工会社の選定を進めていくためにも有効であるとされています。しかしながら、下記の通り、発注者たる管理組合の利益と相反する立場に立つ設計コンサルタントの存在が指摘されています。

＜指摘されている事例＞

・最も安価な見積金額を提示したコンサルタントに業務を依頼したが、実際に調査診断・設計等を行っていたのは同コンサルタントの職員ではなく、施工会社の社員であったことが発覚した。コンサルタント（実際には施工会社の社員）の施工会社選定支援により同施工会社が内定していたが、発覚が契約前だったため、契約は見送られた。なお、同コンサルタントのパンフレットには技術者が多数所属していると書かれていたが、実質的には技術者でない社長と事務員１人だけの会社であった。

・設計会社が、施工会社の候補５社のうち特定の１社の見積金額が低くなるよう、同社にだけ少ない数量の工事内容を伝え、当該１社が施工会社として内定したが、契約前に当該事実が発覚したため、管理組合が同設計会社に説明を求めると、当該設計会社は業務の辞退を申し出た。このため、別の設計事務所と契約し直したところ、辞退した設計会社の作成していた工事項目や仕様書に多数の問題点が発覚し、すべての書類を作り直すこととなった。

・一部のコンサルタントが、自社にバックマージンを支払う施工会社が受注できるように不適切な工作を行い、割高な工事費や、過剰な工事項目・仕様の設定等に基づく発注等を誘導するため、格安のコンサルタント料金で受託し、結果として、管理組合に経済的な損失を及ぼす事態が発生している。

Chapter 1

020

業務委託契約の結び方

総会で承認されて初めて、契約できる

調査診断、設計、工事監理といった建築士業務委託契約についても、管理組合の総会承認をとる。総会の前に居住者説明会を開いてもらい、業務の目的や内容などを解説して質疑応答を経ておくと、総会はスムーズに通りやすい。総会では審議される側なので、場を辞すこともあるが、許される発言は積極的に行い、区分所有者の方々からの質問にも分かりやすく回答する。

管理会社や施工会社に、責任施工で大規模修繕工事を依頼すると、調査診断や設計、工事監理はすべて工事費に含まれ、金額が発生しないようにみえる。設計者を入れることで、余計な支出があるような印象を持たれがちだ。第三者の立場で客観的に公正な大規模修繕工事へと導く重要な役割であることを十分に伝えたい。

無事に総会を通過したら、契約書の案と業務仕様書、スケジュールを用意して、新築の設計や工事監理契約と同じように契約前に重要事項説明を行い、重要事項説明書も交付する。契約書の様式も新築と同じものを使うことができる。

業務は連続しているが、契約は単年度に分ける

建築士業務委託契約における委託者は、管理組合理事長となる。マンションの多くは理事長の任期が1年で、毎年理事長が替わっていく。大規模修繕工事のプロジェクトは1年目に調査診断や計画、2年目に設計や施工者選定、3年目にようやく工事というように規模によっては3年がかりとなることもある。修繕の内容は難しい工事ではないが、区分所有者の工事に向けた合意形成には大変時間がかかることを考慮する。作業としては一連の流れで同じ設計者が継続すべきだが、契約は単年度ごとに交わす方がよい。理事長の任期に合わせるだけでなく、調査診断の結果により設計の中身が変わることもあるし、設計次第で工事のボリュームも変化するので、業務で分けた契約の方がお互いに利するところがある。

また、理事会全員が一斉に交代してしまうような管理組合はプロジェクトの継続性が引き継ぎづらい。理事会が替わってもプロジェクトが終了するまではメンバーが固定できる修繕委員会組織を立ち上げてもらうことも、重要なアドバイスである。委員会に理事長や施設担当理事などに参画してもらうようにする。

建築士業務委託契約書の例

建築士業務委託契約書

委託者　○○○○○○○管理組合　理事長　○○　○○　と
受託者　○○○○一級建築士事務所　代表　○○　○○　は
両者の間に次のとおり契約する。

第1条　委託者は、○○○県○○市○○区○○○○
○○○○○○○
について下記の業務を受託者に委託する。

1. 調査診断業務
2. 長期修繕計画見直し業務

（詳細は、別添する建築士業務見積内訳書（○○○○年○月○○日付）にその内容を示す。）

第2条　委託者は、その業務について、受託者の業務遂行に必要な資料を遅滞なく受託者に提示し、受託者は、これによって各業務を定められた期間内に完了する。

第3条　受託者は、第1条に定めた業務を下記期間内に行う。
1. 調査診断業務
○○年　○月より　　○○年　○月まで
2. 長期修繕計画見直し業務
○○年○○月より　　○○年　○月まで

第4条　受託者の業務に対する報酬は、次による。
1. 総金額　○,○○○,○○○　円とする。
うち
業務費（取引に係る消費税額を除く額）
○,○○○,○○○　円
取引に係る消費税額　○○○,○○○　円

第5条　委託者は、第4条の業務の報酬（総金額）を、次の区分によって受託者に支払う。
1. 契約締結時　報酬額の　1／○
または　金　○○○,○○○円
2. 業務中間時　報酬額の　1／○
または　金　○○○,○○○円
3. 業務完了時　報酬額の　1／○
または　金　○○○,○○○円

第6条　委託者が、計画内容の提示を遅滞し、または正当な事由により受託者の業務実施が遂行できないときは、遅滞なく相手方に通知する。この場合、受託者は、その業務ができないことに伴って必要となった業務期間の変更、報酬の変更を求めることができる。

第7条　委託者は、受託者に対し受託者の業務につき随時報告または説明を求めることができる。受託者は、第1条の業務を完了したときは、業務完了報告書に成果図書を添えて委託者に提出し、委託者は、確認の上受領した旨を書面で受託者に通知する。これを以って業務の完了とする。委託者は、提出された成果図書について異議があるときは、遅滞なく受託者に通知し、その措置について委託者と受託者は協議して定める。

（以下省略）

column 01

マンション大規模修繕の海外事情

それぞれの国の歴史の中でマンションが育っている。修繕工事のための積立金不足や居住者間のトラブルは万国共通のよう。

築200年があたりまえの英国では、共同住宅のことをフラットという。建物の1階がグランドフロアと呼ばれるように、土地と建物は一体の不動産になっている。土地と建物の共用部分はフリーホルダー（地主や開発事業者）が所有し、各住戸はリースホルダー（各住戸保有者）が99年や999年といった期間で借りて利用している。

18世紀のフランスで裕福な世帯の正門を守っていたポルチエが前身となるガルディアンが、主要都市の共同住宅の管理を担っている。管理組合の構成員から選ばれた管理者にあたるサンディクと雇用契約を結び、建物の維持管理業務を行っている。労働協約になくても居住者の心配事の相談にのったり、高齢者の安否確認など精神的なサービスを当然すべき業務としてとらえている。２０１４年に改正されたＡＬＵＲ法により、管理組合の区分所有登録簿への登録義務化と、荒廃区分所有建物への対応が強化されている。

第二次世界大戦後の冷戦で分断されていた旧西ドイツで１９５２年に住宅不動産所有法（ＷＥＧ）が制定されて、'94年の改正で共同分譲住宅が規定されている。管理は宣言証書に基づき管理人および共同住宅所有者から選出された顧問委員会がガイドラインに従って執行している。

ハワイ州のコンドミニアムの創設、運営に関する基本法は、ハワイ州修正法第５１４Ａ章で定められている。建築物や共用部分の権利関係など基本的な事項を定めた宣言証書と、管理規約などを州政府機関へ提出し登録しなければならない。管理組合が将来の共用部分の修繕工事費として積み立てるべき修繕積立金は、推定工事費の50％とするなど行政機関の関与は強い。

中国政府は２００７年に物権法を制定し、建物区分所有権を規定した。管理主体は区分所有者となるが、団体性は希薄で管理規約の義務付けもない。執行機関には理事会方式と管理者方式が許容されている。

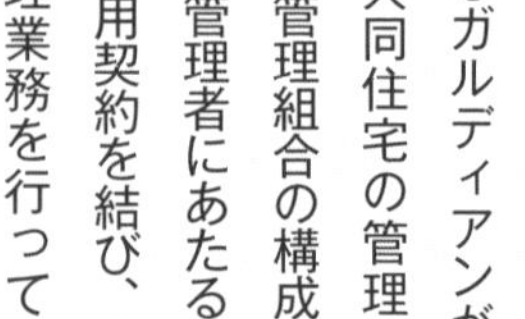

▲米国・ハワイ州オアフ島のコンドミニアム

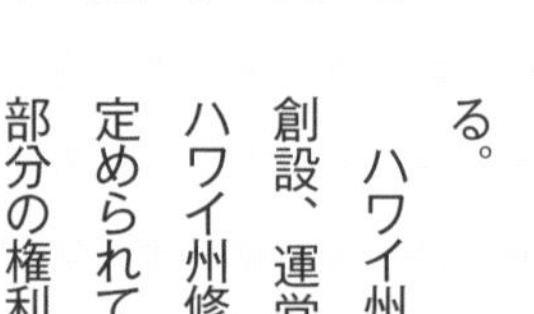

▲中国・上海の超高層マンション群

Chapter 2

管理組合と大規模修繕

021

大規模修繕の体制づくり

大規模修繕は複数年にまたがるプロジェクト。専門委員会を設置して検討する

管理組合の業務は理事会が執行するが、通常の業務のほかに大規模修繕の業務が加わると、打ち合わせだけでも大変である。大規模修繕業務は、発案から工事完了まで2、3年かかることもあり、役員の任期より長くなることもある。そこで理事会とは別に、大規模修繕工事を中心に取り組む専門委員会を設置する。「大規模修繕委員会」や「計画修繕委員会」など名称はさまざまである。委員の任期は工事終了までとし、できるだけ委員を固定するのが望ましい。

決定権は理事会にある。理事を委員会に参加させるのが円滑に進めるコツ

専門委員会の業務は、専門家の選定、調査診断の立会い、工事内容の提案、説明会の実施、組合員の意見徴収、広報活動、業者の選定、工事中の打合せや検査などである。

ただし、専門委員は理事会の諮問機関であり、決定権は理事会にある。そこで、専門委員会に理事（理事長、副理事長、会計など）を参加させ、途中経過を把握してもらい、議論に後戻りがないような体制にしておくことがポイントである。

専門委員会のメンバーはコミュニティづくりと同じ。老若男女いろいろな立場の人を

専門委員会を設置することにより、建築や設備の知識を持つ者など、大規模修繕に関心の高いメンバーを揃えることができる。そのほか、専門知識は必要なく、日中のマンションの状況をよく知っている主婦などの情報はとても貴重である。老若男女いろいろな立場の人が集まって和気あいあいと話し合える管理組合は、大規模修繕の合意もスムーズで、運営上手なマンションといえる。

なお、建設会社の社員など、工事の発注先となり得る関係者を委員にする場合は、あらかじめ、施工業者の選定には関与しないなど、業務範囲を明確にしておく方法もある。

専門委員会が構成できない場合は、理事の増員か理事会の回数を増やす

小規模マンション（戸数の少ないマンション）では区分所有者数が少なく、専門委員を集めること自体が難しく、委員会が設置できないことも多い。このような場合は臨時に理事の数や理事会の回数を増やすなどして柔軟に対応するとよい。

専門委員会の設置

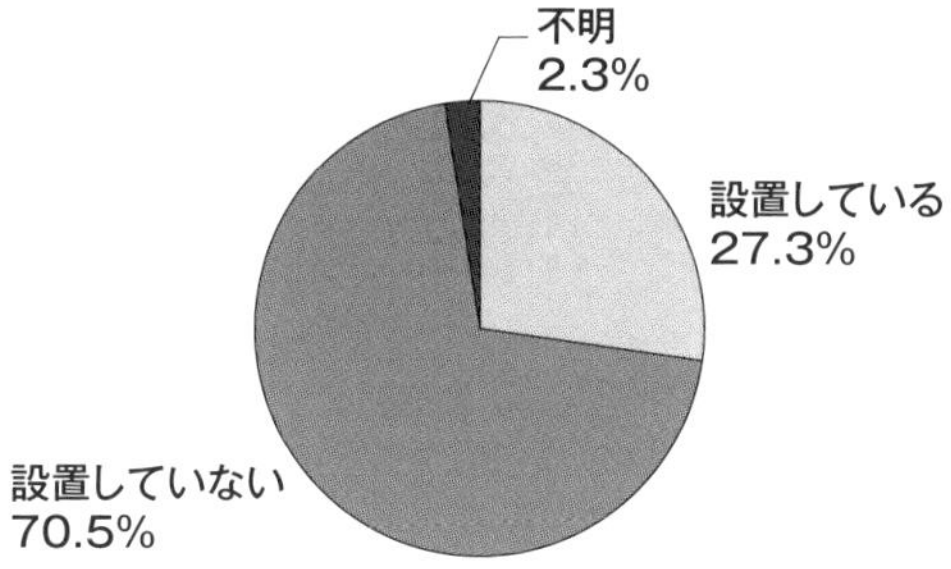

▲専門委員会の設置の有無

そのほか、緑化委員会、駐車場問題検討委員会などが設置されていることがあり、必要に応じて協力を求めるとよい

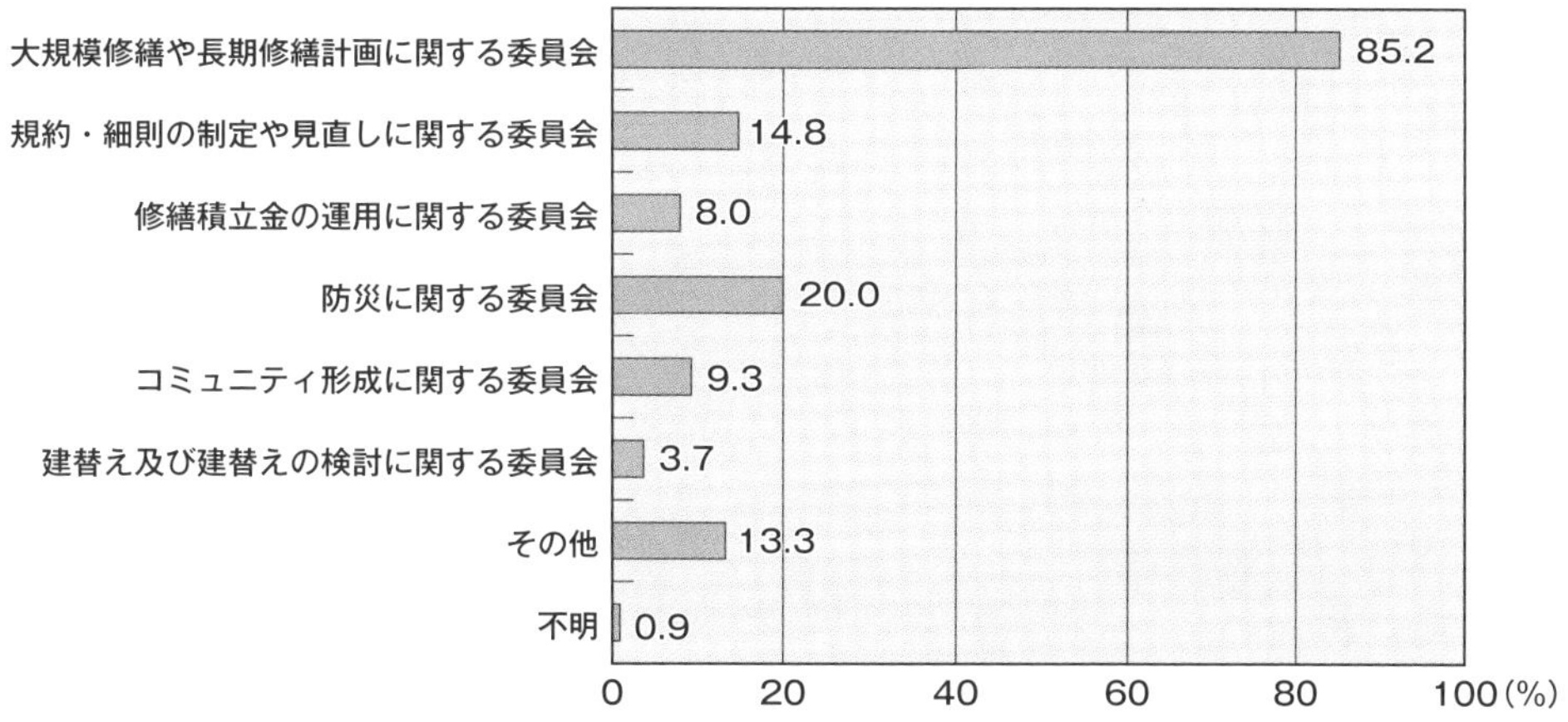

▲設置している専門委員会の種類（重複回答）

平成30年度マンション総合調査（国土交通省）

マンション標準管理規約（単棟型）
第55条　（専門委員会の設置） 理事会は、その責任と権限の範囲内において、専門委員会を設置し、特定の課題を調査または検討させることができる。 2　専門委員会は、調査または検討した結果を理事会に具申する。
55条関係コメント ①　専門委員会の検討対象が理事会の責任と権限を越える事項である場合や、理事会活動に認められている経費以上の費用が専門委員会の検討に必要となる場合、運営細則の制定が必要な場合等は、専門委員会の設置に総会の決議が必要である。 ②　専門委員会は、検討対象に関心が強い組合員を中心に構成されるものである。必要に応じ検討対象に関する専門知識を有する者（組合員以外も含む）の参加を求めることができる。

Chapter 2

022

大規模修繕のパートナー

大規模修繕で管理組合のパートナーとなる専門職は、多種多様に存在する

大規模修繕を実施する前に、建物を診断して劣化状況を把握し、工事基本計画を作成し、概算工事費を算出して工事内容を決定する。これらの作業には修繕の専門知識が不可欠であり、管理組合は専門家に業務を委託することとなる。

大規模修繕に関する相談・業務の依頼先としては建築士事務所のほか、管理会社、マンション管理士事務所、施工会社、業界団体などさまざまである。

平成30年度のマンション総合調査では、建物・設備の調査・診断について、「マンション管理業者に依頼」が53%、次いで「建築士事務所」が17%、「調査・診断専門業者」が12%、「修繕工事請負業者がサービスでしてくれた」が8%となっている。

パートナー選びの前に、設計監理方式と責任施工方式の違いを知る

業務の依頼先によって工事の発注方式は、責任設計施工（設計施工、第三者による監理が入らない）方式か、設計監理方式かの違いがあるが、管理組合にはその違いがわかりにくい。また、調査診断や設計監理は無料サービスでもできると考えている人もおり、激しい価格競争が起きている。大規模修繕でも工事監理は重要であり、管理組合にその重要性を認識してもらうことが大切である。

最近では、工事監理のみを建築士事務所に依頼するケースも見られる。しかし、設計が不十分な場合は、後々責任問題に発展するおそれもあり、十分注意する必要がある。そのため、責任施工の監修は行うが、監理の責任は負わない監修方式も見られる。

まず何をすればいいのか、コンサルタント業務から始まる大規模修繕の設計監理

大規模修繕をどのような流れで行うのかをきちんと押さえることが、管理組合にとって大切である。そのためにはコンサルティング業務を行い、適切に導くことが欠かせない。長期修繕計画の作成など維持管理の知識も持ち合わせた、よい専門家との出会いが大切である。

地方公共団体によっては大規模修繕や建替え、耐震診断などの専門家の派遣を行っている。また、マンション管理組合団体やNPO、業界団体でも相談や専門家の派遣、診断業務などを行っており、業務につながるケースもある。

管理組合の業務依頼先

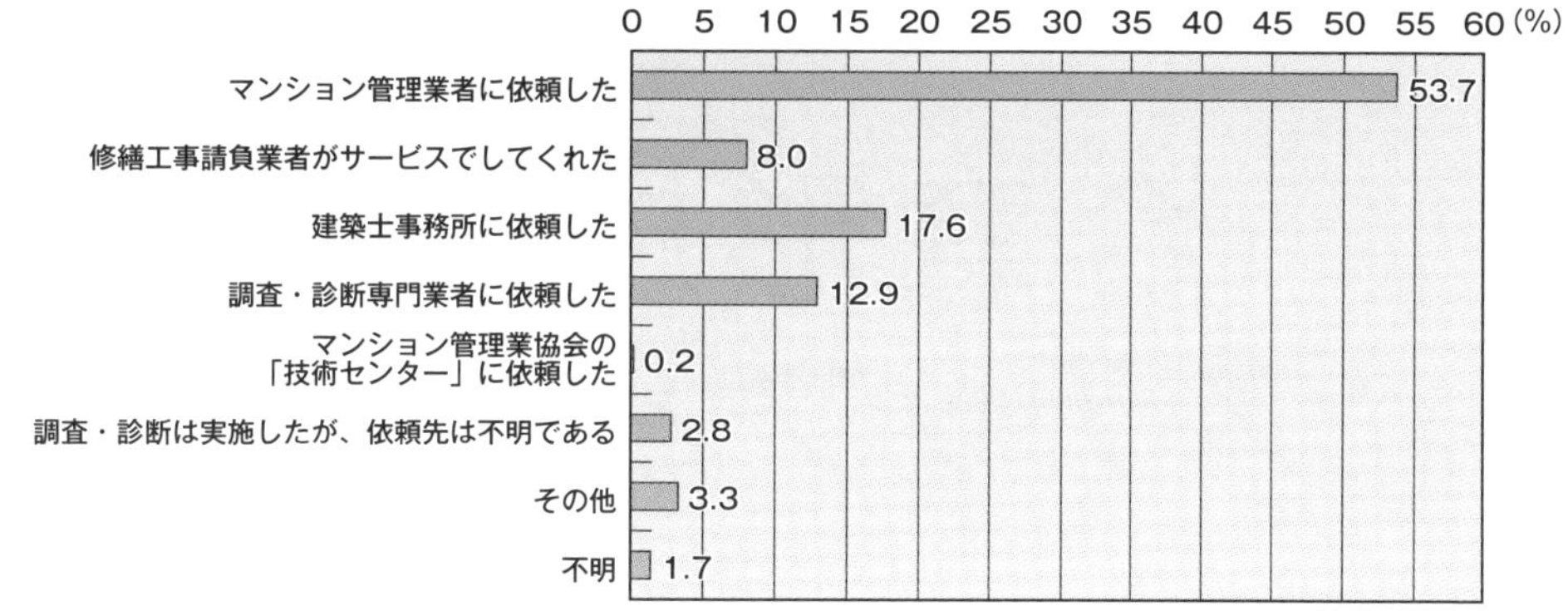

▲ 調査・診断の実施

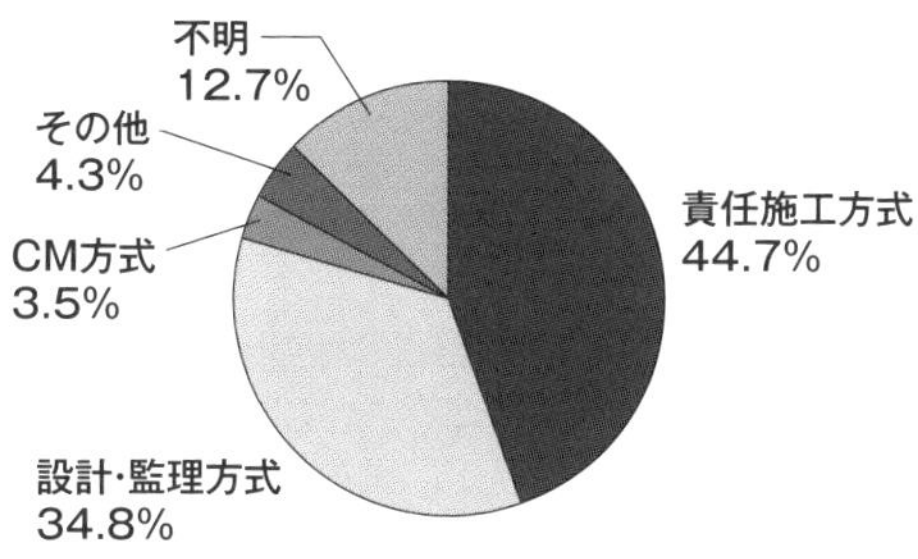

CM方式
これまで発注者・受注者の双方が行ってきた、設計の検討や、工程管理、品質管理、コスト管理など各種のマネジメント業務を、別の主体であるコンストラクションマネージャー（CMR）が行うもの。

▲ 工事発注方式の調査データ　　平成30年度マンション総合調査（国土交通省）

マンション大規模修繕に関する相談・業務等の依頼先
建築士事務所、調査診断会社、マンション管理会社、マンション管理士事務所、マンション管理組合団体（管理組合の情報交換などを目的に作られた団体）、施工会社、防水材・塗料メーカー、（公社）日本建築家協会メンテナンス部会、（一社）マンション管理業協会「技術センター」、（公社）ロングライフビル推進協会「マンションドック」など

設計・施工・監理の発注方式

設計監理方式	設計工事監理と施工を分離して発注する方法。設計事務所や管理会社などが設計工事監理を行い、施工会社は施工のみ請け負う。複数の会社の見積を比較し選択することができる。工事内容が適切かどうか監理することができる
責任施工方式	施工会社に設計から施工までを発注する方式。設計施工方式ともいわれる。調査・診断・設計はサービスで行われることもある。各社の提案内容により見積内容が異なるため比較が難しい
監修方式	責任施工の内容について、第三者が専門家としてのチェックを行い管理組合にアドバイスを行う。監修者は設計と監理は行わず、その責任を負わない

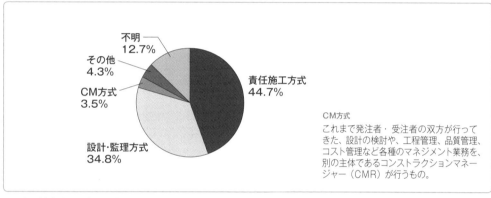

023

合意形成のステップとコツ

合意形成のためには、確実な手順を踏むためのスケジュールをたてることが重要

管理組合の運営は、情報の開示、運営の透明化など、開かれた民主的なものとする必要がある。特に工事をめぐっては、業者の選定などでトラブルが発生しかねない。公明正大、確実な手順を踏むことが重要である。

設計監理者からの提案は委員会で検討し、理事会が合意した後、区分所有者に説明する。この手順を頭に入れ、工事前に必要な作業と、説明会や総会の開催日を組み込んだスケジュールを立てることが重要である。工事着工まで1、2年はみておきたい。

目的意識を共有させるために説明会を開催し、広報し、総会決議へとつなげていく

大規模修繕は総会で決議する。しかし、総会はほかの議案もあり、工事内容を細かく議論する時間はない。そこで、総会前に説明会を行い、組合員からの質問や意見を得ておくことが重要である。

特に大規模修繕では「なぜ工事が必要なのか」が論争になることがある。建物診断の結果と対策、必要な工事と実施が望ましい工事に分けて説明すると分かりやすい。意見については検討し、可能なことは反映させておく。

正しい情報を提供して、コミュニティに問題意識を共有させる、コンサルタント業務

工事内容を決め、工事を発注し、工事に協力するのは管理組合・居住者というコミュニティ（共同体）である。一人ひとりに考え方があり、人間関係があるため、必ずしも工事に賛成とは限らない。

一人ひとりに正しい情報を提供して問題意識を共有させ、客観的な判断を交え、目的意識を同じに導くことがコンサルタントの重要な役目である。

広報紙作成や説明会開催などの管理組合を補助する業務は、コンサルタント業務として取り組む必要がある。

管理組合がマンションのリフレッシュを楽しみにできる、大規模修繕を

大規模修繕は大変だが、でき上がりを心待ちにするのは楽しいことである。マンションがより安心・安全に、美しく、明るくなれば、これをきっかけにコミュニティ活動も活発になることもある。そんな取組み・改修内容を提案できるコンサルタントが求められる。

管理組合の合意形成

マンションの管理の適正化に関する指針（平成13年　国土交通省告示第1288号）＜抜粋＞
二　マンションの管理の適正化の推進のために管理組合が留意すべき基本的事項 1. 管理組合の運営
管理組合の自立的な運営は、マンションの区分所有者等の全員が参加し、その意見を反映することにより成り立つものである。そのため、管理組合の運営は、情報の開示、運営の透明化等、開かれた民主的なものとする必要がある。 また、集会は、管理組合の最高意思決定機関である。したがって、管理組合の管理者等は、その意思決定にあたっては、事前に必要な資料を整備し、集会において適切な判断が行われるよう配慮する必要がある。 管理組合の管理者等は、マンション管理の目的が達成できるように、法令等を遵守し、マンションの区分所有者等のため、誠実にその職務を執行する必要がある。

大規模修繕に対する不安、反対等の意見の例

- お金をかけたくない、必要最低限の工事しか認めない
- 玄関扉の取替えや集合郵便受けの取替えはもったいない、壊れてから取り替えればよい
- 床のタイル・インターロッキングへの改修（仕上げの変更）は滑るから反対
- 廊下や階段の化粧シート張りは手入れ（掃除）が必要になるから反対
- 給水ポンプなどを自分の住戸の近くに置くのは反対
- （足場仮設や外構工事について）植栽の剪定・伐採は反対

反対意見についての対応例

- 工事内容や費用の考え方については、計画修繕の意味を再確認する
- 仕様については、見本品の提示や、参考の建物を見学に行くなどして再確認する
- 給水ポンプなどの配置等は、そこに決まった経緯などを説明し、不安解消のための措置を提案する

合意形成のステップとスケジュール

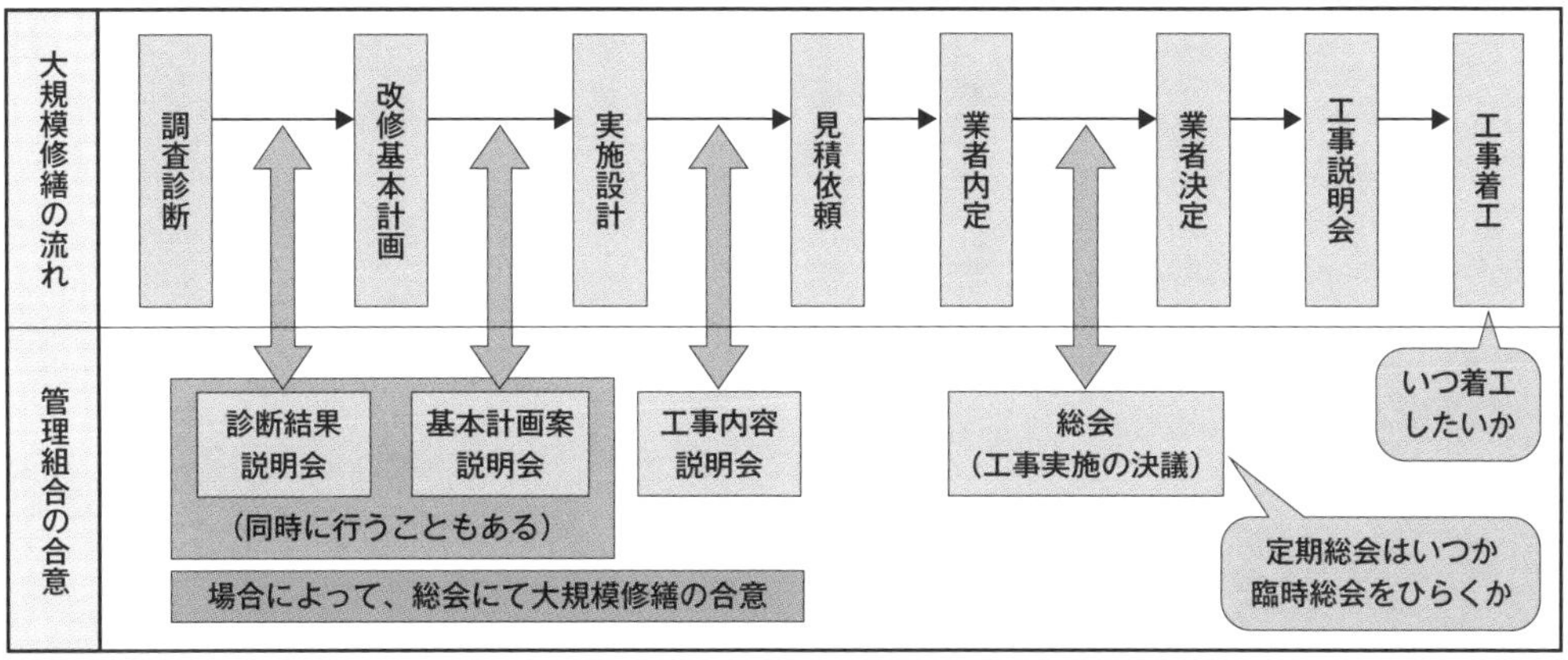

024

大規模修繕の資金計画

大規模修繕工事の予算を立てる際には、追加や精算も考慮して予備費を見込む

大規模修繕の工事費、調査診断費、設計費、工事監理費などは、修繕積立金会計から支出することができる。年度ごとの収支予算・決算は、総会決議事項であり、事業計画を立てるうえでも予算化は欠かせない。

工事費は、実施設計が終了した段階で設計見積が可能となる。この時、長期修繕計画で見込まれた工事費と開きがないかを確認しておくとよい。ただし、大規模修繕工事では躯体の補修数量のように、見積時に指定数量とし、工事後に実施数量を確定して精算する「精算（清算）工事（項目）」が多い。また、工事の追加・変更も多々発生する。そこで、全体工事費の1～2割程度は予備費として予算に見込んでおく必要がある。追加工事等で実行費が予算を大きく上回るような事態になると、改めて総会決議が必要になるので、留意されたい。

資金不足の場合は、借入や一時金徴収なども行われるが、総会決議が必要

修繕積立金が不足する場合は、区分所有者からの一時金徴収や金融機関からの借入れで賄う必要があるが、どちらも区分所有者の理解が欠かせない。平成30年度マンション総合調査によると、修繕積立金だけで行った割合は72％（不明を除くと86％）であり、金融機関からの借入は11％、一時金徴収は2％強となっている。

借入については、管理組合向けの融資として、（独）住宅金融支援機構の「マンション共用部分リフォーム融資」や民間組織の大規模修繕用のローンがある。これらは無担保で区分所有者などによる連帯保証を設定していないなどの特徴があるが、融資条件として、修繕積立金の額や管理体制などに一定の基準が設けられており、事前に融資機関との協議が必要である。

耐震改修、バリアフリー、省エネ、長寿命化などの工事に対する助成制度も

地方公共団体によってはマンション共用部分工事の助成を行っている。さらに、耐震改修やバリアフリー化など特定の改修に補助制度を設けている場合もある。

最近では国の施策として、長期優良住宅化リフォームや省エネ改修の促進のための事業が行われており、補助対象が公募されることもあるので、動向をチェックするとよい。

データでみる工事費の調達方法

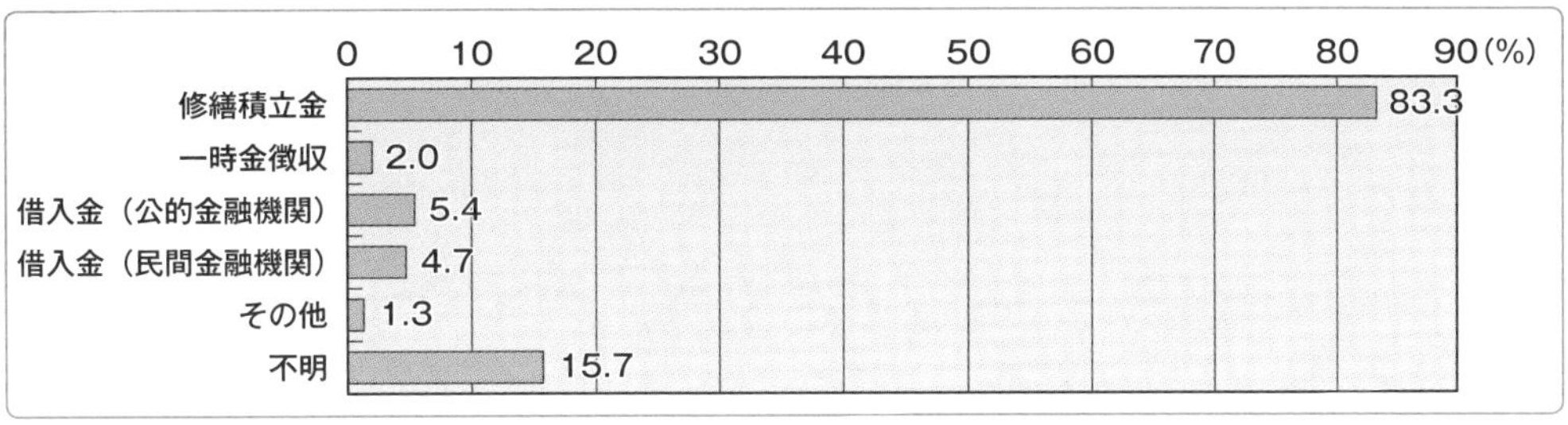

▲計画修繕工事実施時の工事費調達方法（重複回答）

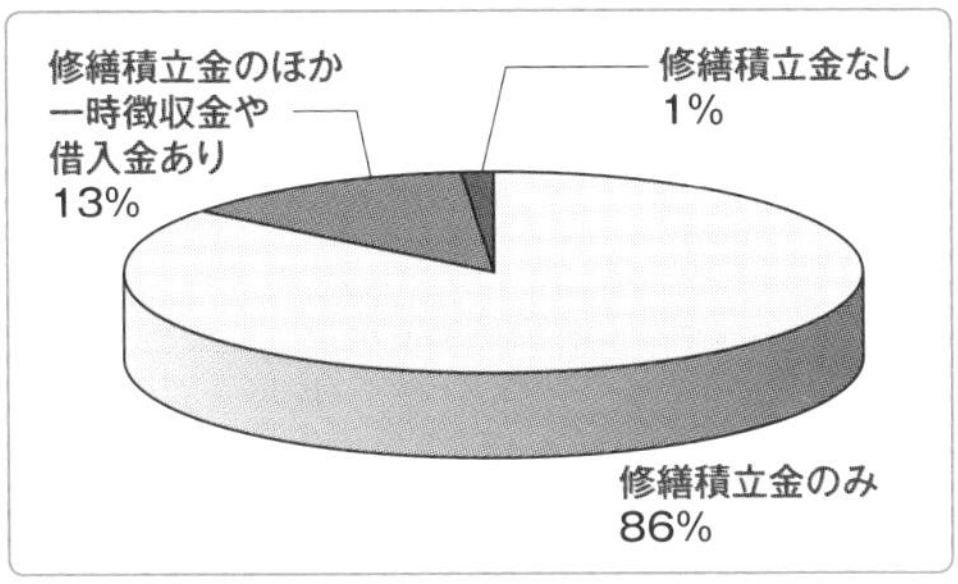

▲工事費の調達割合（不明を除く）

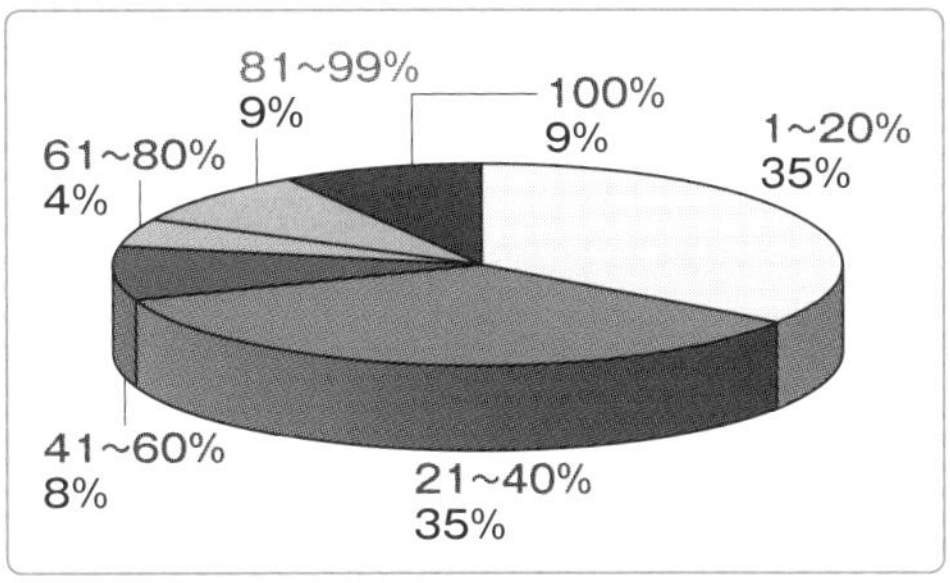

▲一次徴収金の調達割合（不明・一次徴収金なしを除く）

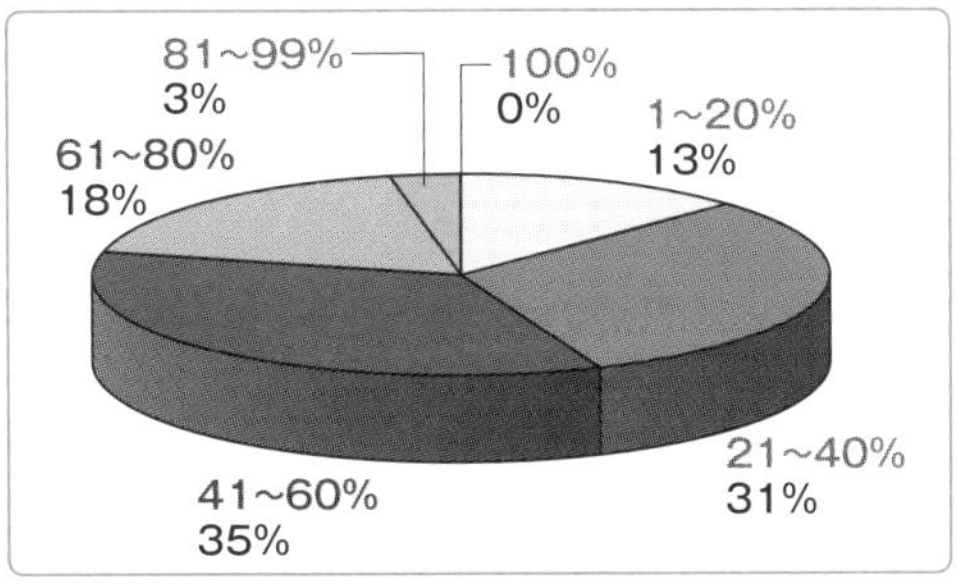

▲公的金融借入金の関連割合（不明・借入金なしを除く）

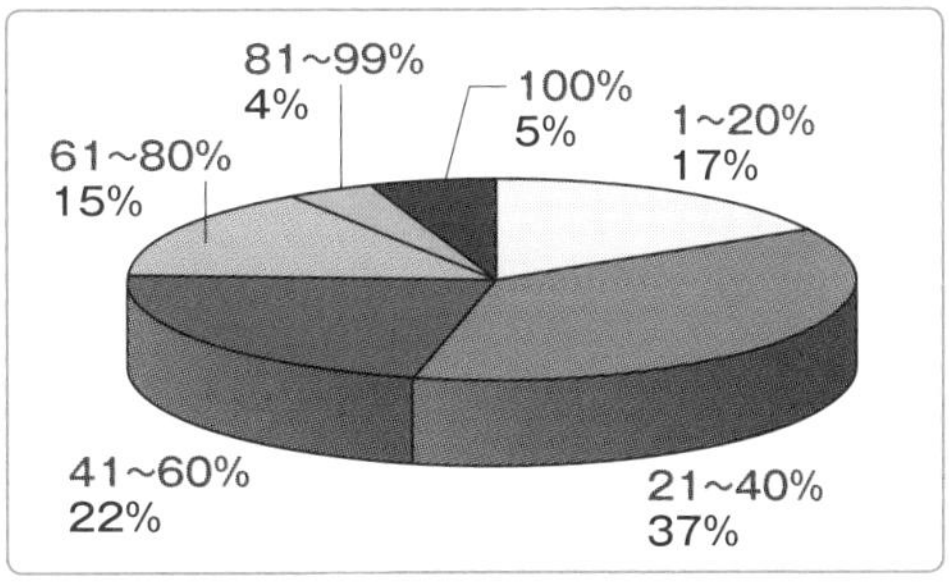

▲民間金融借入金の調達割合（不明・借入金なしを除く）

平成30年度マンション総合調査（国土交通省）

地方公共団体によるマンション助成

地方公共団体によるマンション助成の例

- 共用部分改修費用助成制度
- 共用部分修繕工事費資金借入の利子補給制度
- 共用部分バリアフリー化、住宅改造費助成制度
- 耐震改修（アドバイザー派遣、診断、設計、工事費）助成制度
- アスベスト除去費助成制度
- 擁壁および崖改修等支援制度
- エレベーター防災対策改修支援制度
- 劣化診断調査費、計画修繕調査費助成制度
- 大規模修繕、建替えアドバイザー派遣制度
- マンション管理アドバイザー、マンション管理士等派遣制度

（公財）マンション管理センターのホームページにて地方公共団体の補助制度が紹介されている

025

大規模修繕の決議

工事の内容が「共用部分の形状または効用の著しい変更」に該当するか確認

大規模修繕工事は、総会で工事内容、資金計画（修繕積立金の取り崩し、借入）について決議する。

区分所有法では、著しい共用部分の変更工事がなければ、一般的な大規模修繕工事は、普通決議（過半数決議）でよいとされている。管理規約によっては、出席組合員（半数以上の出席で総会成立）の議決権の過半数、つまり総組合員の議決件数の4分の1の賛成でも決議できることとなる。しかし規約により設定が異なるので注意が必要である。

一方、「共用部分の形状または効用の著しい変更」を伴う場合は、4分の3以上の特別多数決議（ただし、区分所有者の定数は規約で過半数まで減ずることが可能）となる。さらに、特定の住戸に特別の影響を及ぼす時は、その組合員の承諾を得なければならない。

工事内容が「形状または効用の著しい変更」にあたるかどうかは、個別の判断が必要であるが、「マンション標準管理規約コメント」に例示があるので、参考にするとよい。

ただし、耐震補強工事については、2013年に「建築物の耐震改修の促進に関する法律」が改正され、区分所有法の特別措置が取られている。耐震改修の必要性の認定を受けた区分所有建物に対しては、耐震改修工事の議決要件が2分の1以上に緩和されている。

修繕積立金の取り崩しや借入、修繕積立金徴収額の変更なども総会決議事項

修繕積立金の取り崩しや借入は普通決議である。借入の場合は借入金額、返済方法、返済期間、保証委託などについての同意が必要である。

多数決で工事ができるとはいえ、区分所有者、居住者全員の協力がなければ円滑な工事は難しい。過半数近くが反対というような状況で工事はしたくない。できるだけ全員の同意を得るつもりで取り組むことが、重要である。

そのほか、修繕積立金の徴収額の変更や長期修繕計画の作成・変更、共用部分の変更（規約の改定）も、総会決議が必要である。金融機関から工事費を借り入れる場合、融資条件として、修繕積立金の徴収額や管理規約について適正な内容に変更を求められる場合もあるので、必要な事項はあわせて総会で決議しておく。

大規模修繕に関する総会決議

マンション標準管理規約（単棟型）
第47条（総会の会議及び議事）<抜粋> 2　総会の議事は、出席組合員の議決権の過半数で決する。 3　次の各号に掲げる事項に関する総会の議事は、前項にかかわらず、組合員総数の4分の3以上及び議決権総数の4分の3以上で決する。 一　規約の制定、変更又は廃止 二　敷地及び共用部分等の変更（その形状または効用の著しい変更を伴わないもの及び建築物の耐震改修の促進に関する法律第25条第2項に基づく認定を受けた建物の耐震改修を除く） （中略） 8　第3項第二号において、敷地及び共用部分等の変更が、専有部分または専用使用部分の使用に特別の影響を及ぼすべきときは、その専有部分を所有する組合員又はその専用使用部分の専用使用を認められている組合員の承諾を得なければならない。この場合において、その組合員は正当な理由がなければこれを拒否してはならない。

共用部分の軽微な変更の理事会決議について （マンション標準管理規約コメントより）
共用部分の軽微な変更及び狭義の管理行為については、大規模マンションなど、それぞれのマンションの実態に応じて、機動的な組合運営を行う観点から、これらのうち特定の事項について、理事会の決議事項として規約に定めることも可能である。その場合には、理事の行為が自己契約、双方代理など組合員全体の利益に反することとならないよう監事による監視機能の強化を図るなどの取組み、理事会活動の事前・事後の組合員に対する透明性の確保等について配慮することが必要である。

大規模修繕に関する総会決議の例（マンション標準管理規約コメントより）		
バリアフリーの工事の例	建物の基本的構造部分を取り壊すなどの加工を伴わずに階段にスロープを併設し、手すりを追加する工事	普通決議
	階段室部分を改造したり、建物の外壁に新たに外付けしたりして、エレベーターを新たに設置する工事	特別多数決議
耐震改修工事	柱や梁に炭素繊維シートや鉄板を巻き付けて補修する工事や、構造躯体に壁や筋かいなどの耐震部材を設置する工事で基本的構造部分への加工が小さいもの	普通決議
防犯化工事	オートロック設備を設置する際、配線を、空き管路内に通したり、建物の外周に敷設したりするなど共用部分の加工の程度が小さい場合の工事や、防犯カメラ、防犯灯の設置工事	普通決議
IT化工事	光ファイバー・ケーブルの敷設工事を実施する場合、その工事が既存のパイプスペースを利用するなど共用部分の形状に変更を加えることなく実施できる場合や、新たに光ファイバー・ケーブルを通すために、外壁、耐力壁等に工事を加え、その形状を変更するような場合でも、建物の躯体部分に相当程度の加工を要するものではなく、外観を見苦しくない状態に復元するもの	普通決議
計画修繕工事	鉄部塗装工事、外壁補修工事、屋上等防水工事、給排水管更生・更新工事、照明設備、共聴設備、消防用設備、エレベーター設備の更新工事	普通決議
その他	集会室、駐車場、駐輪場の増改築工事などで、大規模なものや著しい加工を伴うもの	特別多数決議
	窓枠、窓ガラス、玄関扉などの一斉交換工事、すでに不要となったダストボックスや高置水槽などの撤去工事	普通決議
注）基本的には各工事の具体的内容に基づく個別の判断によることとなる		

「総会」と「決議」については→項目010参照

026

住みながらの修繕工事

大規模修繕の最大の特徴は「住みながらの状態で工事を行う」ことである

マンションの大規模修繕工事は、居住者が住みながらの状態で行われる。これが新築工事やオフィスの改修工事と異なる、最大の特徴である。

新築工事では作業効率が優先されるのに対し、マンションの大規模修繕工事では、居住者の安全、日常生活の支障の軽減、居住者の対応が求められる。これらに対応できない施工会社は、マンションの大規模修繕工事には向いていない。

居住者のスケジュールやストレスも考慮した、工事の期間と工程を組む

工事内容により異なるが、工事期間はおおむね3カ月から半年程度、棟数が多い場合は1年近くを要する。

盆や年末年始の休暇中の足場設置は、できるだけ避けたい。やむを得ない場合でも、その期間は養生ネットを外しておくなどの対応が求められる。居住者のストレスを考え、バルコニー使用や窓の開閉の制限が長期間連続しないような工程が求められる。

管理組合の意向も確認して仮設計画を立て、説明会でも周知しておく

現場事務所、工事用駐車場などの仮設については、管理組合の意見を聞きながら居住者に配慮して設置する。敷地が狭い場合は、居住者用駐車場や公園を提供してもらうこともある。

足場仮設の防犯対策として、センサーライト設置、住戸への補助錠貸し出しなどが一般的だが、必要に応じて警備会社のシステムの利用も行われている。

専有部分での工事は、特に養生と復旧をどう行えるかがポイントになる

住戸内を含む給排水管の更新や玄関扉の塗装・更新など専有部分にかかわる工事もある。工事が数日に渡る場合は、原則、夜間までには仮復旧し生活ができるようにする。それができない場合は、仮住居の手配が必要である。

居住者の目に触れやすい職人の姿勢と現場代理人の指導力で、工事の成否が決まる

居住者の目は常に職人に向けられており、仕事ぶり、挨拶、態度などに意見が寄せられることがある。職人には居住している空間で作業する姿勢、元請けの施工会社には職人への指導力が求められる。

住みながらの工事方法

バルコニー廻りの工事内容と使用制限（立入りおよび窓の開閉等）の日数

外壁
高圧水洗浄
左右・上下階を含めて
1～3日

↓

下地補修
シーリング打替
左右・上階を含めて
1～3日

↓

鉄部塗装
ケレン・下塗り
中塗り　1日
上塗り　1日
計3日

↓

外壁塗装
養生・上げ裏　1日
壁面下塗り　1日
壁面上塗り　2日
養生撤去・清掃　1日
計5日

↓

塗膜防水
下地補修　1日
防水層1層目　1日
防水層2層目　1日
トップコート　1日
計5日

↓

足場解体

バルコニー廻りの工事により、バルコニー内への立入りと洗濯物干し、窓の開閉等が制限される。

居住者のストレスを軽減するため、各工事が連続して続かないような工程を組む

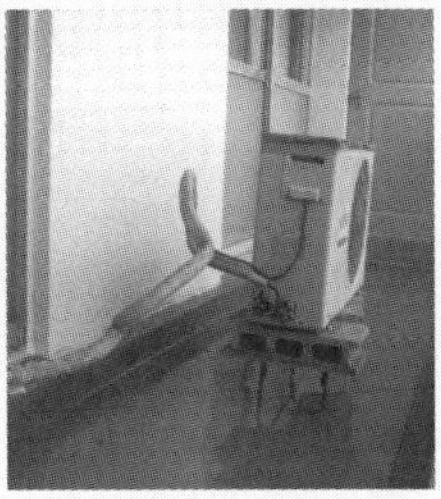

▲バルコニー塗膜防水

バルコニーに洗濯機を設置しているマンションでは、洗濯機の移設が必要となる。

洗濯機が使えない期間、管理組合でマンション内にコインランドリーを設置するケースも見られる

階段・廊下やエレベーターの工事

階段・廊下やエレベーターの改修工事は居住者の通行を制限して工事しなければならない。しかし、まったく通れないのは問題であり、工夫が必要になる

● 廊下、階段の防水工事

廊下や階段の床面は、防水性を高めるために塗膜防水をすることがある。その場合は、コストが上がるが超速硬型吹付ウレタンなどを用いる。防水性能を重視しなくてよければ、化粧塩ビシートなどのほうが、通行の制限が少なくてよい

▲階段のモルタル補修中の様子
(歩くスペースを残して補修)

● 鉄骨階段の取替え

屋外の鉄骨階段を取り替えるケースがあるが、避難階段であることから、取り外し中は仮設の避難階段が必要になる

● エレベーターの取替え

エレベーターが1基しかない場合、工事中の居住者の昇降が問題となる。深夜工事を認めるか、「かつぎ屋」さんをたのむなどの検討が必要である

Chapter2

027

居住者と大規模修繕工事

居住者に対する工事説明会を行い、居住者一人ひとりの協力を得ることが大切

大規模修繕の実施に先立ち、工事のしおりを配付し、工事会社による工事説明会を実施する。現場担当者の顔とユニフォームを覚えてもらい、工事の内容、流れ、工期、注意事項を居住者に理解してもらう。

居住者全員参加が前提であるため、マンションの戸数が多ければ、説明会の回数を増やす必要がある。行われる工事の内容が分かりやすいことが大切である。説明会ではDVDで映像を流したり、サンプルを提示するなど、工夫している工事会社もある。

バルコニーの片づけなど居住者の工事準備も必要で、そのサポートも検討する

バルコニーの植木鉢やパラボラアンテナなど、工事の支障となる私物は、居住者に移設・撤去してもらう必要がある。植木の移設場所を用意したり、有償で撤去工事をオプションとしたり、管理組合で一括して産業廃棄物処理をするなどの対応が必要となる。

駐車場の車をほかの場所へ移動させる場合は、期間によっては使用料の徴収を一時中止するなどの措置をとる。

居住者へのお願い事項は一目で分かるように、広報の仕方を工夫する

バルコニーの片付け、窓開けや洗濯物干しの制限など、日々工事の進捗に合わせて、居住者に周知しなければならないことは多い。

また、住戸内の給排水設備の更新や玄関扉の塗装・更新など、居住者に在宅をお願いする工事や、日程調整が必要なものもある。

お知らせは工事の連絡だとひと目で分かる工夫をして工事専用掲示板に掲示し、重要なお知らせは各戸に配付する。

工事への質問、要望、苦情など一人ひとりへの対応が適切にできるよう、体制を整える

工事に関する居住者からの質問、要望、苦情に対応するため、現場事務所での電話・窓口対応ができる人員を用意し、投書箱なども設置する。

近年、マンションも高齢化が進み、工事内容がよく理解できない人、自力で工事準備ができない人も増えてきている。家族や親戚、介護スタッフ、管理組合と連携をとって対応することが、ますます重要になると考えられる。

居住者へのお願い

工事用掲示板

総合掲示板のほかに、各棟（階段室型の場合は、できれば各階段ごと）に掲示板を設置する。

総合掲示板は多くの居住者が目にしやすいところに設置し、工程表やお知らせ、各種見本品を掲示する。工事用の意見箱（ポスト）と記入用紙もここに設置することが多い。

棟（階段室）の掲示板は出入口に設置し、棟ごとの週間工程や洗濯物干し情報を日々更新する

▶ 洗濯物干し情報の例

工事の状況により、住戸ごとに洗濯物が干せるかどうかを毎日更新して掲示する

301	302	303	304	305	306
○	○	○	○	○	○
201	202	203	204	205	206
△	△	△	△	△	△
101	102	103	104	105	106
×	×	×	×	×	×

○：洗濯物を干せます
△：洗濯物を干せますが、在宅の上、適宜取り込んで下さい
×：洗濯物は干さないで下さい

◀ 階段室前の掲示板

居住者の高齢化と大規模修繕

近年、マンションでも居住者の高齢化が進んでいる。マンション総合調査（国土交通省）によると、平成11年度から30年度の変化を見ると、世帯主の年齢60歳以上の割合が増加し、平成25年以降は60歳以上が半数を占めている。また同調査によると、年々永住志向が高くなっており、マンションを終の棲家と考えている人が多いことがわかる。高経年のマンションでは居住者が一斉に高齢化しており、平均年齢が70歳というマンションも見られる。

このような状況であっても建物のメンテナンスは必要であり大規模修繕が行われる。しかし、高齢者にとって、大規模修繕はかなり大変なことである。

たとえば、説明会や現場事務所に来ることが体力的に難しくなる。日々、重要なお知らせが掲示板や集合ポストに配付されるが、外出しない人にとってはこの確認ができない。またお知らせに目を通していないケースも見られる。バルコニーや住戸の片付けが体力的にできない、はかどらない。こういう時に助けを求めたり、相談してくれる人はよいが、孤立してしまっている人もいる。

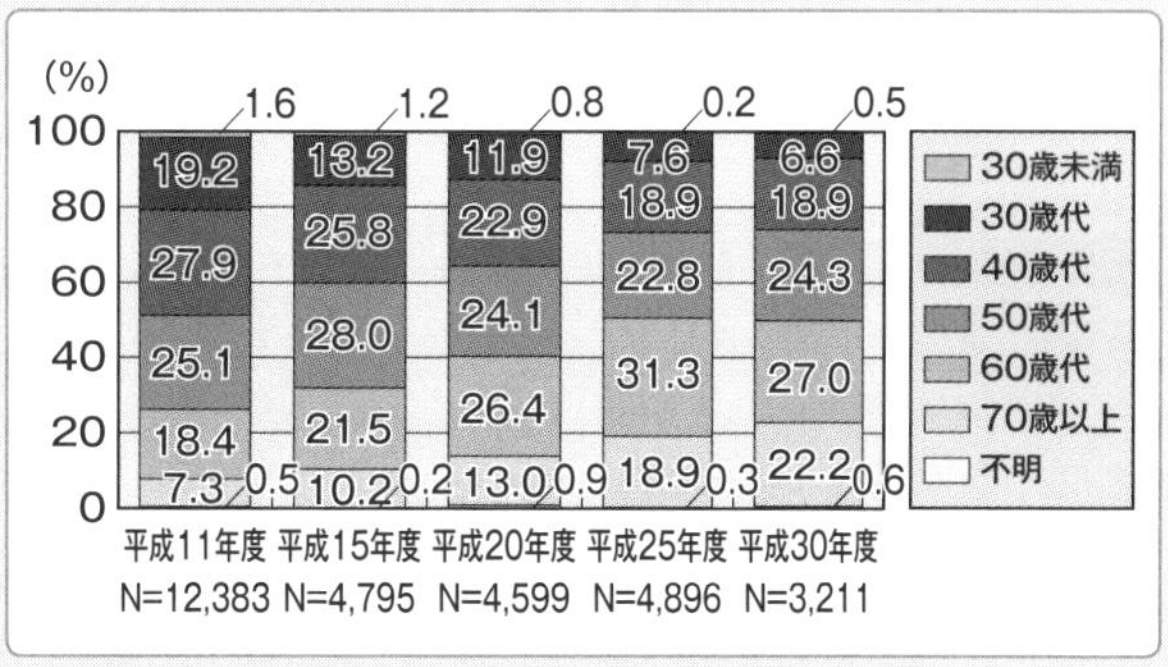

▲ 世帯主の年齢

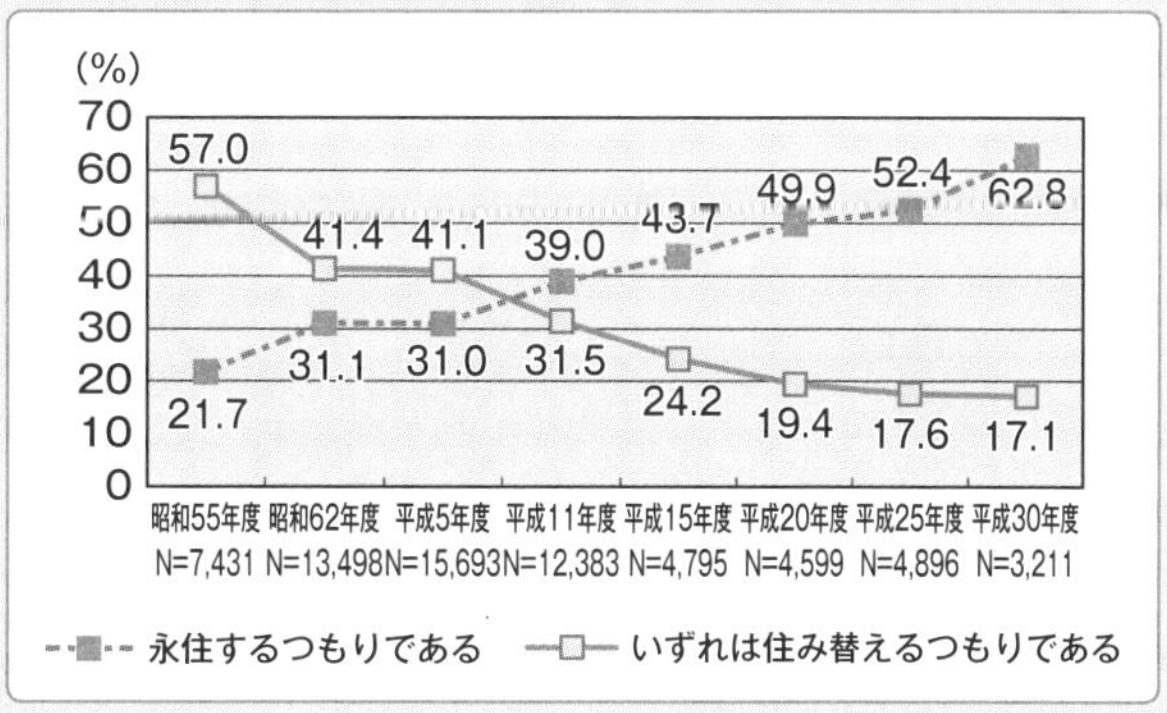

▲ 永住意識　　平成30年度マンション総合調査（国土交通省）

さらに住まいが工事現場となるため、寝たきりの人には迷惑なことであろう。元気な人であっても、廊下や階段の補修中は足元が悪く、手すりも持てず歩きにくい状態が続く。さらに、玄関ドアや集合郵便受けを取り替えると、長年の習慣や愛着からか、新しいものになかなか順応できず、「前のほうがよかった」という人もおられる。こういう状況をみると、若く元気があるうちに、大がかりな工事を終えておくことも大切だと気づかされる。特にバリアフリー化の工事は、高齢者ばかりになってから工事したのでは遅いのである。

マンションを将来どうしたいかというビジョンを早くから皆で共有しておくことが大切である。次の世代にバトンタッチできる建物かどうか、管理組合で考えていただきたい。

column 02

専有部分のオプション工事

大規模修繕工事の際、工事請負会社が専有部分の工事希望者を募って工事を行うことを「オプション工事」という。

たとえば、大規模修繕前に居住者で対応しなければならないバルコニー廻りの片付け（不要物の処分、エアコンやアンテナの移動・脱着など）を有償で引き受けたり、専有部分の解体復旧を伴う配管更新工事の際に、内装やユニットバスを更新したり、玄関扉の更新時に玄関の床材を張り替えるなど、本工事の付帯工事として行われることがある。

また、管理組合の要望で、専用使用部分（共用部分）について、個人の費用負担での工事を認めるもの（窓サッシの取替えや部品交換など）をオプション工事にすることもある。

大規模修繕中は足場があるため、これを機会に不具合個所を直しておこうと考える居住者も多い。希望者が多ければコストメリットもある。管理組合の意向を聞きながら、オプション工事の標準メニューを作成し、管理組合としてあらかじめ見積りを取っておくことが望ましい。

ただし、オプション工事は、希望者ごとに、内容の説明や申込の受付、見積り、事前調査や工事の日程調整、工事費の請求などを行う必要があり、請負会社にとっては手間がかかる作業となる。オプション工事専用の担当者を用意するなど体制が整えられ、本工事に支障をきたさないことが前提である。

【オプション工事として扱う例】

・専用庭・バルコニーなどに設置されている物置など設置物の処分
・バルコニーなどに設置されているパラボラアンテナなどの脱着
・エアコン室外機の移動・脱着、ドレイン管の交換
・エアコンスリーブのパテ・キャップ、吊り金物の交換
・アルミサッシの補修（戸車、ガラス、ガラスビード、クレセント、気密材などの交換）
・網戸の張り替え、取り替え
・アルミサッシの交換（管理組合として認められる場合）
・アルミサッシの断熱化（ペアガラス、二重サッシなど）
・玄関ドアの補修（ドアクローザー、スコープ、補助錠などの交換）
・換気ダクト内の清掃
・インターホンの交換
・ユニットバス・洗面化粧台などの交換
・専有部分の内装復旧工事、リフォーム

Chapter 3

大規模修繕の流れ

028

大規模修繕全体の流れ

大規模修繕は一度にすべて決められない。段階的に進める

大規模修繕工事を実施する場合、いくつかの方法があるが、ここでは建築士事務所などがコンサルタントとして管理組合から業務を受託し、調査診断、基本計画、設計、工事監理、長期修繕計画の見直しなどを行うことを想定し、工事を完了させるまでの全体の流れや内容について説明する。多くの場合、左ページに示す「調べる→計画・設計する→工事する」、という流れで計画が進む。

大規模修繕工事は、多数の所有者の合議による意思決定（総会決議）で工事の範囲や内容、金額、施工者などを決定するため、第三者による診断や見解などを根拠に、合意形成が行われることが多い。一人の意思決定にゆだねられるものでないため、「調べて知る」「理解する」「検討する」「決定する」「実施する」というプロセスで、段階的に進めることが円滑で合理的である。

調査と資金計画を経て、工事の範囲や内容を決定する

大規模修繕工事へ向けた第一歩は、「調査診断」である。建物の不具合傾向や劣化状態、調査診断の結果から、性能低下などを客観的に把握し、修繕や改修の必要性を検討判断する根拠・材料とする。

調査診断結果を踏まえて、既存の長期修繕計画へのフィードバックや見直し、（長期修繕計画がない場合は作成）を行い、長期的視点で資金計画や修繕対象を検討する。高経年のマンションや修繕積立金不足のマンションでは、実施したい工事に対して資金不足になる傾向にあり、この資金計画と工事範囲の検討を丁寧に行うことが特に大切である。計画がまとまると設計を行い、工事へ進める。工事着工後は、工事監理を行う。

また、耐震改修や増改築などの大きな改良、性能向上工事を計画する場合は、自治体との協議、許認可確認等申請手続きが必要となり、合意形成にも時間を要するため、計画期間は数年～十数年間に及ぶことがある。

コンサルタントには調査診断から工事監理にわたる、細かい問題を整理する能力が必要なのは勿論のこと、建物（建築・構造・設備）や屋外環境などを含めてマンション全体を総合的にとらえ、かつ長期的に物事を判断する視点と、管理組合とのコミュニケーション能力、計画を取りまとめる総合力が求められる。

一般的な大規模修繕工事のフロー

Step1 調査・診断

- 調査・診断
- 結果の広報・説明会等

状況や問題点、不具合劣化などを把握し、修繕改修のポイントを探る

Step2 計画、基本設計

- 長期修繕計画見直し、策定
  借入・修繕積立金の
  値上げなど資金計画の検討
- 修繕・改修の基本構想・基本計画
  検討・作成
- 検討内容の広報・説明会等
  必要に応じて総会決議

調査診断の結果を元に、該当の大規模修繕より後も含めて25年程度先を見越した長期的な収支計画もふまえて、大規模修繕の対象項目や仕様を検討し、方針を決める

Step3 実施設計、施工者選定

- 実施設計
- 見積合わせ・面談 ← 見積会社公募、見積依頼会社選定
- 施工者内定
- 総会決議
  工事費、工事監理費、予備費、施工者、工事監理者など

計画、基本設計で検討・決定した結果を元に、大規模修繕工事の仕様を具体的に設計する
設計図書を元に、複数の工事会社から見積を取得し、比較検討した上で、工事施工者を選定する

Step 4 工事監理

- 工事請負契約締結
  工事監理業務委託契約締結
- 着工（工事説明会）
- 工事実施
  試験施工・定例会議・各種検査
- 竣工

工事契約を結び、実際の工事を行なう。
修繕・改修工事は、工事中に設計内容の変更が必要となるケースが多くあり、工事中に新たに出て来る問題点などに適時対応する
設計者が監理者となり、工事をフォローする体制をとることが望ましい

Step 5 アフター

- 工事総括 長期修繕計画見直し
- アフター点検や不具合、補修などに対する
  助言等

実施した工事や変更点、実施できなかったことなどを総括し、長期修繕計画に反映させる。総会予算の執行状況や増減の理由を総括し、次の課題を整理して今度の工事へ申し送りする

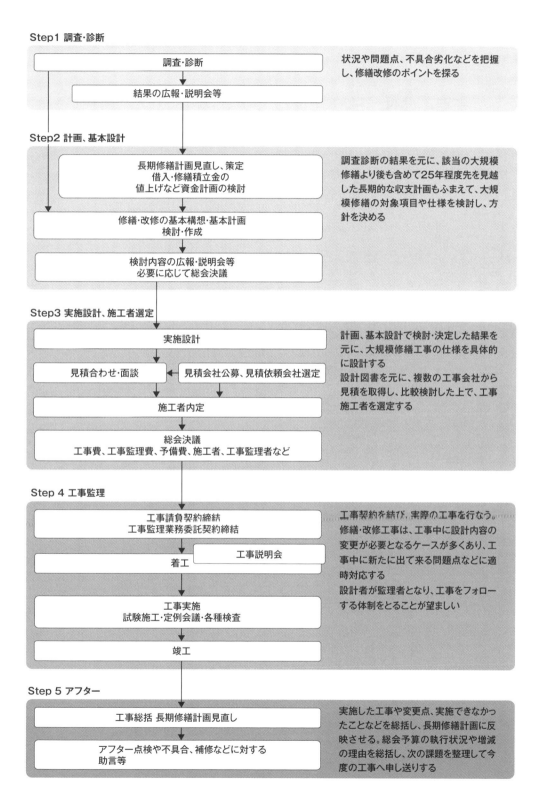

Chapter3

029

調査診断の進め方

調査は段階を踏んで実施していく。劣化、性能、法的視点でチェックを行う

調調査診断のメニュー(項目)は、経年や建物の特徴、劣化状態、居住者や管理組合の要望の強さ、実施したい改修工事の内容などにより決まる。

調査診断は、全体の傾向を把握する調査からはじまり、大まかな傾向をつかんだ後に詳細な不具合内容を調査するように、マクロからミクロへと向けて進める。調査を進めるなかで徐々に不具合の傾向や内容が明らかになってくるが、必要に応じ、調査メニューを追加することも求められる。調査は、外壁や防水のみなど片寄りがあると、全体の不具合傾向を見誤ったり、大きな見落としを招くため、全体的、総合的な、バランス良い視点で行うことが望ましい。

調査は、まず保管されている図面や書類などの資料から、建物概要や特徴、修繕履歴や過去の不具合傾向を把握することからはじまる。

全戸アンケート調査の質問項目は、それらを元につくるとよい。アンケート調査では、現在の不具合傾向や、不具合が集中している住戸、居住者の要望などを探りだし、目視調査、物理的調査につなげていくとスムーズだ。

「劣化」、「性能」の主に2つの視点で調査診断を行うが、「劣化」のみに視点が集中すると本質的な部分を押さえられない場合があるため、マンションの適切な維持管理には「性能」の視点が欠かせない。

また高経年になると、性能向上や改造などの要求がでてくるため、建築基準法関連の法令に適合しているか、不適格な部分がないかという法的な視点でも調査時からチェックしておくことが好ましい。

調査の円滑な実施には、専門委員会だけでなく、各区分所有者の協力も必要

マンションでは調査時に、管理組合や各居住者、管理会社の協力が欠かせない。

調査診断要領書は、調査の全体像を明らかにし、調査を円滑に実施するための資料となるため、必ず事前に作成し、管理組合と内容を打ち合わせ、協議する。

特に物理的な調査や、住戸内立ち入り調査に関しては、通常、管理組合から当該住戸へのお知らせや依頼をしてもらう。そのため、調査の目的や内容を分かりやすく書面化し、管理組合への事前広報や、当該住戸との調整の支援を行う必要がある。

調査診断のフロー

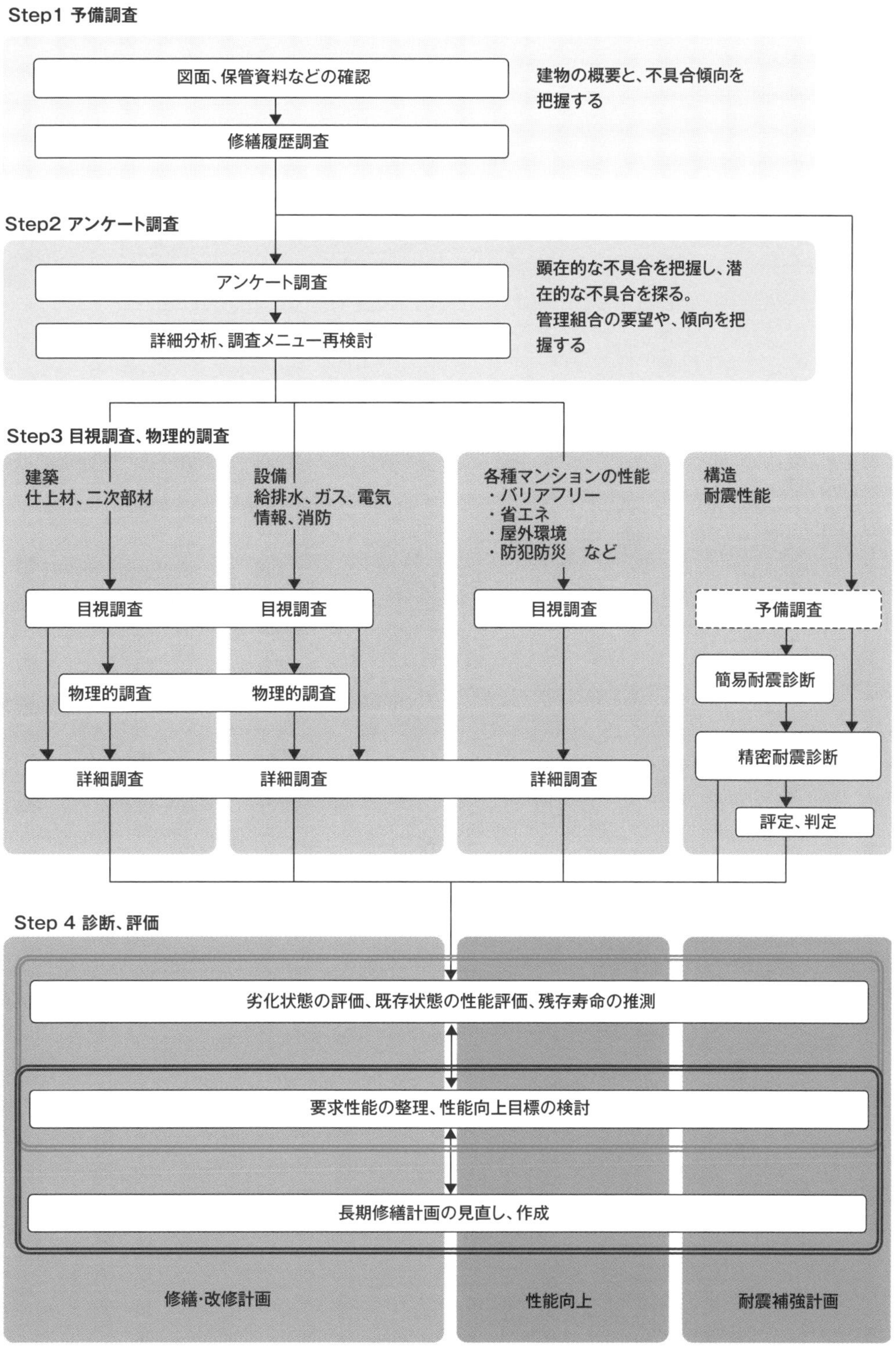
Step1 予備調査
図面、保管資料などの確認
修繕履歴調査
建物の概要と、不具合傾向を把握する
Step2 アンケート調査
アンケート調査
詳細分析、調査メニュー再検討
顕在的な不具合を把握し、潜在的な不具合を探る。
管理組合の要望や、傾向を把握する
Step3 目視調査、物理的調査
建築
仕上材、二次部材
設備
給排水、ガス、電気
情報、消防
各種マンションの性能
・バリアフリー
・省エネ
・屋外環境
・防犯防災　など
構造
耐震性能
目視調査
目視調査
目視調査
予備調査
物理的調査
物理的調査
簡易耐震診断
精密耐震診断
詳細調査
詳細調査
詳細調査
評定、判定
Step 4 診断、評価
劣化状態の評価、既存状態の性能評価、残存寿命の推測
要求性能の整理、性能向上目標の検討
長期修繕計画の見直し、作成
修繕･改修計画
性能向上
耐震補強計画

030

図面調査

マンションの情報は、まずは図面から読み解く

図面は必要不可欠な資料だ。図面類の保管状況や、計画を進めるうえで必要な情報がそろっているか調べ、図書から分かる情報を整理する。

図面のないマンションは、現地調査・実測を行い、必要な図面を復元するが、目視や実測では分からない点もあり、構造図、設備図の復元にはそれなりの費用を要する。設計図面・竣工図面は、元施工者、元設計者、販売者などが保管している場合もあり、問い合わせるとよい。

図面があっても現況との食い違いもあり、必要に応じて調査・実測し、図面を修正・復元する。図書類は紙で保管すると劣化するため、スキャニングし、電子データ保管するとよい。

新築の時でなく、色々なタイミングで図面がつくられる

設計図書

新築計画時には図面や構造計算書など設計図書を作り、建築確認などの法手続きを経て建設される。建設工事の途中で、設計内容を一部変更したり、未決定だった仕様が決定するなどということがあり、一般的には、建物が出来上がった時、変更などを反映させた「竣工図書」をつくることが多い。竣工図書は新築時の姿を知る唯一の材料であり、大切に保管してほしい。

竣工図書からは、マンションのつくりや特徴、構造、設備や配管の位置などを知ることができる。もとの材質や仕様によって、調査診断の方法や、修繕計画、設計が異なるため、それらの情報を図書から読み解いていく。仕上表や使用材料リストも、既存の仕上げ材を把握する資料となる。

改修図面、修繕工事記録

改修図面、修繕工事記録は、竣工図書と同様、マンションの特徴などを把握する基礎資料となる。

過去の大規模修繕や設備改修工事などの記録からは、修繕仕様、不具合・弱点個所、劣化傾向を推測することができる。

建築確認申請書類などの記録

耐震補強や増改築など、建築基準法関連法令による法的手続きが必要な工事をする場合、新築時の許認可通知書や検査済証によって、法適合や既存不適格などの法的扱いを確認する。それらの書類がないと調査が必要となり、多額の費用がかかることもあるため、許認可や確認などの申請書や付属資料、通知書は、大切に保管してほしい。

住宅履歴情報「いえかるて」

2009年6月4日に「長期優良住宅の普及と促進に関する法律」が施行され、住宅の建築や維持保全に関する記録の作成と、その保存が義務付けられた。それに関連して、住宅履歴情報「いえかるて」を管理する情報サービス機関が試験的に運用を開始している。情報サービス機関は、建物のID配布や、図面や記録などの住宅履歴情報「いえかるて」の保管を行っている。マンションの場合は、「各専有部分」と「共用部分」は別のIDが配布され、双方の情報が関連付けて管理されている。マンション共用部分の図面など情報の保管に関しては、これらの機関の活用も薦められる。

大規模修繕に関わる場合、管理組合に保管された図書類や、当該の大規模修繕工事資料などが適正に保管されるよう、建築士は管理組合を支援することが望ましい

いえかるて＝設計図書＋履歴

新築時の住宅履歴情報『いえかるて』には、分譲会社から管理組合が受け取るものと、区分所有者が受け取るものがあります。（★を付したものは区分所有者が受け取るものです）

届出	図面	書類
1. 確認申請副本	1. 仕様書	1. 管理規約
2. 検査済証	2. 意匠図（建築図）	2. 長期修繕計画
3. 一団地認定申請副本（団地の場合）　など	3. 構造図	3. 売買契約書★
	4. 構造計算書	4. 重要事項説明書★
	5. 機械設備図	5. 保証書
	6. 電気設備図　など	6. 取扱説明書★　など

住宅履歴情報『いえかるて』には、新築のときの情報だけでなく、大規模修繕や調査･点検の記録など、維持管理段階の情報も重要です

届出	図面等	書類
1. 専有部分修繕申請（管理組合でルールを定めている場合）	1. 仕様書	1. 工事請負契約書
2. 許認可申請（共用部分で必要な場合）　など	2. 仕上表	2. 竣工引渡し書類
	3. 改修図（意匠図・設備図等）	3. 保証書
	4. 調査診断報告書　など	4. 取扱説明書
		5. 使用材料・機器一覧
		6. 長期修繕計画見直し　など

住宅履歴情報『いえかるて』をつかおう！

計画的な維持管理

調査診断にあたり、管理組合に保存してある、住棟の**平面図**や**立面図**、**分譲時の時のパンフレット**などを見て建物の概要を理解します。修繕仕様を決めるには**使用材料メーカー一覧**で既存の仕様との相性を確認します。**竣工図**から外壁塗装や屋根防水などの面積を計算しますが、分譲時に作成される**長期修繕計画書**などがあればスムーズです

継続的な管理運営

理事会の引き継ぎのときには、**新築時の図面**がどこにどんな状態で保管されているかを確認して下さい。あわせて**確認申請副本**や最新の**管理規約**や**長期修繕計画**、**大規模修繕工事の記録**等も引き継ぎます。各戸から提出された**専有部分修繕計画**がある場合はファイリングしておけば修繕状況が一目瞭然です

安心して売買

売買するときには見た目の美しさだけでなく見えないところもちゃんと修繕されているかを**修繕工事の図面**などで確認できます。どんな材料が使われたのかは、**使用材料メーカーリスト**をみればわかります。積立金の積立状況がわかる**収支報告書**などがあれば買主も安心して購入することができます

迅速なトラブル対応

雨も降っていないのに突然漏水がおきたときは、図面のなかの**機械設備図**で配管ルートをたどれば漏水の原因が給水管か排水管なのか判明します。有効な**保証書**があれば、漏水で傷んだ内装や家具を分譲会社やリフォーム会社に請求することも可能になります

住宅履歴情報整備検討委員会普及啓発部会「マンション管理組合向けリーフレット」より抜粋

031

修繕履歴調査

長年の修繕工事の記録から、改修が必要な部分や、やり残した工事を探る

修繕工事記録などの履歴情報は、マンションの弱点や不具合の傾向、施工不良などを探す手がかりとなり、また必要な修繕や改修をせずに残っている項目を探す手がかりにもなる。

修繕工事などの記録は、新築時の図面と比較して保管状況が悪く、資料が残されていないことも多い。整理されて保管されているケースは少ないため、丹念に探索する必要がある。

修繕などの工事の履歴から見えてくる情報は多くあるが、残されていない場合、だれがどのような経緯で何をしたか、役員が変わる数年後にはまったく分からなくなってしまうため、修繕工事の履歴も確実な保管が求められる。

修繕履歴は、さまざまな資料から読み解くことができる

・アフターサービス基準に基づく点検・補修記録

マンション新築後、アフターサービス基準などに基づき補修した記録を「補修伝票」などとして保管している場合は、それから初期不良の傾向や、多発している不具合などを読み取ることができる。

・総会議案書

総会議案書では、修繕積立金や管理費、駐車場使用料などがどのように取り崩されてきたかが分かる。理事会や修繕委員会の活動報告からも、修繕や改修の経緯や背景を探ることができる。

・保守、点検記録

設備機器のメンテナンスの状況は、保守・点検記録から読み取れることが多い。エレベーターやポンプ、機械式駐車装置のメンテナンス費用や項目の推移により、更新の必要性や時期を判断する。

特殊建築物の定期報告書からは、法令にかかわる問題点の有無なども分かる。

・工事記録

修繕工事の記録は、契約書や図面・仕上表などを参照し、実施した工事の範囲、修繕仕様を把握できる。

同じ個所で必要以上に繰り返し補修を行っている場合、大規模修繕工事で抜本的な補修を行う必要があるため、そのような個所があるか注意して観察する。

・保険対応の記録

上下階間での漏水事故の補修には、マンション保険などで対応することが多い。保険の記録が残されていれば、そこから漏水発生の状況やその原因を読み取ることができる。

修繕履歴の分析例

修繕履歴は時系列に整理すると分析しやすい。

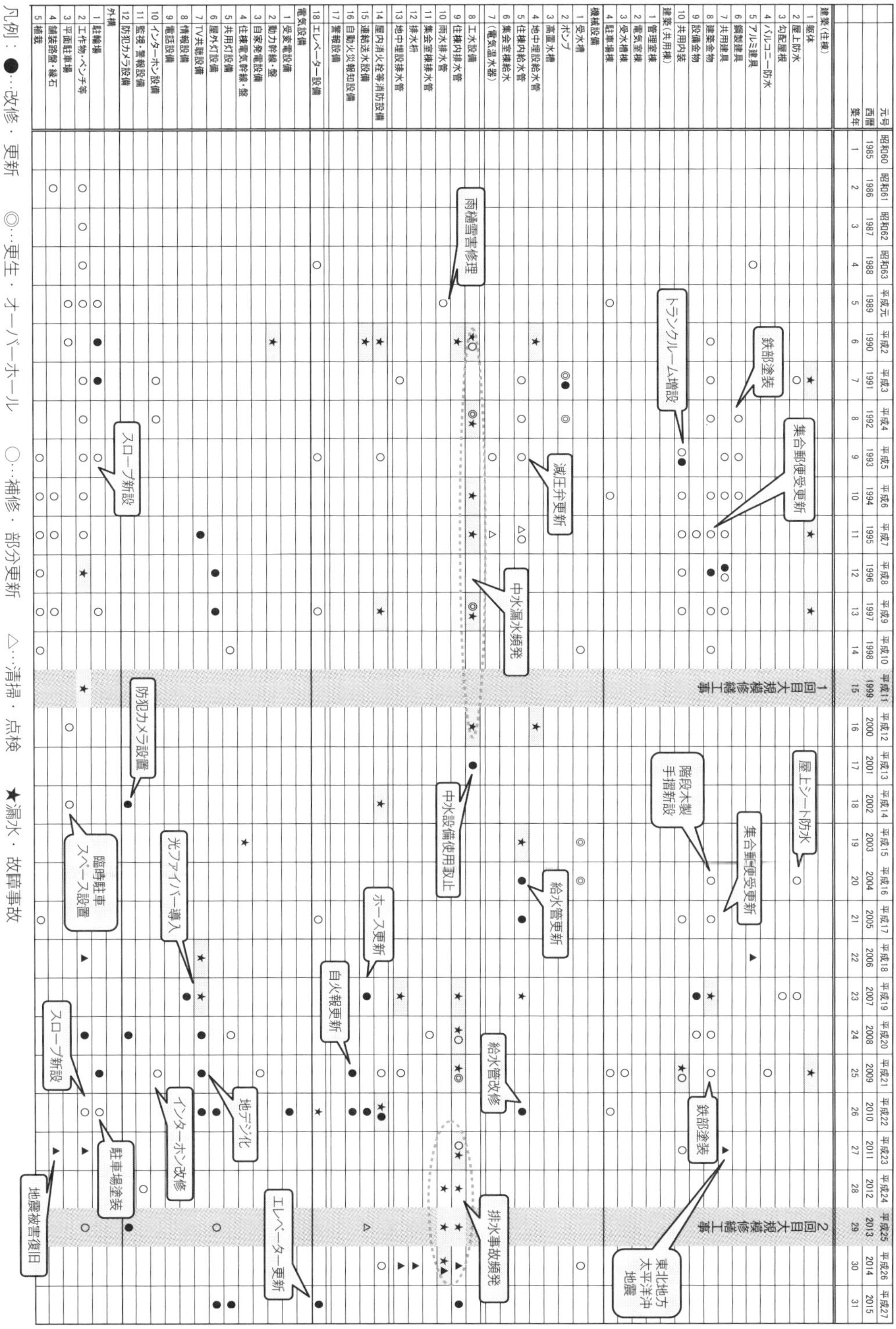

032

アンケート調査

日々の生活の視点から、不具合や改善点を探し出すためのアンケート調査

目視調査や物理的調査などの具体的な調査にとりかかる前に、アンケート調査を行うとよい。区分所有者と、実際の居住者に対してもアンケート調査に答えて頂くことで、不具合を見つけ出しやすくなる。

アンケート調査の目的は、居住者の視点でマンションの不具合や改善点を見つけ出すほか、総会などの場ではなかなか言えない要望など、潜在的なリクエストも拾うことである。

階段や屋上、廊下などの共用部分のみ調査をしていると、全体の傾向が見えないこともあり、専有部分室内（特に漏水事故や、設備の不具合）やバルコニー、玄関扉、サッシなど、修繕積立金による計画修繕対象となる部分の不具合や、劣化傾向を見出す基礎資料を得られる。

大規模修繕工事は、玄関扉やアルミサッシの修繕を実施することもある。設備の改修などでは室内に入って工事をすることになり、各居住者の協力が欠かせない。アンケート調査票の配布は、大規模修繕工事の実施事前に、予告するものともなる。

さまざまなことを聞いておき、修繕のポイントを引き出すと同時に、長期的な計画にも反映させる

アンケート項目は、素人が分かりやすいよう、質問項目をつくり、答えやすくすることが望ましい。漏水する具体的な場所や、そのタイミング、雨と関係するか配管の事故か、いつ起きたか、今も漏水するか、など、細々と項目を立てておくと分析しやすい。また専門用語については解説を加える。

当該の大規模修繕工事のみに必要な項目だけでなく、できるだけ幅広く質問項目をたて、潜在的な不具合を探し出す。集会所や駐車場、駐輪場などの屋外施設の使い勝手や改善要望、提案などを引き出す質問項目も立てておき、長期修繕計画に反映させる。

アンケートを集計すると、マンション全体の不具合の傾向や、上下階の不具合の関連性、範囲、分布状況などが浮かび上がってくる。

住戸一覧表に不具合を書き込んだ、不具合分布表を作成すると、結果を視覚的に認識しやすくなる。このなかから、不具合の多い住戸や異常な現象が申告されている住戸、上下で関連のある不具合など、住戸内立ち入り調査の対象をここから選択していく。

アンケート調査の質問項目の例

- 漏水の発生状況や場所（状況は具体的に項目を立てる）
- 断熱状況に関すること（結露・カビの発生状況や場所）
- 室内の改装状況（二重サッシや、断熱改修の状況）
- アルミサッシ、玄関扉など建具の不具合や使い勝手の状況
- バルコニーや、ルーフテラスでの不具合（どのような私物を置いているかも聞く）
- 階段や廊下、エントランスに関する不具合や要望
- 付属施設、屋外環境に関する不具合や要望（集会室、駐車場、駐輪場、ゴミ置場、植栽、外構など）
- 設備の不具合や改善要望（給水、排水、ガス、給湯、電気、換気、情報）
- 空調室外機の数と設置場所
- 居住期間や家族構成
- その他管理組合への要望など、自由記述

不具合分布表の例

凡例
水→漏水事故発生
内→室内
ヒ→ひび割れがある
ヒかなり→かなりひび割れている
サ→サッシ
玄扉→玄関扉
バ→バルコニー
ル→ルーフバルコニー
天→天井
欠→欠け、欠損
白→白くなっている
換→換気設備
外音→外部の音が聞こえる
火消（換）→換気扇を強くすると

断熱不足

漏水事故

512 バ:床ヒ、天ヒ水 給湯機取替 ほこり	511 水:玄関･廊下、雨の日 内ヒ:バルコニー側壁 バ:床ヒ、天ヒ水 給湯機異音 換:外音、ダクト:目詰り TV:時々画像乱れる	510 バ：天ヒ TV：少々映り悪	509 バ:床ヒ欠 換:外音	508 バ:床ヒ欠 ほこり	507 改:防音･断熱床 バ:床ヒ ガスレンジ:火消（換） 換:外音
412 給湯機異音 カビ真黒 結露べっとり	411 水:玄関	410 内床：傾斜 バ：天ヒ・天白	409 内ヒ:台所、玄関天井 バ:床ヒ、天ヒかなり水	408 給湯機湯漏れ事故 TV:時々画像乱れる 電話:配管施工不良 インターホン不具合	407 バ:床ヒ、天ヒ 換:外音
312 結露べっとり 給湯機異音	311 バ:床白ヒ、天ヒ	310 バ：床ヒ欠（瑕疵防水?）	309 換:外音 TV:時々画像乱れる	308 水:台所 サ:開閉重	307 バ:天ヒ
212 未回収	211 未回収	210 玄扉：隙、開閉支障 バ：床ヒ 洗濯給水：チョロチョロ 換：外音	209 未回収	208 水:台所 TV:時々画像乱れ	207 火消(換) 結露べっとり
112 TV:時々画像乱れる カビ真黒	111 未回収	110 バ：床ヒ 竪樋：漏水 換：外音	109 玄扉：取替 バ：床ヒ、天欠 換：外音	108 水：洗面所、排水管 内ヒ：瑕疵補修 バ：瑕疵防水？	107 バ：床ヒ 給湯機取替 カビ真黒

033

目視調査

見ただけで分かる事だけでなく、調査する者の経験や推測によるところが大きい

日常生活が行われているマンションでは、騒音粉塵を伴う調査や、給水や排水などライフラインが一時的に止まる抜管調査など、居住者の生活に影響がある場合、生活への配慮という観点と、調査費用が目視調査より高くなるという観点で、歓迎されない傾向にある。

短期間で経済的に実施できる「目視調査」や「触診調査」「打検調査」により、まずはマンションの劣化や不具合の状況を調べることになる。

劣化目視調査は、耐震診断のような統一された技術基準があるわけではない。目視調査は、劣化状況や不具合部分の現況確認にとどまり、原因追究はおおむね調査する者の経験と推測に頼ることになる。ただし、修繕や改修は、実際に工事が始まってみないと分からないことが大変多く、図面と現状が違い、たとえばあるべき配管があるべき位置にないことなど、想定外のことが発見される場合も多くある。また、そもそも詳細な図面がない場合もある。目視調査などで注意が必要な不具合が発見された場合は、修繕計画や修繕設計の精度を上げるために、詳細調査を追加して行うことも選択肢に入れておきたい。

劣化、性能低下、不具合、法令への適合など、目視や触診した範囲で調べる

屋上防水やバルコニー、廊下の防水材、外装仕上げ材、サッシや玄関扉などの建具、手摺などの建築二次部材は、劣化現象や劣化進行度を目視調査する。アンケート調査結果と照らし合わせ、個々の部材の状況と全体の傾向を確認する。

触診により、塗装のチョーキング、防水材の膨れ、シーリング材硬化度などを判断する。また、打検棒、テストハンマーなどを用い、タイルやモルタルの浮きを把握する打検も合わせて行うとよい。

外構は劣化状況の調査に加え、使用状況や植栽、屋外灯の点灯状況も観察しておくとよい。エントランス廻りのバリアフリー要望や、セキュリティー改修の可能性について観察することも大切である。

また増改築などにより、法令に抵触する部分がありそうかなどは目視調査の段階で簡単にチェックしておくことが望ましい。助成金の利用や、許認可などの申請を伴う工事を実施する際には、既存不適格と法適合について調査や是正が必要となる。

目視調査の例

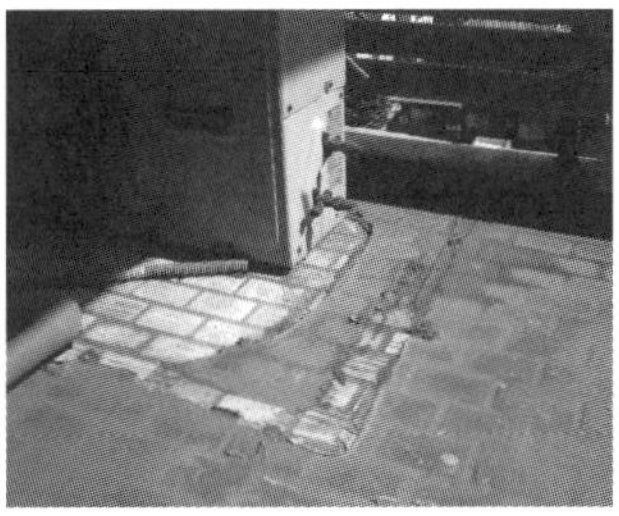

▲防水材の目視調査

劣化状態、端部納まり、適切な防水が施工されているか、などを調査する。アスファルト防水、シート防水、塗膜防水など調査項目が多く、それぞれ現況防水材の種類や不具合状況を部位ごとに分析する

▲二次部材の目視調査

建築二次部材の劣化状況を目視調査する。腐食の進行レベルにより、修繕か更新か判断する

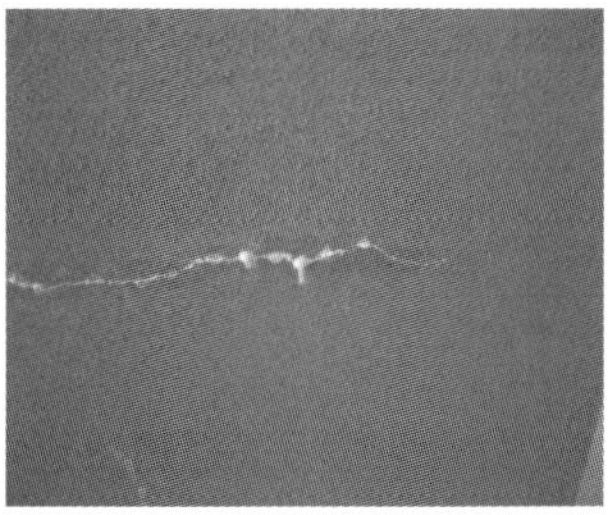

▲外装仕上げ材・躯体劣化の目視調査

塗装材、タイルなどの劣化状況（変褪色、浮き、膨れ、剥がれ、ひび割れ、欠け、脱落など）を全般的に目視調査する。タイルやモルタルなどは必要に応じて打検を行い、浮きや界面剥離の範囲、大きさなどを調査する。躯体はひび割れ、鉄筋爆裂、漏水、エフロレッセンスの発生状況を調査する。これらに著しい不具合や構造上問題のある不具合が発見された場合は、さらに詳細な調査（タイルの全数調査や躯体不良部分の全数調査など）を行うことも考えられる。著しい不具合の場合、その原因を追究し、それの解決するよう修繕設計を行うことが望ましい

▲使用状況の目視調査

廊下や玄関廻りなどは、劣化状況だけでなく、使用状況もチェックする。共用廊下に置かれた植栽や、面格子に絡ませた植物は、工事の障害だけでなく、避難安全上も問題がある

▲外観目視調査

排気口廻りの二次部材や、汚染状況を確認。せっかく外壁をきれいにしても、排気ダクト内が汚れたままでは意味がない

▲屋外の目視調査

外構仕上げ材の劣化状況や、段差などについて目視調査を行う。写真は樹木の成長により路盤やツリーサークルが持ち上がって段差になっている

Chapter3

034

外壁の物理的調査

区分所有の根幹を担う、コンクリート躯体の劣化度合いの調査

マンションで最も重要な部分は、躯体と呼ばれる骨組である。

マンションの躯体は、ほとんど鉄筋コンクリートや鉄骨鉄筋コンクリート造といったコンクリート系でできている。コンクリートは、空気中の二酸化炭素の影響により、表層から徐々にアルカリ性が低下して、中性化が進んでいく。躯体の劣化度は、中性化深度を1つのバロメーターとして考えるのが一般的である。躯体から直径3～4センチ程度の小径コアを採取し、フェノールフタレイン水溶液を噴霧し中性化深度を調査する。また、鉄筋探査機を用いることで、概略の鉄筋被り厚さを測定することができる。この被り厚さと中性化深度の関係から、コンクリートの寿命を推測し、中性化抑止などの修繕方法を検討する。採取した小径コアサンプルからは、モルタルの有無や厚さ、種類なども観察することができる。

なお、躯体の劣化度は、鉄筋爆裂やひび割れなどの躯体不良部分がどの程度あるか、目視調査でも確認し、中性化深さと躯体不良の発生割合やその位置などを考察するなど、総合的に評価することが望ましい。

外壁の塗装は、化粧と同時に保護の役割も担うため、きちんとしたお手入れが必要

塗装など外装仕上げ材は、躯体を保護し美装する役割を担っているが、常に外気に暴露されており、躯体より寿命が短い。塗装の修繕設計を行う際には、既存塗膜の付着強度や、既存塗膜の材質などの情報が必要だ。特に高経年のマンションは、何度も重ね塗りが繰り返されており、修繕設計のための調査は慎重に行う。

塗装の付着強度調査（引張試験）は、種類や部位（外壁、天井、手摺壁など）ごとに行う。サンプリングした塗膜からは、過去の塗膜の材質や塗り重ね回数などの情報も得られる。また破断面の位置からは、何層目の塗膜が弱いか、下地のモルタルが弱いかなどを判断することができる。

重ね塗りが適当か、既存塗膜の剥離が必要かは、これらの試験から判断するが、高経年マンションでは、モルタルが厚く塗られていることが多いため、モルタル浮きの範囲や量にも注意したい。

外壁塗材にアスベストが微かに含有している場合もあるため、必要に応じて含有調査を行う。

躯体のコンクリート中性化深度調査

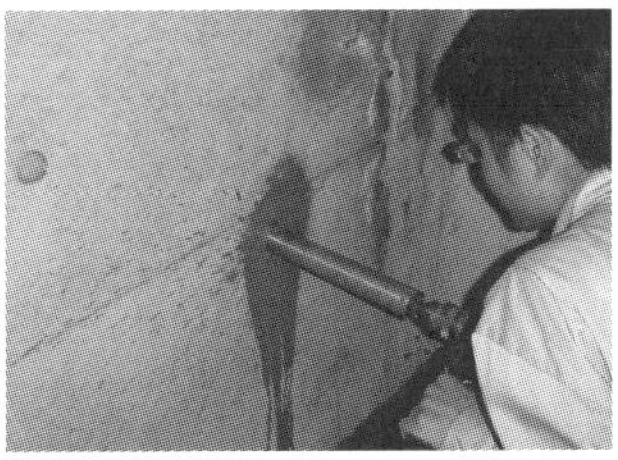

▲躯体のコンクリートコア採取試験
鉄筋位置を探査し、鉄筋位置から小径コアを採取し、実際の鉄筋被り厚さを測定する

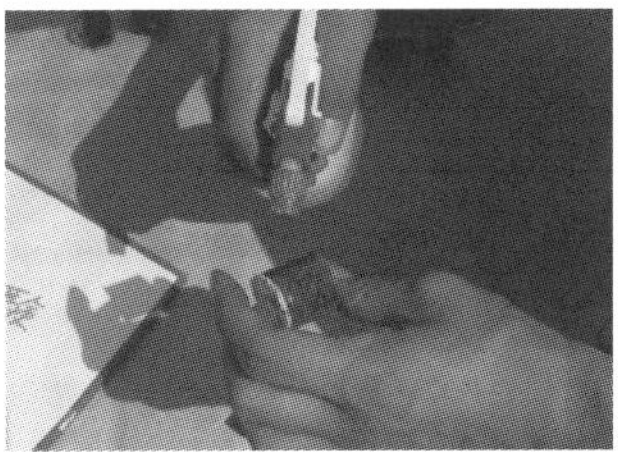

▲採取したコンクリートコア
フェノールフタレイン水溶液を噴霧し、中性化深度を測定する

▲採取したコンクリートコア
塗装やモルタルの仕上層の有無、種類、厚さも合わせて考察する

中性化速度式グラフ（岸谷式）

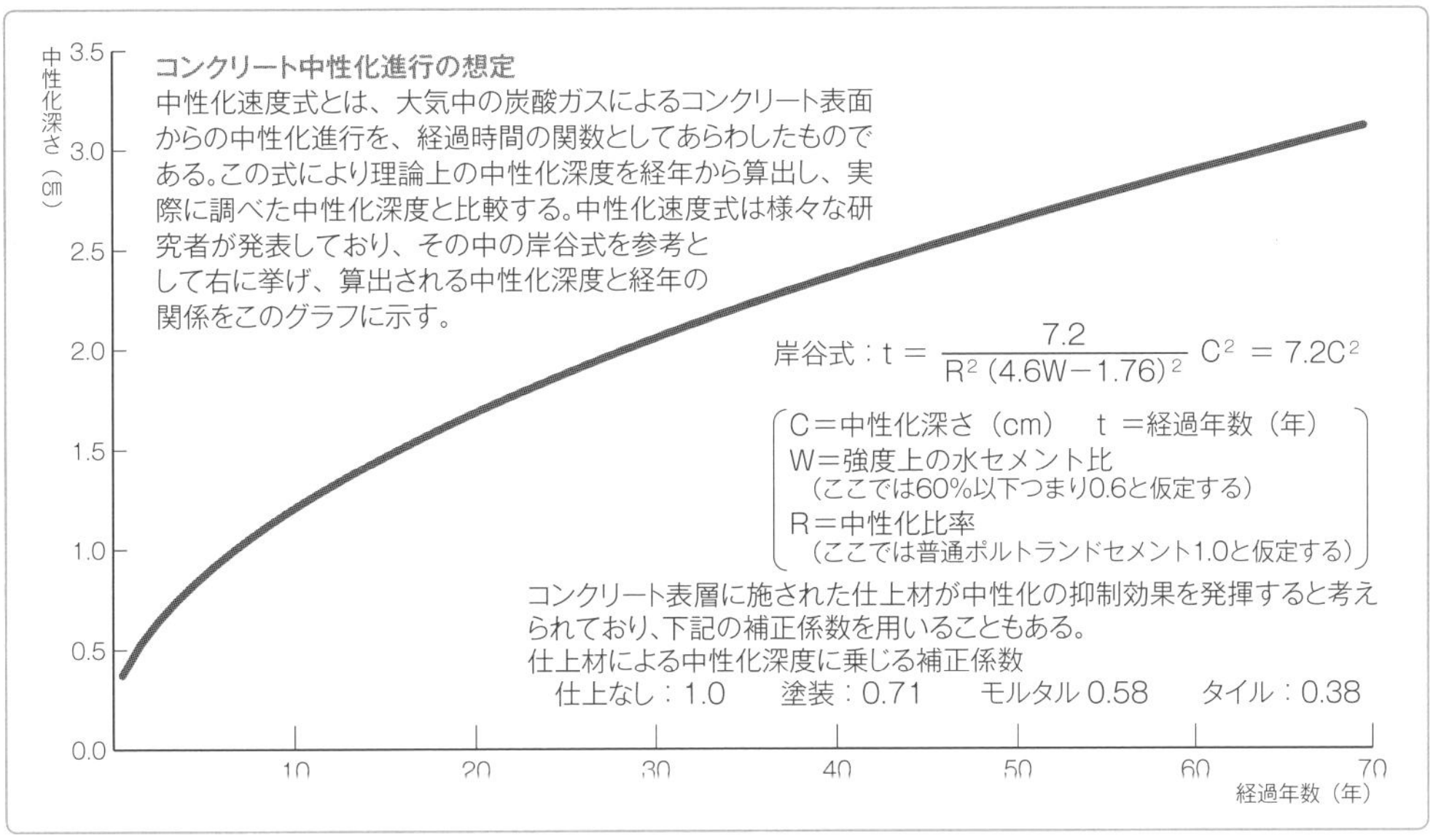
中性化深さ（cm）
3.5
3.0
2.5
2.0
1.5
1.0
0.5
0.0
10
20
30
40
50
60
70
経過年数（年）
コンクリート中性化進行の想定
中性化速度式とは、大気中の炭酸ガスによるコンクリート表面からの中性化進行を、経過時間の関数としてあらわしたものである。この式により理論上の中性化深度を経年から算出し、実際に調べた中性化深度と比較する。中性化速度式は様々な研究者が発表しており、その中の岸谷式を参考として右に挙げ、算出される中性化深度と経年の関係をこのグラフに示す。
岸谷式：$t = \frac{7.2}{R^2(4.6W-1.76)^2}C^2 = 7.2C^2$
C＝中性化深さ（cm）　t ＝経過年数（年）
W＝強度上の水セメント比
（ここでは60%以下つまり0.6と仮定する）
R＝中性化比率
（ここでは普通ポルトランドセメント1.0と仮定する）
コンクリート表層に施された仕上材が中性化の抑制効果を発揮すると考えられており、下記の補正係数を用いることもある。
仕上材による中性化深度に乗じる補正係数
仕上なし：1.0　塗装：0.71　モルタル 0.58　タイル：0.38

※参考文献：岸谷孝一・西沢紀昭他編「コンクリート構造物の耐久性シリーズ 中性化」技報堂出版

塗膜付着強度調査

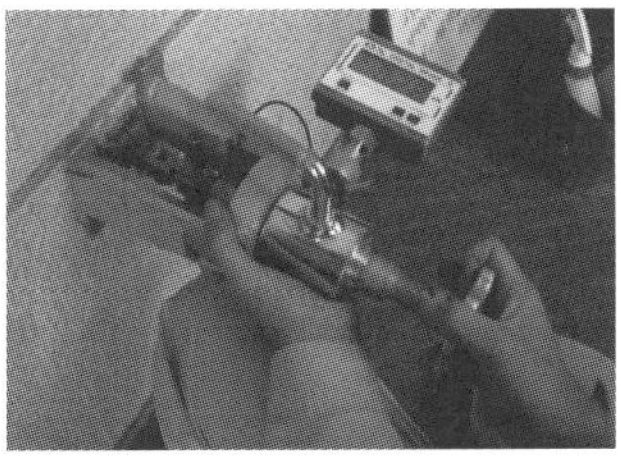

▲塗膜の付着強度引張調査
外壁にアタッチメントを張り付け、調査機器で引っ張り、破断強度、破断位置などを調査する。既存塗膜の塗り重ね回数、塗装の種類などを考察する

吹付け塗材の所要付着強度は以下のように示される
（$1N = 1.01972 \times 10^{-1}$ kgf）

付着強さ N／mm^2	標準状態	浸水後
複層塗材 C（セメント系）	0.49N／mm^2	0.49N／mm^2
複層塗材 CE（ポリマーセメント系）	0.49N／mm^2	0.49N／mm^2
複層塗材 Si（シリカ系）	0.69N／mm^2	0.49N／mm^2
複層塗材 E（アクリルエマルション系）	0.69N／mm^2	0.49N／mm^2

0.49～0.69N／mm^2以上の付着強さが確保されていればよい

035

石綿含有の外壁仕上塗材の対策

建材への石綿の使用は現在では禁止されているが、建築物には残存している。

石綿が含有する建材などに対する規制は１９７０年代以降から段階的な強化が図られてきた。２００４年（平成16年）10月に石綿の含有が重量の１％を超える建材の製造や使用が禁止された。さらに、２００６年（平成18年）９月からは重量の0.1％を超える石綿含有製品の製造や使用が全面的に禁止された。

しかしながら、現存する建築物には現在でも様々なかたちで石綿が含有している建材が残存しており、解体や改修工事の際などに問題となることがある。

外壁仕上塗材にも石綿が含有された時期がある。

建築物の外装や内装の仕上材として用いられる建築用仕上塗材にも、過去に石綿を含有した製品が製造されている時期があった。

施工時のダレや塗膜のひび割れ防止が期待できたことから、仕上塗材の立体的な模様を造形する主材層に、少量の添加剤として石綿を含有させていた。仕上塗材を施工する事前の処理として施される下地調整材にも、石綿を含有させていたものがあった。

仕上塗材や下地調整材が健全な状態であれば、含有している石綿が飛散する可能性は低く、石綿の含有量も必ずしも多くはない。

ただし、建物の解体や改修工事において仕上塗材や下地調整材を削ったり、物理的な力を加えて除去したりする場合には、含有する石綿の飛散が懸念される。

マンション大規模修繕工事でも作業内容によっては、石綿の飛散防止への配慮が必要。

２０１７年５月に環境省ならびに厚生労働省から各自治体に、「石綿含有仕上塗材の除去等作業における石綿飛散防止対策に関する通知」がなされた。マンションの大規模修繕工事でも仕上塗材の除去や破断・切断を伴う作業の際、石綿が含有している場合には石綿の飛散を防止する対策を講じることが厳密化されるようになっている。

石綿含有仕上塗材の除去や改修時における合理的な処理工法が開発される可能性も期待できるが、まずは石綿の含有の有無や程度を確認すること、仕上塗材の劣化が石綿が含有されている主材層に至る前に塗替えなどの適切な保全をしていくことが重要となる。

石綿含有仕上塗材除去工法の特徴

「吹付け工法」により施工された石綿含有仕上塗材の除去や改修は負圧隔離による処置が原則となる。ただし、通常の負圧隔離による作業以外に「同等以上の粉じん飛散防止処置」が認められる場合があり、厚生労働省「石綿飛散漏洩防止対策徹底マニュアル（2.10版）」では、負圧隔離と同等の処置と判断できる工法として、以下の工法が例示されている。

工　法	主な特徴	備　考
①集じん装置併用手工具ケレン工法	脆弱部以外は除去困難、集じん効率が悪い、塗膜・下地の種類により仕上り感が大きく左右される	
②集じん装置付き高圧水洗工法 （15MPa以下、30～50MPa程度）	15Mpa以下では表面洗浄のみの効果、30～50Mpaでも脆弱部以外の除去困難、廃水処理が必要	
③集じん装置付き超高圧水洗工法 （100MPa以上）	多くの塗膜除去に適用可、入隅等の狭小部には不適（他工法の併用必要）、廃水処理が必要	
④超音波ケレン工法 （HEPAフィルター付き掃除機併用）	下地まで削り取ることでの除去、役物廻りへの適性高い、集じん効率が悪い、塗膜・下地の種類により仕上り感が大きく左右される	
⑤剥離剤併用手工具ケレン工法	完全除去が困難（薄膜として残存）、塗膜の種類によっては複数回の施工が必要なる場合あり、除去後の仕上洗浄が必要、廃液・水処理が必要	無機系塗膜には適性低い
⑥剥離剤併用高圧水洗工法 （30～50MPa程度）	撤去後の仕上がり感が良好、廃水処理が必要	無機系塗膜には適性低い
⑦剥離剤併用超高圧水洗工法 （100MPa以上）	撤去後の仕上がり感が良好、廃水処理が必要	無機系塗膜には適性低い
⑧剥離剤併用超音波ケレン工法	役物廻りへの適性高い、塗膜・下地の種類により仕上り感が大きく左右される、除去後の仕上洗浄が必要、廃水処理が必要	無機系塗膜には適性低い
⑨集じん装置付き ディスクグラインダーケレン工法	粉じんの回収に細心の注意が必要、塗膜・下地の種類により仕上り感が大きく左右される	

上記の隔離工法としない場合、以下の処置を講ずることが必要とされる。

（1）養生

施工区画を設定して、水滴飛沫などによる汚れを防止するために、プラスチックシートなどで養生を行う。

（2）粉じん飛散防止処置

前室は不要であるが、施工区画の境界上にエアーシャワー付き洗身設備などを設け、作業終了時に（施工区画を出る際）作業着に付着した粉じんを除去することが望ましい。

（3）呼吸用保護具・保護衣等

取替式の防じんマスク、専用の作業衣を使用して作業終了時には洗身設備などで付着した粉じんを除去する。

▲剥離剤併用高圧水洗工法の例

▲集塵機能付き高圧水洗工法の例

▲剥離剤併用超音波ケレン工法の例

Chapter 3

036

防水材の物理的調査

目地防水はサンプリングにより、防水機能が保持できる納まりかどうかも確認できる

コンクリートやタイル外壁の打継目地、入隅などの見切り部分の目地、玄関扉やアルミサッシなど建具枠と躯体の取り合い部分、手摺などの建築金物付根廻りには、雨水の侵入を防止する止水シーリングが施されている。雨が掛りにくいバルコニーや廊下などでの不具合は少ないが、妻壁や屋上など雨が直接かかる場所などでは、シーリングの劣化による漏水事故が発生することがある。

シーリング防水は、5~6年が止水性能保証の限界ではあるが、通常は大規模修繕工事ごとに、これらのシーリング材をすべて打ち替えている。

物理的調査では、既存シーリング材の一部をサンプリング採取し、引張試験などにより劣化状況を調査するとともに、材質、材種、目地寸法、バックアップ材の有無なども調査する。ときには、新築時のシーリングや油性コーキングが残置され、そのうえに更にシーリングが被せられているような、不具合が発覚することもある。

供試体のサンプリング個所は、直射日光を浴びる条件の厳しい部分と、北側などの比較的条件の良い部分などバリエーションを付けて、1建物につき数個所の部位を選択することが望ましい。また、雨水浸入が疑われる打継目地や建具廻りのシーリングなどをサンプリング対象とし、シーリングの裏側に水が回っているかの確認も求められる。

シーリング材の修繕設計は、既存材と改修材の物理的特性が合わない場合は不具合が発生するため、調査により既存材の材質を確認する必要がある。目地の断面寸法が不足する場合は、目地を拡張するなどの改修設計が求められる。

塗膜防水やアスファルト防水など、面で防水機能を発揮する材料は目視調査がメイン

バルコニー床や階段、排水溝などに多く使われているウレタン系の塗膜防水は、目視調査に加え、測定器具を用い針入度調査を行い、防水性能を発揮できる塗膜厚さが残っているか測定する。

塗膜防水に更に塗膜防水を被せた修繕を行う場合、既存と改修の材料の相性が悪いと浮きや塗膜のヨレなどが発生するため、サンプリングや相性調査を行うこともある。屋上などのアスファルト系の防水は、サンプリングが難しいため、目視調査のみのことが多い。

シーリング材の物理的調査

▲シーリング防水材のサンプリング
ブリーディングや硬化などの劣化状況、被覆塗膜の有無、目地底の状況、雨水浸入の有無なども合わせて調べる。
採取後、その日のうちにシーリング材を充填し修復する。降雨時にはサンプリングを行わない

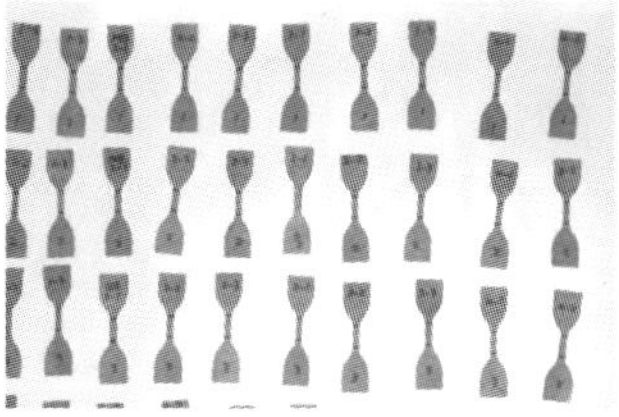

▲ダンベル型試験体（JIS規格）
サンプリングしたシーリングをスライスし、ダンベル型の試験体にくりぬく

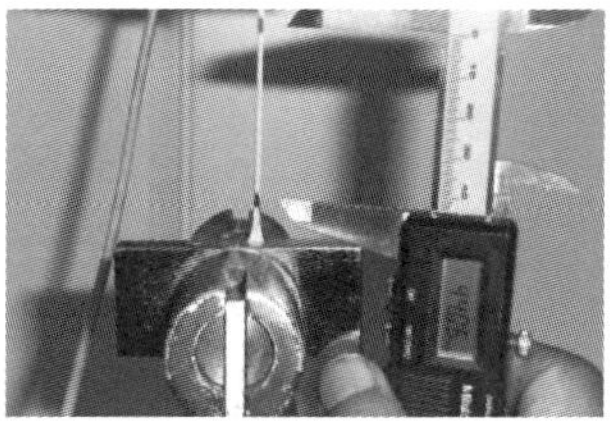

▲試験体の引張試験
試験体を機械で引っ張り、伸び率などを計測する

▼劣化度の分類方法

調査項目			劣化度		
			Ⅲ	Ⅱ	Ⅰ
			補修が必要	現状放置可能、ただし早期に広範囲にわたって再診断が必要	現状放置可能
防水機能関連	漏水またはその痕跡		あり	—	あり
	シーリング材の被着面からの剥離		深さの1/2以上または5mm以上	深さの1/4 ~1/2または2 ~5mm	深さの1/4未満または深さ2mm未満
	シーリング材の破断（口あき）		厚みの1/2以上または深さ5mm以上	深さの1/4 ~1/2または深さ2 ~5mm	深さの1/4未満または深さ2mm未満
	被着体の破損（ひび割れ、欠落）		ひび割れ幅0.3mm以上	同左0.1 ~0.3mm	同左0.1mm未満
	シーリング材の変形（だれ、くびれ）		凹凸が厚みの1/2以上または深さ5mm以上	凹凸が厚み1/4 ~1/2または深さ2 ~5mm	凹凸が厚みの1/4未満または深さ2mm未満
	シーリング材の軟化		指先に極めて多量に付着	指先にかなり付着	指先にわずかに付着
意匠外観関連	しわ		凹凸の深さ1 ~2mm	同左0.5 ~1mm	わずかに波打っている
	変退色		変退色が極めて著しい	変退色がかなり認められる	変退色がわずかに認められる
	ひび割れ		ひび割れ幅1 ~2mm	同左0.5 ~1mm	同左0.5mm未満
	白亜化		指先に粉末が極めて多量に付着する	指先に粉末がかなり付着する	指先に粉末がわずかに付着する
	仕上げ材の浮き、変色		剥離や変色が認められる	ひび割れ、浮きがある やや変色している	左の現象が軽微である
物性	50%引張応力（M50）	初期値比	5倍以上、1/5以下	3 ~5倍、1/3 ~1/5	3倍以下、1/3以上
		測定値	$0.6N/mm^2$以上 $0.03N/mm^2$以下	$0.4 \sim 0.6N/mm^2$以上 $0.03 \sim 0.06N/mm^2$	$0.4N/mm^2$以下 $0.06N/mm^2$以上
	伸び（E）	初期値比	1/5以下	1/3 ~1/5	1/3以上
		測定値	200%以下	200 ~500%	500%以上

出典：『総プロ』（昭和58年度総合技術開発プロジェクト「建築物の耐久性向上技術の開発」）

塗膜防水の物理的調査

▼塗膜防水の針入度調査
バルコニーなどのウレタン塗膜防水などは、目視調査や触診調査などを行い、外観からの劣化度を調査するとともに、塗膜厚さを測定し、防水性能を確保する塗膜厚さがあるか、確認する。劣化状況、既存塗膜厚さ、既存塗膜の種類などにより、防水層を剥がすべきか、重ねて施工するかの判断材料とする

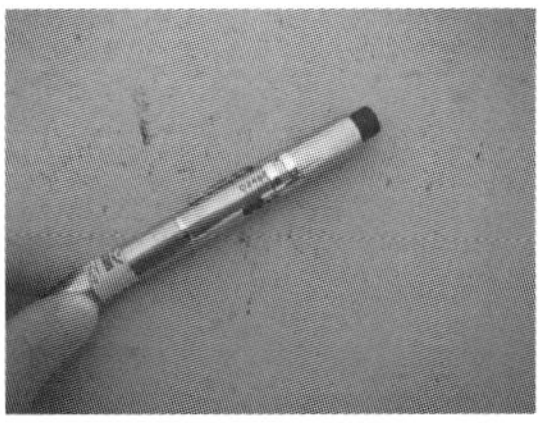

▶塗膜防水の物性調査
現地から試験体をサンプリングし、物性を調査する。上から塗膜防水材を被せる場合、既存塗膜の物性と新規塗膜の下地処理材の物性が合わないと、不具合が発生するため、必要に応じてサンプリングした既存防水材に下地処理材を塗布し、軟化や液化などの変化状況を観察する。既存塗膜に特殊な材料を使用している場合や、既存塗膜と新規塗膜の物性が著しく異なる場合は、十分に注意する

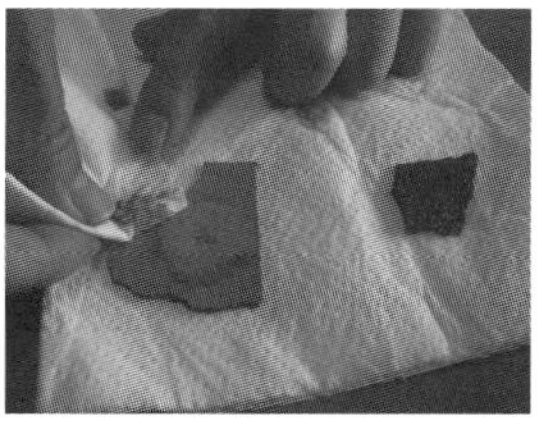

037

専有部分の立ち入り調査

共用部分、専有部分、その両方から見て、マンション全体の修繕ポイントが見えてくる

大規模修繕を計画するうえで、屋上や廊下、階段などの共用部分のみの調査では見えてこない部分があり、住戸の専有部分に入室して行う調査も、他の調査と合わせて行う事が多い。特に漏水補修や、設備改修、建具の改修の時期や範囲を判断する上では欠かせない調査である。

アンケート調査結果から作成した、住戸ごとの不具合分布表をもとに、不具合が多い住戸や、漏水事故（上階の不注意は除外）を対象としてリストアップし調査依頼する。高経年や小規模の場合は、全戸調査を行うこともあるが、比較的新しいマンションや大規模マンションでは、時間と費用が必要以上にかかってしまう。規模や住戸形式の数などにより異なるが、少なくとも10％以上の住戸を対象とすることが望ましい。

アンケート調査で申告された不具合を、専門家の目で確かめること

調査時は、その住戸の所有者や居住者が回答したアンケート調査票を持参し、居住者と一緒にその現象を確認する。漏水がある場合は、その場所を仔細に観察し、いつ、どのような時（台風、雪、暴風雨、風の方角など）、具体的な漏水の状況（一晩中ボタボタする、翌日に染み出すなど）、補修の有無など具体的にヒアリングを行い、漏水時の写真があれば閲覧する。

断熱性能や気密性能、通風・換気についても、不具合がなくても気になる点や改善要望がないかヒアリングし、結露やカビがあれば、その状況や通風、給換気口の設置・使用状況なども確認する。

アルミサッシや玄関扉などの建具の損耗状況や不具合、使い勝手や改善要望（結露がひどく二重サッシにしたいなど）を聞き出す。物干金物や手摺、ドレインなどバルコニー周囲の建築金物の状況も同様に確認する。

設備は、リニューアルされていることが多いため、配管の取替え状況、赤水や水圧、排水不良などの不具合、設備機器の不具合、性能向上の要望やその程度（給湯機のサイズを大きくしたい、電気契約容量を増量したいなど共用配管のサイズに関係する要望）についてもヒアリングする。

専有部分での物理的調査、詳細調査があれば同時に行い、何度も入室することがないよう、スケジュール調整する等配慮が必要だ。

住戸内詳細目視調査・物理的調査　スケジュール表の例

開始時間	10:00	10:30	11:00	11:30		13:00	13:30	14:00	14:30	15:00	15:30	16:00	16:30	17:00	17:30
＊月＊＊日															
住戸内不具合目視調査 サッシ・鋼製建具調査	1-101	1-304	4-801	4-401		8-106	1-106	4-705	2-203	5-306	7-304	4-904	予備	予備	予備
中性化深度調査 塗膜付着強度調査	準備	随時実施				随時実施					終了次第解散				
勾配屋根／屋上調査	準備	随時実施				随時実施					終了次第解散				
＊月＊＊日															
住戸内不具合目視調査	7-302	7-405	8-501	2-502		8-502	6-403	2-406	1-501	1-507	4-301	3-407	3-307	予備	予備
サッシ・鋼製建具調査	サッシ解体調査　7-302														
シーリング調査 塗膜／塗床防水調査	準備	7-405	共用部	2-502		8-502	6-403	共用部	1-501	1-507	共用部	3-407	3-307	終了次第解散	
勾配屋根／屋上調査	準備	随時実施				随時実施									
換気扇ダクト調査	7-405		8-501			6-403		2-406		4-301		予備		終了次第解散	
中性化深度調査 塗膜付着強度調査	準備	随時実施				随時実施					終了次第解散				
＊月＊＊日															
住戸内不具合目視調査	5-202	1-203	3-104	8-506		2-504	4-603	5-503	6-204	7-205	4-601	8-405	3-406	予備	予備
サッシ・鋼製建具調査	サッシ解体調査　5-202														
高圧水洗試験施工	調査準備	試験施工				試験施工					終了次第解散				

専有部分立入調査の実施例

▲漏水状況の調査

室内へ漏水している場合は、屋上や上階のバルコニー、周囲の開口部廻りのシーリング、躯体にひび割れがないかなど、周囲に疑わしき現象がないかぬかりなく観察する。居住者には、漏水したときの状況を細かく聞き出し、原因を推測する

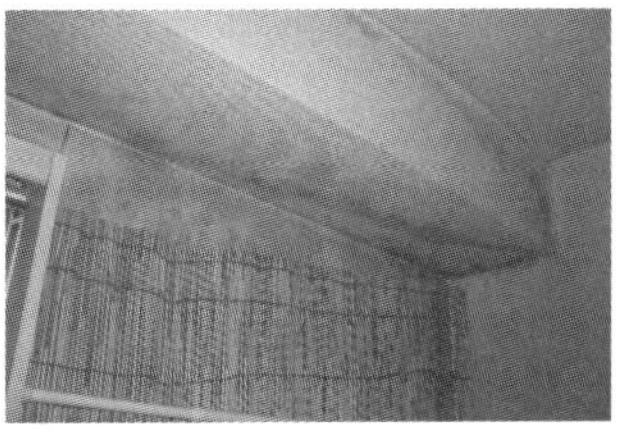

▲断熱性能の評価

結露、カビが発生している場所や程度、傾向をつかむ。図面から断熱材の材質や厚さ、施工範囲を読み取り、不具合現象と比較する。居住者からは、結露・カビの状況と時期、暮らしの状況（室内に洗濯物を干しているか）などを聞き出す。最上階や妻側の住戸は、冷房暖房の効き具合やほてりなどをヒアリングする

▲バルコニーなどの目視調査

防水材や仕上げ材の劣化調査、手摺、物干し金物など建築二次部材の目視調査を行う。バルコニーなどの使用状況や私物の種類、大きさなども合わせて確認。個人で給湯機などを設置している個所があれば、外壁改修の際の扱いを検討する。場合によっては斜線制限に抵触する大型物置や、安全上問題のある灯油などの可燃物の配置状況もチェックし、管理組合に注意を喚起する

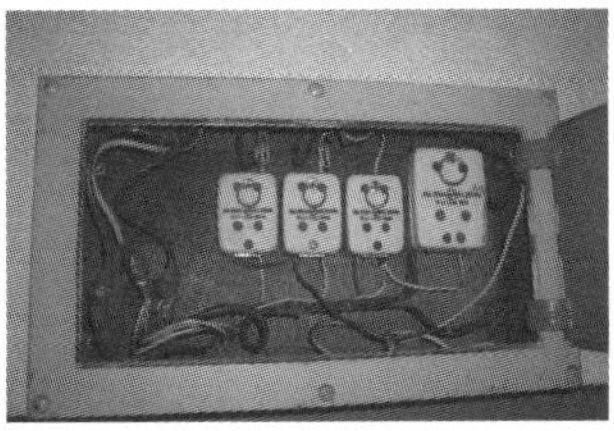

▲住戸内の設備の不具合

電気やガス・給湯の容量や能力に対する不満や、契約容量増加の希望、回路分けの状況などは、アンケート調査結果を元にヒアリングする。共用部分の配管、幹線容量の検討の資料とする。

換気設備の不具合もヒアリングし、換気扇の吸い込み口の汚染状況なども合わせて観察する

038 サッシとドアの詳細調査

高経年になれば、サッシやドアの調査が必要になり、取替え時期の検討は避けて通れない

アルミサッシや玄関扉は、専用使用されているが、基本的には「共用部分」であり、一般的には修繕積立金を使って管理組合が修繕する対象とされている。アルミサッシや玄関扉は、外装面積の多くを占めているが、㎡当たり数千円という塗装の費用と比較すると、取替え費用は1カ所あたり、数万円から数十万円と、多額の費用が必要となる。築20年を超え、2回目の大規模修繕工事前後のマンションでは、建具や手摺など建築二次部材の修繕・改修を、どのように長期修繕計画に盛り込み、修繕積立金を取り崩すかという具体的検討が、いよいよ避けられなくなってくる。

2回目、3回目大規模修繕工事の前の調査では、目視調査に加え詳細調査を行うことが望ましい。

アルミサッシを例として説明すると、20~25年経過したアルミサッシは、多くの付属部品の劣化や損耗が進行し、付属部品の更新が必要であるが、サッシのアルミ型材はまだ更新を要さない程度であることが多い。

詳細調査に先立ち、アンケート調査で動作の不具合や気密、水密、断熱性能の程度を把握する。加えて、竣工図書などからサッシの供給メーカーを調査する。詳細調査は、住戸に入室しサッシの付属部品（ビード、気密片、外止め、クレセント、換気小窓など）の種類と数、個々の劣化状況やその傾向、供給メーカーに付属部品の在庫や金型が残っているかなどを調べる。障子や枠のアルミ押出型材の腐食や損耗があれば調査し、必要に応じて電解着色の被膜の風化状況や皮膜厚を測定し、型材の修繕方法と寿命を探る。

特に不具合が著しいサッシ障子を試験的に解体し、付属部品の劣化損耗の状況を具体的に調査する。この際に、部品交換ができるか、解体清掃の施工性や作業場所なども合わせて調査する。

加えて、網戸の有無や劣化状況、面格子や窓手摺の劣化状況、室内側にサッシを追加している場合はその状況、その納まりも観察する。個人でガラスを真空ガラスやペアガラスに取り換えている場所は、その納まりや、戸車の損耗状況や作動性を観察する。

玄関扉やメーターボックス扉などの鋼製扉も、アルミサッシと同様に、付属部品の種類・数、各々の劣化損耗状況、更新部品の有無を調査する。

アルミサッシの詳細調査の例

▲アルミサッシの詳細調査
アンケート調査で著しい不具合があると回答した住戸を対象とし、障子を取り外して框やガラスを分解し構成部品や、部品の劣化損耗状態などを確認する。アルミサッシの更新を検討する場合、既存枠や躯体抱面寸法、既存障子などを採寸し、検討の基礎資料とする

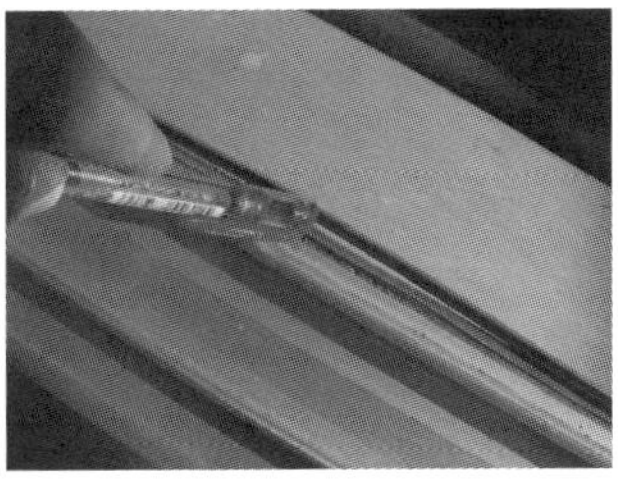

▲アルミサッシの詳細調査
枠の状態を詳しく観察する。汚染度、摩耗度、アルミ被膜の劣化度など。開閉に支障があると回答した住戸は、戸車と枠に損傷がないかチェックする

▲付属物などの調査
古いマンションで、設備配管用のスリーブがない場合、空調室外機用冷媒配管や給湯機の配管類などを、窓サッシの換気小窓部分を貫通させたり、窓サッシの一部を改造して通しているケースがある。これらは、サッシの修繕や更新に障害となるため、あらかじめ実態を調査する

▲戸車の在庫チェック

▲戸車の損耗状況調査

▲構成部品の調査

建具は、図面や現地の製品に張られたシールなどを手掛かりに、既存の供給メーカーを探り出したうえで、戸車、クレセント、ガラス押えビード、気密片、落下防止部品、エアタイト機構、換気小窓、小窓ロックなどの構成部品の種類と材質、その損耗状況、メーカー在庫の状況を調査する。枠や障子などのアルミ押出型材は、腐食状況、被膜の劣化状況を調査する。網戸や面格子、窓手摺など、アルミサッシに付属している部材があれば、同じように構成部品や劣化状況を調査する。戸車などの可動する樹脂部品はアルミ押出し型材や固定部品などと比較し早期に劣化・損耗が進行するため、現況のそれぞれの部材の劣化状況を見極め、部品を更新して使用し続けるか、サッシ自体を更新するかなど、総合的に判断して修繕計画を立てる必要がある。なお戸車や気密材などの部品在庫やそれらの金型がメーカーに存在しない場合、あらかじめ金型作成の費用を修繕計画の試算に計上しておくことが望ましい

鋼製建具の詳細調査の例

▲玄関扉の調査
構成部品の状況や、扉、枠の腐食状況を調査する。更新を検討する場合は、アルミサッシと同様に既存枠や扉の状況を採寸する

▲玄関扉の調査
アンケート調査で著しい不具合があると記載している住戸があれば、現象や原因を調査する。写真は丁番が疲労し戸先が下がり、開閉が困難になっているケース

▲鋼製建具の調査
アルミサッシと同様、扉本体や付属部品の劣化、腐食状況により、修繕するか更新するか修繕計画を立てる

Chapter 3

039

詳細調査と試験施工

試験施工は材料選定だけでなく、施工手順や施工スピードを確認検討する材料にもなる

大規模修繕工事は、材料の費用と職人が何人・何日働いたかという労務費の両方の合計が工事の費用となる。双方を比較すると、サッシなど高額な部品を除いて多くの項目は、労務費の方が大きな割合を占めることになる。時間がかかれば工事費も増加するため、性能や品質を確保しつつ、よりスピーディーな施工が費用面では求められる。

外壁塗膜の洗浄や剥離、タイルや石材の清掃の試験的な施工は、材料の特性の把握や、既存材料と改修に使う材料の相性を調べる意味もあるが、施工スピードなど労務費に関わる効率的な施工方法の検討にも役立ち、計画や設計の精度を高めることができる。外壁塗膜を塗り重ねる場合は、高圧水洗浄により下地を洗うが、洗浄のレベルや適切なノズル、汚れが確実に除去できるか、またその運行速度などは試験施工により検証する。

塗膜を完全に剥離する場合、高圧水洗ケレン、超音波ケレン、サンダーなどの電動工具ケレンなど剥離方法がいくつかある。剥離剤の使用条件、施工スピード、ケレン後の下地の状況や、ケレンカスの回収方法など、必要に応じてそれぞれの工法について試験施工により検証する。

タイルや石材は、既存材と薬剤の相性が悪いと焼けやムラ、表層の肌荒れ、汚れが落ちないなどの失敗が発生する恐れがあり、試験施工により事前に確かめることが望ましい。

特殊な材料や構造のマンション、設備改修など性能向上工事の前には、詳細調査が必要

予備調査、目視調査、物理的調査などの段階で、より詳細な調査を必要とする不具合が見つかった場合、詳細調査などを行う。また一般的な修繕方法では対応できない特殊な工法が採用されているマンションや、超高層建築物など特殊な建物の場合、試験施工を行うことが望ましい。

具体的には以下が挙げられる。「漏水診断、原因追究調査」、「換気ダクト内視鏡調査、閉塞状況調査」、「給排水管の抜管調査、劣化診断」、「外壁タイルの浮き、割れ数量調査（機械による打検や赤外線検査など）」、「ひび割れ、鉄筋爆裂などの躯体不良部分全数調査」「建築二次部材の解体清掃、部品交換の試験施工」「設備改修のための全戸調査」「エアコン室外機や屋外型給湯機の設置位置やスリーブの穿孔状況」など。

試験施工の例

施工性・作業効率の確認

修繕仕様を検討するうえで、性能に影響を与えない範囲で、作業性効率がよく、かつ居住者への負担が少ない工法を選択したい。そのために、試験的に施工を行う必要もある。作業チームが1班何人で1日何個所また何㎡ 工事を行うことが可能かを判断し、工期や工事費用の積算のための資料とする。

また、実際の試験施工により材料特性を把握し、同時に必要な養生方法・使用材料・補修方法などを検討し仕様検討を行う基礎資料とする。

そのほか、高圧洗浄の試験施工などは、塗膜を被せるか、完全撤去するか、完全撤去を行う場合の範囲、施工方法や施工性の検討を行う基礎資料となる

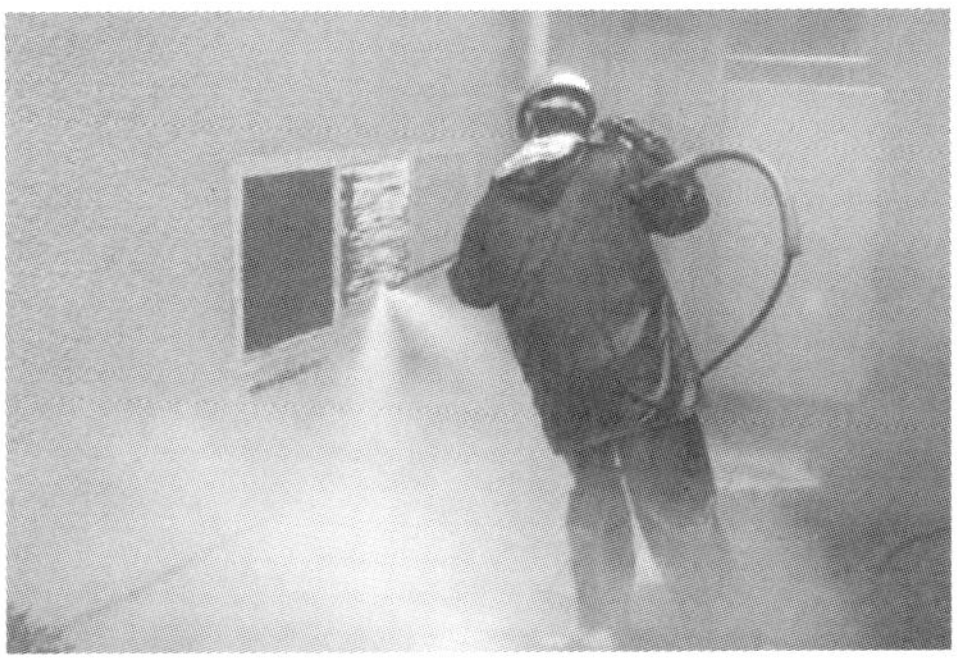

▲既存塗膜の高圧水洗試験施工
軟化剤併用の要否、剥離レベル、施工性、除去に要する時間などを測定し、付着強度試験結果と合わせて既存塗膜を剥がすか、被せるか修繕計画を立てる基礎資料とする。洗浄後の塗膜や躯体、モルタルの状況はよく観察し、修繕設計において下地処理をどのようにするか検討する材料とする

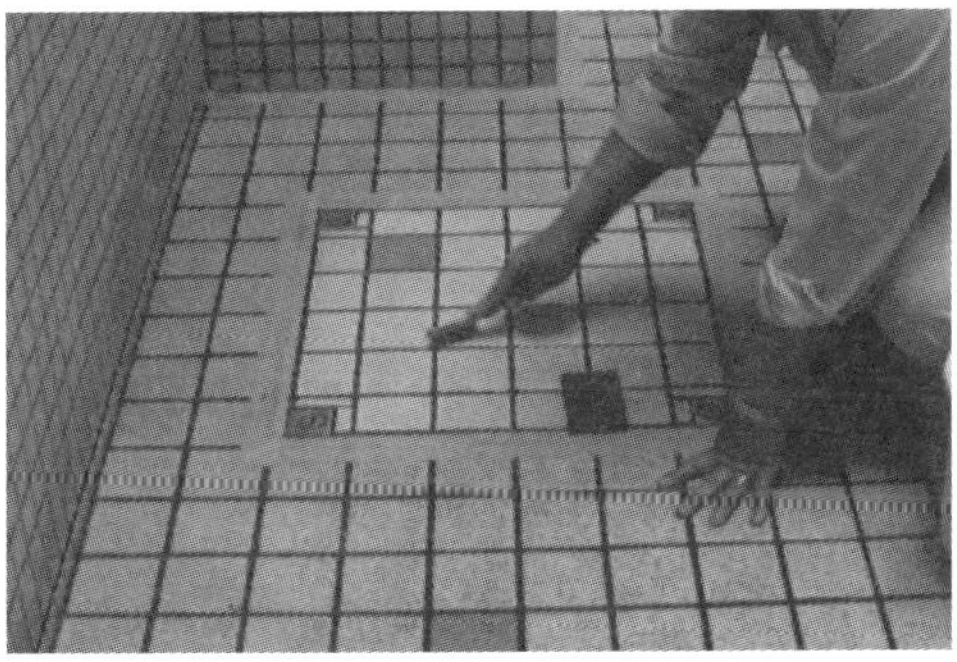

▲タイル洗浄の試験施工
汚れが著しい場所で試験施工する。汚染物質などを確実に除去できるか、養生時間や施工性、既存タイルの表層を傷めないかなどをチェックする

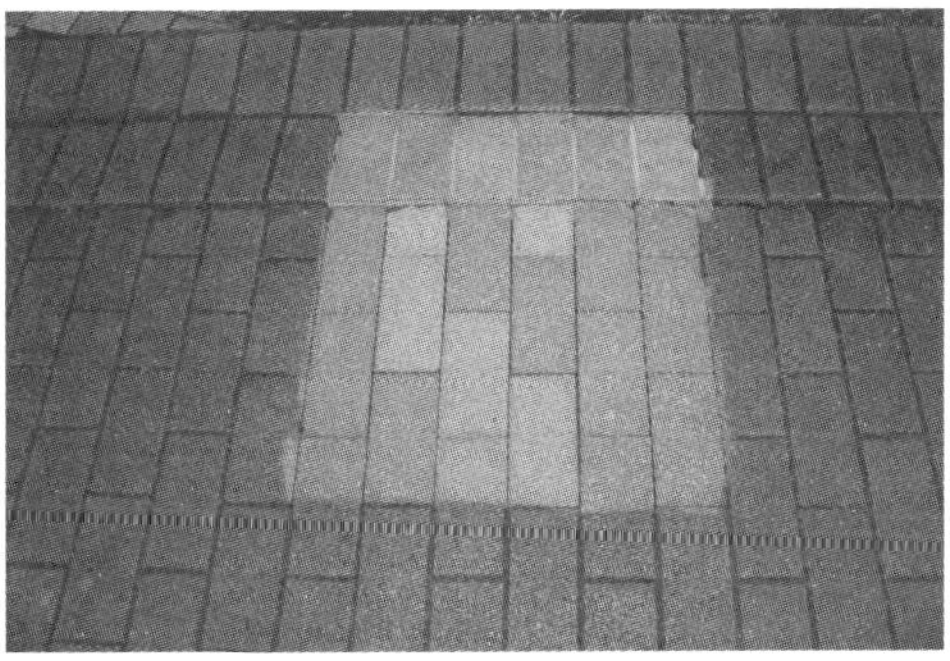

▲外構ブロック洗浄の試験施工
苔や土埃などの除去状況をチェックする

実施の可否の確認

建具や金物などは、供給メーカーごと、また制作時期により納まりや構成部品が異なることが多く、それらが詳細な納まり図として管理組合に残されていることは稀である。このため、特に金物関係の修繕を行う場合は、それらが具体的にどの範囲でどのように分解・交換ができるのか、実際に試験施工を行うことが必要となる場合がある。また付属部品の在庫が残されているか、部品交換のために金型を作成する必要があるかなどを調査する

実数精算工事の数量把握

通常、ひび割れや鉄筋爆裂などの躯体劣化部などは、仮定数量に基づく金額で工事契約を結び、工事完了時に実数清算する。目視調査により、躯体劣化部やそのほかの不具合が著しく多い場合など、あらかじめその数量を把握するために、それらの全数調査と調査図面などを作る場合がある

Chapter 3

040

報告と情報開示

コンサルタントとは、定期的に打ち合わせをして、コミュニケーションをはかる

調査診断や計画、設計、工事監理などの業務を行う際、多くは月に1回程度の頻度で管理組合の理事会や専門委員会がある場合は会議へ出席し、役員や委員へ対して業務の進捗状況や、調査結果の報告や説明を行う。修繕計画・修繕設計の検討時は、検討結果や計画・仕様の説明を行い、その内容について役員や委員と議論・協議し、その結果を計画や仕様にフィードバックさせる。管理組合と専門家はこのようなコミュニケーションを定期的に行い、信頼関係を構築することが大切だ。

特に、修繕設計に着手してからは、検討・協議内容がそのまま工事請負契約書の添付文書となるため、内容をよく説明し、双方が納得し理解しながら協力して作り上げていくという過程が欠かせない。

これらの打ち合わせに出席しない居住者の合意形成を円滑に行うためには、適時居住者説明会や公聴会を開催すること、また理事会や専門委員会などの広報により、逐次状況を報告し、できるだけ情報共有しておく。

区分所有者の円滑な合意形成には、適切なタイミングでの説明や広報がかかせない

マンションで皆で物事を決める「決議」は、根拠や経緯を共有の認識にすることが前提条件となる。

大規模修繕の実施や、長期修繕計画の見直し内容、修繕積立金の改定などは、調査診断や設計などの根拠があって立案される。役員や委員ではない一般の所有者にもその根拠を共有してもらう手段が「説明会」や「広報」であり、総会での合意形成を円滑に行うためにも、適時区分所有者へ説明し、広く情報を共有しておくことが大切である。

調査診断→長期修繕計画見直し→修繕設計→工事の流れの中で、それぞれ次のステップに進む段階で説明会を行うことが望ましい。

修繕積立金の値上げや、借入を行う場合、耐震化や、増改築、団地外構の大規模な模様替えを行う場合などは、居住者説明会を何度も行い、必要に応じてアンケートを取るなど、合意形成には時間をかけて計画を進める。

さらに理事会や専門委員会の活動報告や、検討内容・決定事項などを、広報誌にまとめ居住者に配布すると、検討内容や進捗状況、問題点をこまめに共有でき、役員への信頼性や透明性が向上する。

広報掲載内容

- 専門委員会での検討内容や決定事項
- 調査結果の概要、ダイジェスト
- 専門用語の解説
- 長期修繕計画の内容
- 長期修繕計画の収支の検討内容
- 工事のコンセプトや基本方針　など

広報誌や説明会の例

大規模修繕委員会ニュース	NO6
	2019年8月8日

毎日暑い日が続いておりますが、みなさまお変わりありませんか。今回は8月5日に行われた大規模修繕委員会から工事に関する内容をお知らせします。

1. 自転車置き場の一部に長尺シート
　自転車置き場の壁と天井は、塗装し、床はそのままの計画となっていましたが、こぼれたオイルのあとなどが目立ち、うす汚い状態となっています。そこで、駐輪場の中央部分とラックの無い部分について、塩ビ長尺シートを貼ることにしました。

3. アプローチ関連工事
　当マンションに入るアプローチ部分では、大雨の時に、かなりの水溜りが発生しています。

特に、西棟と機械駐車場の間の車路、ならびに円柱の間の歩道が、ひどい状態です。このままでは、水溜りが解消されず悪化する一方であるため、

▲円滑に総会の決議を得るには、普段から経過を、管理組合便りなどで広報する

▲居住者説明会風景

041

長期修繕計画の目的

計画修繕工事の実施には、長期修繕計画という根拠がある

マンションは、区分所有者から徴収した修繕積立金を使って、共用部分の修繕や改修工事をまとめて実施している。外壁塗装の塗り直し、防水の補修や取替、金物のメンテナンスや取替、水槽や配管・配線など設備の修繕や取替え、外構の補修・整備などの修繕工事から、耐震改修や集会所の改装、駐輪場の増設など幅広い工事が対象となる。

建築後の維持管理やメンテナンス費用は、積み上げると新築時の建設費用より多額の費用が必要となると言われており、無秩序に工事を実施すると、限りある大切な積立金が有効に使えなくなる懸念がある。通常マンションでは「長期修繕計画」により計画的な修繕の実施計画を定め、収支・事業計画の根拠としている。

長期修繕計画は、計画的にまとめて実施する工事の出費を、長期的に予測するものである。修繕積立金とは、計画的な修繕工事や、地震など事故による修繕工事、建築士などの専門家に仕事を委託するなどの支出に備えて積立てる金額である。この収支を関連づけて修繕積立金額が決定され、適時見直しが行われることにより、良好な維持管理と健全な資金計画が形成される。

近視眼的な計画より、長期的視点での工事の計画を

大規模修繕工事の実施前は、直近の費用に議論が集中する傾向にあるが、先々の計画修繕工事も視野にいれ、長期的な資金計画を下地に検討を行う方が、工事項目や優先順位を決定しやすいこともあり、特に費用不足が懸念される大工事の前には、長期的視点での検討を行うことを勧めたい。また、マンションが新しいうちや、大工事が終わった後などは、比較的資金計画に余裕があるが、その段階で積立てた費用を無秩序に取り崩すと、将来必要な費用が不足し、資金計画の破綻生じることが懸念される。常に長期修繕計画による資金計画をしっかり意識することが求められる。

長期修繕計画は、調査診断や工事を実施する際に見直しを行い、常にその時の状況に合わせた計画としておくことが望ましい。すでに長期修繕計画があってもまったく見直しを行わないようでは、適切な工事予測と資金計画に支障をきたすことになる。

ビジョン検討のポイント

●ビジョン

長期修繕計画は経年や規模、構造、劣化度などのハード面でマンションの特徴に合わせることが大切であるが、管理組合の維持管理方針や要望などのソフト面でも、そのマンションに合わせたものとする。これらのソフト面のプロジェクトの方向性や目標（ビジョン）を集約するには、管理組合内での議論や居住者の意見集約などが必要であるが、より精度の高い計画とするためには手間を惜しまない方がよい

●目標耐用年数

その建物をあと何十年間使用し続けるか

●維持管理のグレード

建物をどのような状態で使用し続けるか。

常に快適性を求め、万全の体制でメンテナンスするのか、ある程度不便はあっても我慢するか、ほどほどのところでメンテナンスするのか

●各部材の更新時期の検討

屋上防水のやりかえ、外壁の完全ケレン、玄関扉やアルミサッシの更新、手摺など金物類の更新、設備機器や配管・配線の更新

●性能向上の取り入れとそのタイミング

エレベーターを設置しバリアフリー化したい。機械式駐車場を自走式に替えたい。給水方式を変更したい。電気容量を増量したい。耐震補強を行いたい。断熱省エネ改修を行いたい。

特に、維持管理のグレードや目標とする性能の方向性が管理組合の中で固まっていないと、計画や設計が散漫になり、無駄に作業量が増える可能性がある。

専門委員会でブレインストーミングを行い、ぶれない方針を決めておくことが大切である

長期修繕計画の策定・見直しを行った場合、総会で決議しておくことが望ましい

大規模修繕工事終了後は必ず総括を行い、計画にフィードバックさせよう

長期修繕計画標準様式

2008年6月に国土交通省が「長期修繕計画標準様式」を発表し、長期修繕計画チェック・作成の手順・方法、資金計画の検討方法などのガイドラインと様式を公表した。このため長期修繕計画を見直し・作成する場合は、この標準様式を参考にして書類を作成することになろう

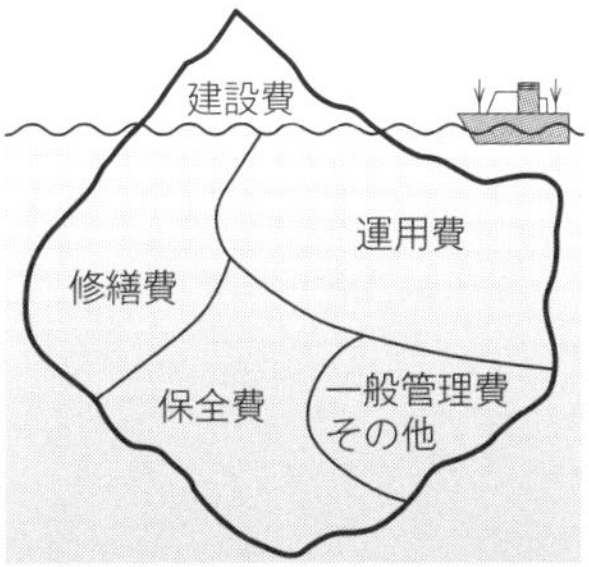

建築物のライフサイクルコストの構成を調べると、建設費は氷山の一角で意外に少ない。修繕費・運用費等が圧倒的な割合を占めている

042

長期修繕計画の内容

長期修繕計画は、大規模修繕工事の実施を合意形成する合理的な根拠

国土交通省は、分譲マンションの快適な生活と、良好なマンションストック形成を目的とし、平成20年6月に「長期修繕計画標準様式」「長期修繕計画作成ガイドライン」を発表した。分譲マンションの意識の相違や多様な価値観を背景とした合意形成の難しさや、複雑な権利・利用関係、技術的な判断の難しさなどにより、円滑な計画修繕の実施が困難な現状を、長期修繕計画の整備により、健全な資金計画を促すことが狙いだ。

国交省のガイドラインによると、長期修繕計画の内容は、次の5項目があげられる。

①計画期間の設定
②推定工事項目の設定
③修繕周期の設定
④推定修繕工事費の設定
⑤収支計画の検討

計画修繕工事内容の設定と推定工事費の試算

この5項目を簡単にいうと、「将来必要な（または予測される）修繕工事の内容」と「資金計画」の2つに大きく分けられる。

将来必要な修繕工事の内容は、「工事項目（どこの場所を）」「工事仕様（どんな修繕の仕方で）」「修繕周期（何年おきに）」「推定工事費（対象部位の数量×予測単価）」を、仮設、躯体、防水、金物、建具、設備などマンションの部位ごとにそれぞれ決定することであり、調査診断などにより技術的・専門的観点から設定を行うことになる。性能向上が必要な部位は、仕様検討の際に盛り込むことが望ましい。

推定工事費の試算に用いる数量の設定にあたっては、適切な数量調書が残されている場合や、過去の長期修繕計画に適切な数量が記載されている場合は、これらを使用することができるが、記載がない場合は新たに数量を積算する。

推定工事の予測単価は、できる限り現実に近い方が収支計画の精度が上がるため、設計価格ではなく実行価格を用いることが望ましい。社会の動向を考慮することも求められる。

計画期間は、新築時は30年以上、既存マンションの場合は25年以上の期間とする。

マンションは劣化と補修、改修を繰り返し使い続けられていくため、長期修繕計画は一度つくったら終わりではなく、適時見直さなければ生きた計画にはならない。

長期修繕計画の内容の例

性能向上

- エレベーター新設などのバリアフリー化
- 耐震補強による耐震性能の向上
- 外断熱改修などの省エネルギー性能の向上
- 駐車場や管理施設の増設、エントランスホールの総合改修など共用部分のバリューアップ
- セキュリティー設備の増強による防犯性能の向上
- 既存不適格部分などの改善

これらの性能向上は挙げたらきりがないが、マンションの経年、規模、構造など特徴を考慮し、バランス良く計画を作成する必要があり、総合的に物事を決める必要がある

項目	部位	現状仕様・工法	修繕設計仕様・工法	区分	修繕時期	呼称	数量	概算費用（単位：千円）単価	第3回目 2011年	第4回目 2023年	第5回目 2035年	備考
① 屋上　陸屋根防水									4,920	322	322	
1 陸屋根	平場	モルタル＋ウレタン塗膜防水	既存防水材完全剥離＋改質ゴムアスファルト防水３層熱工法	改修	3回目	㎡	210.0	12.0	2,520	-	-	
			押出発泡ポリスチレン断熱材・厚:40㎜＋押さえブロック		3回目			5.0	1,050	-	-	
	立上り	モルタル＋ウレタン塗膜防水	既存防水材完全剥離＋改質ゴムアスファルト防水３層熱工法	改修	3回目	m	100.0	3.0	300	-	-	
			押出発泡ポリスチレン断熱材・厚:40㎜＋押さえブロック		3回目			3.5	350	-	-	
	排気筒	鉄筋コンクリート造排気筒＋アルミ製排気ガラリ	解体・除去　コンクリートガラ＋排気ガラリ金物処分	改修	3回目	個所	10	50.0	500	-	-	
			頂部ステンレス製ガラリ蓋にて封鎖		3回目			20.0	200	-	-	
			ステンレスガラリ蓋　脱着研磨清掃・コーティング		4·5回目			5.0	—	50	50	
	パラペット	モルタル＋ウレタン塗膜防水＋アルミ製水切金物	既存防水材完全剥離＋改質ゴムアスファルト防水３層熱工法	改修	3回目	m	85.0	—	立上りに含む	-	-	
			端部アスファルトコーチング		4·5回目			1.2	—	102	102	
			水切金物脱着＋研磨清掃・コーティング		4·5回目			2.0	—	170	170	
② バルコニー、共用階段床など防水									1,053	2,013	993	
1 バルコニー床	床平場	防水モルタル＋ウレタン塗床防水	既存塗膜完全ケレン＋勾配調整＋ウレタン塗床防水ノンスリップ型新設	改修	3·5回目	㎡	60.0	5.5	330	-	330	
			高圧水洗浄＋ウレタン塗床防水被せ工法	修繕	4回目			3.5	-	210	-	
	排水溝、立上り、巾木		既存塗膜完全ケレン＋勾配調整＋ウレタン塗床防水ノンスリップ型新設	改修	3·5回目	m	300.0	5.5	275	-	275	
			高圧水洗浄＋ウレタン塗床防水被せ工法	修繕	4回目	㎡	50.0	3.5	-	175	-	
2 共用階段床	踊場、踏面、蹴上	防水モルタル＋ウレタン塗床防水（ノンスリップ型）	高圧水洗浄＋保護塗装塗布	修繕	3回目	㎡	100.0	1.5	150	-	-	
			既存塗膜完全ケレン＋勾配調整＋長尺塩ビシート貼	改修	4回目			15.0	-	1,500	-	
			ポリッシャー清掃＋破損部補修	修繕	5回目			1.0	-	-	100	
	立上り、巾木		高圧水洗浄＋保護塗装塗布	修繕	3回目	m	150.0	1.5	30	-	-	
			既存塗膜完全ケレン＋塩ビ巾木貼	改修	4回目	㎡	20.0	5.5	-	110	-	
			清掃＋破損部補修	修繕	5回目			1.0	-	-	20	
3 外壁梁型天端	梁型天端	笠木モルタル＋塗装（材種不明）	既存塗膜完全ケレン＋モルタル浮き補修＋ウレタン塗膜防水	改修	3·5回目	㎡	5.0	5.5	28	-	28	
			高圧水洗浄＋ウレタン塗膜防水被せ工法	修繕	4回目			3.5	-	18	-	
4 パラペット斜壁	大庇全周	鉄筋コンクリート造躯体の上モルタル＋リシン＋微弾性塗材×２	既存塗膜完全ケレン＋モルタル浮き補修＋ポリマーセメント系無機防水	改修	3·5回目	㎡	50.0	4.5	225	-	225	塗装は別項
5 手摺壁天端	バルコニー手摺壁天端	笠木モルタル＋塗装（材種不明）	既存塗膜完全ケレン＋モルタル浮き補修＋ポリマーセメント系無機防水	改修	3·5回目	m	10.0	1.5	15	-	15	塗装は別項
③ シーリング防水									2,346	3,033	3,033	
1 開口部廻り	サッシ・鋼製建具	変成シリコーン系シーリング	既設材撤去＋変成シリコーン系シーリング打替	修繕	毎回	m	650.0	1.2	780	780	780	
2 打継ぎ部	躯体打継部	変成シリコーン系シーリング	既設材撤去＋変成シリコーン系シーリング打替	修繕	毎回	m	300.0	1.3	390	390	390	
3 外断熱パネル目地	パネル-パネル目地	新設10mm×10mm	バックアップ材＋変成シリコーン系シーリング充填	改修	3回目	m	850.0	0.6	510	-	-	
			既設材撤去＋変成シリコーン系シーリング打替	修繕	4·5回目			1.0	-	850	850	
	パネル-躯体取り合い	新設10mm×10mm	バックアップ材＋変成シリコーン系シーリング充填	改修	3回目	m	300.0	0.6	180	-	-	
			既設材撤去＋変成シリコーン系シーリング打替	修繕	4·5回目			1.0	-	300	300	
	パネル-開口部取り合い	新設10mm×10mm	バックアップ材＋変成シリコーン系シーリング充填	改修	3回目	m	600.0	0.6	360	-	-	
			既設材撤去＋変成シリコーン系シーリング打替	修繕	4·5回目			1.0	-	600	600	
4 その他	耐震スリット目地	—	バックアップ材＋変成シリコーン系シーリング充填	改修	3回目	m	15.0	2.0	30	-	-	
			既設材撤去＋変成シリコーン系シーリング打替	修繕	4·5回目			1.1	-	17	17	
	金物廻り等	変成シリコーン系シーリング	既設材撤去＋変成シリコーン系シーリング打替	修繕	毎回	個所	120	0.8	96	96	96	
④ 外壁改修									17,966	4,340	4,500	
1 外壁	東西南北外壁	鉄筋コンクリート造躯体の上モルタル＋リシン＋微弾性塗材×２	モルタル浮き補修＋墨出し（既存塗膜存置）	改修	3回目	㎡	700.0	0.4	280	-	-	ﾓﾙﾀﾙ浮き補修は
			外断熱パネル貼り付け＋オルガノポリシロキサン系塗材		3回目			18.0	12,600	-	-	躯体改修に含む
			高圧水洗浄＋オルガノポリシロキサン系塗材	修繕	4·5回目			3.0	-	2,100	2,100	
	基礎巾木	鉄筋コンクリート造躯体の上モルタル＋リシン＋微弾性塗材×２	既存塗膜完全ケレン	改修	3回目	㎡	80.0	3.2	256	-	-	ﾓﾙﾀﾙ浮き補修は
			ﾎﾟﾘﾏｰｾﾒﾝﾄﾌｨﾗｰ＋パターン主材＋オルガノポリシロキサン系塗材		3回目			3.5	280	-	-	躯体改修に含む
			高圧水洗浄＋オルガノポリシロキサン系塗材	修繕	4·5回目			3.0	-	240	240	
2 室内共用階段	階段内壁	鉄筋コンクリート造躯体の上モルタル＋リシン＋微弾性塗材×２	既存塗膜完全ケレン	改修	3回目	㎡	400.0	3.2	1,280	-	-	
			ﾎﾟﾘﾏｰｾﾒﾝﾄﾌｨﾗｰ＋パターン主材＋オルガノポリシロキサン系塗材		3回目			3.5	1,400	-	-	
			高圧水洗浄＋オルガノポリシロキサン系塗材	修繕	4·5回目			3.0	-	1,200	1,200	
3 バルコニー手摺壁	東側、西側バルコニー手摺壁内外見付、天端	鉄筋コンクリート造躯体の上モルタル＋リシン＋微弾性塗材×２	既存塗膜完全ケレン	改修	3回目	㎡	50.0	3.2	160	-	-	
			ﾎﾟﾘﾏｰｾﾒﾝﾄﾌｨﾗｰ＋パターン主材＋オルガノポリシロキサン系塗材		3回目			3.5	175	-	-	
			高圧水洗浄＋オルガノポリシロキサン系塗材	修繕	4·5回目			3.0	-	150	150	
4 パラペット斜壁	大庇全周	鉄筋コンクリート造躯体の上モルタル＋リシン＋微弾性塗材×２	既存塗膜完全ケレン	改修	3回目	㎡	50.0	3.2	160	-	160	防水は別項
			パターン主材＋オルガノポリシロキサン系塗材		3回目			3.5	175	-	-	
			高圧水洗浄＋オルガノポリシロキサン系塗材	修繕	4·5回目			3.0	-	150	150	
5 バルコニー上裏	東バルコニー 西バルコニー	鉄筋コンクリート造躯体の上モルタル＋リシン＋マスチックA	既存塗膜完全ケレン	改修	3回目	㎡	100.0	3.2	320	-	-	
			中性化抑止材塗布含浸＋パターン主材＋無機系複合塗材		3回目			2.8	280	-	-	
			高圧水洗浄＋無機系複合塗材	修繕	4·5回目			2.5	-	250	250	
6 共用階段上裏		鉄筋コンクリート造躯体の上モルタル＋リシン＋マスチックA	既存塗膜完全ケレン	改修	3回目	㎡	100.0	3.2	320	-	-	
			中性化抑止材塗布含浸＋パターン主材＋無機系複合塗材		3回目			2.8	280	-	-	
			高圧水洗浄＋無機系複合塗材	修繕	4·5回目			2.5	-	250	250	
⑤ 躯体改修、モルタル浮き補修									3,000	400	400	
1 躯体改修		ひび割れ0.2以上	エポキシ樹脂低圧注入	修繕	毎回	式	1	—	500	100	100	躯体改修は
		鉄筋露筋・ジャンカ・豆板・木コン・欠損	斫り出し＋清掃＋中性化抑止処理＋無収縮樹脂モルタル充填	修繕	毎回	式	1	—	500	100	100	実費精算工事
2 モルタル		浮き部分（小面積）	ステンレスアンカーピンニング補修	修繕	毎回	式	1	—	1,000	100	100	
		浮き部分（大面積）	剥離＋ポリマーセメントモルタル付け送り補修	修繕	毎回	式	1	—	1,000	100	100	

Chapter 3

043

長期修繕計画の収支

出ていくお金と、集められるお金、両方を客観的に比較し、健全な資金計画をつくる

長期修繕計画では、25年の計画期間のなかで、たとえば12年周期で実施する大規模修繕工事の推定工事費用を計算し、これにより当面25年間の「予測支出の累計（出ていくお金の合計）」が試算される。

「予測支出」に対して、「収入」の予測を行う。これは修繕積立が該当するが、マンションによっては一般管理費や駐車場使用料の余剰金、駐輪場使用料、専用庭使用料、倉庫やトランクルームの使用料などを修繕積立金に繰り入れるルールを作っている場合もあり、それらを合計した「予測収入」を試算する。

この、「予測支出」と「予測収入」を長期的に比較シミュレーションし、収支に不足がないか試算を行う。グラフを使ったシミュレーションシートで検討を行うと、視覚的に分かりやすい。

お金に余裕のあるマンションは少なく、修繕積立金の改定が発生

一般的に経年が浅いマンションでは修繕積立金額が低く抑えられていることが多く、推定工事費用に対し、修繕積立金が不足するという関係性が見受けられる。また、高経年マンションで一度も修繕積立金額を改定していないマンションでも、収支が不足することが多い。資金不足を放置すると、修繕工事の際に多額の一時金を徴収するか、借入が必要となるため、修繕積立金の値上げ改定を検討する。一度に値上げするか、段階的に値上げするかなど、管理組合の方針に合わせて計画を立てる。

区分所有法では、修繕積立金の額は各戸の「持分割合」により決定するとされており、値上げには法令や規約の確認も必要だ。

必要な工事は目白押しだが、資金が著しく不足する場合、工事項目の重要度や優先順位、グレード、実施時期を見直すなどの工夫が必要となるが、工事を先延ばししても、その間に不具合が続出し結局は補修工事の費用の方が高くつくという事態が発生するため、優先順位の見極めは、慎重に行う。

収支計画の検討は、理想と現実との間で、大いなる議論を巻き起こす。高経年になるほど、新築マンションとの性能差、美観や仕上げの違いなどが開き、どこをどのように維持またはグレードアップするか、項目が増えるにつれ判断することが増え複雑化し、いよいよ長期修繕計画の重要性が高まる。

長期修繕計画の収支の例

収支シミュレーションの例

「予測支出」と「予測収入」をグラフにして視覚的にとらえやすくし、長期的に資金不足におちいる可能性がないか、検討する。収入が支出を下回れば、借入れや積立金の値上げの検討が必要となる。

推定工事費には、足場や現場事務所などの仮設費用を含んだ直接工事費に経費、消費税を加える。

調査診断費用、長期修繕計画の見直し費用、設計費用、工事監理費用などコンサルタントに支払う費用も、試算に加え、資金計画を立てる

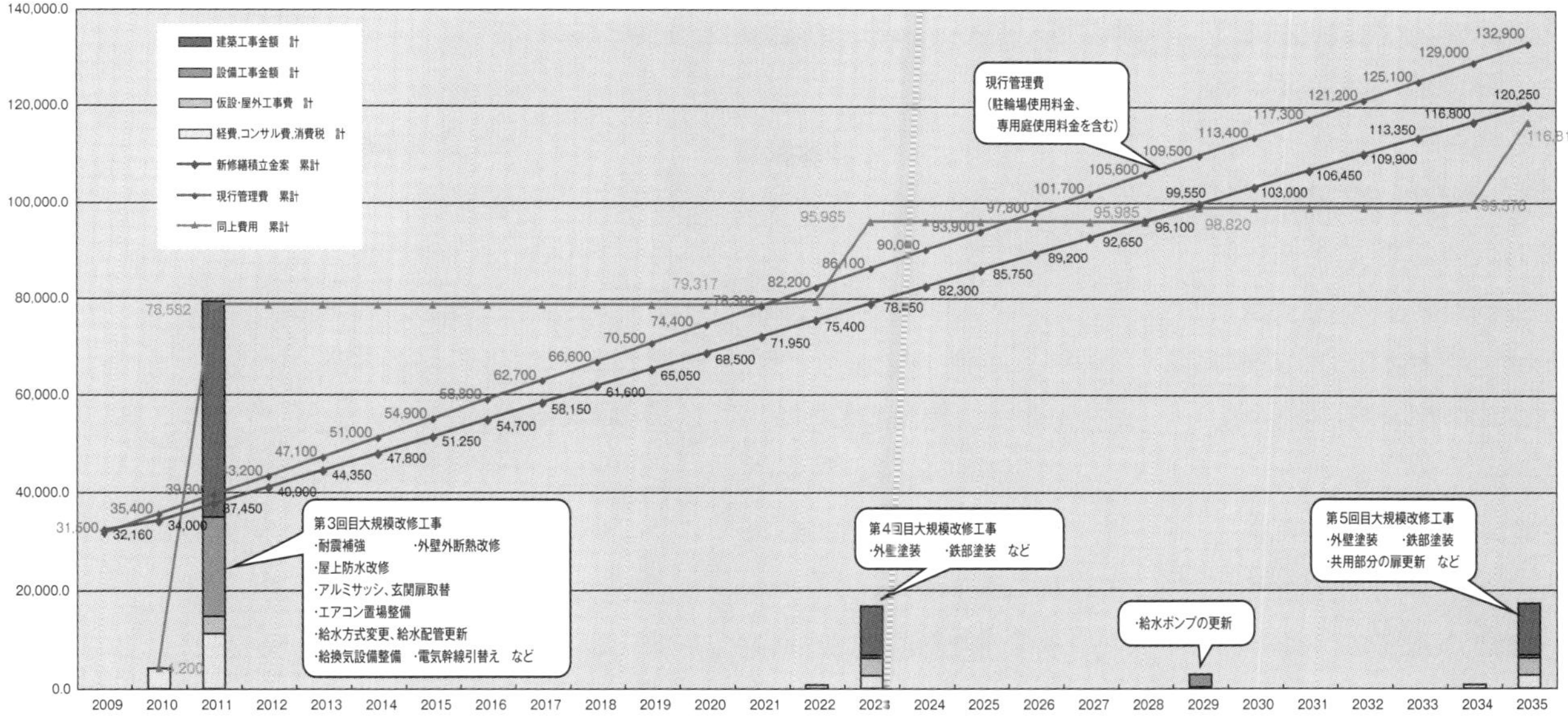

※単位:千円 ※本計画は「物価の上昇」「金利変動」「消費税の増額」を見込んでいない。

修繕項目 西暦	2009	2010	2011	2012	2013	2014	2015	2016	2017	2018	2019	2020	2021	2022	2023	2024	2025	2026	2027	2028	2029	2030	2031	2032	2033	2034	2035
平成	H21	H22	H23	H24	H25	H26	H27	H28	H29	H30	H31	H32	H33	H34	H35	H36	H37	H38	H39	H40	H41	H42	H43	H44	H45	H46	H47
経年(1969年竣工)	36	37	38	39	40	41	42	43	44	45	46	47	48	49	50	51	52	53	54	55	56	57	58	59	60	61	62
建築工事金額 計			44,500												9,950						0						10,500
設備工事金額 計			20,150												600						2,500						550
仮設・屋外工事費 計			3,500												3,500						0						3,500
工事金額合計			68,150												14,050						2,500						14,550
経費(8%)→仮定			5,452												1,124						200						1,164
消費税(5%)			3,680												759						135						786
総工事費(経費・税込)			77,282												15,933						2,835						16,500
戸当たり工事費			3,091												637						113						660
コンサル費(税込)		4,200	2,100											735	735						0					756	735
総工事費+コンサル費		4,200	79,382											735	16,668						2,835					756	17,235
公的補助制度活用		(5,000)																									
公的助成活用後 総工事費+コンサル費			74,382																								
同上費用 累計		4,200	78,582	78,582	78,582	78,582	78,582	78,582	78,582	78,582	78,582	78,582	78,582	79,317	95,985	95,985	95,985	95,985	95,985	95,985	98,820	98,820	98,820	98,820	98,820	99,576	116,811
現行管理費等収入額	3,900	3,900	3,900	3,900	3,900	3,900	3,900	3,900	3,900	3,900	3,900	3,900	3,900	3,900	3,900	3,900	3,900	3,900	3,900	3,900	3,900	3,900	3,900	3,900	3,900	3,900	3,900
現行管理費 累計	31,500	35,400	39,300	43,200	47,100	51,000	54,900	58,800	62,700	66,600	70,500	74,400	78,300	82,200	86,100	90,000	93,900	97,800	101,700	105,600	109,500	113,400	117,300	121,200	125,100	129,000	132,900
新管理費案 ¥1500/月・戸×25戸×12ヶ月			450	450	450	450	450	450	450	450	450	450	450	450	450	450	450	450	450	450	450	450	450	450	450	450	450
新修繕積立金案			3,450	3,450	3,450	3,450	3,450	3,450	3,450	3,450	3,450	3,450	3,450	3,450	3,450	3,450	3,450	3,450	3,450	3,450	3,450	3,450	3,450	3,450	3,450	3,450	3,450
新修繕積立金案 累計	32,160	34,000	37,450	40,900	44,350	47,800	51,250	54,700	58,150	61,600	65,050	68,500	71,950	75,400	78,850	82,300	85,750	89,200	92,650	96,100	99,550	103,000	106,450	109,900	113,350	116,800	120,250

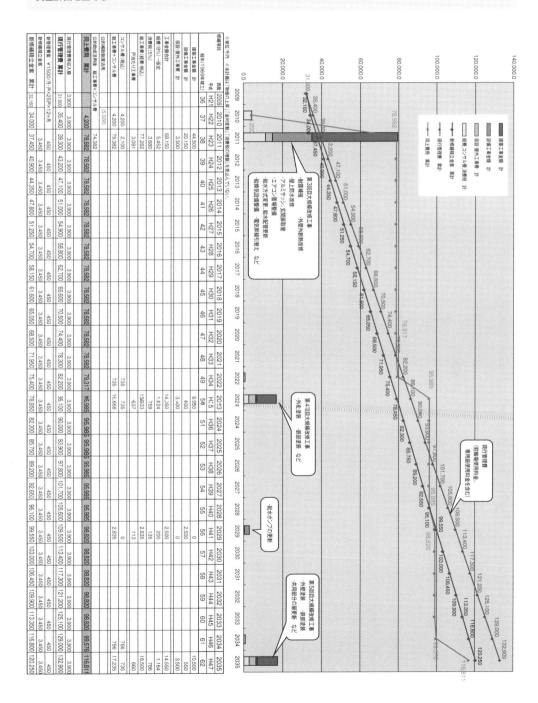

044

長期修繕計画の費用区分

修繕積立金は、どのような工事にも使えるわけではなく、区分所有の概念で対象を検討する

基本的に長期修繕計画は、修繕積立金会計の取り崩しを前提としたものであり、原則的には「共用部分」の工事に対する支出という認識が一般的である。

修繕積立金を、どの範囲・対象の工事まで使用してよいかという費用負担区分は、専有・共用の区分と直結しており、マンション規約などを確認しながら試算を進める。

たとえば玄関扉やアルミサッシ、設備配管など、専有と共用の境界線上の部材は、所有区分と管理区分が必ずしも一致しないため、事前に区分を交通整理しておく必要がある。たとえば、サッシは管理組合の所有だが、戸車やクレセント、ガラスを個人が破損した場合は、個人が取り換えるなどが挙げられる。

給排水などの設備配管は、専有部分から劣化が進行し、下の階へ漏水事故などの二次的被害が発生するため、専有部分の配管であったとしても、他者への損害リスクを減らすため共用的な資産保護の観点から、修繕積立金を利用して改修を行う事例もある。個別に工事を発注するより、マンションが一体的に発注する方が仕様が統一でき、コストメリットもあり、厳密に専有・共用を区分することは現実的でない場合もある。

長期修繕計画の支出費用は、これらの費用負担区分に準じた試算が求められる。

棟別会計と団地共用部分、駐車場会計を分ける

団地型のマンションの場合、収支計画は、修繕積立金の集め方に合わせて作成する。区分所有法やマンション標準管理規約(団地型)によると、「団地共用部分」と「(各棟)共用部分」に分け、それぞれの持分割合に応じて修繕積立金を徴収することが推奨されており、棟別に収支計画を定めることが望ましい。この場合、長期修繕計画は「棟ごと」と「団地共用部分」のそれぞれに区分して作成し、収支計画を立てることになる。低層、中層、高層、超高層など複数のタイプで構成されている場合は棟ごとにつくりが異なり、修繕項目や必要な工事の内容に大きな違いがあるため、棟別が望ましい。

駐車場棟や機械式駐車装置がある場合は、住棟などとは別に、駐車場使用料会計で長期修繕計画を立てる。駐車場料金が高額な立地条件のマンションは、余剰が出て修繕積立金会計に繰り入れることもある。

誰が費用負担するのか

専用使用している共用部分（バルコニー、専用庭、サッシ、玄関扉など）費用負担区分や管理負担区分を明確に分けることは意外と難しい。個人で更新している仕上げ材の扱いや、個人が設置した固着物の扱いもあらかじめ管理組合で定めておくとよい。床スラブ下の設備配管は、事故時にトラブルとなることがあるため、出来れば共用の管理対象として扱いたい

▲専用庭の仕上げ材

▲バルコニー坪庭

▲床スラブ下の設備配管

▼専有・共用　区分細目表の例

所有区分		**共用部分**			
管理区分		**共同管理（管理組合）**			
外構	施設外構	・敷地、敷地内道路　・アスファルト舗装、コンクリート舗装　・平面駐車場 ・駐輪場（鋼製上屋）　・ゴミ置場　・ブロック塀、門扉　・植栽			
	電気機械	・屋外埋設 給水管、屋外給水栓　・屋外埋設 ガス配管　・屋外埋設 排水管（雨水、雑排水、汚水）、桝、マンホール蓋			
		・自転車置場の照明器具、配管、配線　・屋外庭園灯、外灯			
所有区分				共用部分	専有部分
管理区分			共同管理部分	各戸別管理部分	
使用区分		共用使用部分	専用使用部分		
建築物	建築	・鉄筋コンクリート造躯体 主要構造部分（柱・梁・壁・外周壁・スラブ、屋根スラブ、共用廊下・躯体、バルコニー躯体、住戸内躯体壁） ・屋根（防水材、屋上排気塔、屋上出入マンホール、屋上出入タラップ） ・屋内階段室（躯体・内装仕上げ材） ・外装仕上げ材（塗装、タイル、防水など） ・雨水排水竪樋、ドレイン、竪樋取付管 ・共用部分建戸	・バルコニー（防水材、アルミ格子手摺） ・隣戸避難板 ・メーターボックス　内部空間 ・集合郵便受箱、扉 ・玄関扉 ・メーターボックス・扉 ・アルミサッシ枠、障子	・集合郵便受箱の内部 ・サッシガラス、クレセント、戸車、ビード	・住戸内の木造間仕切壁、造作材、押入、クロゼット ・住戸内の扉、襖、和障子 ・住戸床根太、壁天井下地材（断熱、ボード類）及び床の仕上げ材（畳、クッションフロア、フローリングなど）及び壁・天井の仕上げ材（クロス、塗装、板） ・キッチンユニット、造作家具 ・洗面化粧台 ・浴室の仕上、浴槽、ユニットバス ・玄関扉の鍵 ・カーテンレール、カーテン
	機械設備	・住棟給水設備（受水槽、ポンプ、高置水槽） ・住棟給水主管 ・雑排水管（1階床下横引管、たて管、立上り通気管） ・汚水管（1階床下横引管、たて管、立上り通気管） ・ガス主管 ・消防用設備	・メーターボックス内 給水枝管 ・メーターボックス内 ガス供給枝管		・住戸内の給水管　水栓 ・住戸内の給湯器、給湯管 ・給湯熱源機 ・住戸内の雑排水管、汚水管 ・衛生器具 ・住戸内のガス管 ・住戸内の換気設備 ・各戸の冷暖房空調機（空調機、室内機用インサート、空調機吊金物）
	電気設備	・引込開閉器から住戸までの幹線設備、配管 ・共用弱電配線、配管、スイッチ、コンセント ・階段などの共用灯 ・テレビ共聴設備（共聴アンテナ、増幅器・分配器、住戸迄の住棟内配管、同軸ケーブル） ・電話端子盤、MDF盤、住棟内住戸迄の配管			・住戸用火災警報器 ・住戸内の分電盤（2次側以降の電灯配線、コンセント） ・住戸内のテレビ端子用壁面プレート ・住戸内の電話端子
				管理組合の計画修繕対象部分←	→各戸のオプション工事などととする
			管理組合の経常修繕対象部分←	→各戸の日常修繕対象部分	
共用部分と管理対象外との境界					
・給水設備：公共配水管（取出口迄の配管）から親メーターまで：○○○水道局　・電気設備（引込開閉器まで）：○○電力㈱ ・マンション内電話配線：○○○㈱　・各戸量水計：○○○水道局　・各戸 積算電力計：○○電力㈱　・CATV設備：㈱○○○ ・ガス設備：各戸ガスメーター：○○ガス㈱					

Chapter 3

045

大規模修繕工事の基本計画

付帯工事や性能向上などの追加項目がないか、大規模修繕工事の基本計画、基本設計を行う

長期修繕計画は、マンションを数十年単位の長期的な視点で見た工事計画である。したがって、実施設計に着手するにあたり、直近の工事へ焦点を絞り込む作業が必要だ。

長期修繕計画から直近の大規模修繕工事を取り出し、長期修繕計画では、具体的に決めていなかった仕様の選定、グレード設定、性能向上や工事範囲、具体的な資金計画についても、改めて具体的に検討を行う。性能向上工事や、建具、仕上げ材の取替を計画している場合、付帯して取替や修繕が必要となる部分が発生することもあり、その点についても整理する。

たとえば、アルミサッシを取り替える場合、サッシの換気小窓やガラスを貫通させているエアコンの冷媒配管を移設するスリーブを付帯的に新設する工事が必要になるかもしれないし、室内に風呂釜などの燃焼機器がある場合は、燃焼機器の屋外化や換気経路についても検討するなどの配慮が求められる。さらに耐震改修のような性能向上工事の場合は、設備や建築仕上げ材、建築金物の取り替えなど大掛かりな付帯工事が発生する。

場合によっては、工事費用を再度試算し、躯体補修などの実費精算工事に備えた「予備費」や、「工事監理費」、「(必要に応じて) 工事後の長期修繕計の見直し費用」を含んだ短期的な資金計画も必要だ。修繕積立金などの積立額が不足する場合は、借入や、自治体の助成制度、利子補助なども合わせて検討する。

管理費会計などの余剰があれば管理組合内部の貸し借りも検討する方法もある。

一般の区分所有者にも簡単に分かるコンセプトシートを

大規模修繕工事のコンセプトシートをつくっておく。

2回目、3回目と、経年が上がるにつれ、大規模修繕工事の範囲や取替、性能向上する項目が増加する。それぞれ、省エネ化、設備リニューアルなどの目的や骨組み、目玉項目など、改修のコンセプトを整理し、明確に打ち出しておくとよい。

大規模修繕工事の設計図書は、専門的な文章や図面であり、一般の区分所有者が容易に工事内容を理解するのは難しい。このコンセプトシートを、区分所有者への説明に使うとよい。設計内容の説明会や、設計対象の工事項目などを総会で決議する際に役に立つだろう。

「修繕」と「改修」

大規模修繕工事は、「修繕（現状回復）」と「改修（性能向上）」の組み合わせである。

築年数が浅いうちは、「修繕（現状回復）」という考え方で大きなブレはないが、マンションの経年が高くなるにつれ、その建物の新築当時の姿に戻そうという「修繕（現状回復）」という考え方は、陳腐化してくる。その時々の要求性能にマッチした改修が求められるため、築年数の浅いマンションの大規模修繕工事より「改修」の項目が増加し、高経年マンションの場合は、ほとんどの項目が「改修」という考え方になる。

築年数が経過したマンションの方が、長期修繕計画や、改修設計の方針を決める際の検討項目が増加するとともに選択肢が増え、振れ幅が大きくなり、ハードかつソフト面双方で、よりそのマンションに合わせたオーダーメイド的な計画・設計を行う必要がある。

計画、設計のコンセプトは、その工法やグレードなどを管理組合と議論し、資金計画を練りながら工法やグレードなどを1つの方向に集約する。

高経年化するにしたがい、性能向上の要求が高まるため、設備や耐震、屋外といったテーマに絞って工事方針を決定することも考えられる。

基本方針を立てるうえでは、常に「当初性能」と「要求性能」の2点を視野に入れて既存の評価を行うことが肝要である。

設計コンセプトの検討

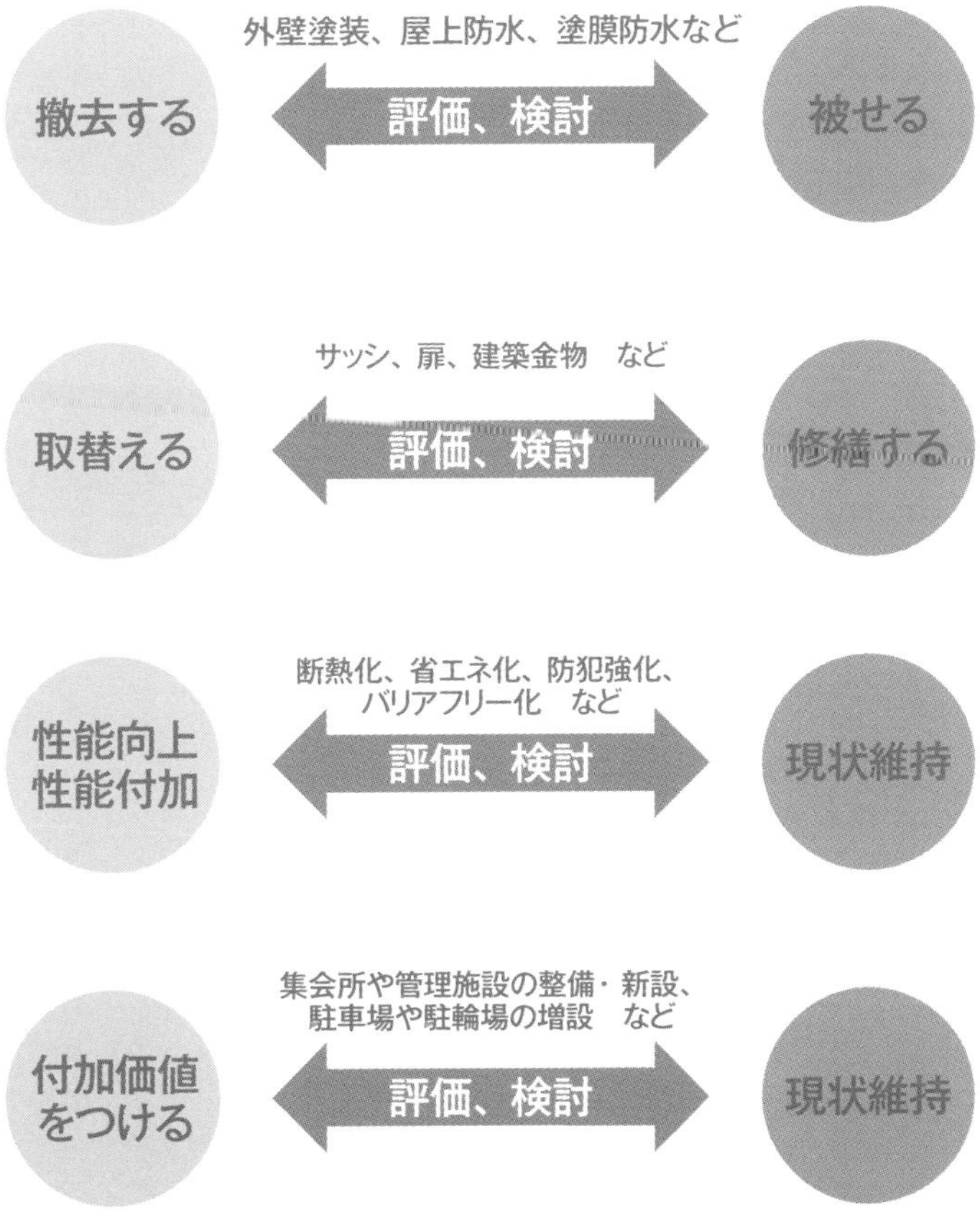

Chapter3

046

実施設計の進め方と仕様書

実施設計では、管理組合とコミュニケーションを重ねておく。具体的な施工計画にも配慮する

大規模修繕工事の基本方針が決まったら、設計図書を作成する。改修工事の設計図書が新築工事と異なるのは、分厚い仕様書が主体となる点であろう。

工事の内容や範囲にもよるが、設計期間はおおむね半年前後必要であり、設計期間中は月に1回、検討事項が多ければ2週間に1回程度、管理組合の理事会や専門委員会で説明し、打ち合わせしながら完成させていく。

仕様書や仕上表、図面など設計図書の内容について充分に管理組合と議論を行う。議論が不十分であったり、設計内容に理解が得られていない場合、工事開始後にトラブルとなることがあり、できるだけ設計中に工事の具体的な内容や、仮設計画、施工計画についてお互いに理解を深めておくことが望ましい。

一般的な大規模修繕工事でも工事中は、バルコニーに出られない、窓が開けられない、在宅が必要、廊下や階段の通行制限、設備機器の使用制限などが発生するため、それらと仕様の関係がどのようになるか、充分に専門委員会で説明しておくことが大切である。また、サッシを取り替えて気密性が向上し、結露の増加が想定されるなど改修後の注意点などの説明も忘れてはならない。

設備改修や耐震改修のように、給排水などライフラインの一時停止や、騒音・粉じんの発生、部分的な使用制限が想定される工事の場合、施工計画や施工の実現性を検討し、それらの附帯工事を設計して仕様書に記載し、発注条件にするなどの配慮が求められる。

工事発注仕様書は、発注者、受注者が順守する契約事項

大規模修繕工事では、仕様書がコンセプトや工事の内容すべてを表す最も重要な書類となり、図面や表は補足的に使用されることが多い。仕様書では、工事の目的と範囲を明確にし、建物の各部位ごとの修繕・改修方法や施工手順、具体的な性能・仕様・材料・塗布量などの指定を明確に記載する。

工期、工事の進め方、設計変更の方法、検査の方法、必要な施工図や承認図、費用の支払い方法、性能保証の規定、不確定要素の精算の仕方（ひび割れや鉄筋爆裂などの躯体補修の数量や、破損・損耗した金物類の部分的な更新数量などの実数精算工事）を規定する「一般事項」も仕様書で明確にする。

仕様書の内容

○ 工事概要、建物概要

○ 使用材料やメーカーの一覧、リスト

○ 一般事項

○ 仮設工事の仕様

現場事務所、作業員詰所、資材置場と作業スペース、工事用駐車場、バルコニーの植木などの仮置棚などの共通仮設の仕様と、足場やゴンドラ、養生などの直接仮設

○ 躯体補修、止水工事の仕様

ひび割れ、鉄筋爆裂、ジャンカなどコンクリート躯体不良部の補修方法や仕様、モルタルやタイルの浮きや剥がれの補修方法や仕様、漏水止水の仕様、洗浄・ケレンの仕様

○ 防水工事や勾配屋根の仕様

屋上防水の仕様、バルコニーや共用廊下、階段の塗床防水や塩ビシート張りの仕様、庇天端などの塗膜防水の仕様、シーリング防水の仕様、勾配屋根の補修や葺き替えの仕様

○ 建具修繕、改修の仕様

アルミサッシの修繕・改修の仕様、玄関扉の修繕・改修の仕様、メーターボックスや共用部分の鋼製建具の修繕・改修の仕様、その他共用部分のステンレスやアルミ建具の修繕・改修の仕様

○ 鉄部塗装、研磨清掃の仕様

鋼製建具や鋼製手摺など鋼製部材の塗装仕様、アルミやステンレスなどの建築二次部材の研磨清掃の仕様

○ 金物修繕、改修の仕様

物干し金物や、室名札、集合郵便受箱など共用部分の建築金物の修繕範囲や仕様

○ 建築設備の修繕仕様

給排水衛生設備、換気設備、電気設備、情報設備の修繕、改修の仕様

○ その他性能向上に関する仕様

○ オプション工事の仕様

仕様書の例

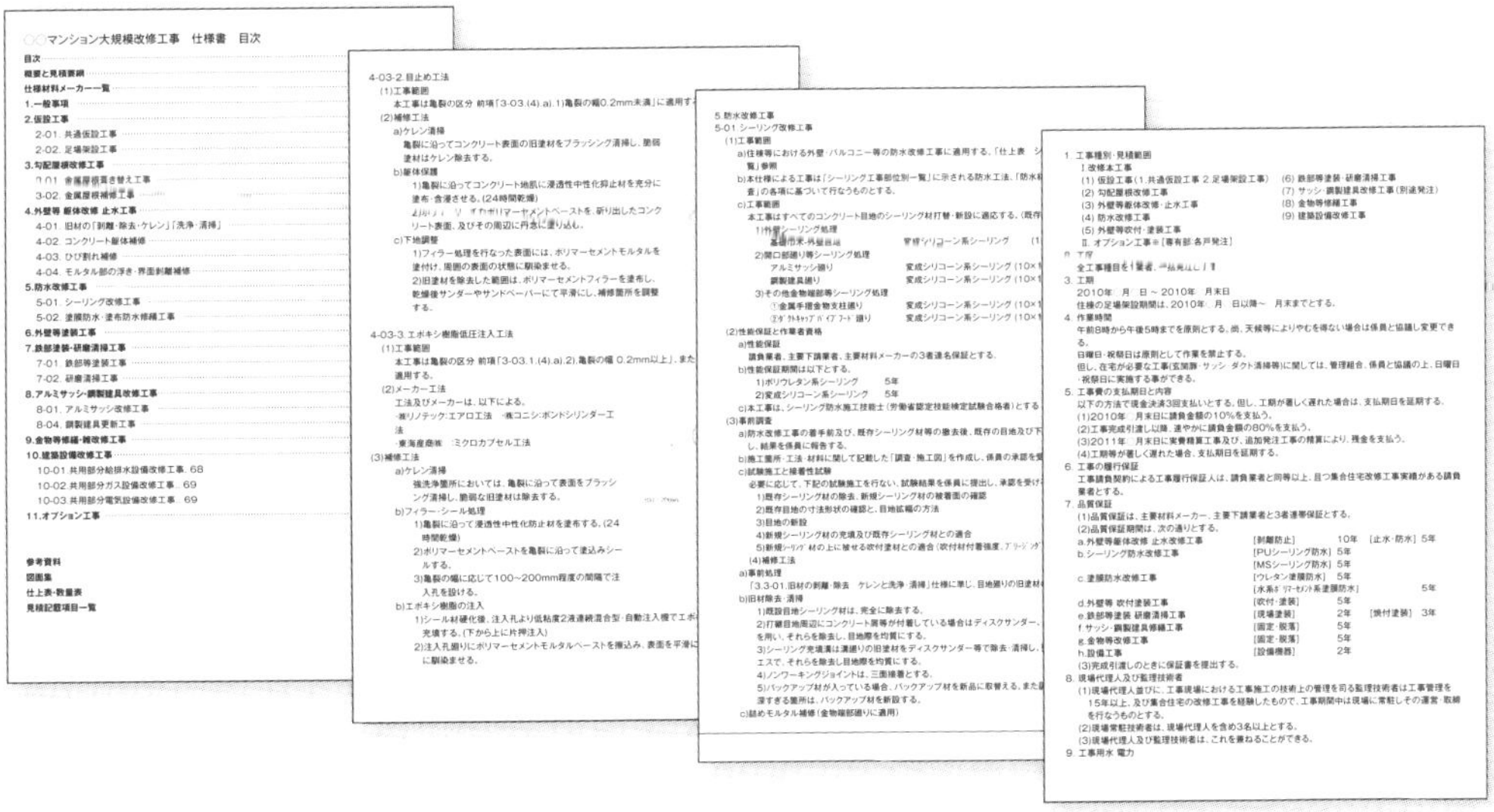
○○マンション大規模改修工事　仕様書　目次

目次

概要と見積要綱

仕様材料メーカー一覧

1.一般事項

2.仮設工事

2-01. 共通仮設工事

2-02. 足場架設工事

3.勾配屋根改修工事

3-01. 金属屋根葺き替え工事

3-02. 金属屋根補修工事

4.外壁等 躯体改修 止水工事

4-01. 旧材の「剥離・除去・ケレン」「洗浄・清掃」

4-02. コンクリート躯体補修

4-03. ひび割れ補修

4-04. モルタル部の浮き・界面剥離補修

5.防水改修工事

5-01. シーリング改修工事

5-02. 塗膜防水・塗布防水修繕工事

6.外壁等塗装工事

7.鉄部塗装・研磨清掃工事

7-01. 鉄部等塗装工事

7-02. 研磨清掃工事

8.アルミサッシ・鋼製建具改修工事

8-01. アルミサッシ改修工事

8-04. 鋼製建具更新工事

9.金物等修繕・雑改修工事

10.建築設備改修工事

10-01.共用部分給排水設備改修工事. 68

10-02.共用部分ガス設備改修工事. 69

10-03.共用部分電気設備改修工事. 69

11.オプション工事

参考資料

図面集

仕上表・数量表

見積記載項目一覧

4-03-2.目止め工法

(1)工事範囲

本工事は亀裂の区分 前項「3-03.(4).a).1)亀裂の幅0.2mm未満」に適用す

(2)補修工法

a)ケレン清掃

亀裂に沿ってコンクリート表面の旧塗材をブラッシング清掃し、脆弱塗材はケレン除去する。

b)躯体保護

1)亀裂に沿ってコンクリート地肌に浸透性中性化抑止材を充分に塗布・含浸させる。(24時間乾燥)

2)ポリマーセメントペーストを、斫り出したコンクリート表面、及びその周辺に丹念に塗り込む。

c)下地調整

1)フィラー処理を行なった表面には、ポリマーセメントモルタルを塗付け、周囲の表面の状態に馴染ませる。

2)旧塗材を除去した範囲は、ポリマーセメントフィラーを塗布し、乾燥後サンダーやサンドペーパーにて平滑にし、補修箇所を調整する。

4-03-3.エポキシ樹脂低圧注入工法

(1)工事範囲

本工事は亀裂の区分 前項「3-03.1.(4).a).2).亀裂の幅 0.2mm以上」、また

適用する。

(2)メーカー工法

工法及びメーカーは、以下による。

・㈱リノテック:エアロ工法　・㈱コニシ:ボンドシリンダー工法

・東海産商㈱　:ミクロカプセル工法

(3)補修工法

a)ケレン清掃

強洗浄箇所においては、亀裂に沿って表面をブラッシング清掃し、脆弱な旧塗材は除去する。

b)フィラー・シール処理

1)亀裂に沿って浸透性中性化防止材を塗布する。(24時間乾燥)

2)ポリマーセメントペーストを亀裂に沿って塗込みシールする。

3)亀裂の幅に応じて100~200mm程度の間隔で注入孔を設ける。

b)エポキシ樹脂の注入

1)シール材硬化後、注入孔より低粘度2液連続混合型・自動注入機でエポ

充填する。(下から上に片押注入)

2)注入孔廻りにポリマーセメントモルタルペーストを擦込み、表面を平滑に

に馴染ませる。

5.防水改修工事

5-01.シーリング改修工事

(1)工事範囲

a)住棟等における外壁・バルコニー等の防水改修工事に適用する。「仕上表　シ

覧」参照

b)本仕様による工事は「シーリング工事部位別一覧」に示される防水工法、「防水

査」の各項に基づいて行なうものとする。

c)工事範囲

本工事はすべてのコンクリート目地のシーリング材打替・新設に適応する。(既存

1)外壁シーリング処理

2)開口部廻り等シーリング処理

アルミサッシ廻り　変成シリコーン系シーリング (10×

鋼製建具廻り　変成シリコーン系シーリング (10×

3)その他金物端部等シーリング処理

①金属手摺金物支柱廻り　変成シリコーン系シーリング (10×

②ダクトキャップ パイプ フード 廻り　変成シリコーン系シーリング (10×

(2)性能保証と作業者資格

a)性能保証

請負業者、主要下請業者、主要材料メーカーの3者連名保証とする。

b)性能保証期間は以下とする。

1)ポリウレタン系シーリング　5年

2)変成シリコーン系シーリング　5年

c)本工事は、シーリング防水施工技能士(労働省認定技能検定試験合格者)とする

(3)事前調査

a)防水改修工事の着手前及び、既存シーリング材等の撤去後、既存の目地及び下

し、結果を係員に報告する。

b)施工箇所・工法・材料に関して記載した「調査・施工図」を作成し、係員の承認を受

c)試験施工と接着性試験

必要に応じて、下記の試験施工を行ない、試験結果を係員に提出し、承認を受け

1)既存シーリング材の除去、新規シーリング材の被着面の確認

2)既存目地の寸法形状の確認と、目地拡幅の方法

3)目地の新設

4)新規シーリング材の充填及び既存シーリング材との適合

5)新規シーリング材の上に被せる吹付塗材との適合(吹付材付着強度、ブリージング

(4)補修工法

a)事前処理

「3.3-01.旧材の剥離・除去　ケレンと洗浄・清掃」仕様に準じ、目地廻りの旧塗材

b)旧材除去・清掃

1)既設目地シーリング材は、完全に除去する。

2)打継目地周辺にコンクリート屑等が付着している場合はディスクサンダー、

を用い、それらを除去し、目地際を均質にする。

3)シーリング充填溝は溝廻りの旧塗材をディスクサンダー等で除去・清掃し、

エスで、それらを除去し目地際を均質にする。

4)ノンワーキングジョイントは、三面接着とする。

5)バックアップ材が入っている場合、バックアップ材を新品に取替える。また

深すぎる箇所は、バックアップ材を新設する。

c)詰めモルタル補修(金物端部廻りに適用)

1. 工事種別・見積範囲

Ⅰ.改修本工事

(1) 仮設工事(1.共通仮設工事 2.足場架設工事)

(2) 勾配屋根改修工事

(3) 外壁等躯体改修・止水工事

(4) 防水改修工事

(5) 外壁等吹付・塗装工事

(6) 鉄部等塗装・研磨清掃工事

(7) サッシ・鋼製建具改修工事(別途発注)

(8) 金物等修繕工事

(9) 建築設備改修工事

Ⅱ. オプション工事※[専有部 各戸発注]

3. 工期

2010年　月　日 ~ 2010年　月末日

住棟の足場架設期間は、2010年　月　日以降~　月末までとする。

4. 作業時間

午前8時から午後5時までを原則とする。尚、天候等によりやむを得ない場合は係員と協議し変更できる。

日曜日・祝祭日は原則として作業を禁止する。

但し、在宅が必要な工事(玄関扉・サッシ・ダクト清掃等)に関しては、管理組合、係員と協議の上、日曜日・祝祭日に実施する事ができる。

5. 工事費の支払期日と内容

以下の方法で現金決済3回支払いとする。但し、工期が著しく遅れた場合は、支払期日を延期する。

(1)2010年　月末日に請負金額の10%を支払う。

(2)工事完成引渡し以降、速やかに請負金額の80%を支払う。

(3)2011年　月末日に実費精算工事及び、追加発注工事の精算により、残金を支払う。

(4)工期等が著しく遅れた場合、支払期日を延期する。

6. 工事の履行保証

工事請負契約による工事履行保証人は、請負業者と同等以上、且つ集合住宅改修工事実績がある請負業者とする。

7. 品質保証

(1)品質保証は、主要材料メーカー、主要下請業者と3者連帯保証とする。

(2)品質保証期間は、次の通りとする。

a.外壁等躯体改修 止水改修工事	[剥離防止]	10年	[止水・防水]	5年
b.シーリング防水改修工事	[PUシーリング防水]	5年		
	[MSシーリング防水]	5年		
c.塗膜防水改修工事	[ウレタン塗膜防水]	5年		
	[水系ポリマーセメント系塗膜防水]			5年
d.外壁等 吹付塗装工事	[吹付・塗装]	5年		
e.鉄部等塗装 研磨清掃工事	[現場塗装]	2年	[焼付塗装]	3年
f.サッシ・鋼製建具修繕工事	[固定・脱落]	5年		
g.金物等改修工事	[固定・脱落]	5年		
h.設備工事	[設備機器]	2年		

(3)完成引渡しのときに保証書を提出する。

8. 現場代理人及び監理技術者

(1)現場代理人並びに、工事現場における工事施工の技術上の管理を司る監理技術者は工事管理を15年以上、及び集合住宅の改修工事を経験したもので、工事期間中は現場に常駐しその運営・取締を行なうものとする。

(2)現場常駐技術者は、現場代理人を含め3名以上とする。

(3)現場代理人及び監理技術者は、これを兼ねることができる。

9. 工事用水 電力

オプション工事

バルコニーなどの専用使用部分にある空調室外機や大型物置、人工芝などは工事期間中移設や撤去が必要だが、これらは居住者が費用負担する工事であるため、オプション工事として扱う。給湯熱源機の更新や、玄関扉の鍵の取り換えなど、本工事と関連して居住者が希望する工事もオプション工事に含む

047

仕上表と図面類

仕様書は、言葉で工事の内容を説明する文書であり、視覚的に分かりにくい部分や、規定しきれていない部分が発生することになる。

言葉での表現を補足するものとして、仕上表や図が用いられることが多い。塗装や清掃、防水の修繕などがメインの築浅マンションの大規模修繕工事では、改めて改修図面を作成することは少なく、新築時の設計図や竣工図のうち平面図、立面図、断面図、部分的に必要な詳細図を設計図書に添付する場合が多い。

仕上表は仕様書を一覧表化したもの

仕上表とは、塗装や防水などの仕上げ材や部位を細かく一覧表にリスト化し、視覚的に分かり易くする。一覧表には、それぞれ部位や仕上ごとに、既存の仕上・仕様と、修繕改修で規定した具体的な仕様や性能など、明記する。建具や建築二次部材なども構成部品ごとに細かく分けて、既存仕様と修繕・改修仕様を記載し、数量とともに明記すると更に分かり易い。

大規模修繕工事の図面は、既存図面を活用し、改修の設計を行う範囲のものを作成する

「仮設計画図」

仮設用地、現場事務所、ゴミコンテナ、仮設便所、作業ヤード、工事用駐車場など共通仮設の位置を指示する図面で、配置図などを用いて作成する。足場架設図は特殊な場合を除き、ほとんど作成しない。

「区分図・改修指示図」

外壁などの塗装の塗り分け区分を示す図面。外装仕上げ材が複数ある場合、どこからどこまでを、どのように洗浄や剥離し、どの材料を使って仕上げるか、区分や既存材料、修繕材料をアクソメ図やパース図を用いて説明すると工事中の間違いが少ない。同じ図に、建築金物の修繕方法や、養生方法なども書き加えると、なおよい。

「改修図」

改修部分のディテール図や指示図など。屋根の葺き替え、防水の納まり、建具表、更新建具の詳細図、改修金物の詳細図、設備改修図、エントランスの模様替えの詳細図などが挙げられる。そのほか、耐震改修など性能向上やバリューアップは、さらに詳細な設計図となり、範囲指示図や既存撤去図、具体的な設計図を作成する。

「現況図・既存図」

設計図通り建物がつくられていない場合など、図面と現況が異なる場合、設計時に現況図面を作成することもある。

仕上表の例

	改修部位		既設仕様		旧除去	改修仕様			備考
			下地	旧仕上	ケレン・洗浄	トップコート	主材	シーラー・フィラー	
1	外壁	妻壁等外壁	RC打放	マスチックC	強洗浄	オルガノポリシロキサン系塗料	(補修部パターン合わせ)	ポリマーセメントフィラー	躯体改修
			RC打放	50□磁器質タイル	保護コーティング材による洗浄		—	—	タイル補修
		上層階打継部額縁	RC打放	無機系クリア塗材	強洗浄	無機系クリア塗材	専用プライマー	ポリマーセメントフィラー	躯体改修 平滑仕上
			RC打放	コンクリート素地(斫り仕上)	保護コーティング材による洗浄		—	—	躯体改修
2	開口部	抱面	RC打放	マスチックC	強洗浄	オルガノポリシロキサン系塗料	(補修部パターン合わせ)	ポリマーセメントフィラー	躯体改修
			RC打放	マスチックC(パターン無し)	強洗浄	オルガノポリシロキサン系塗料	(補修部段差修正)	ポリマーセメントフィラー	躯体改修 平滑仕上
			RC打放	無機系クリア塗材	強洗浄	無機系クリア塗材	専用プライマー	ポリマーセメントフィラー	躯体改修 平滑仕上
			RC打放	50□磁器質タイル	保護コーティング材による洗浄		—	—	タイル補修
3	出窓	出窓袖壁、抱面	RC打放	無機系クリア塗材	強洗浄	無機系クリア塗材	(補修部段差修正)	専用プライマー	躯体改修 平滑仕上
		庇、出窓床見付	RC打放	無機系クリア塗材	強洗浄	無機系クリア塗材	(補修部段差修正)	専用プライマー	躯体改修 平滑仕上
		出窓床上裏	RC打放	SE吹付	強洗浄	微粒子薄塗り塗材	—	シリカ専用プライマー	躯体改修
		出窓庇天端	RC打放	ウレタン塗膜防水	完全ケレン	オルガノポリシロキサン系塗料	ポリマーセメント系防水材2層	専用プライマー	躯体改修
4	窓下花台	見付	RC打放	無機系塗材	強洗浄	無機系塗材	専用プライマー	ポリマーセメントフィラー	躯体改修 平滑仕上
		立上り天端	RC打放	無機系塗材	完全ケレン	アクリルウレタン系保護仕上げ材	ウレタン塗膜防水材1層	ウレタンプライマー	出入隅メッシュシート
		内部平場立上り	コンクリート金ゴテ	ウレタン塗膜防水	強洗浄	アクリルウレタン系保護仕上げ材	ウレタン塗膜防水材1層	ウレタンプライマー	勾配調整・出入隅メッシュシート
		花台上裏	RC打放	SE吹付	強洗浄	微粒子薄塗り塗材	—	シリカ専用プライマー	躯体改修
5	窓小庇	天端	RC打放	ウレタン塗膜防水	完全ケレン	オルガノポリシロキサン系塗料	ポリマーセメント系防水材2層	専用プライマー	躯体改修
		見付	RC打放	ランデックスコート	強洗浄	ランデックスコート	専用プライマー	ポリマーセメントフィラー	躯体改修 平滑仕上
			RC打放	マスチックC(パターン無し)	強洗浄	オルガノポリシロキサン系塗料	(補修部段差修正)	ポリマーセメントフィラー	躯体改修 平滑仕上
		軒天	RC打放	SE吹付	強洗浄	微粒子薄塗り塗材	—	シリカ専用プライマー	躯体改修
6	大庇	平場・溝・立上り	モルタル	ウレタン塗膜防水	完全ケレン	アクリルウレタン系保護仕上げ材	ウレタン塗膜防水材2層	ウレタンプライマー	勾配調整・出入隅メッシュシート
		軒天	RC打放	SE吹付	強洗浄	微粒子薄塗り塗材	—	シリカ専用プライマー	躯体改修

修繕区分図の例

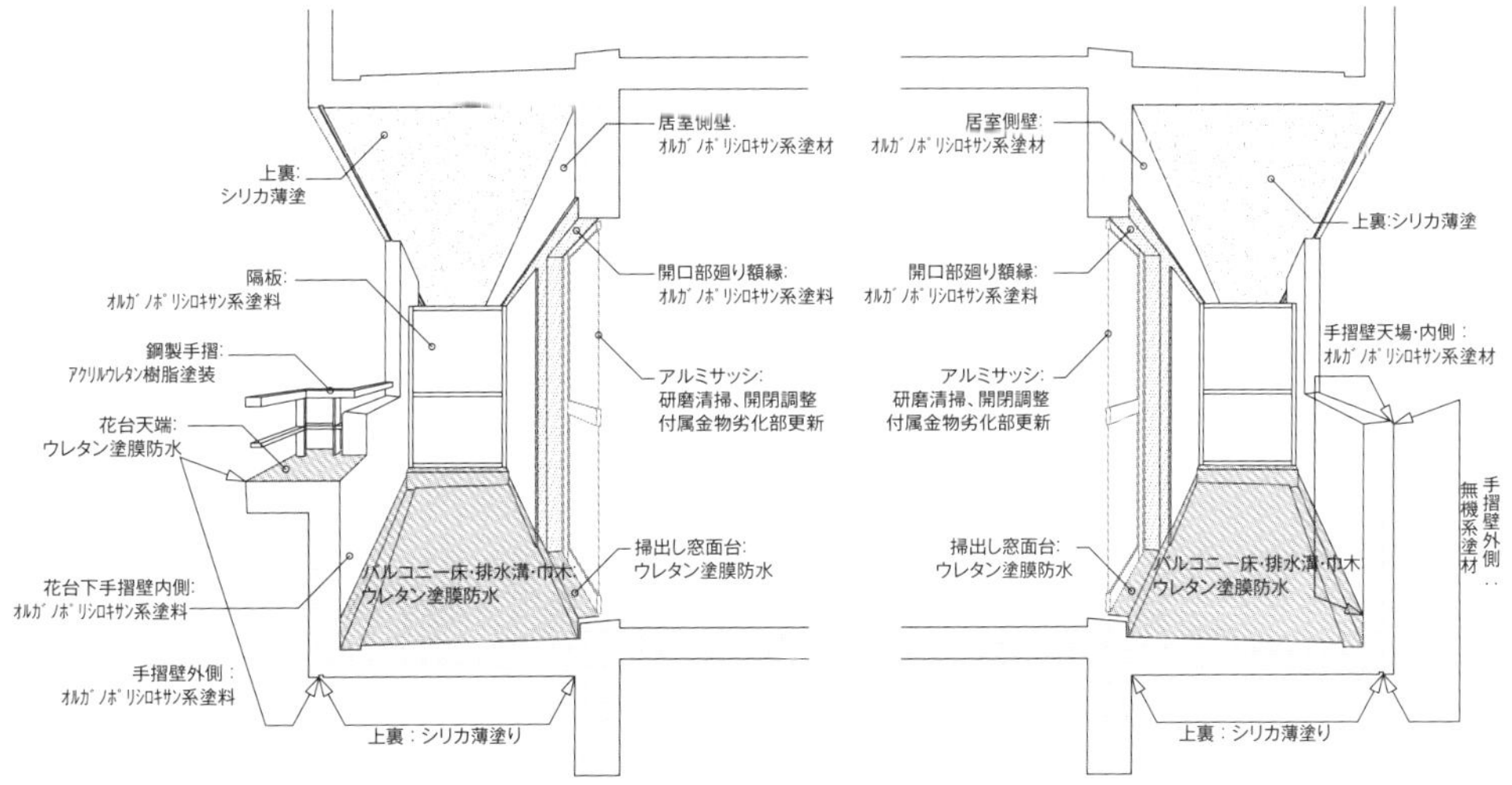

Chapter 3

048

見積項目と参考数量

見積合わせ方式では、参考見積内訳書を使用して、見積書を作成してもらう

設計監理方式では、一般的に大規模修繕工事の請負会社を選定する際は、見積合わせ方式により決定することが多い。

見積合わせ方式では、見積依頼者へ行う現場説明会時に設計図書一式を渡し、見積書の作成を依頼する。管理組合が数社の見積書を比較する際、見積項目や方法、数量がバラバラでは、比較検討がしづらいため、設計ではあらかじめ「参考見積内訳書」を作成し、設計図書と一緒に見積会社へ配布し、各会社同じ書式で見積りを行うようにするとよい。

参考見積内訳書には、部位・仕様・数量を記し、単価と見積金額を記入する書式が一般的である。

長期的な視点で、材料や工法を選ぶ配慮が必要だ

長期修繕計画は、長期的な時間軸の中で各修繕工事の内容を検討し、概算費用を算出する概略的な資金計画である。この作業は実施設計の精度と比較すると概略を押さえる程度のものであり、具体的な仕様は、実施設計の段階で詳細に検討することとなる。

修繕や改修の仕様や使用材料、工法の選定にあたっては、既存材料を撤去するか否か、かぶせる場合は新しい材料と既存の材料や接続する材料との相性を考慮し、材料や工法選定を行う。また、何かを撤去する場合、その周囲の部材に及ぼす影響や、その補修方法も具体的に検討することになる。

材料や仕様の選択では、工事費用は安いが、長持ちしない材料、工事費は高いが長持ちする材料、さまざまな選択肢があるが、できるだけ長い目で見て材料選択したい。また今後修繕や改修がしにくい材料よりは改修しやすい工法を選択するなど配慮も大切である。長期的かつ総合的な視点が必要だ。

生活しながらの工事であることに充分に考慮し、在宅工事と関係した施工期間や施工順序の規定も必要である。予測される職人の工種が多種に及ぶ場合、これらの作業性を考慮し、在宅期間を短期間にするよう多工種をまとめて入室させるような配慮も必要だ。ただし、実際の施工計画は、工事請負者ごとに異なることが多く、詳細な工程や在宅依頼期間、工事の手順、給排水などのライフラインの停止期間の設定は、見積りと合わせて工程提案を受ける必要がでてくる。

大規模修繕工事の見積記載項目一覧表の例

見積記載項目一覧表は、現場説明会などで図渡しを行う時に一緒に見積会社に渡す。統一した書式で見積りが提出されれば、施工者選定の際の比較が行いやすい。

工事項目ごとに仕様、数量などをあらかじめ記載することが多い。見積会社は、仕様や数量をよく確認し、この一覧表に単価と金額を記載し、見積内訳書として提出する

○○○○○マンション　　大規模修繕工事見積記載項目一覧表

NO.		名称	仕様	数量	呼称	単価	金額	備考
Ⅰ	仮設工事							
01	共通仮設工事							
1	現場事務所等仮設物・安全対策費等							
	1	現場事務所　備品	事務・保全備品	1	式			
	2	仮設便所	水洗	1	式			
	3	沈殿槽付洗い場	600×600　2段積み	1	式			
	4	仮囲い	ガードフェンスH1800	1	式			
	5	各戸植木鉢プランター等置場	枠組足場材　2段棚	15	ケ			
	6	仮設給排水設備		1	式			
	7	仮設電気設備		1	式			
	8	安全対策費	標識、ガードマンなど	1	式			
	9	整理清掃費		1	式			
	10	運搬費		1	式			
	11	廃材置場　搬出 処理		1	式			
	12	植栽工事		1	式			
	14	工事用駐車場借地料	駐車場棟工事期間中のみ	1	式			
1	現場事務所等仮設物・安全対策費等					小計		
2	工事保証・保険、書類作成等							
	1	工事保険		1	式			
	2	竣工図書 作成費		1	式			
	3	定期点検	2年 5年点検　報告書作成	1	式			
	4	広報費	居住者への広報　掲示　工事用掲示板	1	式			
2	工事保証・保険、書類作成等					小計		
01	共通仮設工事					中計		
02	足場架設工事							
	1	枠組足場　架払い	W=600　(墜落防止措置を含む)	5,000.0	㎡			
	2	朝顔養生		5	個所			
	3	仮設階段	W=450 蹴上≦200 踏面≧240	1	個所			
	4	メッシュシート白色		3,000.0	㎡			バルコニー前以外
	5	メッシュシート黒色		2,000.0	㎡			バルコニー前
	6	足場飛散受けシート　W=1500		100.0	m			
	7	養生費		1	式			
	8	植栽工事	足場架設障害樹木移植 枝払い	1	式			
	9	人感センサー付照明器具		1	式			
02	足場架設工事					中計		
Ⅰ	仮設工事					合計		
Ⅱ	外壁等 躯体改修 止水工事							実費精算工事
1	鉄筋発錆部分の補修			5.0	m			
2	躯体不良部分の補修							
	1	豆板・巣穴・ジャンカ補修	10cm×10cm	50	個所			
			30cm×30cm	5	個所			
			100cm×100cm	1	個所			
	2	欠損補修	10cm×10cm×D2cm	25	個所			
			10cm×30cm×D2cm	5	個所			
			10cm×10cm×D4cm	5	個所			
			10cm×10cm×D6cm	1	個所			
						小計		
3	ひび割れ補修							
	1	目止め工法	(~0.2㎜)	100.0	m			
	2	エポキシ樹脂低圧注入処理	(0.2㎜~)	10.0	m			
	3	Uカットシール再補修工法	(既存のUカットシール工法施工個所)	5.0	m			
	4	ひび割れ部縫合工法	(構造耐力影響)	1.0	m			
	5	加水反応型ｳﾚﾀﾝ樹脂止水注入工法	(漏水・水みちのある亀裂)	1.0	m			
	6	モルタル除去エポキシ樹脂低圧注入処理	(0.2㎜~)	5.0	m			
	7	モルタル除去Uカットシール処理	(0.2㎜~)	5.0	m			
						小計		
4	モルタル部の浮き・界面剥離の補修 防錆処理							
	1	エポキシ樹脂ステンレスアンカー工法		1000	穴			
	2	全面斫り除去・修復工法		10.0	㎡			
	3	床などのモルタル層補修	エポキシ樹脂注入工法	1000	穴			
	4	手摺天端のモルタル層補修	エポキシ樹脂注入工法	500	穴			
	5	支柱付根部の詰めﾓﾙﾀﾙ・ｱﾝｶｰ発錆補修	除去・防錆・修復工法	50	個所			
						小計		
Ⅱ	外壁等 躯体改修 止水工事					合計		実費精算工事

049

諸官庁手続き

マンションの形や、敷地、施設を勝手に変えたり、増改築する行為は法律に沿って行う

我が国すべての建物は、建築基準法やその関係の法令にのっとって所定の手続きが行われ、規制・基準を守って建てられている。これはマンションも同じで、新築時にはその時の法令に適合した建物になっている。

マンションなどの規模の大きな建物は、規制ギリギリに建てられていて、余裕のない造りが多い。基本的には、マンションの一部の用途を変えたり、緑地の形状を変更したり、駐輪場や倉庫を追加して建てるなど、造りを変える場合は、法律に基づく所定の手続きが必要となる。

一般的な大規模修繕工事に関連して行われる手続きは、近年、省エネや景観に係る法令が改正されたこともあり、景観法に基づく外壁色変更の届出や、省エネルギー法に基づく届け出などが必要な場合がある。設計時に要否を確認し、必要であれば書類を整えて自治体へ届出を行う。

性能向上やバリューアップなどの工事には、手間のかかる役所手続きが必要となることも

高経年になり、性能向上の要求に伴い、大々的にマンションを改造することもある。耐震改修による壁やフレームの追加、エレベーターの新設、共用施設の増改築、駐車場や駐輪場などの屋外施設の建替や増築、省エネルギー改修、このようにマンションの形状が大きく変わったり、増改築を行う場合、建築確認申請や、耐震改修促進法の計画認定続き、団地型の場合は一団地認定の変更申請を要することもある。また、緑化率や附置すべき駐車場、駐輪場の台数、ごみ置場の規模や雨水の処理などについても規制があることが多く、手間のかかる諸官庁への手続きや協議が必要となる。

このような法的手続きを伴う改修設計は、新築工事と異なり、既存不適格の状態や、法不適合部分の有無により、実施可能な工事の場所や範囲や内容が決まる事が多く、付帯する手続きも多い。設計時には、既存不適格と法不適合の状態について詳細に調べ、事前に管轄の諸官庁と協議を行い、改修の可能性を検討する必要があり、ある程度の設計期間が必要となる。

既存不適格の調査は、新築時の建築確認申請書や図面などが残されていると手がかりとなるが、図面がない場合は、調査や復元など作業が増加する。

助成金を取得する場合、法不適合部分の是正指示などが出さることもあり、注意が必要だ。

団地に自走式立体駐車場を建設した時の諸手続事例

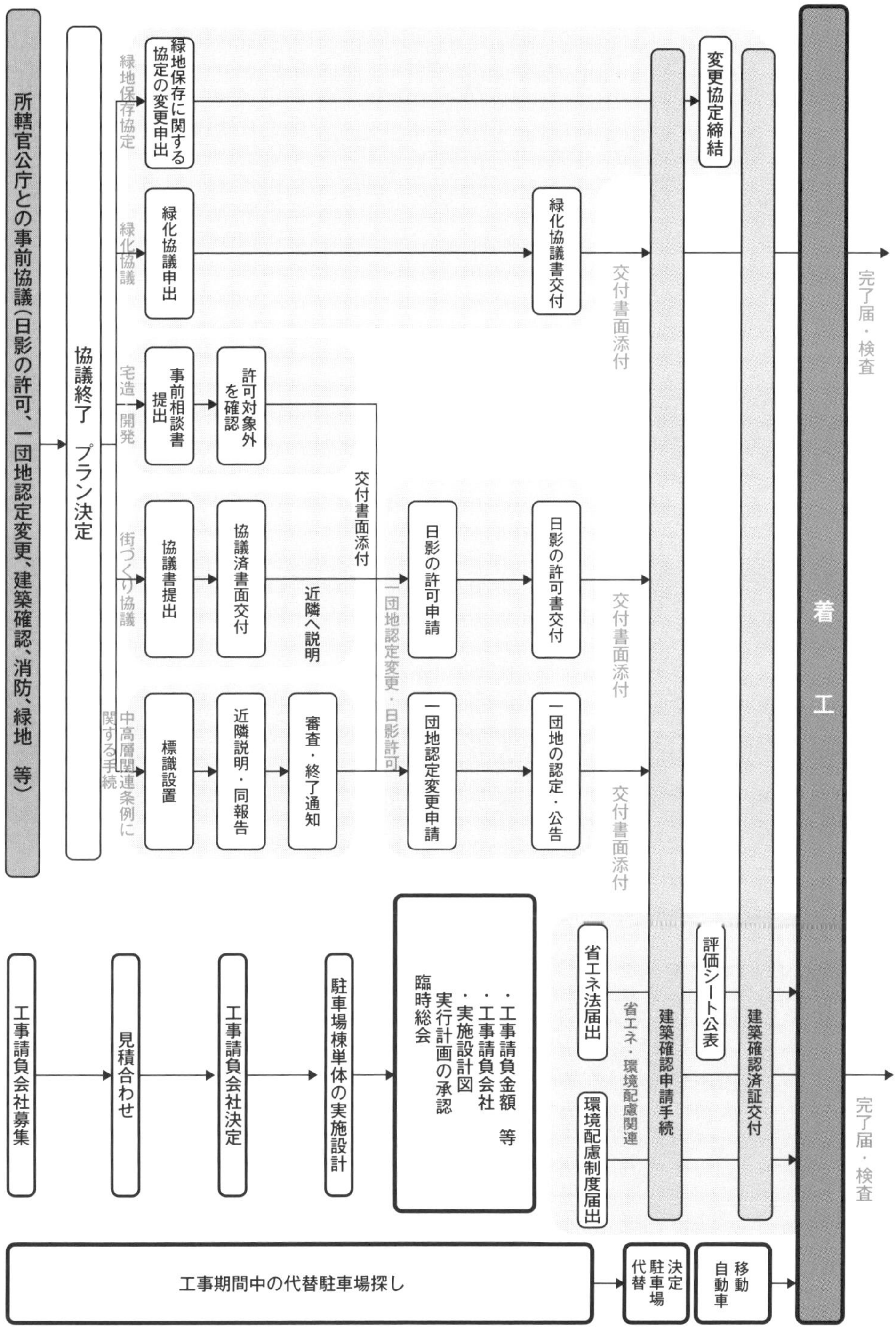

『月刊リフォーム2008年3月号』（テツアドー出版）より抜粋

050

施工会社の選定方式

施工会社は管理組合が主体となり、自分たちで選ぶ

施工会社の選定は、管理組合を代表して、理事会やその諮問機関である修繕委員会（以下修繕委員会など）が行う。

良い施工会社を選ぶことは大切だが、公明正大に進めることも重要で、後日修繕委員会などが区分所有者に経緯などを報告する際、きちんと説明できるように意識しながら段階を踏んで進める。

建築士は修繕委員会などが判断できる資料を作成し、情報を提供することにより、修繕委員会などが自ら施工会社を選べるようにアドバイスする。具体的には、施工会社の応募書類を書類審査資料として整理したり、各社から提出された見積書や工程表などの内容を精査し評価するなど、専門的な知識や経験が必要で、公平な立場で第三者の専門家として求められる建築士の役割は大きい。

施工会社選定方式には、主に3つの方式がある

施工会社選定方式には、入札方式・見積合わせ方式・特命随意契約方式などがある。

①入札方式

入札希望者を公募または指名して競争入札を行う方式。原則として最低価格の会社と契約する。国や地方公共団体などの公的機関で採用されているが、価格だけの競争になりがちで、品質がおろそかになる場合もあり、発注側に専門知識がないと難しい。

②見積合わせ方式

設計図書をもとに数社に見積りを依頼し、その内容を検討して選定する方式で、マンションで一般的に採用されている方式。相見積りを数社から取ることで、適正な価格競争が行われ、内容を比較することができる。ただし、事前に、工事範囲や工事内容を整理しまとめなければ、見積条件が各社バラバラで比較できなくなるので注意が必要である。

近年、耐震改修工事など、求める条件を整理したうえで、複数の施工会社に施工会社の開発した特殊工法や施工方法の提案を求めるＶＥ（Value Engineering）方式を採用し、品質確保やコスト削減などを期待するケースも見られる。

③特命随意契約方式

新築時の施工会社や前回大規模修繕時の施工会社、管理会社など、特定の1社を指名して見積りを取り、その内容を検討・協議のうえ、選定する方式。

施工会社選定の流れ（4つのFILTERを通して選ぶ）

マンションで一般的に行われている、見積合わせ方式で施工会社を選定する場合、手順を踏んで4つのFILTERを通して選定することが多い

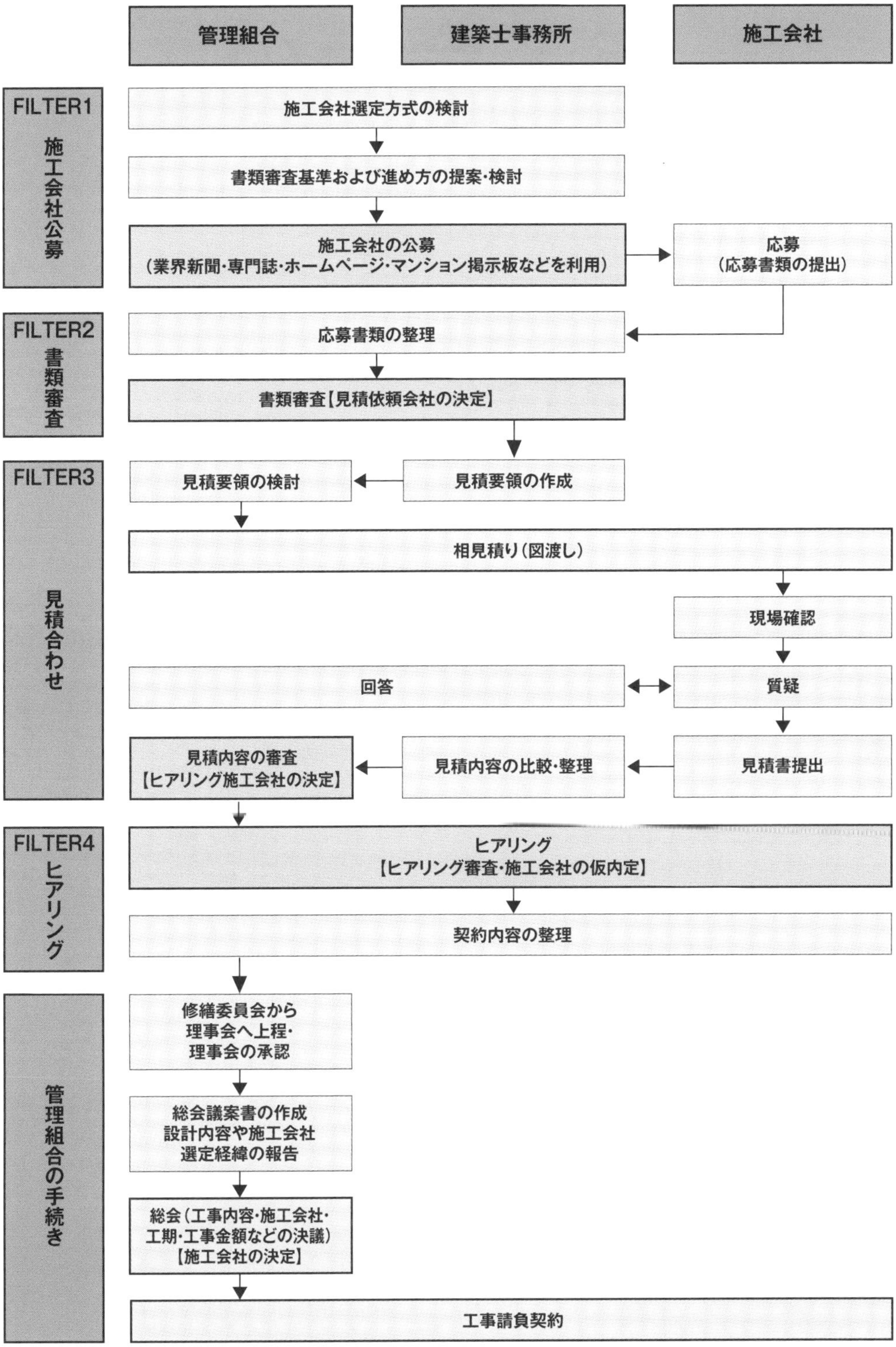

051

施工会社の公募・書類審査

施工会社は業界新聞やホームページを利用し、広く公募する

FILTER1

①施工会社の選定方式

理事会やその諮問機関である修繕委員会（以下修繕委員会など）は、施工会社選定方式や、選定基準を検討する。以下、マンションで一般的に行われている、見積合わせ方式で施工会社を選定するケースで説明する。

②施工会社の公募

業界新聞や専門誌あるいはそれらのホームページなど無償で掲載してくれるサービスを利用する。またマンションの掲示板にもその旨を掲示し、大規模修繕工事に向けて住民の関心を喚起していく。

③書類審査基準と応募要項

マンションの概要や工事内容を検討し審査基準をつくり、必要な資料を施工会社から提出を求める。具体的には、建物概要・工事概要・予定工事期間・公募期間・参加条件・参加手続・提出資料などがある。

④施工会社の種類

マンションの大規模修繕工事を行う施工会社には、ゼネコン系・専門業者系・管理会社系などがある。それぞれの特徴を表に示した。

書類審査は修繕委員会などで皆で公平に審査する

FILTER2

①応募書類

応募した施工会社には応募要項を送り、必要書類の提出を求める。建築士は提出された応募書類をもとに、書類審査資料として整理して修繕委員会などに報告する。

②書類審査

修繕委員会などは書類審査を行い、見積りを取得する施工会社を数社に絞る。

審査項目としては、会社概要を審査する一般審査、経営状態を審査する経営審査、マンション改修の実績審査などがある。会社の規模や経営状態だけでなく、住みながら行うマンションの大規模修繕工事の実績はポイントの一つである。

そのほかの注意点として、住民が知り合いの施工会社を推薦したり、修繕委員会などから建築士事務所に施工会社を推薦するよう求められる場合がある。工事になって不満がでて、誰がその施工会社を推薦したのか問題になる場合もある。手順を踏んで理事会で承認し、総会に諮り決議するが、書類審査の段階でも修繕委員会などみんなで公平に審査し、進めていくことが大切である。

施工会社の種類と特徴

ゼネコン系	ゼネコンやそのリフォーム部門が独立した子会社。 管理体制が整い、新築工事と同様のスキルで施工する会社が多いが、一部に下請けまかせで、改修工事に不慣れな会社もある。 現場代理人は、新築の経験がある人が多く、品質管理に安定感がある
専門業者系	塗装や防水などの専門業者が、マンションの大規模修繕工事を手がけるようになった施工会社。 会社によりバラツキがあり、長期にわたり経験を蓄積し、改修工事の技術や居住者対応などノウハウを持ち、改修に特化した施工会社もあれば、管理会社やゼネコンの下請専門で、総合的な工事の進め方に不安な会社もある。 現場代理人は、新築の経験がある人もいるが、改修工事で育った人も多い
管理会社系	建物の日常の管理や点検を委託されている管理会社が、大規模修繕工事も手がけており、全体に占める割合は高い。 専門業者系の施工会社を協力会社として連携し、設計施工方式で管理会社が工事を受注したり、設計監理方式で管理会社が設計監理を行い、工事は協力会社を推薦して、管理組合と協力会社が直接契約する場合もある

施工会社の公募と書類審査

○○○マンション　大規模修繕工事　見積参加応募会社の書類審査資料

○○年○月○○日

会社名			選定基準	A社	B社	C社	D社	K社	L社	M社
提出書類	見積参加申込み書		判定根拠となる書類が揃っているか	○	○	○	○	○	○	○
	会社概要記入シート			○	○	○	○	○	○	○
	財務諸表			○	○	○	○	○	○	○
	主要工事実績表			○	○	○	×	○	○	○
	経営事項審査結果通知書			○	○	○	○	○	×	−
	会社組織図等			○	○	○	○	○	○	○
	その他(任意)			会社概要・修繕内容の説明	会社概要・会社案内	会社案内・建設業許可の写し	会社案内・ISO登録証	会社概要・会社案内	会社案内・改修工事実績表	−
一般審査	業種区分		−	ゼネコン子会社	専門業者	専門業者	専門業者	ゼネコン	ゼネコン	管理会社
	建設業許可番号		特定建設業							
	本店所在地		−							
	担当支店所在地		−							
	資本金		6,000万円以上							
	会社創立年（営業年数）		2002年以前（5年以上）							
	認証取得ＩＳＯ		−							
	従業員数	総数	−							
		技術系従業員	−							
		事務系従業員	−							
		その他	−							
	有資格者数	一級建築士	−							
		二級建築士	−							
		一級建築施工管理技士	−							
		二級建築施工管理技士	−							
		マンション管理士	−							
経営審査	総合評点（P）　（建築一式）		700以上							
	経営評点（Y）　（単独決算）		500以上							
実績審査	完成工事高（千円）	平成17年度分譲ﾏﾝｼｮﾝ改修高(元請)								
		平成17年度工事総額								
		同ﾏﾝｼｮﾝ改修比率								
		平成18年度分譲ﾏﾝｼｮﾝ改修高(元請)								
		平成18年度工事総額								
		同ﾏﾝｼｮﾝ改修比率								
		平成19年度分譲ﾏﾝｼｮﾝ改修高(元請)								
		平成19年度工事総額								
		同ﾏﾝｼｮﾝ改修比率								
	分譲ﾏﾝｼｮﾝ元請工事実績	提示件数（H17-H19　3年間）								
		うち8,000万以上物件数								
		最大工事費（千円）								
		最長工期（月数）								
評価	審査基準の合数									
	現場代理人の常駐について									
	判定									

▲書類審査資料の例

民間公募情報

■○○○マンション大規模修繕

新宿区　8/10申込締切

【新宿】○○○マンション管理組合は、○○○マンション大規模修繕工事の施工者を公募選定するため、8月10日まで見積もり参加者を受け付ける。工事概要、応募要項などは次の通り。

■工事概要など

▽工事名―○○○マンション大規模修繕工事（新宿区）

▽発注者―○○○マンション管理組合

▽建物概要―RC造地下1階地上14階建て、総戸数○○○戸、1997年竣工

▽設計監理―○○一級建築士事務所

▽工事内容―仮設、躯体補修、塗装、防水、シーリング工事他

▽予定工期―2009年3月～7月

■応募要項など

▽参加条件―①特定建設業の許可を受けていること②資本金6000万円以上であること③国土交通省の「経営事項審査結果通知書」を取得していること④分譲マンションの改修工事に関わる5年以上の営業実績を持つこと⑤過去3年間分譲マンション修繕工事の年間元請完成工事高が、10億円以上⑥過去3年以内に、元請8000万円以上のマンション修繕工事の6現場以上の施工実績を有すること⑦現場代理人は常駐とする

▽提出書類―①見積もり参加表明②提出先へメール送信すること

▽提出期限―8月10日

▽提出・問い合せ先―○○一級建築士事務所担当あて　メールアドレス／×××@×××.com　電話03(××××)××××

▲新聞公募の掲載例

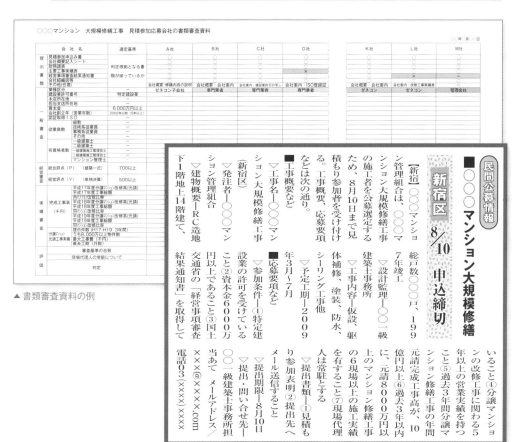

052

見積合わせとヒアリング

見積合わせは金額だけでなく内容も評価

FILTER3

書類審査に通った施工会社数社に、見積りを依頼する。

①見積要領書

見積要領書は、見積提出期限や提出先、現地確認の手順などを記載し、施工会社各社が同一条件のもと見積りができるようにする。

②現場説明（図渡し）と質疑回答

見積各社に見積要領書や設計図書を説明し、見積期間中に現地確認を求める。設計内容に対し質疑を受け、共通質疑回答書にまとめ各社に通知する。また仮設計画図や工程表の提出を求め、見積書とともに今回の工事に対する考え方や実施方法など選定する判断資料とする。

③見積内容の比較検討

見積結果は工事金額だけでなく、工事項目や仕様・数量・単価など詳細に確認し、結果を比較表にまとめる。修繕委員会などはその資料をもとに話し合い、ヒアリングに残す施工会社を3社程度に絞る。

ヒアリングは現場代理人の面接でもある

FILTER4

①ヒアリング

主催するのは管理組合で、施工会社にプレゼンテーションを求めてヒアリングを行う。この過程で、今回の工事に取組む姿勢や現場代理人の経験を見極める。建築士のアドバイスを受けながら、修繕委員会などが自ら施工会社を選ぶ。

ヒアリングには現場代理人予定者の出席を求め、現場管理能力や経験、居住者対応能力なども含め評価する。

修繕委員会などから疑問点を質問するとともに、建築士は施工会社の取り組み方や、現場代理人のスキルや、工事に対する考え方などを、修繕委員会などに分かりやすく感じとってもらえるように質問する。

ヒアリング修了後、修繕委員会などで話し合い施工会社を選定する。

②管理組合の手順

ヒアリング後に契約内容を整理し、理事会で施工会社を内定して総会議案書をつくり、総会で決議した後、工事請負契約となる。

このように、修繕委員などの日程を合わせ、段階を追って進めるには時間がかかるので、施工会社の選定手続きは、事前にスケジュールを立ててスムーズに進めたい。

見積比較表

○○○マンション　大規模修繕工事　見積比較表

○○年○月○日

		A社	B社	C社	D社	E社	設計積算
	見積金額（税込）	165,900,000	174,300,000	175,350,000	198,660,000	203,490,000	185,430,000
	工事金額	158,000,000	166,000,000	167,000,000	189,200,000	193,800,000	176,600,000
	消費税（5%）	7,900,000	8,300,000	8,350,000	9,460,000	9,690,000	8,830,000
1	共通仮設工事	4,458,000	8,635,000	7,303,000	6,121,000	4,285,000	5,110,000
2	直接仮設工事	15,725,150	23,183,548	23,433,330	21,566,210	16,981,340	21,971,450
3	躯体補修工事	16,334,680	15,629,600	18,043,790	26,387,350	28,191,780	21,708,600
4	塗装工事	21,003,120	27,181,787	20,051,552	29,365,100	32,919,360	24,521,354
5	防水工事	40,178,800	26,757,843	28,540,974	34,135,800	39,922,427	34,652,430
6	シーリング工事	20,893,011	20,689,432	15,921,556	14,196,300	22,107,220	15,411,409
7	金物工事	6,582,200	9,837,350	8,212,250	10,682,500	7,983,370	8,810,740
8	斜壁屋根工事	4,223,000	4,701,730	7,274,210	12,842,350	5,375,380	9,843,840
9	金属製建具工事	145,200	484,000	895,400	356,800	630,000	175,200
10	洗浄工事	7,796,030	8,059,635	8,437,819	11,285,630	10,690,918	11,735,820
11	剥離工事	60,000	29,000	61,200	40,000	8,000	40,950
12	共用部内装工事	552,900	586,480	1,367,534	483,200	589,810	594,860
13	そのほか工事	5,022,800	6,575,105	7,468,692	5,368,900	5,432,670	6,695,036
14	外構工事	1,050,000	3,312,350	4,168,200	2,356,800	1,133,100	4,185,800
15	現場管理費	6,050,000	5,500,000	9,227,000	14,015,000	17,600,000	6,240,000
16	一般管理費	8,000,000	4,837,140	6,593,493	0	0	5,000,000
	小計	158,074,891	166,000,000	167,000,000	189,202,940	193,850,375	176,697,489
	値引き（端数調整）	-74,891			-2,940	-50,375	-97,489
	合計	158,000,000	166,000,000	167,000,000	189,200,000	193,800,000	176,600,000

○○○マンション　大規模修繕工事　工事項目別比較表（抜粋）

○○年○月○日

項目	A社			B社			C社			設計積算書		
	数量	金額		数量	金額		数量	金額		数量	金額	
共通仮設工事												
現場事務所養生	1.0式	200,000	集会室利用	1.0式	0	集会室利用	1.0式	320,000	集会室利用、備品費含む	1.0式	100,000	集会室利用
道具洗い場（沈殿槽付き）	1.0式	0	仮設給排水に計上	1.0式	150,000		1.0式	57,000		1.0式	40,000	
事務所備品費	1.0式	400,000	空調機含む	1.0式	250,000		1.0式	0	現場事務所に計上	1.0式	150,000	什器・コピー・fax等
安全対策費	1.0式	100,000		1.0式	1,250,000	警備員含む	1.0式	103,000		1.0式	60,000	
安全誘導員費	1.0式	900,000	足場解体他	1.0式	0	安全対策費に計上	1.0式	3,013,000	1名常駐＋足場解体時3名	150人	2,250,000	1名常駐＋足場解体時3名
産業廃棄物収集運搬処分費	1.0式	980,000	7万円/台×14台	1.0式	1,520,000	8万円/台×19台	1.0式	432,000	7.2万円/台×6台	1.0式	560,000	7万円/台×8台

ヒアリングのポイント

施工会社選定のポイント	現場代理人のチェックポイント
・マンションの大規模修繕工事の実績や経験 ・マンションの大規模修繕工事に対する取組み姿勢 ・工事中の広報の仕方や連絡体制 ・居住者に対する対応 ・工事中の安全や防犯対策などの提案 ・工程や提案は今回の工事を想定したものか ・現場の管理体制 ・工事後のアフターサービスについて	・経験や技術力はあるか ・職人の指導ができるか ・居住者がコミュニケーションが取れそうか ・設計図書を読み込み、工事内容を把握しているか ・工事に対する熱意があるか ・工事のポイントを押さえているか

Chapter3

053

工事請負契約

工事請負契約を締結するためには、総会の決議が必要

①施工会社の内定と総会の準備

ヒアリングの結果は、修繕委員会などから理事会に具申し、理事会で承認されると、施工会社が内定する。

管理組合が工事請負契約を締結するためには総会決議が必要となるため、理事会は総会の準備に入る。修繕委員会などは総会の準備と並行し、必要があれば工事内容を見直し、契約内容を整理する。

資金計画においては、修繕積立金を取り崩す旨を決議する。また、住宅金融支援機構などの融資や自治体などの補助を受ける場合は、手続きや申込書類について説明を受け議案に反映するとともに、管理規約や総会決議事項についても確認しておく。

準備が整えば、理事会は議事を議案書にまとめ、事前に区分所有者に配布し、総会を招集する。

②総会の決議

総会では、施工会社選定経緯を報告するとともに、工事内容・工事期間・施工会社・工事金額・資金計画などを説明し決議する。

③円滑に総会の決議を得るために

円滑に総会の決議を得るには、普段から理事会便りなどを通じて経過を広報すると共に、大規模修繕工事に向けて住民の意識を高めていく。また、事前に住民説明会を開催し、工事範囲や工事項目など工事内容や工事期間、施工会社選定の経緯など報告する。

特に、住戸内に立ち入り工事を行う給排水設備改修工事や、騒音や振動が著しい耐震改修工事など、生活支障が大きい工事は、工事の必要性など住民説明会を繰り返し開催して説明し、そこで出された意見を計画に反映するなど、丁寧に段階を踏んで進めることが大切である。

工事請負契約は、管理組合と施工者の間で取り交わす

総会の決議を受けて、工事請負契約を締結する。契約は、発注者である管理組合（管理組合が法人格を有していない場合は、管理者である管理組合理事長）と、受注者である施工者の間で取り交わす。

２０１６年４月（平成28年）民間（旧四会）連合協定 マンション修繕工事請負契約書および約款が制定され、マンション大規模修繕の工事請負契約書として普及した。建築士事務所が、工事監理業務等を委託されている場合は、その旨を記載する。

マンション修繕工事請負契約書の例

印紙

マンション修繕工事請負契約書

発注者 ＿＿＿＿＿＿＿＿ と

受注者 ＿＿＿＿＿＿＿＿ は

（工事名）＿＿＿＿＿＿＿＿ 工事

の施工について、次の条項と添付の工事請負契約約款、設計図書類（共通質疑回答書、見積要項書、仕様書、　　　、　　　、）および請負代金内訳書1冊に基づいて、工事請負契約を締結する。

1. 工事場所 ＿＿＿＿＿＿＿＿

2. 工期
＿＿年＿＿月＿＿日 ～ ＿＿年＿＿月＿＿日
引渡し日＿＿年＿＿月＿＿日

3. 請負代金額
金＿＿＿＿円
うち工事価格 金＿＿＿＿円
取引に係る消費税及び地方消費税の額 金＿＿＿＿円

（注）請負代金額は、工事価格に、取引に係る消費税及び地方消費税の額を加えた額

4. 請負代金の支払

（支払の時期）	（支払い額）	
	金＿＿＿＿円	うち消費税等 金＿＿＿＿円
	金＿＿＿＿円	うち消費税等 金＿＿＿＿円
	金＿＿＿＿円	うち消費税等 金＿＿＿＿円
引渡し時	金＿＿＿＿円	うち消費税等 金＿＿＿＿円

5. 監理業務等の委託の有無 （ 有 ・ 無 ）
(1) 監理業務等の委託先
＿＿＿＿＿＿＿＿
(2) 委託業務の内容
※詳細な業務内容、責任範囲等については、別紙参照

6. 部分引渡しの有無 （ 有 ・ 無 ）
□部分引渡しの場所
＿＿＿＿＿＿＿＿

7. 工事完成保証 （ 有 ・ 無 ）
□工事完成保証の内容
＿＿＿＿＿＿＿＿

8. 大規模修繕工事瑕疵担保責任保険 （ 有 ・ 無 ）
□保険の内容
＿＿＿＿＿＿＿＿

9. 契約上引渡すべき図書
＿＿＿＿＿＿＿＿

10. その他 （特記事項等があればこの欄に記入する。）
＿＿＿＿＿＿＿＿

本契約成立の証として本書を2通作成し、発注者及び受注者が署名又は記名、押印のうえ、各1通を保有する。

契約日　　年　　月　　日

（発注者） 住所又は所在地
氏名又は名称 ＿＿＿＿＿＿＿＿ ㊞

（受注者） 住所又は所在地
氏名又は名称 ＿＿＿＿＿＿＿＿ ㊞

（工事完成保証会社）※工事完成保証制度を利用する場合
所在地
名称
代表者 ＿＿＿＿＿＿＿＿ ㊞

マンション修繕工事請負契約書の主な内容

契約内容を記載した書面としては、契約書の他に約款等添付書類も含まれる。

契約書	・発注者、受注者、工事名及び添付書類を明記する。 ・工事場所、工期、引渡し日、請負代金額等、各条項に従い、必要事項を記載する。 ・契約日、発注者及び受注者の住所又は所在地、氏名又は名称を署名又は記名、押印する。
添付書類	・民間（旧四会）連合協定　マンション修繕工事請負契約約款 ・設計図書類（仕様書、設計図書、質疑回答書、見積要項書、内訳書、工程表等）

工事の保証システム

工事完成保証	契約後、施工会社の倒産等により、工事が継続できなくなった場合、工事完成引き渡しまでを保証する制度。
大規模修繕工事瑕疵担保責任保険	大規模修繕工事を実施した工事のうち、工事後保険対象部分において、保険期間中に瑕疵が見つかった場合、その瑕疵を補修するためにかかった費用を支払う保険。

註記： 上記保証も保険も利用は任意で、保険の場合は加入するのは施工会社だが、費用を負担するのは管理組合である。何を保証するのか、保証や保険の目的・内容・対象やその費用について説明を受け検討する必要がある。

Chapter 3

054

工事監理と準備

マンションの工事監理は、住みながら行う工事を意識する

「マンション大規模修繕工事における工事監理」は、「建築士法における工事監理」に加え、「住みながら行うマンションの工事監理」が求められる。

建築士法における建築士の「工事監理」とは、「その者の責任において工事を設計図書と照合し、それが設計図書 のとおりに実施されているか否か確認すること」をいう。

「工事監理」は監理者が行い、工事中の各種の確認や検査、施工者の指導を行う。「工事管理」は施工者が行い、品質・工程・安全・コストなどの管理を行う。マンションの大規模修繕工事は居住者が日常生活を営んでいるなかで工事を行う。修繕委員会などと事前に相談し、居住者に工事内容をきちんと伝え、理解していただき、協力を得ることが大切である。

大規模修繕工事は、着工前の準備で成否が決まる

①着工前準備

仮設計画は設計時に検討され、概略の仮設計画図は施工者から提出されていると思われるが、改めて施工者と管理組合・監理者が協議し、工事用の動線計画や足場など仮設用の資材置き場など詳細を詰める。居住者の協力が必要なものとして、駐車場の車の移動や自転車の移動、バルコニーに置いてある荷物の移動、足場を建てる場所の植栽の剪定など、対応や時期を検討する。

②工事説明会の開催

着工の2週間から1カ月位前に、区分所有者や居住者を対象に工事説明会を開催する。事前に工事説明会資料をつくり配布する。資料には、いつ頃どんな工事が行われるか、バルコニーの片付けなど、何を何時までに済ませ、居住者は工事のために何を協力すればいいのか、在宅が必要な工事は何かなどを明確に伝える。

また、分かりやすい言葉・イラスト・写真などを使って表現するよう心がける。説明会ではこれらの説明後、質疑回答を行い、工事に対し居住者の理解を深める。

③工事準備

外壁タイルの試し焼きや塗装の色彩計画は着工前の準備期間に進め、修繕委員会などが集まる機会を利用して決定するようスケジュールを組む。監理者は修繕委員会などと協議し、施工者に着工前スケジュールをたて、計画的に進めるよう指示する。

工事監理業務の流れ

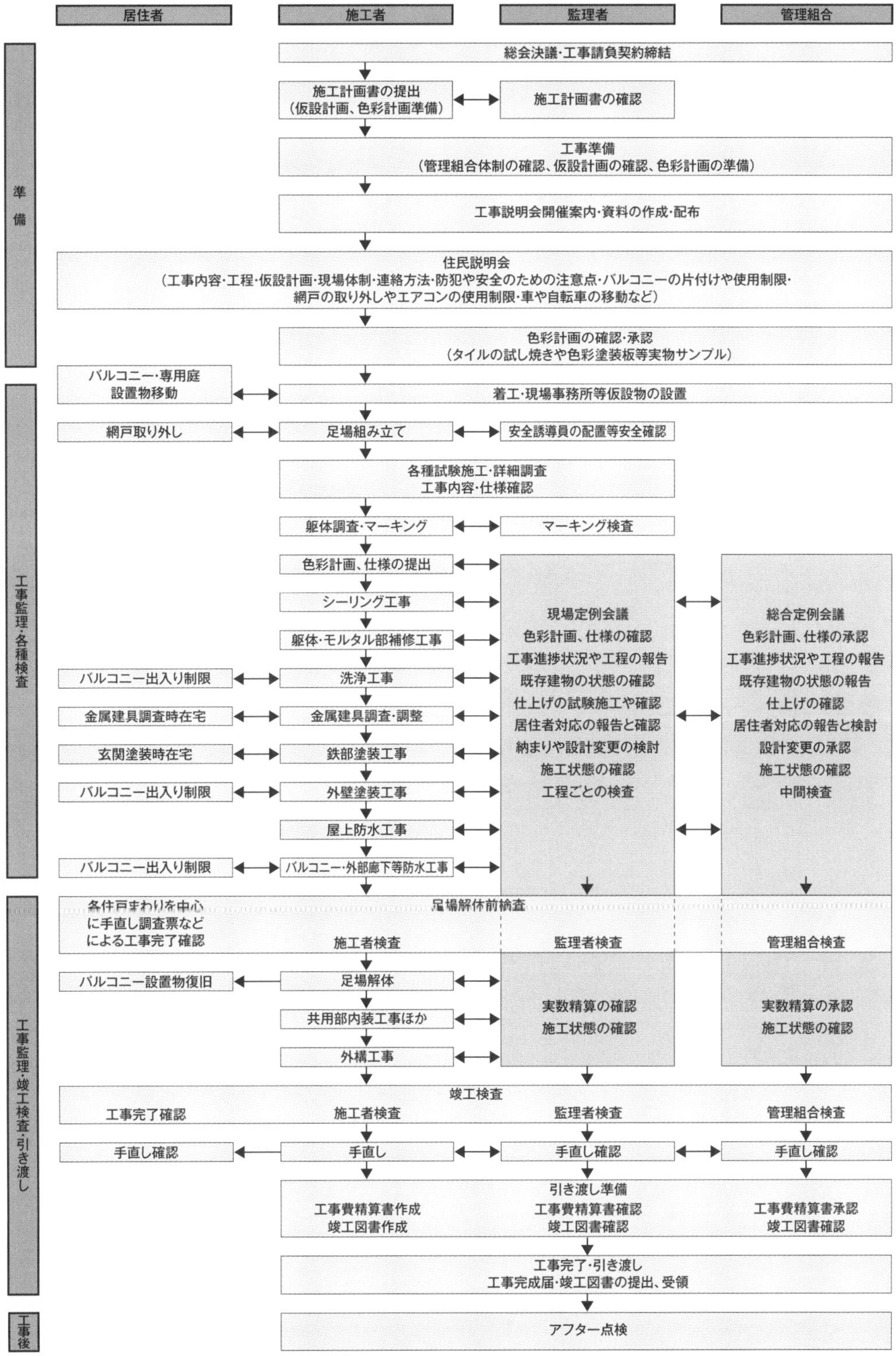

居住者
施工者
監理者
管理組合
準備
総会決議・工事請負契約締結
施工計画書の提出
（仮設計画、色彩計画準備）
施工計画書の確認
工事準備
（管理組合体制の確認、仮設計画の確認、色彩計画の準備）
工事説明会開催案内・資料の作成・配布
住民説明会
（工事内容・工程・仮設計画・現場体制・連絡方法・防犯や安全のための注意点・バルコニーの片付けや使用制限・
網戸の取り外しやエアコンの使用制限・車や自転車の移動など）
色彩計画の確認・承認
（タイルの試し焼きや色彩塗装板等実物サンプル）
工事監理・各種検査
バルコニー・専用庭
設置物移動
着工・現場事務所等仮設物の設置
網戸取り外し
足場組み立て
安全誘導員の配置等安全確認
各種試験施工・詳細調査
工事内容・仕様確認
躯体調査・マーキング
マーキング検査
色彩計画、仕様の提出
シーリング工事
躯体・モルタル部補修工事
洗浄工事
金属建具調査・調整
鉄部塗装工事
外壁塗装工事
屋上防水工事
バルコニー・外部廊下等防水工事
バルコニー出入り制限
金属建具調査時在宅
玄関塗装時在宅
バルコニー出入り制限
バルコニー出入り制限
現場定例会議
色彩計画、仕様の確認
工事進捗状況や工程の報告
既存建物の状態の確認
仕上げの試験施工や確認
居住者対応の報告と確認
納まりや設計変更の検討
施工状態の確認
工程ごとの検査
総合定例会議
色彩計画、仕様の承認
工事進捗状況や工程の報告
既存建物の状態の報告
仕上げの確認
居住者対応の報告と検討
設計変更の承認
施工状態の確認
中間検査
工事監理・竣工検査・引き渡し
足場解体前検査
各住戸まわりを中心
に手直し調査票など
による工事完了確認
施工者検査
監理者検査
管理組合検査
バルコニー設置物復旧
足場解体
共用部内装工事ほか
外構工事
実数精算の確認
施工状態の確認
実数精算の承認
施工状態の確認
竣工検査
工事完了確認
施工者検査
監理者検査
管理組合検査
手直し確認
手直し
手直し確認
手直し確認
引き渡し準備
工事費精算書作成
竣工図書作成
工事費精算書確認
竣工図書確認
工事費精算書承認
竣工図書確認
工事完了・引き渡し
工事完成届・竣工図書の提出、受領
工事後
アフター点検

055

仮設工事の監理

居住者の安全や生活支障の軽減に、積極的に取り組む

①共通仮設

工事に必要な仮設には、現場事務所・作業員控室・トイレ・道具洗浄場・資材置場などがある。現場の作業効率だけでなく、居住者が工事中できるだけ快適に生活できるように計画する。特に現場事務所は、工事の総司令部であり、居住者のみなさまの問い合わせ先でもある。場所は設計段階で修繕委員会などと協議し決めておく。

②コミュニケーション

工事中、居住者へのお知らせは、工事用掲示板に掲示したりチラシを配布する。工事用掲示板は、エントランスホールなど居住者の目に付きやすい場所に設置する。施工者は、居住者とのコミュニケーションの場ということを意識し、見やすく分かりやすい掲示を心がける。

足場は工事の安全確保と品質確保に必要である

①直接仮設

足場をはじめとする直接仮設は、工事関係者だけでなく、居住者・第三者の安全と品質確保のために必要で、工事を円滑に行うための重要なポイントである。足場の設置については基準が定められ、施工者が関係機関に届け出する。監理者は安全確保や生活支障の軽減などの視点で確認する。

②足場の組立・解体時の注意点

足場の組立や解体は、墜落や倒壊などの事故を防止するため、安全に実施するよう指導する。また、居住者や近隣住民に広報すると共に、通行人や車の安全通路を確保し、安全誘導員を配置し誘導するよう指導する。

③飛散防止養生

メッシュシートは、道具や物の落下、塗料や洗浄水などが飛散しにくいように囲っている半透明のシートで、通風性がある。色は白や黒などがあり、近年は透視性の良い黒が多く使われている。工事期間中建物が足場で囲われ、採光や通風が遮られうっとうしいと言われることもあるが、工事後は、レースのカーテンのようで夏場は意外に涼しかったという感想も聞く。工事に必要な物であることを説明すると共に、居住者の立場に立った対策も求められる。

④防犯対策

工事中、足場からバルコニーなどに侵入が容易になる。足元を金網養生で固めるなど防犯対策を行う。また、居住者にサッシの施錠を呼びかけ、補助錠を貸し出すなど対策を行う。

居住者の安全を守る

▲道路の上には朝顔養生をする

▲足場架設時に、歩行者の誘導をするガードマン

▲足場解体時に、車の誘導をするガードマン

▲足場架設時にガードマンが付いていない現場。足場架設時には、注意していても物が落ちることがある

生活に配慮する

▲メッシュシートは、透視性の良い黒色が多く使われている

▲仮囲いに、植物柄の化粧鋼板を使用した事例。無機質な工事現場の雰囲気が和らいだ

▲掲示板は居住者とのコミュニケーションの道具。工夫するとショールームのようになる

▲1階廻りは金網養生などで防犯対策を行う

Chapter 3

056 定例会議と各種検査

工事を円滑に進めるため、総合定例会議の役割は大きい

①総合定例会議（三者会議）

工事を円滑に進めるため、管理組合・監理者・施工者で定期的に総合定例会議を開催する。工期が短く、管理組合が集まれる回数が限られているなかで、総合定例会議の役割は大きい。会議では工事の進捗状況、足場をかけて分かった建物の状態などの報告、実数精算項目の報告、色彩計画の承認、居住者からの問い合わせへの対応などを協議する。監理者は施工者と事前に検討項目を整理し、工程表や実物見本など、打ち合わせに必要な資料の準備を指示する。

②現場定例会議

監理者と施工者は定期的に定例会議を行う。納まりや使用材料の変更など、建築的な項目は現場サイドで検討し、変更があれば管理組合に報告する。

③工期が短く工種が多い

修繕工事は、さまざまな工事が同時に進む。たとえば粉塵のなかで塗装など仕上げ工事はできないため、工程表を読み込み施工手順を考慮し、色彩計画の承認時期、金物の製作期間など準備期間を含め確認する。

管理組合や居住者の検査も受ける

検査は、施工者検査・監理者検査・管理組合検査の順で行い、最終的には仕上がりを中心に居住者にも確認する。事前に試験施工を行い、仕上がり具合などを管理組合に確認しておく。

①施工者検査

現場担当者や社内の品質管理担当者が工程ごとに行う。

②監理者検査

監理者が工程ごとに行う。複数の個所で、さまざまな工種が同時に進むので、それぞれのタイミングで検査を行う。

③管理組合検査

修繕委員会などが行う。工事の段階ごとに足場解体前、竣工前など管理組合の検査を受ける。

④竣工検査

仕上げを中心に、クリーニングの状態などを検査し、外壁やバルコニーなどは、足場解体前に竣工検査を行う。指摘事項は検査表にまとめ、引き渡しまでに是正工事を完了させる。塗膜付着強度やウレタン塗膜防水の膜厚試験、シーリングの引っ張り試験など物性試験も並行して行う。クリーニングが済み、施工者や監理者の検査後、バルコニーや玄関廻りなどを中心に、居住者に調査表を配布し確認を受ける。指摘個所は是正後、居住者の確認印をもらう。

管理組合に確認しながら進める

▲総合定例会議で、ビニル床シートの模様や色彩を確認

▲総合定例会議で鉄部塗装色を確認

▲管理組合による、足場解体前の検査風景

▲管理組合による、足場解体前の検査風景

▲外部廊下における、床防水下地の勾配調整の確認風景

▲管理組合による竣工検査風景

057

外壁改修の工事監理

躯体補修工事は、躯体の延命や仕上げの剥落防止など、重要な工事である

①下地調査

目視や打検により、タイルやモルタルの浮きやクラックを調査する。部分的に破壊調査を行い、躯体や下地の状態を確認しながら補修方法を確定する。

②マーキング検査

施工者が調査したマーキングや調査図をもとに、落ちがないか、マーキングは調査図通りか検査する。

③躯体補修工事の工事監理

工事中も浮きやクラックの補修方法が適切か、想定通りに注入材が充填されているか確認する。また、補修中に新たな不具合が見つかることもあり、適宜対応が求められる。

④実数精算

躯体補修工事の数量は、設計段階で設計者が調査に基づき数量を想定し、施工者が見積り、足場を組み調査し数量が確定した段階で精算する、実数精算方式が一般的である。

マーキング検査の結果を躯体補修図や数量表にまとめて実数精算の根拠とし、契約時の単価を用いて精算する。細かい作業と専門性が求められ、監理者は管理組合に代わり確認し報告する。

外壁塗装材の選択は、居住環境にも配慮する

①外壁塗装工事

外壁塗装工事は、美観回復や、躯体保護のために行われる。塗装材はシンナーで希釈する溶剤系と、水で希釈する水性系に大別されるが、マンション大規模修繕工事では居住環境への配慮から、水性系が採用されることが多い。

事前に既存塗膜の付着強度引張試験を行い、塗装の塗り重ねが可能か確認する。また、塗布量試験を行い、塗布量や希釈率を変えてパターンの付き方を試験施工する。結果は管理組合に報告し確認する。

監理は下塗・中塗・上塗など工程ごとに確認し、特に中塗と上塗が同材の場合は若干色を変えるなど、間違いがないよう工夫する。竣工検査ではムラやハネ、塗り残しなど仕上りを中心に検査を行う。

②鉄部塗装工事

鉄部塗装工事は美観回復と共に、鉄部など金属部分の表面を保護する。塗装材は防錆性能を優先し、溶剤系が多く使われる。監理のポイントは、下地処理が重要で、塗装前に錆や既存の脆弱塗膜のケレンがきちんと行われているか検査する。

躯体補修図と数量表

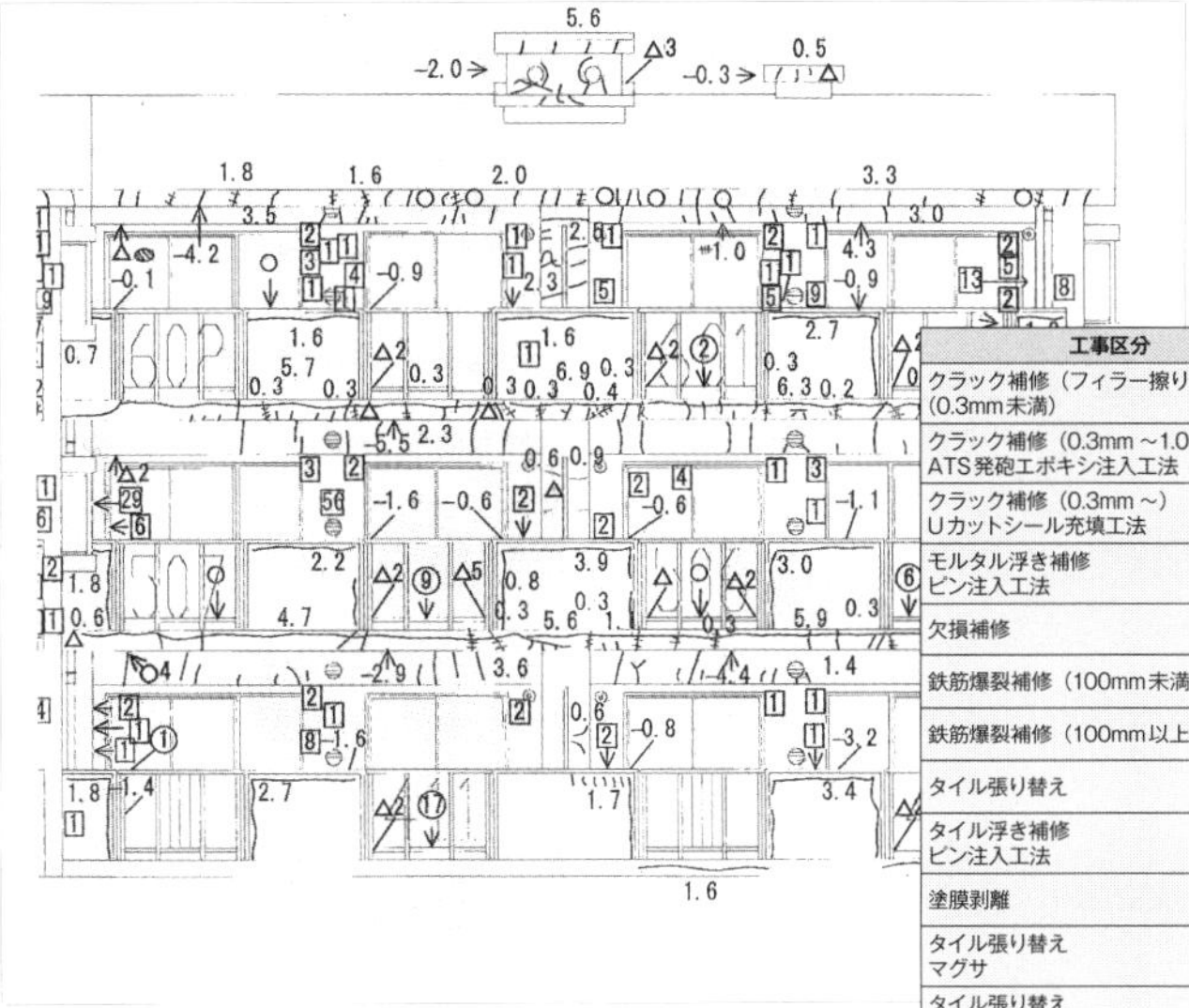

▲ 躯体補修図

工事区分		W棟	S棟	E棟	合計
クラック補修（フィラー擦り込み工法）(0.3mm未満)	― m	635m	5882m	1561m	7659m
クラック補修（0.3mm～1.0mm）ATS発砲エポキシ注入工法	― m	15.8m	200.4m	82.8m	299m
クラック補修（0.3mm～）Uカットシール充填工法	― m	33.8m	216.6m	74.1m	355m
モルタル浮き補修 ピン注入工法	㊅	93穴	536穴	38穴	672穴
欠損補修	△数	209個所	887個所	191個所	1307個所
鉄筋爆裂補修（100mm未満）	○数	41個所	621個所	420個所	1146個所
鉄筋爆裂補修（100mm以上）	○数	29個所	242個所	72個所	345個所
タイル張り替え	数	857枚	6817枚	2497枚	10500枚
タイル浮き補修 ピン注入工法	穴	98穴	2130穴	1229穴	3472穴
塗膜剥離	m	6.6㎡	24.9㎡	1.56㎡	36.16㎡
タイル張り替え マグサ	数	18枚	72枚	18枚	114枚
タイル張り替え マガリ	数	3枚	69枚	72枚	179枚

▲ 躯体補修数量表

下地調査

浮きやクラックの原因を確かめ、一つひとつ直し方を検討していく

◀ 外壁タイルの伸縮目地の脇に入ったクラック

▶ タイルクラック　目地位置確認
躯体の位置とタイルの伸縮目地が違っている

塗装における品質管理

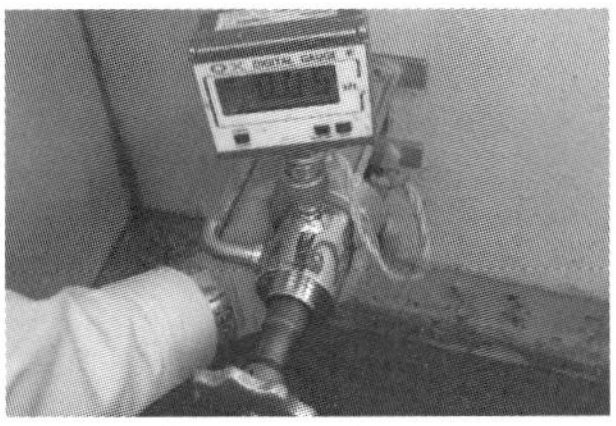

▲ 塗膜付着強度引張試験

▲ 材料受け入れ検査

▲ 空き缶検査

▲ 塗布量試験　塗布量や希釈率を変えてパターンの付き方を確認する

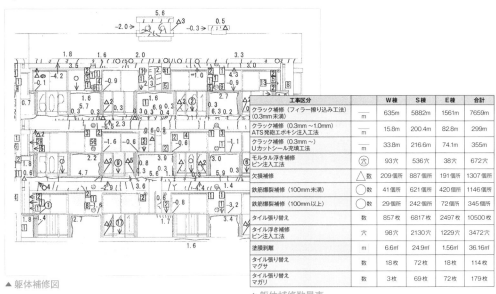

Chapter3

058

防水改修の監理

屋根防水の改修は工事中の漏水事故に注意する

屋根防水は、階下が屋内となる場所の防水で、屋上やルーフバルコニーなどの防水である。

工事監理は、工事中の漏水事故をいかに回避するかがポイントとなる。アスファルト露出防水をかぶせ工法で改修する場合、立上り防水層やドレイン廻りなど、既存防水層を部分的に撤去するが、このタイミングで漏水事故が起きやすい。回避するには、撤去部分はその日のうちに仮防水し、本防水までの期間を短くするために工区分けするなど、速やかな復旧を心がける。施工計画の段階で作業手順を確認し、工程・人員・資材搬入などを検討しておく。平場は既存防水層の劣化した部分を補修し、新たに防水層をかぶせる。事前に劣化した部分の防水や下地の状態、建築との納まりなど確認し検討する。検査は現場の進捗に合わせ、工程ごとに行う。

床防水の目的は、躯体の保護や漏水防止

床防水は、階下が屋外となる場所の防水で、外部廊下や屋外階段、バルコニーなどの防水である。新築では雨が吹き込む屋外と扱われ、美観上の目的で塗床やビニル床シートが敷かれていることが多い。大規模修繕など改修工事で行う床防水は、床のコンクリート保護や下階への漏水防止を目的に行う。防滑性長尺ビニル床シートとウレタン塗膜防水の複合防水工法や、歩行用の塗膜防水が採用されることが多い。工事に際し、いくつかの注意点がある。

①既存シート撤去時の騒音・粉塵

既存シートを剥がす際、剥離機でむしり取るように剥がすので、騒音・振動や粉塵が生じ、住民に我慢を強いて来た。近年静音型の剥離機が開発され、住民のストレス軽減が期待されている。

②外部廊下や屋外階段の通行人への影響

屋外階段は、迂回ルートが確保できれば通行止めにして施工する。外部廊下は床シートを張る際、半面ずつ張り、通行時だけ作業を止めることもできる。

③バルコニーの出入り禁止

いくつかの工程を踏んで進めるので、5日程度バルコニーへの出入りが出来なくなる。

④空調室外機の移動や取り外し

バルコニーや屋外廊下にある空調室外機置場の床など、空調室外機を浮かせたり移動しながら施工するが、状況により取り外す場合もある。

屋上防水

▲屋上防水材料受け入れ検査

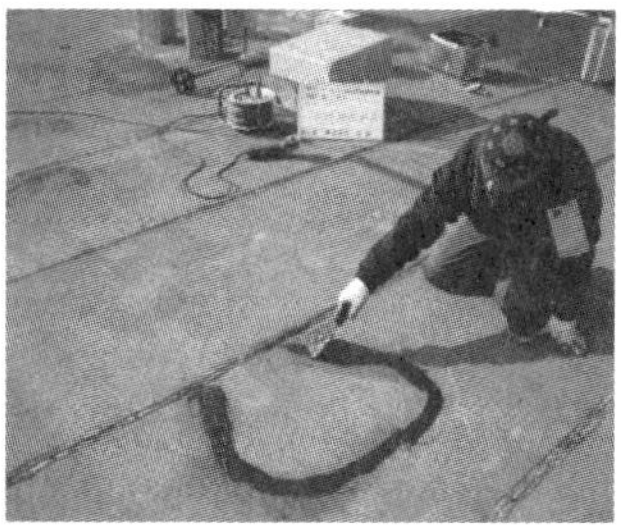
▲既存防水層補修

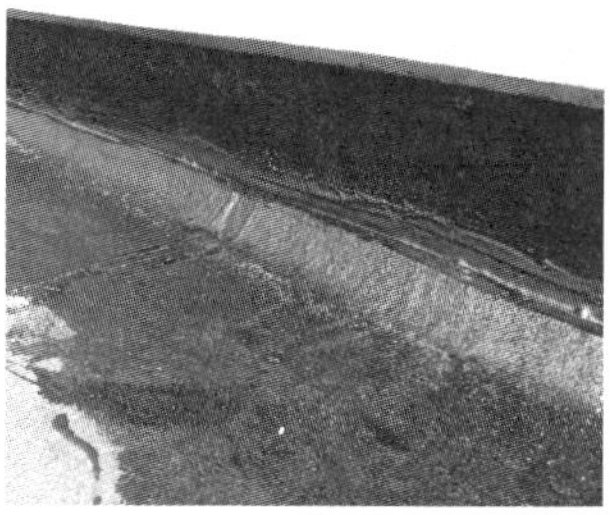
▲防水立上り撤去部分と仮防水

▲アスファルトプライマー塗布

▲改質アスファルト砂付ルーフィング

▲トップコート塗装後

床防水

▲外部廊下のスラブに入ったクラック

▲外部廊下の床　ウレタン塗膜防水

▲防滑性ビニル床シート張

シーリング

▲シーリング材受入検査

▲シーリング指触検査

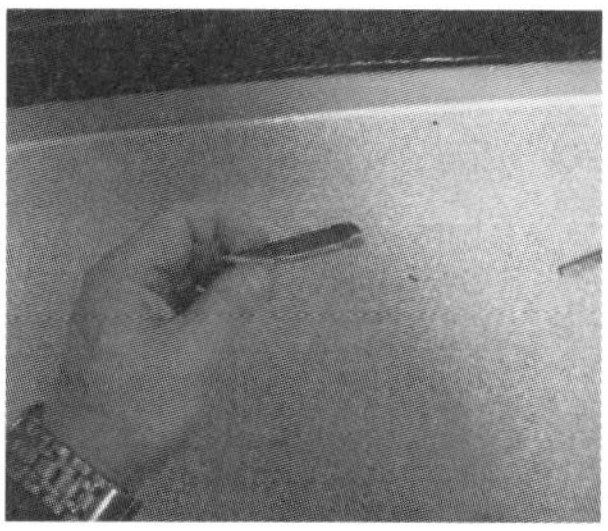
▲撤去しないで打増したシーリング

059

引き渡しとアフター点検

竣工図書は、マンションの修繕履歴として大切な書類

工事完了検査の準備と並行して、引き渡しの準備を進める。管理組合に引き渡し迄のスケジュールを確認すると共に、施工者に工事費の増減精算や竣工図書の準備を指示し、内容を確認する。

①工事費の増減精算

実数精算項目や設計変更など工事費の増減や精算金額は、総合定例会議などで管理組合にその都度報告するが、引き渡し前に最終確定し、請求時期や支払い方法など決める。

②竣工図書

仕様書や使用材料、メーカーリスト、工事保証書、工事記録写真など竣工図書は、後日不具合が生じた時や次回の大規模修繕の資料になり、マンションの修繕履歴として大切な書類である［左ページ表］。長期の保存に耐えられるファイルにまとめるとともに、電子データの提出も求める。監理者は、書類に漏れが無いか、保証書の日付に誤りが無いかなど、引き渡し前に内容を確認しておく。

③引渡し

工事完了後引き渡しを行う。引渡しは施工者から工事完了届けとともに、竣工図書を提出する。管理組合は工事完了届けを受け取り、工事費を支払う。

④工事監理報告書

監理者は、工事中の監理記録・連絡書・各種検査報告書など監理に伴う書類を工事監理報告書にまとめ管理組合に提出する。

保証期間に合わせてアフター点検を行う

保証期間に合わせてアフター点検を行う。保証期間の切れる項目を中心に点検し、不具合があれば品質保証に基づく補修工事を行う。

管理組合・施工者・監理者が、立ち入り可能な共用部分の点検を行う。立ち入りが難しいバルコニーなどは、調査票を配布し居住者に確認する。点検結果は施工者が報告書にまとめ管理組合に提出し、保証対象項目については無償で是正工事を行う。

アフター点検により、工事後の建物の状態を把握できる。また、管理組合は施工者や監理者など建築の専門家とともに建物を点検する。

自分たちの建物がどのような状態なのか専門家の説明を受けながら観察することで、劣化の進み具合も分かり、建物の維持管理に関心を持つ良い機会になる。

引き渡しにおける書類

1. 工事完了届
2. 工事完了確認書の写し
3. 工事費内訳書・工事費精算書
4. 工事保証書
5. 協力会社リスト
6. メーカーリスト
7. 使用材料一覧表（カタログ含む）
8. アフターサービス体制表
9. 取り扱い説明書
10. 色彩計画書、施工計画書
11. 下地補修図・数量表
12. 材料出荷証明書
13. 計画工程表、実施工程表
14. 下地補修施工図・調査図・各種施工図
15. 工事試験記録
16. 検査記録・完了確認書
17. 竣工図
18. 工事記録写真
19. 竣工写真
20. 仮設計画図
21. 打合せ議事録
22. 各種配付資料、アンケート
23. 工事日報、晴雨表
24. 工事連絡書

▲竣工図書リストの例

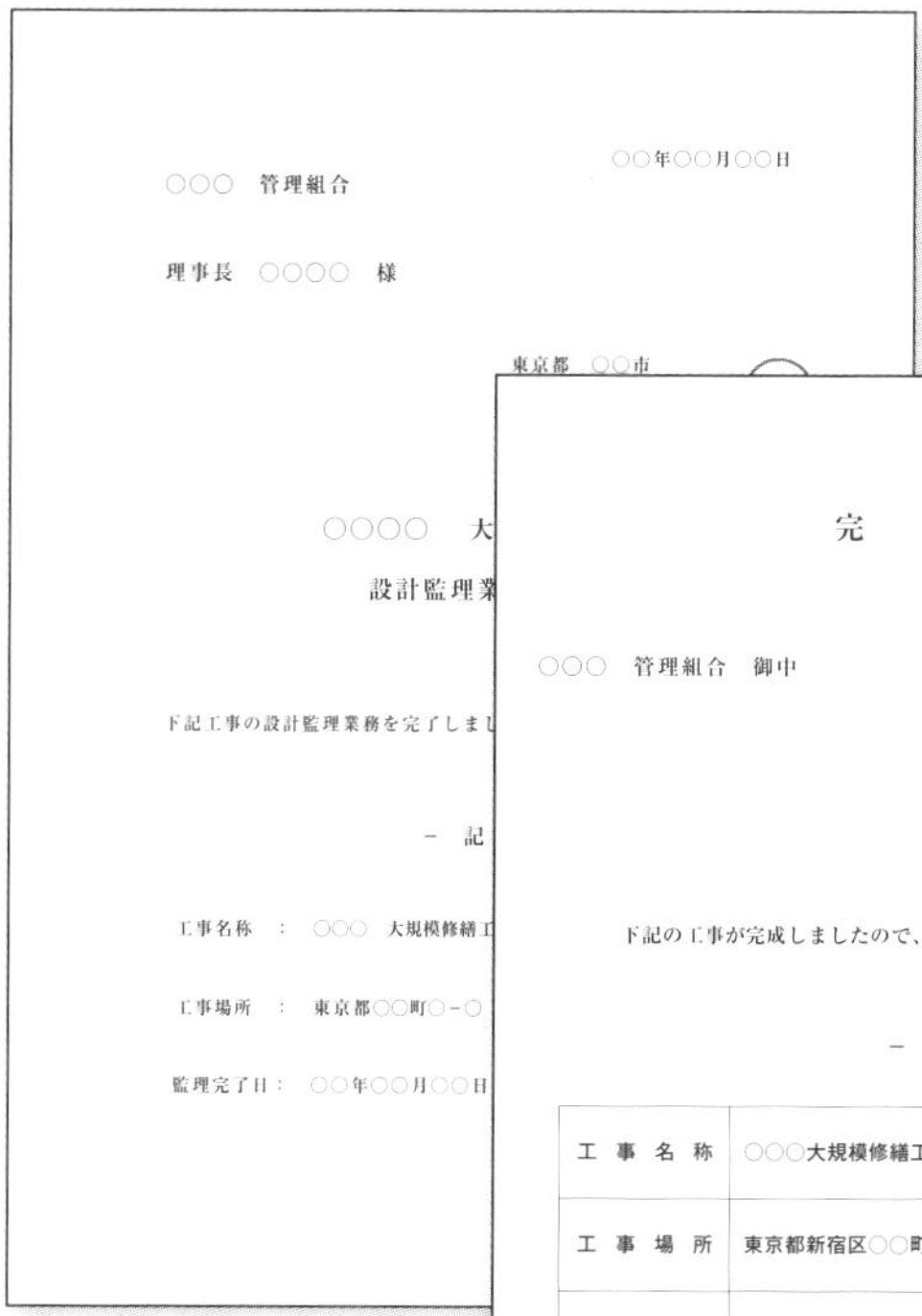
〇〇年〇〇月〇〇日

〇〇〇　管理組合

理事長　〇〇〇〇　様

東京都　〇〇市

〇〇〇〇　大

設計監理業

下記工事の設計監理業務を完了しまし

一　記

工事名称　：　〇〇〇　大規模修繕工

工事場所　：　東京都〇〇町〇－〇

監理完了日：　〇〇年〇〇月〇〇日

▲設計監理業務完了届

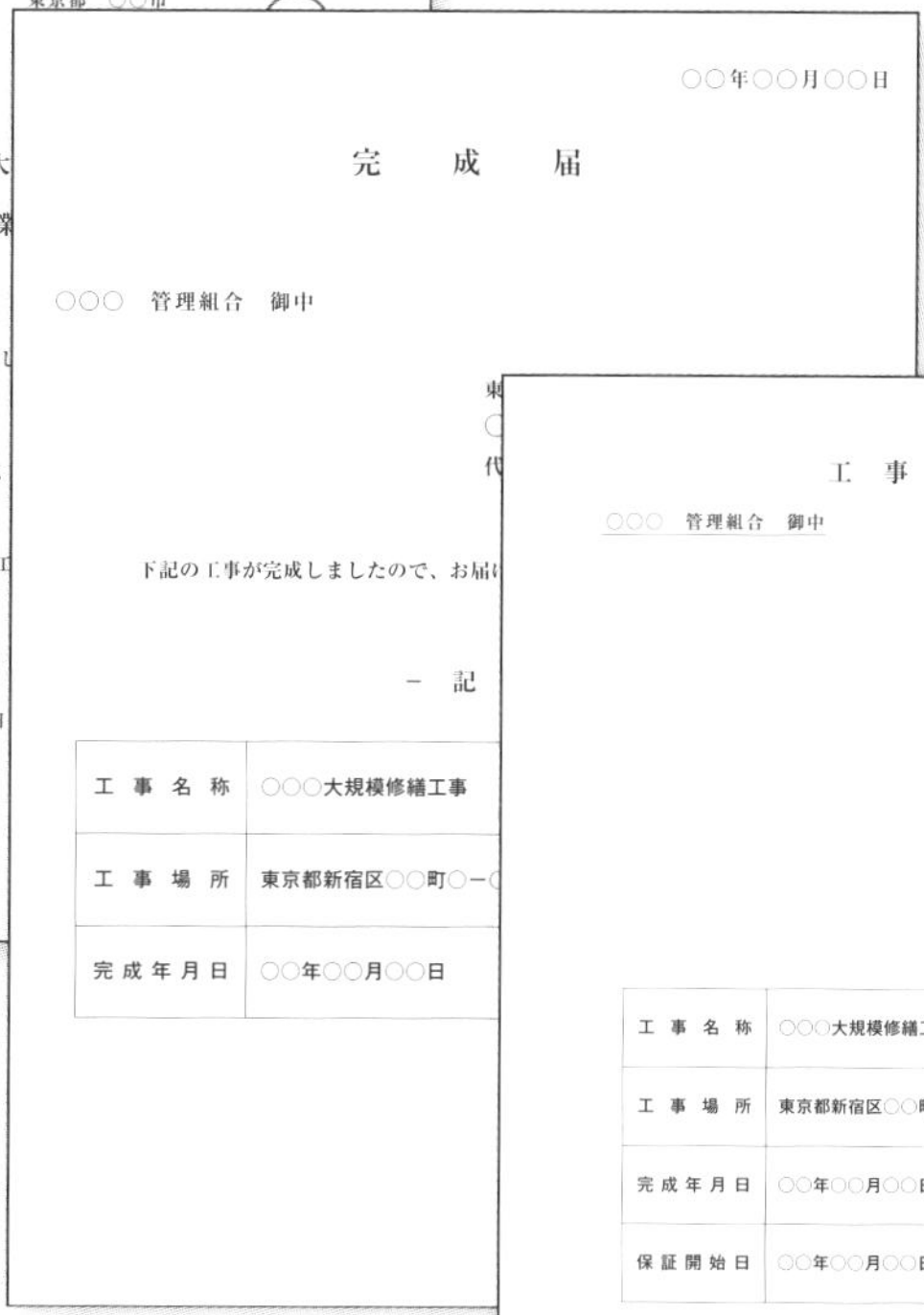
〇〇年〇〇月〇〇日

完　成　届

〇〇〇　管理組合　御中

下記の工事が完成しましたので、お届け

一　記

工 事 名 称	〇〇〇大規模修繕工事
工 事 場 所	東京都新宿区〇〇町〇－〇
完 成 年 月 日	〇〇年〇〇月〇〇日

▲工事完了届

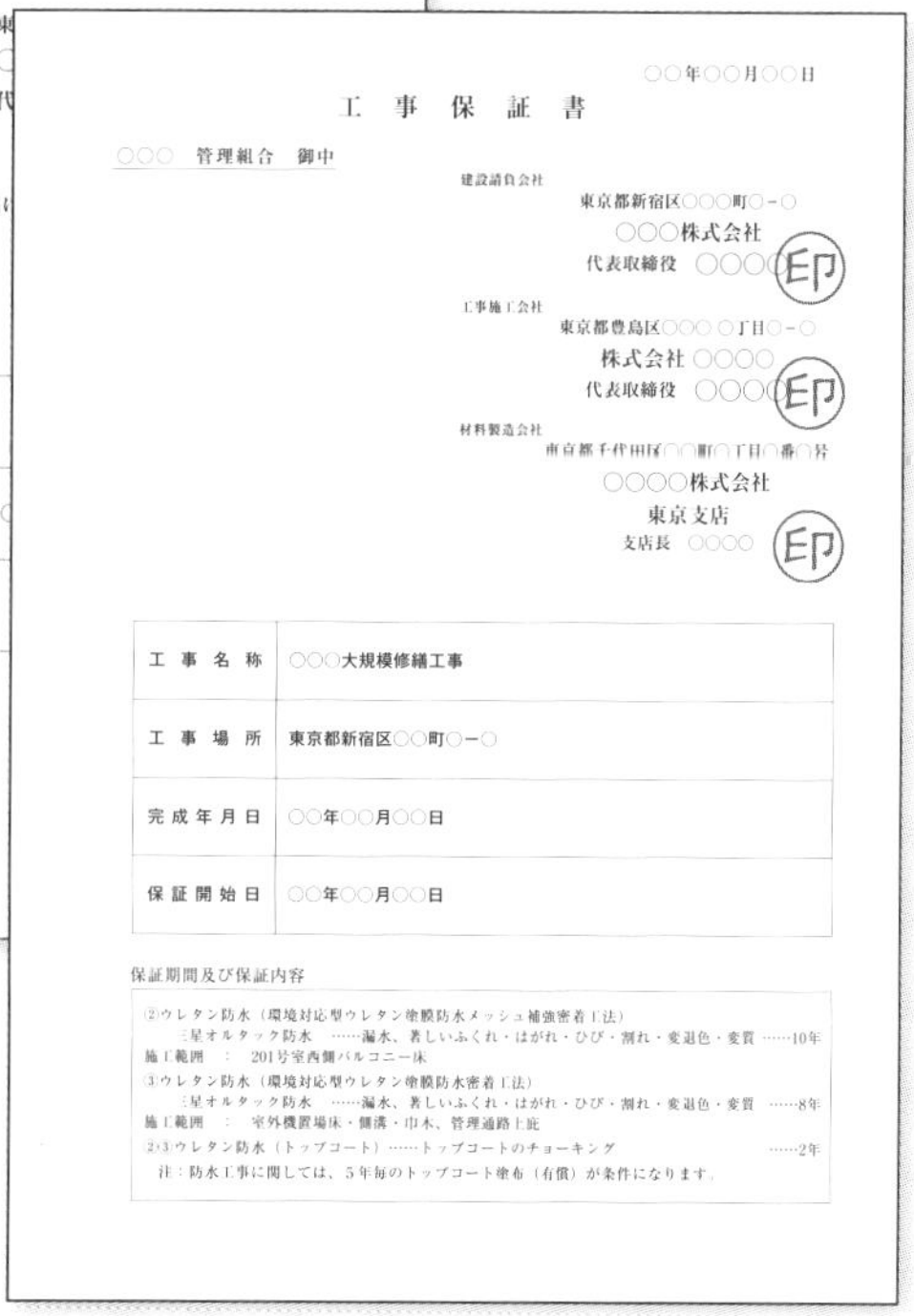
〇〇年〇〇月〇〇日

工　事　保　証　書

〇〇〇　管理組合　御中

建設請負会社
東京都新宿区〇〇〇町〇－〇
〇〇〇株式会社
代表取締役　〇〇〇〇　印

工事施工会社
東京都豊島区〇〇〇　〇丁目〇－〇
株式会社　〇〇〇〇
代表取締役　〇〇〇〇　印

材料製造会社
東京都千代田区〇〇町〇丁目〇番〇号
〇〇〇〇株式会社
東京支店
支店長　〇〇〇〇　印

工 事 名 称	〇〇〇大規模修繕工事
工 事 場 所	東京都新宿区〇〇町〇－〇
完 成 年 月 日	〇〇年〇〇月〇〇日
保 証 開 始 日	〇〇年〇〇月〇〇日

保証期間及び保証内容

②ウレタン防水（環境対応型ウレタン塗膜防水メッシュ補強密着工法）
三星オルタック防水　……漏水、著しいふくれ・はがれ・ひび・割れ・変退色・変質　……10年
施工範囲　：　201号室西側バルコニー床
③ウレタン防水（環境対応型ウレタン塗膜防水密着工法）
三星オルタック防水　……漏水、著しいふくれ・はがれ・ひび・割れ・変退色・変質　……8年
施工範囲　：　室外機置場床・側溝・巾木、管理通路上庇
②③ウレタン防水（トップコート）……トップコートのチョーキング　……2年
注：防水工事に関しては、5年毎のトップコート塗布（有償）が条件になります。

▲工事保証書

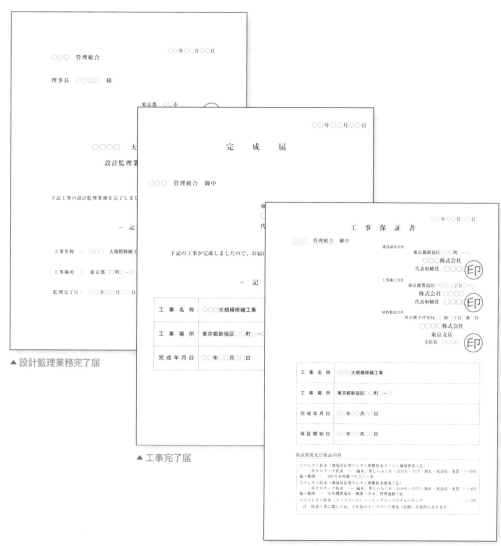

column 03

エレベーター改修と既存不適格の解消

—安全なエレベーターに乗り続けるために—

過去の事故や災害により、建築基準法をはじめさまざまな法令が改正されてきた。エレベーターの設置基準も、最近では2009年と'14年に改正されている。[表]

'05年千葉県北西部地震で約6万4千台のエレベーターが運転休止し、一部で閉じ込めが発生した。この事故を受け、'09年耐震指針では予備電源付き地震時管制運転装置の設置が義務付けられ、ロープの外れ止め対策など追加された。当時の東京都リーフレット（エレベーターの閉じ込め防止対策）によると、'11年東日本大震災において、'09年耐震指針に適合しているエレベーターで閉じ込めはなく、それ以前のエレベーターで65件の閉じ込めが発生した。'09年耐震指針に適合させることにより、閉じ込めに対する安全性を高めることができるとされている。

エレベーター改修時の問題点

建築基準法等の改正により、新たに設置されるエレベーターは改正された法の適用を受けるが、既に設置されているエレベーターについては、既存不適格と呼ばれ、是正しなくても使い続ける事ができる。これは、法改正を円滑にするためにやむを得ない措置ではあるが、問題はエレベーター改修時にも、確認申請が不要な制御リニューアル工法等で改修した場合、改正された基準を適用せずに改修できる。結果として、20年以上前の建設時の安全基準のまま、改修工事後も20年以上使い続ける事になり、法改正の理由を考えれば心配である。メーカーや建築士など専門家は、法令は最低限の基準を定めたもので、その最低限の安全基準さえ満たしていないエレベーターに乗っているリスクは住民にある事を管理組合に伝え、エレベーターを改修する機会に既存不適格の解消に努めるべきである。

事故			法改正	
2005年	千葉県北西部地震	エレベーターの閉じ込め事故	2009年	地震時管制運転装置の設置義務付け
				ロープの外れ止め対策強化など安全技術基準の明確化
2006年	港区の公共賃貸住宅	戸開走行死亡事故		戸開走行保護装置の設置義務付け
2011年	東日本大震災	つり合おもりの落下事故	2014年	つり合おもりの耐震対策

Chapter 4

大規模修繕の各種工事

Chapter 4

060

共通仮設工事

共通仮設施設は、工事を円滑に進めるための重要な施設。居住者とのコミュニケーション窓口

工事の実施に先立ち、現場事務所、作業員詰所、資材置場、仮設倉庫・トイレ、道具洗い場などを設営する。現場敷地内に十分な設営スペースが確保できない場合には、マンション内の集会室やエントランスなどの一部を使用したり、空住戸や近隣のマンションを賃貸したりする場合もある。現場事務所内には、机、いす、電話・ファクシミリ、コピー機などの事務用品が用意される。最近はパソコンや電子メールの普及に伴い、インターネット設備の導入も一般化している。

マンションの改修工事は人が住まいながらの工事であることから、居住者の日常生活への配慮が、特に必要である。工事の進捗状況や、洗濯物を干せるかどうかの情報などを案内するための工事用掲示板を、エントランスなどに設置する。在宅が必要となる工事の案内や、作業に伴うバルコニーの使用制限に関するお知らせは、各戸にチラシとして配布される。

工事で使用する電力や水、排水処理、各所の養生、発生材の処分、必要となる各種届出など忘れずに

工事用機器類で使用する電力は、共用電源に余裕があれば、共用部の電源コンセントから、ブレーカー付きコンセントを使用して借用する。共用電源の容量が少ない場合や、工事用電力として借用できない場合には、外部から工事用臨時契約により、直接引き込む。その場合、仮設配線・仮設盤の保安対策を適切に講ずる必要がある。また、発電機などを使用する場合もある。

高圧水洗浄工事、水溶性塗料の希釈、道具・手洗い場、仮設トイレなどで使用する水は、共用水栓から供給するのが一般的である。仮設トイレは水洗式で、道具・手洗い場は二段積みにした沈殿層付きとして、上澄みを排出する。溶剤などの薬物、廃液、塗料カスなどを下水に放流してはならないし、工事排水に関して、所轄の官公署と事前相談が必要になる場合もある。いずれにしろ、電気・水道ともに無償提供とするか、有償（仮設メーターの取り付け、過去の同月使用量との差により精算など）とするか、精算方法を明確にしておく。

そのほか、警備員・交通誘導員の配置、各所の養生、発生材の処分、足場設置の届出、道路使用・占用許可の申請、景観条例に関する色彩変更届けなどが必要となる。

共通仮設施設などの例

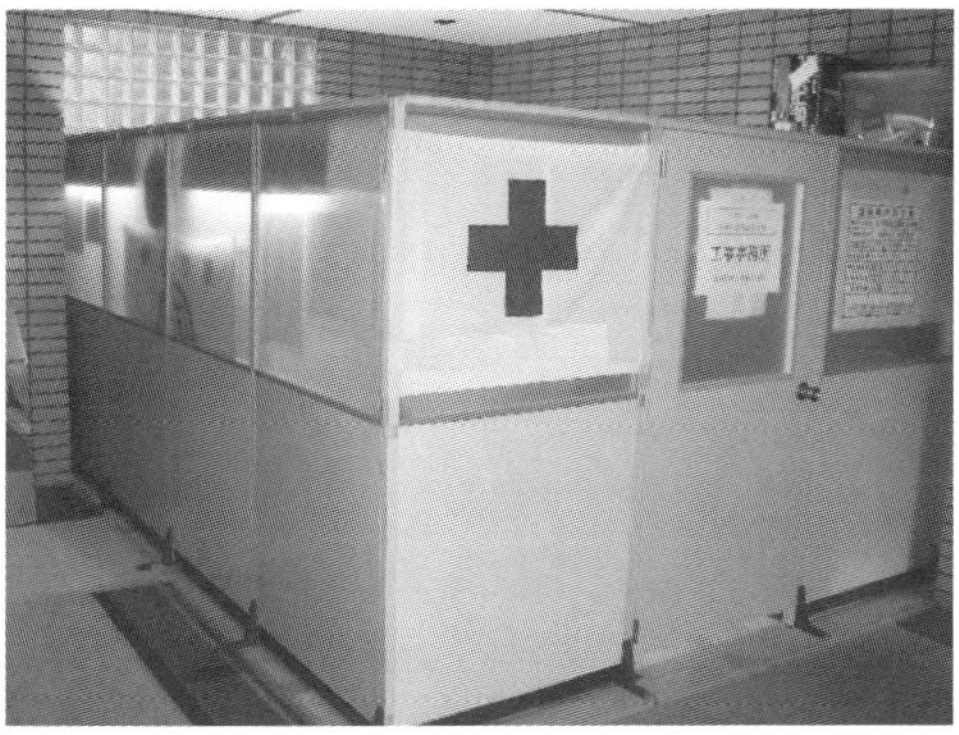

▲エントランスの一部を仕切って現場事務所とした例

▲仮設ハウスによる2階建て現場事務所の例

▲道具・手洗い場（沈殿槽付き排水設備）

▲資材倉庫・仮設水洗トイレ

▲工事用掲示板とポスト

▲駐車車両へのビニール養生

061

直接仮設工事

一定の施工品質と施工時の安全性を確保するためには、適切な仮設足場が必要

建物外部の補修や仕上げの精度、品質をしっかり確保し、補修材や塗料などの飛散防止や、安全な作業を行うためには、適切な仮設足場が必要である。一般の中高層マンションにおける大規模修繕工事で使用される足場材は、枠組み足場が主流である。エントランスや駐車場の出入口など、支柱の足元となる個所に大きな開口部がある場合などは、梁枠を用いたり、開口部上部の壁面にブラケットを固定して足場材を組み上げたりするなどの処置をとる。

そのほか、クサビ緊結式足場、ゴンドラ（単体式、連結式）、移動昇降式足場、ローリングタワー足場などを採用する場合もある。

足場周囲には、危険防止や塗料の飛散防止、作業員の安全確保のためメッシュシートによる養生を行う。メッシュシートは、以前は清浄で白色とするのが一般的であった。最近は、室内からの透視性に優れ、圧迫感が緩和されるとのことで、黒色を採用する事例が多くなっている。

出入口などへの安全養生や、足場からの侵入防止対策として、1階廻りへの鋼製メッシュフェンスを取り付けたり、センサーライトの設置や、赤外線センサーによるセキュリティシステムを付加するなどの処置も採用されている。

仮設資材の搬入・搬出などに移動式クレーンを使用する場合があるが、設置位置や移動経路下の舗装・路盤、地下埋設物、マンホールなどを損傷させないように、十分注意しなければならない。

仮設足場の設置に伴い、障害となる樹木・植栽などの処置、居住者の私物の片付け

建物に隣接する樹木や植栽は、仮設足場を設置する際に支障となることが多い。おおむね、建物の外周面から1m程度の範囲にある樹木・植栽は、剪定や伐採、移植などの処置が必要となる。樹木・植栽の処置方法は、工事前に管理組合や専用庭使用者と現地を確認して、了承を得ておかなければならない。

バルコニーや専用庭などに置かれている各居住者の物品類は、原則として工事中は、各居住者の責任と負担で片付ける必要がある。敷地に余裕がある場合には、植木鉢などの仮置き場を設ける場合がある。ただし、植木への水遣りや物品の管理は、所有者の責任であることの周知が必要である。

仮設足場などの例

▲メッシュシートによる飛散・落下防止養生

▲ブラケット上部に足場材を組み立て

▲エントランスなどの大きな開口部には梁枠を使用して通行できるよう処置

▲バルコニー内の植木鉢・物品仮置き場

▲建物外周への仮設足場の組み立て

▲一般的な鋼製枠組み足場

▲　ゴンドラ吊り足場の例

062

洗浄・剥離工事

蓄積した汚れや脆弱化した仕上げ材を除去する。適切な補修や仕上がりを左右する大切な工程

躯体補修や再仕上げに先立ち、外壁・天井の表面に付着した汚れや、脆弱化した仕上げ材の除去、躯体の劣化部分を顕在化させるために、洗浄・剥離工事を行う。躯体の適切な補修、および美装的な仕上がりの良否に影響を与える、大変重要な作業である。

洗浄・剥離方法としては、高圧水洗浄工法の採用が一般的である。以前は仕上げ材の表層を洗い流す程度であったが、洗浄・剥離工事の重要性が認識されてきた現在は、水圧30Mpa以上の水圧で行われている。

また、通常は水道水程度の水温で行うが、洗浄・剥離効果を高めるために70～80℃程度の温水を使用する場合もある。

水圧や水温以外にも、水量や作業スピード、対象部位からのノズルの距離やノズル形状などによっても、効果に差異がある（項目039参照）。

高圧水以外の洗浄・剥離工法。仕様部位や作業効率、目的に応じて方法を選択する

高圧水洗浄のほかにも、機械工具や剥離材を使用する工法などがある。機械工具による工法は、漏水が心配される部位で用いたり、小さい面積での効率が高い。一方、広い面積では作業効率が低く、振動や粉塵の発生など生活面への影響が大きい傾向にある。

剥離剤による塗膜の除去では、塗材の種類により剥離効果が十分に発揮されない場合があり、作業に伴う人体への影響、環境や廃材の処分などにも留意しなければならない。

その他、外壁仕上塗材に石綿が含有している場合、各種作業に際して、石綿の飛散防止対策が必要となる（項目035参照）。

陶磁器質タイル面に蓄積した汚れの除去。必要以上にタイル表面を傷めないよう、注意が必要

建物の外壁を陶磁器質タイルで仕上げている場合には、弱酸性薬剤によりタイルのクリーニングを行うのが一般化している。経年に伴いタイル表面に蓄積した汚れを除去し、美観の回復を図る。

ただし、使用する薬剤によってタイル表面に焼けなどが生じたり、付近のアルミ部材（サッシ・手摺）やガラスの表面を薬品により損傷させたりしまう恐れもある。

事前の試験施工により効果を確認するとともに、養生・施工方法に十分な注意が必要である。

洗浄・剥離の方法

▲高圧水洗浄車と圧力ゲージ

▲高圧水洗浄によるケレン・洗浄作業

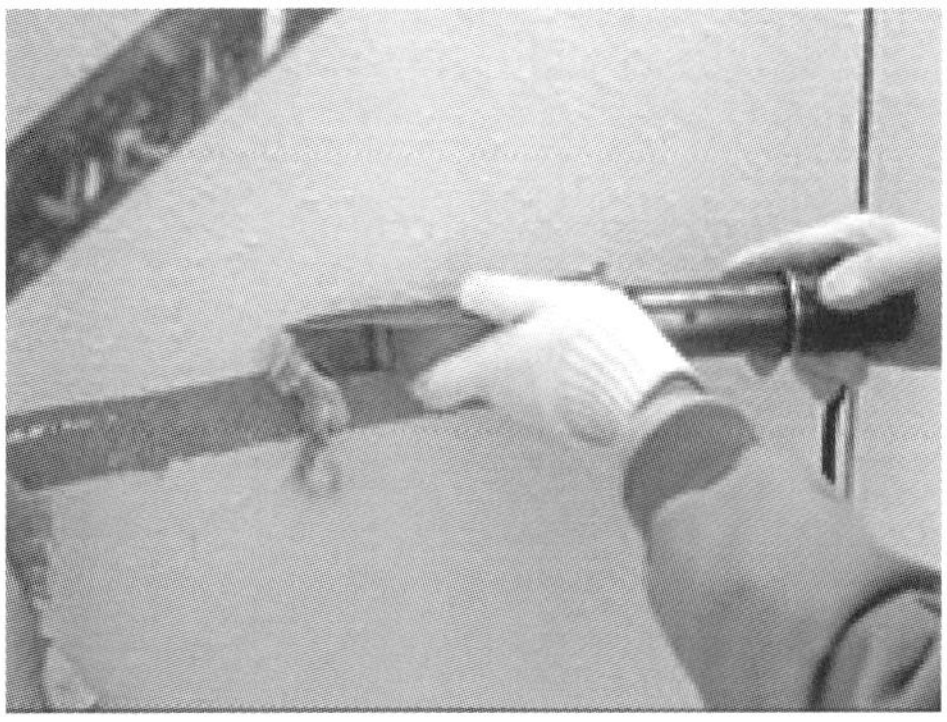

▲超音波ハクリ機械による塗膜の除去

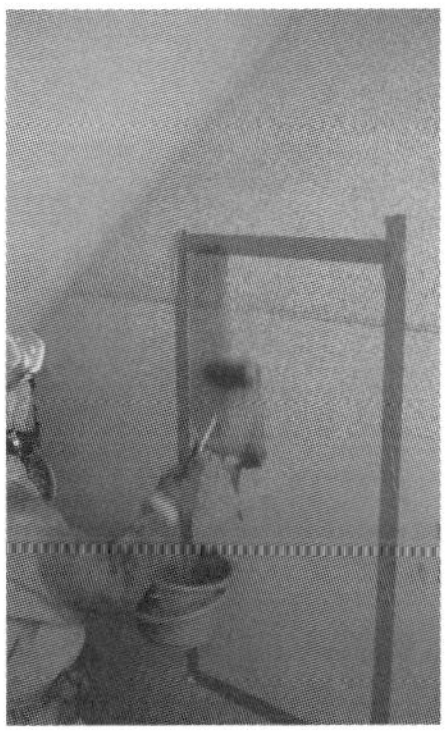

▲剥離剤の塗布作業

▲剥離剤を塗布した塗膜の除去作業

▲磁器質タイルの薬剤クリーニング

▲ケレン棒による既存塗膜の剥離作業

063

躯体補修工事

躯体や下地の劣化・損傷個所を適切に補修することで、建物の安全性・耐久性を維持する

仮設足場の設置が完了した後に建物全体を調査し、躯体や下地の劣化部分を、所定の補修処置方法ごとにマーカーやテープを用いてマーキングを行う。

コンクリート内部の鉄筋が発錆してひび割れや浮き、欠落している個所は、周辺コンクリートを十分に除去し、鉄筋の錆落としと防錆処理、ならびにコンクリートの中性化抑止措置をしたうえで、ポリマーセメントモルタルなどの補修材で埋め戻して修復する。

コンクリート内部の鉄筋発錆は、空気中の二酸化炭素の影響によるコンクリートの中性化と密接に関連するが、表層部の補修だけでは鉄筋のかぶり厚さ（コンクリート内部への鉄筋の埋め込み深さ）が十分に確保できない場合には、構造的に重要でない部分の鉄筋を除去することもある。

コンクリート躯体のジャンカ、巣穴、木片などの部分は、不良部分を除去した後、コンクリートの中性化抑止措置をしたうえで、ポリマーセメントモルタルなどで埋め戻して修復する。

ひび割れや浮き部の補修は、発生個所、発生要因、性質により、適切な補修方法を選択する

コンクリート躯体に生じたひび割れは、表面仕上げ材を改修することにより一時的には見えなくなるものの、数年後に同様の個所に再発することが少なくない。

一般に、ひび割れの幅が0.2～0.3㎜未満の微細なものは、ペースト状のポリマーセメントモルタルなどを擦り込む「フィラー処理」、幅0.2～0.3㎜以上の場合は、低粘度のエポキシ樹脂を低圧カートリッジによりひび割れ内部に注入する「低圧注入処理」、挙動性があり内部への水の浸入の恐れのある場合は、ひび割れをU型にカットし、カットした溝底にシーリング材を充填したうえでポリマーセメントモルタルなどを塗り込み周辺になじませる「Uカットシーリング処理」で対応する。

コンクリート躯体の上に施された下地モルタル層や形を整えるためにつくられた成形モルタルの浮き個所は、エポキシ樹脂の注入やアンカーピンニング処理（エポキシ樹脂注入とステンレスピン挿入の併用）によりコンクリート躯体とモルタル層の緊結を図る。浮きが著しい場合は、モルタル層を斫り取り、ポリマーセメントモルタルなどで復元する。

躯体劣化部分の補修工事

▲鉄筋の防錆処理

▲錆びた鉄筋の斫り出し

鉄筋発錆部分の補修

鉄筋の発錆が確認された個所は、周辺の脆弱なコンクリートを斫り取り、錆を除去して防錆処理したうえで、ポリマーセメントモルタルで埋め戻す

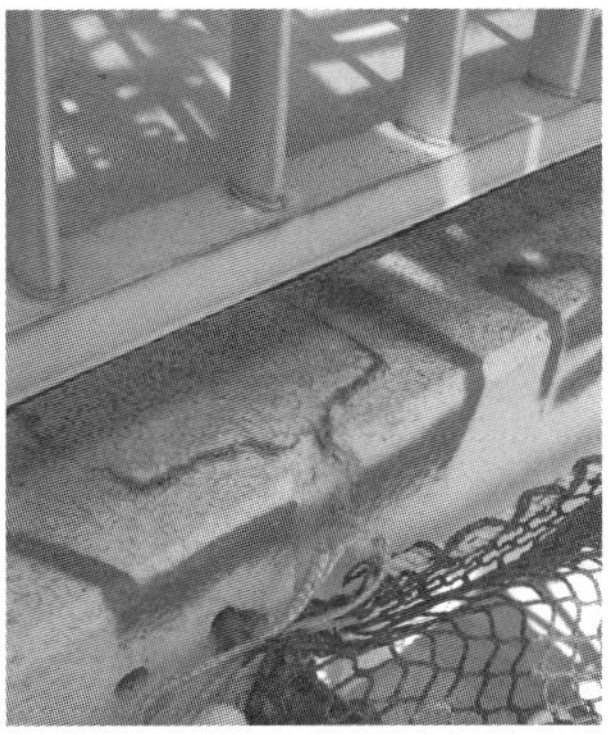

▲躯体劣化個所のマーキング

▲Uカットシーリング処理

幅0.2～0.3mm以上のひび割れに適用し、水の浸入防止を図る

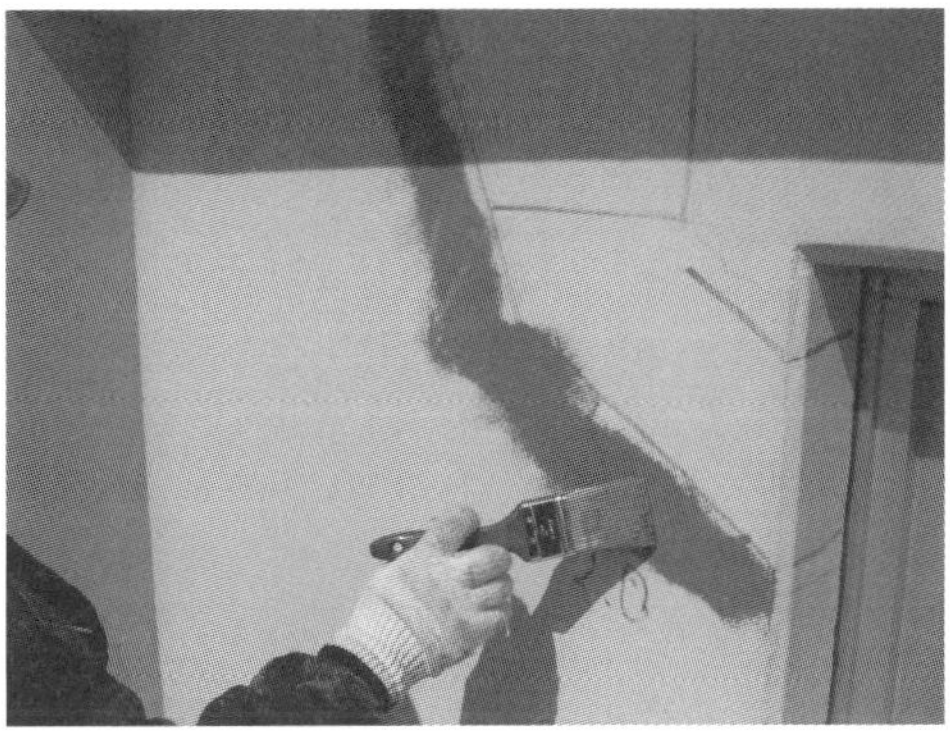

▲フィラー処理

幅0.2mm未満の微細なひび割れに適用する

▲モルタルなどの浮き部分の補修（再形成による補修）

コンクリートの上に施されたモルタル層に浮きのある個所は、エポキシ樹脂を注入して浮きを止めたり、モルタルが浮いている部分を除去して、新たにポリマーセメントモルタルで復元するなどの補修を行う

▲エポキシ樹脂注入処理

幅0.2mm以上のひび割れで、補修跡が意匠的に目立つ可能性のある個所はエポキシ樹脂を充填して補修する

064

タイル補修工事

耐久性や意匠性の高いタイルであっても、剥落などの危険が生じないよう、適切な補修が必要

タイルには、建物の経年や外部環境の影響、施工時の不備などを要因として、ひび割れや浮きが生じることが少なくない。さらにそれが進行すると、タイルが剥落するなどの危険性が高まる。いずれにしろ、目視や部分的な打検だけではタイルの浮き状態を正確に把握することはできない。大規模修繕工事時には、ひび割れ状態をチェックするとともに、全面的な打検によりタイルの浮き状態を精査して補修が必要な個所を確定することになる。

なお、タイルの浮き状態の調査に際しては、タイル陶片の浮きか、タイルの下地モルタル層の浮きかを判断する必要がある。

タイルの補修方法は、新たなタイルによる「張り替え」と、エポキシ樹脂の注入などによる「再接着」に大別される。

ひび割れているタイルや、タイル陶片に浮きが生じている場合は、既存のタイルを撤去して張り替えることが原則となる。

タイルの下地モルタル層とコンクリート躯体との間で、浮きが生じている場合は、エポキシ樹脂とステンレスピンの併用による再接着処理を採用することが可能である。広範囲でタイルの下地モルタル層に浮きがあり、張り替えを行う際には、150Mpaを超えるような超高圧水により、コンクリート躯体の目粗らしを行う場合がある。そのほか、タイルの表面に特殊繊維ネットとピンにより、補強下地層を構築した上に新たな仕上げを施し、タイルの落下を防止する補修工法も開発されている。

タイル目地の欠損や劣化部分は、新たな目地材を詰めて補修する。タイルおよびタイル目地の補修をしたうえで、タイルの表面やタイル目地部分にコーティング材や光触媒を塗布する場合もある。

タイルの補修跡が目立たないように、補修用タイルを作成する際には複数回の試し焼きを

タイルの張り替えに際しては、建物に使用されている既存のタイルが十分に保管されていない場合が少なくない。形状・色彩・質感の近似した、市販のタイルで対応したり、補修用タイルとして既存タイルに近似したタイルを新たに焼成する。

補修に用いたタイルの色違いによる補修跡が、外観を損なわないよう、タイルの試し焼きを複数回行い、既存のタイルの質感や色合いにできるだけ近づける努力が必要とされる。

タイルの張り替え、浮き補修工事

▲タイル浮き部分を撤去した状態

▲タイル浮き部分の調査・マーキング

▲タイルの張り付け作業

▲タイル張り付けモルタルの塗り付け

▲下地コンクリート表面の超高圧水による目粗し

▲タイル浮き部のエポキシ樹脂注入処理

Chapter 4

065

外壁などの塗装工事

塗装による美観の回復と維持。塗装仕様の選択は、現状と将来を配慮した検討が必要

外壁や天井の塗替えに際しては、既存塗材の状態を把握したうえで、将来の再塗り替えも念頭において塗装仕様を検討する。特に2回目以降の塗り替えでは、新築時に施された塗材の状態のみならず、過去の塗り替え時に採用された塗材についても十分に把握しておくことが大切である。

ちなみに、既存仕上塗材の付着強度として0.5～0.7N／m㎡以上の数値があれば、新たな塗材を塗り重ねても問題は少ないとされる。これ以下の付着強度の場合は、既存の塗膜の除去を検討する必要が生じる。

しかしながら、実際の建物には健在な付着状態にある個所と、脆弱化した個所が混在しており、部分的な試験結果だけで判断するには限界がある。経過年数や過去の塗り替え履歴などを踏まえて外壁廻りの全体的な劣化度合いを考慮し、既存塗材の処理方法を慎重に判断する必要がある。

外壁などの仕上塗材には、さまざま種類があり、選択肢も多く、色彩計画の自由度も高い

外壁などの仕上塗材は、主材とよばれる基層部の上に仕上層となるトップコートを塗り重ねる「複層塗材」と、主材だけで仕上げる「単層塗材」に分類される。近年は仕上げパターンやテクスチャーが豊富で、色彩や光沢の自由度などの点から、複層塗材を採用する例が多い。

塗材を構成する材料は、合成樹脂を主体に塗膜を形成する「有機系」と、セメントを主成分とする「無機系」に、大きくは区分される。塗材の表面仕上げ層となるトップコートは色彩を自由に選択することができ、樹脂成分により「アクリル系」「ウレタン系」「アクリルシリコン系」「フッソ系」などの種類に分かれる。また、それぞれにシンナーで希釈する溶剤系のものと、清水で希釈する水溶性がある。マンションの大規模修繕工事では臭気や環境の問題から、一般に水溶性、あるいは弱溶剤系が採用される。

建物外観の色彩計画は、新築時の色彩を踏襲する場合と、新たな色彩に変更する場合がある。外観の色彩を大幅に変更する際には、居住者への意見聴取なども必要となる。

なお、近年は景観条例の施行に関連して、地域により採用できる色調・明度・彩度に制限が設けられ、変更に伴い、届出を必要とする場合がある。

外壁などの塗装工事

▲既存塗膜脆弱部の剥離

▲既存塗膜の付着強度試験

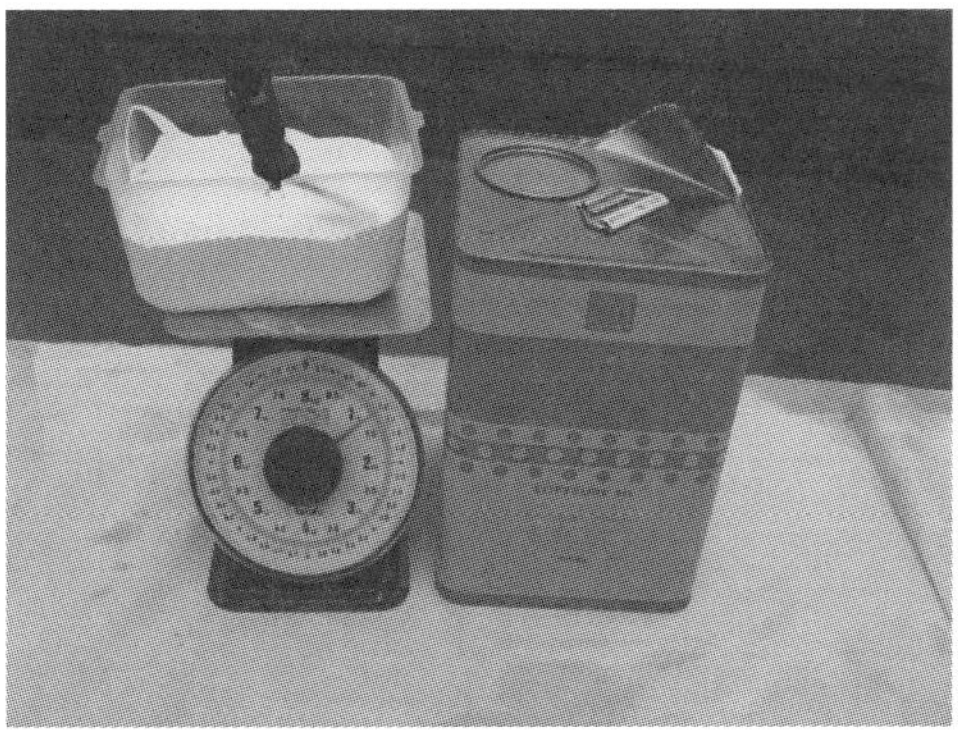

▲外壁塗材の試験施工塗り（塗布量の計量チェック）

▲外壁塗材の試験施工塗り

▲外装の塗り替え色彩計画の提案掲示

▲外壁面への塗装作業

Chapter 4

066

鉄部などの塗装工事

鉄部の塗り替えは、ケレン、下塗り、中塗り、上塗りの4工程が基本

鉄部などの塗り替えは、一般に5～6年程度で実施するのが望ましいとされる。しかしながら、対象部位の環境条件によって、実際に塗り替えを必要とする時期は変化する。

近年は塗料の耐候性も向上しており、塗り替えの周期が長くなる傾向にある。ただし、本来、錆が発生してから後での実施では遅く、塗装表面にチョーキング現象（塗装面の表層樹脂が劣化し、塗料中の顔料がチョークのような粉状になる現象）が見られるようであれば、塗り替えの時期を迎えていると判断するのが望ましい。

鉄部の塗り替えは、「ケレン」「下塗り」「中塗り」「上塗り」の4工程を基本とする。

錆の発生予防や塗装面との付着性を考慮した下塗材と、優れた耐候性と色・ツヤなど美装性を目的とした上塗材を塗り重ねる仕様が一般的で、いずれも有機溶剤（通称：シンナー）で希釈するものが多い。

最近は、変性エポキシ系プライマーを下塗りの錆止め剤として採用し、中塗り・上塗り塗料としては、以前は合成樹脂調合ペイントを使用することが多かったが、現在は弱溶剤型のポリウレタン樹脂塗料やアクリルシリコン樹脂塗料が一般に用いられる。塗膜の耐候性をより求められる場合は、フッ素樹脂塗料を採用する場合もある。

施工方法としては、一般に入り組んだ部分は刷毛塗り、広い面はローラー塗りとする。美装性が要求される場合は、スプレーガンによる吹付け工法が採用される。

塗装作業に先立つ「ケレン（錆落とし）」の工程が特に重要で、耐久性や仕上がりの良否を決める

鉄部の塗り替えで特に重要なのはケレン作業（錆落とし）である。耐久性や塗装後の仕上がり感の良否はケレンの程度が大きく影響する。

塗装面の傷・錆・汚れなどの付着物を皮スキ、ワイヤーブラシ、サンドペーパー、ディスクサンダーなどを使用して除去し、塗料の密着性や仕上がり感を高める。

旧塗膜の状態では、第1種から第4種ケレンまで仕様が決められているが、通常の塗り替えでは第3種・第4種ケレンとするのが一般的である。

なお、塗装後に不具合が発生しないよう、事前にシンナー拭きを行ったり、試験塗装したりすることも必要となる。

鉄部の塗装工事

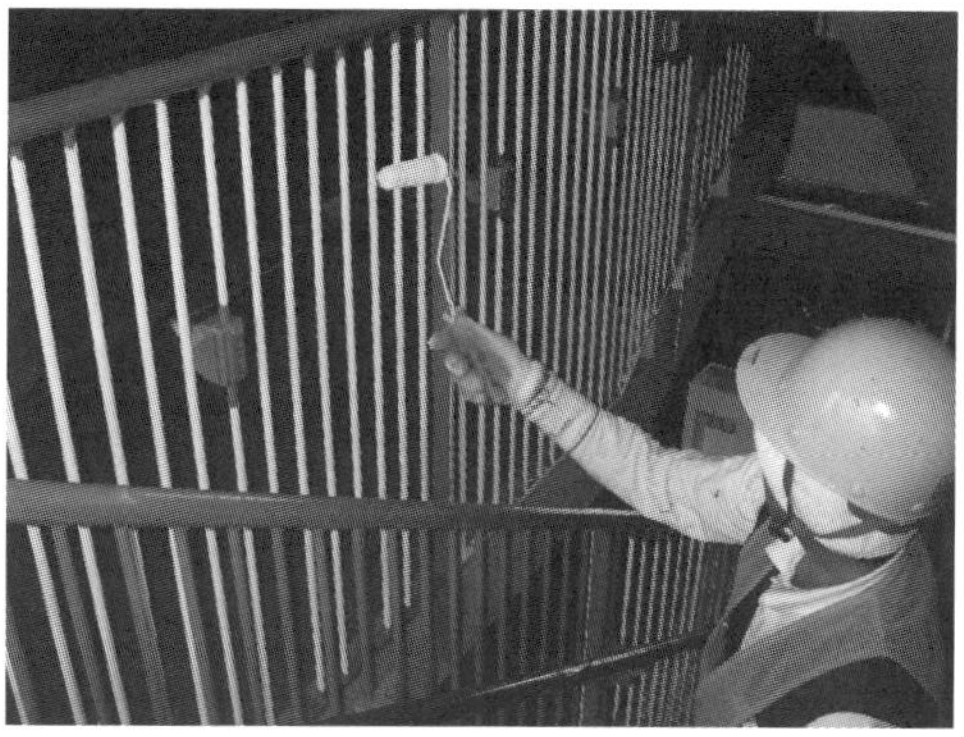
▲階段格子手摺の塗装

▲メーターボックス扉の塗装

▲扉を取り外しての既存塗膜の剥離作業

▲玄関扉のスプレーガンによる吹付塗装

ケレンの種別

種　別	処 理 の 程 度	作業方法・使用器具
第1種ケレン	表面の黒皮、錆、塗膜を十分に除去し、正常な金属面とする（金属光沢の鉄の地肌を完全にだす）	ブラスト法
第2種ケレン	錆、塗膜を除去し、鋼面を露出させる。ただし、くぼみ部分や狭隘部分には塗膜が残存する	ディスクサンダー、ワイヤーホイルなどの動力工具と手工具の併用
第3種ケレン	錆、劣化塗膜を除去し、鋼面を露出させる。ただし、劣化していない塗膜（活膜）は残す	同上
第4種ケレン	粉化物および付着物を落し、活膜を残す	同上

監修「国土交通省大臣官房官庁営繕部」／編集・発行「財団法人 建築保全センター」
参考文献　建築改修工事監理指針

Chapter 4

067

防水工事

―屋上・屋根―

屋上の構造や形状はざまざまで、既存防水層や個々の状況に応じた改修仕様の選択が必要

屋上の防水は、外壁の大規模修繕工事とあわせて実施する場合と、屋上防水のみ単独で実施する場合がある。

外壁の大規模修繕工事と同時に実施する場合には、仮設足場を屋上施工時の安全対策として兼ねることができるが、単独で屋上防水を実施する場合には、別途、スタンション（仮設手摺）などの安全対策を必要とする。

屋上に採用される防水層の種類は「アスファルト防水」「シート防水」「塗膜防水」など多様である。既存防水層の材料や工法、保護層の有無・差異、費用合理性を考慮して、改修工法や材料を選定していく。

改修方法は、既存防水層を全面的に撤去する方法と、部分的な撤去あるいは不具合部を補修したうえで、既存防水層の上に新規防水層を施工するかぶせ工法に大きく区分される。

既存防水層の撤去に伴う騒音や振動、粉塵の発生といった生活障害、ならびに環境負荷の低減といった事由から、近年はかぶせ工法を採用する例が増えている。かぶせ工法とする場合は、既存防水と新規防水層の間に絶縁層を設けた通気緩衝工法とし、脱気装置を取り付け、経年により滞留した水分の蒸発による新規防水層の膨れや破断の防止を図る必要がある。

また、屋上の防水改修にあわせて断熱材を敷設して屋上の外断熱化を図る場合もある。

いずれにしろ、屋上の防水改修時には、全面的あるいは部分的に既存防水層を撤去するため、施行中の降雨に備えた仮防水に留意が必要である。

勾配屋根の仕上げ材も多種多様。下地部分の劣化とアスベスト成分の含有に注意

建物の最頂部が勾配形状となっている場合の屋根部分は、スレート瓦、アスファルトシングル、金属屋根など多様な材料で仕上げられている。

耐用年数が比較的短いとされるアスファルトシングルを除いては、屋根材そのものは30年以上の耐久性を有しているものが多い。しかしながら、屋根材が健全であっても、屋根材を取り付けている桟木や野地板など屋根下地材の劣化により、不具合や飛散などの事故が生じる場合がある。

屋根材の改修にあっては、アスベストを含有している瓦材もあり、瓦材の葺き替えに際して、適切な養生と発生材の処分が必要となる。

屋上防水工事

▲トーチ工法によるアスファルトルーフィングの張り付け作業

▲全面撤去工法で改質アスファルト防水熱工法（露出絶縁仕様）による防水施工

▲防水層表面の保護塗装による延命化

▲防水改修にあわせて断熱材を敷設して外断熱化

屋根改修工事

▲コロニアル屋根

▲コロニアル屋根の葺き替え

068

防水工事
―バルコニー・ルーフバルコニー―

バルコニーは生活空間の一部であり、床面の防水処理により上階からの水漏れを防止する

バルコニーは階下に居室がないことから、マンションの新築時には床面に対して十分な防水処理をしていないことが多い。

ただし、経年とともに床面にひび割れが生じて下階に水漏れが発生したり、新築時に敷設されたビニル製シートに剥がれや浮きが生じたりする。コンクリートは耐水材料ではあるが、階下への水漏れや床板を構成するコンクリートを保護する意味で、大規模修繕工事時にはバルコニー床面に対して防水処理を実施するのが望ましい。

バルコニー床面の防水工法は、ウレタン塗膜防水材を採用するのが一般的である。排水溝や排水ドレイン廻りなどの狭小部や複雑な形状でも簡単に施工でき、つなぎ目のない防水塗膜が構成される。

ウレタン樹脂を床面全体に塗布する方法に代わり、最近は、床の平場に防滑加工したビニル製シートを張り、排水溝や幅木をウレタン樹脂で処理する複合工法も一般化している。防水材というよりは、床化粧材としての要素が大きい工法であるが、美装性が高く、多彩な模様・色調を選択することができる。ただし、表面の凹凸模様によっては防滑性に劣るものや清掃しづらいものもあり、施工後のメンテナンスの点において、材料の選定には注意が必要である。

なお、バルコニー床面の再防水に際しては、ウレタン樹脂の場合には、経年状態に大きな問題がなければ塗り重ねが可能であるのに対し、ビニル製シートの場合には、旧材の撤去を必要とする。仮にビニル製シートの張り替えを行わない場合であっても、排水溝廻りやシート端末のシール材の打ち替えが望まれる。バルコニーに床置き型のエアコン室外機が設置されている場合、防水作業に先立ち、仮上げを行うか、一時的な取り外しを必要とする。

ルーフバルコニーは屋上と同じ。全面的な改修実施までの間は、端部の状況に注意が必要

ルーフバルコニーは階下に居室がある。一般にはアスファルトで防水した上に、押さえコンクリートを打設して仕上げる例が多く、築20年程度までは全面的な防水改修を必要とすることは少ない。一般の床の平場部分から漏水することは少ないものの、パラペットや端部の立ち上がり部分、排水ドレイン廻りが弱点となりやすいため、注意が必要である。

バルコニー床などの防水工事

▲ウレタン樹脂による排水溝廻りの部分防水

▲ウレタン樹脂の塗布作業

▲防滑性ビニル床シートの張り付け
（排水溝・幅木はウレタン樹脂による複合防水）

▲ウレタン樹脂による全面防水
（シームレスな防水塗膜を形成）

▲床置き型エアコン室外機を床面の防水作業に先立ち、特殊架台により仮上げする

▲ルーフバルコニー床の一般的状況
パラペット、立ち上がり部、ドレイン廻りなどに注意が必要

069

防水工事
―廊下・階段―

共用廊下の美装性を維持・向上させるとともに、水漏れやコンクリート躯体を保護する

外部に開放されている共用廊下は、バルコニーと同様、新築時には床面に対する防水処理をしていないか、ビニル製シートを敷設している程度のことが多い。

階下への水漏れ防止、コンクリート躯体を保護する観点から、大規模修繕工事では床面の防水処理が望まれる。

共用廊下は居住者の日常動線であり、長時間の通行止めはできない。そのため、防水処理方法として速乾性のウレタン樹脂を吹き付けて防水する工法や、ビニル製シートを敷設する方法が一般的である。

特に最近は美装性の高いビニル製シートを採用する事例が多くなっているが、排水溝や幅木廻りはウレタン樹脂を塗布するとともに、シートとシートの張り合わせ部分を熱溶接したうえで、端末シーリング処理を行い、防水性能の向上を図る必要がある。

共用階段も防水処理が必要。特に鉄骨階段の場合には、十分な下地処理と止水処理を要する

共用階段の床は、速乾性のウレタン樹脂による防水処理が一般的であったが、近年は、踏面と蹴上部分が一体となった階段専用のビニル製シートが製品化されており、特に最近は採用事例が多い。

また、階段の美装性をより一層高める観点から、磁器質タイルを全面に張り付けて仕上げる事例も見られる。

そのほか、鉄骨階段の床をビニル床シートで改修する場合は、床板の十分なケレンとシート端末の確実な止水が必要である。止水が不十分なままシートを張ると、床板とシートの間に雨水が滞留し、床板の腐食を助長させることがある。

床面の防水処理した後に、水溜まりや水はけの悪い個所が生じることが多いので注意

床面を防水処理していない場合は、降雨後に多少水が溜まってもコンクリートに浸透してあまり気にならない。しかし、防水することで水溜まりの解消は自然蒸発のみを待つことになる。居住者から見ると、床材を変更したことで、かえって水溜まりが増えたという印象になりかねない。

バルコニーや開放廊下、階段などの防水処理に際しては、限界はあるものの、できるだけ水勾配を調整して、水はけの是正を図ることが望まれる。

開放廊下のビニル製シート張り改修

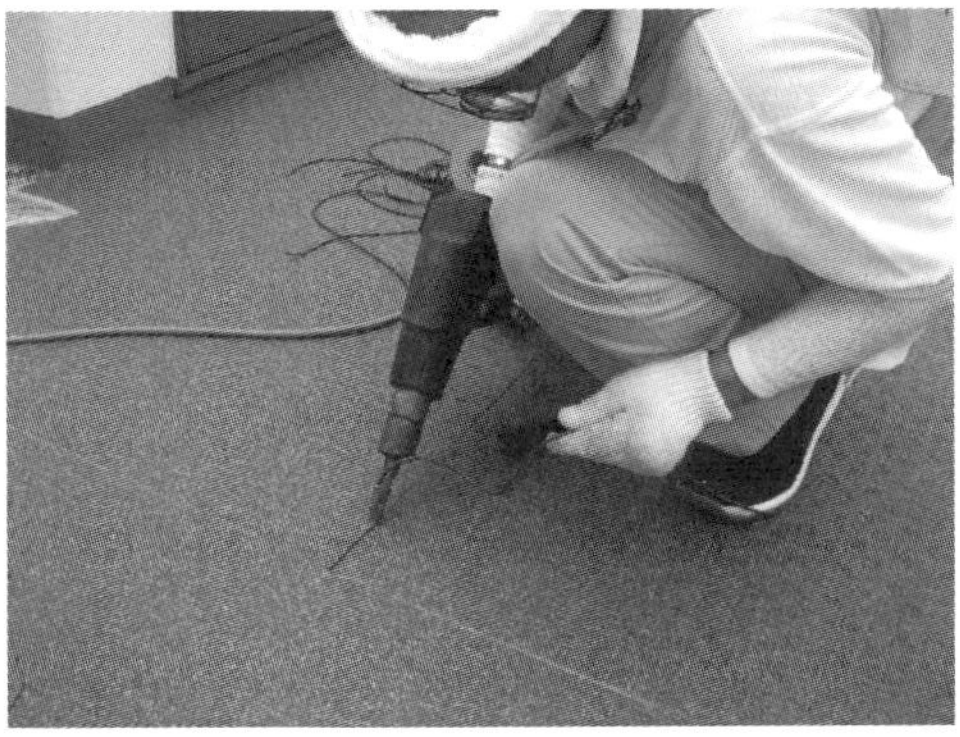

▲ビニル製シートジョイント部の熱溶接作業

▲ビニル製シートの仮敷きによるサンプル提示

階段床の改修工事例

▲磁器質タイルで階段床を改修した例

▲階段用のビニル製シートで改修した例

▲階段床の防水をしていない一般的な状態

勾配不良による水溜まり

▲勾配不良による水溜まり状態

Chapter 4

070

シーリング工事

近年ますます重要となるシーリング材。経年度合いや費用合理性を考慮した工事範囲を検討

外壁などに設けられたコンクリートの打継ぎ目地や伸縮目地、アルミサッシなどの建具や金属製の金物とコンクリートの取り合い部分には、シーリング材による止水処理が施されている。建物の高層化に伴う気密性や水密性といった性能要求が高まるにつれ、シーリング材そのものの重要度もますます高まる傾向にある。

一般にシーリング材の耐用年数は10年程度とされるが、陶磁器質タイル面などでシーリング材を露出して使用する場合と、塗材などでシーリング材の表層が保護される場合とでは、それぞれに適性のあるシーリング材を使用しても耐用年数には差異が生じる。また、外壁などで外部環境の影響を受けやすい部分と、バルコニーや廊下の内側などでは、同種のシーリング材であっても劣化の進行度合いが大きく異なる。

一般に10～15年程度の周期で大規模繕工事を行うことを勘案すると、足場がないと作業ができない部位は、原則として大規模修繕工事時に、古くなったシーリング材の打ち替えを行うのが望ましい。

一方、シーリング材の劣化度合いが軽微な部分や、風雨や紫外線の影響が少なく漏水の危険性が低い部分、作業に際して足場を必要としない部分などを工事の対象から外して全体費用の削減を図ることもある。

シーリング材には適材・適所があり、部位、機能、仕上げ材の有無などによる使い分けが必要

シーリング材の改修工法には、再充填工法、拡幅再充填工法、カバー工法、ブリッジ工法などがある。また、必要に応じて新たに伸縮目地を設ける場合もある。部位や不具合の要因により、改修工法を検討する必要がある。

外壁などの目地における構法・部位・構成材とシーリング材の適切な組合せを左ページの表に整理する。この内容は一般的な目安であり、実際の適用にはシーリング材メーカーに事前に相談し、適正を確認することが必要である。

原則として、旧材の除去から新しいシーリング材の充填までの作業を1日で行う。降雨が予想される場合には旧材除去の作業は行ってはならない。また、接着力を確保するためのプライマー処理や、旧材の撤去を確実に行うことが、品質を確保するうえで大切である。

シーリング材の適切な組み合せ

目地区分	部位	構法	構成材	塗装	シリコーン系(*4) 2成分形 低モジュラス(*5)	シリコーン系(*4) 1成分形 中・高モジュラス(*5)	シリコーン系(*4) 1成分形 低モジュラス(*5)	ポリイソブチレン系(*6) 2成分形	変性シリコーン系 2成分形	変性シリコーン系 1成分形	ポリサルファイド系 2成分形	ポリサルファイド系 1成分形	アクリルウレタン系 2成分形	ポリウレタン系 2成分形	ポリウレタン系 1成分形
ワーキングジョイント	カーテンウォール	ガラス・マリオン方式	ガラス回り目地		○		○	△							
			方立無目ジョイント		○			△							
		金属パネル方式	ガラス回り目地		○		○	△			△(*7)				
			パネル間目地		○(*8)			△	○		△				
		PCaパネル方式 石打込みPca	Pcaパネル間目地					△	○		○		△		
		PCaパネル方式 タイル打込みPca	窓枠回り目地					△	○		○		△		
		PCaパネル方式 吹付塗装PCa	ガラス回り目地		○(*8)		○(*8)	△			△(*7)				
	各種外装パネル	ALCパネル(スライド、ロッキング、[カバープレート](*1))構法(*2)	ALC間目地 窓枠回り目地	塗装あり(*3)					△	△	△		○	○	○
				塗装なし					○	○	○		△		△(*10)
		塗装アルミニウムパネル	パネル間目地		○(*8)		○(*8)	△	○		△				
		塗装鋼板、ほうろう鋼板パネル	パネル間目地・窓枠回り目地					△	○		○				
		GRC、押出成形セメント板	パネル間目地 窓枠回り目地	塗装あり(*3)					△	△	△	△	○	○	△
				塗装なし					○	△	○	△	△		
		窯業系サイディング	パネル間目地 窓枠回り目地	塗装あり(*3)					△(*11)	△	△	△			○(*12)
				塗装なし					○(*11)	○	△	○			○(*12)
	金属建具	ガラス回り	ガラス回り目地		○(*8)	○	○	△			△(*7)				
		建具回り	水切、皿板目地		○(*8)			△	○						
			建具間目地					△	○	△	△		△		
		工場シール(*13)	シーリング材受け							△(*13)	○				
	笠木	金属笠木	笠木間目地		○(*8)			△	○						
		石材笠木	笠木間目地					△	○		○				
		PCa笠木	笠木間目地					△	○		○				
	RC壁	構造スリット	構造スリット目地	塗装あり(*3)				△	△		△		○	△	
				塗装なし				△	○		○				
ノンワーキングジョイント	コンクリート壁	RC壁、壁式PCa	打継ぎ目地、ひび割れ誘発目地、窓枠回り目地	塗装あり(*3)					△	△	△	△	○	○	○
				塗装なし					○	○	○	△	△		△(*10)
		石張り(湿式)(石打込Pca、石目地を含む)	石目地							△(*14)	○	○			
			窓枠回り目地						○	○	○	△			
		タイル張り(タイル打込みPcaを含む)	タイル目地						○(*15)	○	○	○			
			タイル下躯体目地						△		△			○	○
			窓枠回り目地						○	○	○	△			
	外装パネル	ALCパネル(挿入筋(*1)・ボルト止め構法)(*2)	ALCパネル間目地	塗装あり(*3)					△	△	△		○	○	○
				塗装なし					○	○	○		△		△(*10)
			窓枠回り目地	塗装あり(*3)					△	△	△		○	○	○
				塗装なし					○	○	○		△		△(*10)
	屋根・屋上		シート防水などの端末処理							○		○			○
			瓦の押さえ(台風被害の防止)			○				○					
			金属屋根の折り曲げ部のシール			○				○		○			
	水廻り(*16)		浴室・浴槽(耐温水性必要部)			○									
			キッチンキャビネット回り			○									
			洗面化粧台回り			○									
	設備		排気口回り・貫通パイプ回り	塗装あり(*3)					△	△	△			○	○
				塗装なし					○	○	○	○			
			バルコニー等手摺の支柱脚回り	塗装あり(*3)					△	△	△			○	○
				塗装なし					○	○	○	○			
	そのほか		ポリカーボネート・アクリル板			○(*17)									

注意：この表は一般的な目安であり、実際の適用にはシーリング材製造会社に問い合わせを行い、十分に確認することが必要である

凡例：　○：適用可　　△：適用に際して事前検討要

出典：「建築用シーリング材ハンドブック」日本シーリング工業会発行

▲シーリングの打ち替え

(＊1)　JASS21（ALC工事）で挿入筋構法・カバープレート構法は現在採用されていないが、補修・改修で適用

(＊2)　50%引張応力　0.2N/mm²以下の材料

(＊3)　塗装性の事前確認が必要

(＊4)　SSG構法用の構造シーラントは対象外。SSG構法に適用するシーリング材はJASS17（ガラス工事）に従う

(＊5)　50%引張応力の区分：低モジュラス＜0.2N/mm²≦中モジュラス＜0.4N/mm²≦高モジュラス

(＊6)　接着性などの事前検討が必要

(＊7)　シリコーン系に比べ耐用年数が短い

(＊8)　汚染性に注意

(＊9)　経時で柔軟性が低下するものもあるので事前検討が必要。スライド構法の横目地、カバープレート構法の横目地、窓回り目地には適用できない

(＊10)　耐久性の事前確認が必要

(＊11)　サイディング用の応力緩和

(＊12)　サイディング用

(＊13)　シーリング材受けを用途とした材料

(＊14)　高モジュラス品

(＊15)　薄層部が残らないように注意

(＊16)　防かびタイプを使用

(＊17)　脱アルコール形

071

金物工事

建物に付帯する金物類を、居住者のニーズや時代性を考慮してリフレッシュする

マンションの大規模修繕工事は、これまで建物の外観や機能の現状を維持、あるいは初期の状態に回復することが主体であった。

しかしながら、マンションへの定住化指向が高まった近年は、現状維持や機能回復に止まらず、住環境の整備やグレードアップを積極的に実施する傾向にある。

ちなみに、マンションのエントランス、共用廊下・階段などの共用部には、一般に次のような金物類が付帯している。

住戸名札、階数表示板、集合郵便受、掲示板、面格子、金属手摺、隣戸隔て板、避難・点検ハッチ、物干金物、消火栓ボックス、エキスパンションジョイントカバー、ノンスリップ金物、樋・支持金物、ベントキャップ、スリーブキャップ、フード、ほか

これら共用部分に付帯する金物類は、使用や汚染による劣化、時代の推移に伴う陳腐化がぬぐえない。建物に付帯する金物類も、一定の時期に補修・交換を行うとともに、新築時の環境を改善していくことについての検討が望まれる。ちなみに、住戸名札や階数表示板、集合郵便受などの雑金物類は、大規模修繕工事にあわせて交換することが多い。交換に際しては、デザインや材質の見直しも行い、共用部分の美装的な整備・向上を図るのが望ましい。

面格子や手摺金物がスチール製の場合は、錆を除去して鉄パテや部分的切取・溶接補修を行う。アルミやステンレス部材は表面を研磨し、フッ素コーティングなどにより美観の回復を図る方法もある。

手摺金物などの大型部材の取替え時は、安全性や耐久性はもちろん、工事中の対策をしっかりと

高経年マンションでは、メンテナンスの軽減、安全性や機能性の向上、美装性などを考慮して、バルコニーや共用廊下・階段の手摺金物を交換する事例や、新たに取り付けたりする事例も増えている。

手摺金物の第一の目的は転落などに対する危険防止であるが、手摺自体の強度はもちろんのこと、手摺を固定する部分の信頼性が安全性を大きく左右する。

また、古い手摺金物を撤去する際には、切断時に火花や切粉の飛散に十分配慮しなければならないことや、生活をしている中での工事であり、新たな手すり金物を取り付けるまでの間の転落防止、安全対策を講じる必要がある。

共用部に付帯する金物類の改修例

▲改修前

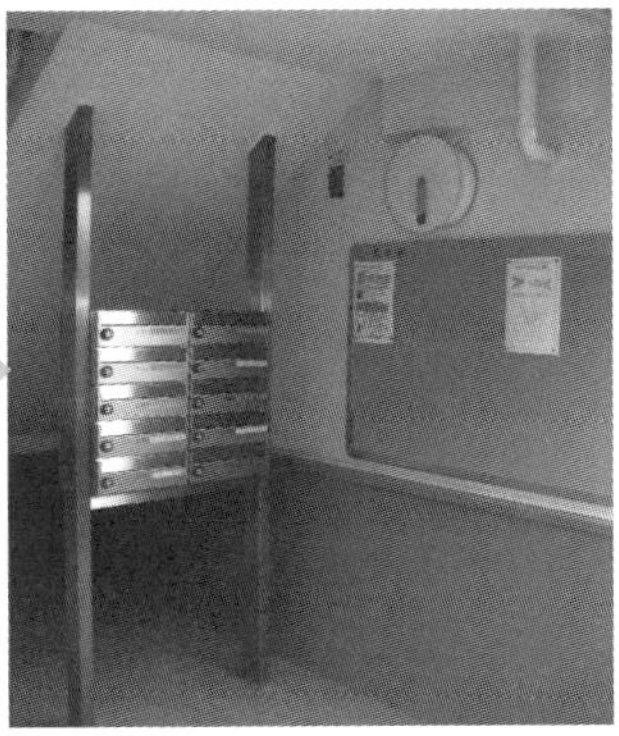

▲改修後

改修内容

集合郵便受の交換・取付方法の変更
照明器具の交換、掲示板の交換

◀旧鋼製手摺

▲鋼製バルコニー手摺を、アルミ製横ルーバー手摺に交換

▲手摺交換作業

▲上から下まで連続する、鋼製縦格子タイプの手摺金物

▲昇降補助手摺パイプ取付事例

鋼製縦格子タイプの手摺を活用し、昇降補助のための手摺パイプ取付けた

▲ステンレス製手摺への交換

上段は高さ85cm、下段は65cmの位置とし、高齢者や子供にも使いやすいものとした。ステンレスの使用によりメンテナンスを軽減

072

建具工事
—鋼製建具—

玄関扉は住まいの「顔」。消耗した部品交換による機能回復、塗装やフィルム張りによる美観維持

玄関扉の改修は、扉表面や枠部分の塗装の塗り替えが一般的である。塩ビ鋼板製の扉が採用されている場合は塗装処理ができないため、塩ビフィルムの接着張りで改装する場合がある。

また、玄関扉本体の改修にあわせて、扉に付帯するドアクローザー、蝶番、ドアスコープ、ドアノブ、気密ゴム、戸当りゴムなどの部品類の交換を行うこともある。

なお、マンションの管理規約のうえでは、一般に玄関扉は共用部分であるが、扉に付帯する部品類の帰属は必ずしも明確となっていない場合がある。玄関扉を構成する一部として共用部分と位置づけて管理組合全体で補修・交換にあたるか、磨耗や不具合の発生状況に個別差があることなどから、消耗部品類として戸別に対応するか、事前の確認・調整が必要となる。

玄関扉の取り替えは「枠かぶせ工法」が一般的。開口部寸法が縮小することに注意が必要

経年に伴い玄関扉の開閉に支障が生じた場合、蝶番やドアクローザーなどの調整や取り替えにより不具合の是正を試みるものの、扉自体の変形や熱膨張などを要因とする不具合の場には、簡易な処置では機能回復を図るのが難しい。

玄関扉の劣化の度合いが高かったり、扉自体の性能向上の要望の高まりにより、扉そのものの交換を実施する事例も最近では少なくない。

扉の交換には以下の工法がある。

①既存の枠は残し、扉だけを取り替える工法
②既存の枠に新たな枠をかぶせたうえで、扉も交換する工法
③既存の枠を撤去し、新たな枠と扉を取り付ける工法

現在はコストバランス、工事に際する生活障害の面から、「②枠かぶせ工法」を採用するのが一般化している。ただし、枠の取付け方法により扉の開口寸法が既存より縮小する場合があることに注意を要する。

玄関扉を取り替えて性能をグレードアップする。バリアフリーや地震対策としても効果的

新規玄関扉には、気密性、遮音性、断熱性能をはじめ、防犯性や美装性の向上が要求される。また、レバーハンドルやプッシュプルハンドルを採用するなどのバリアフリー性、地震時の扉の変形に伴う開閉対策などにも考慮が必要となる。

玄関扉の改修例

▲既存の玄関扉

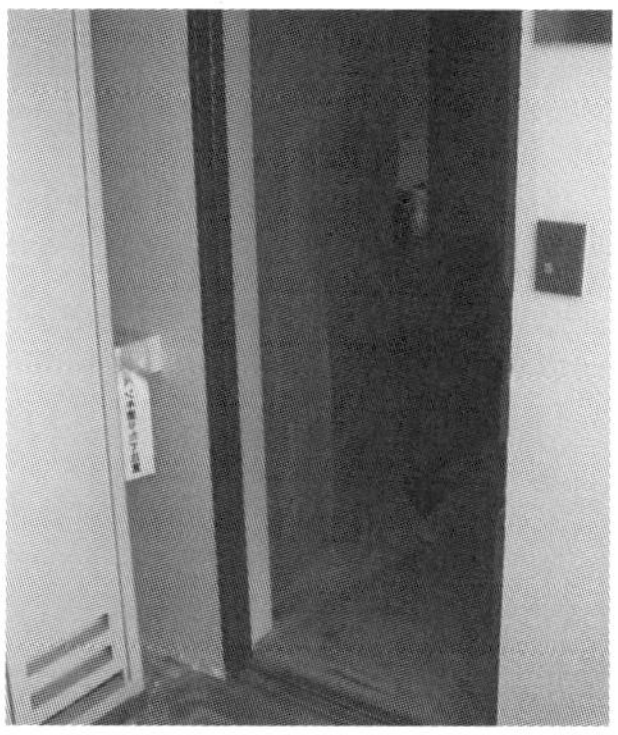

▲既存扉の撤去

▲玄関枠の取付

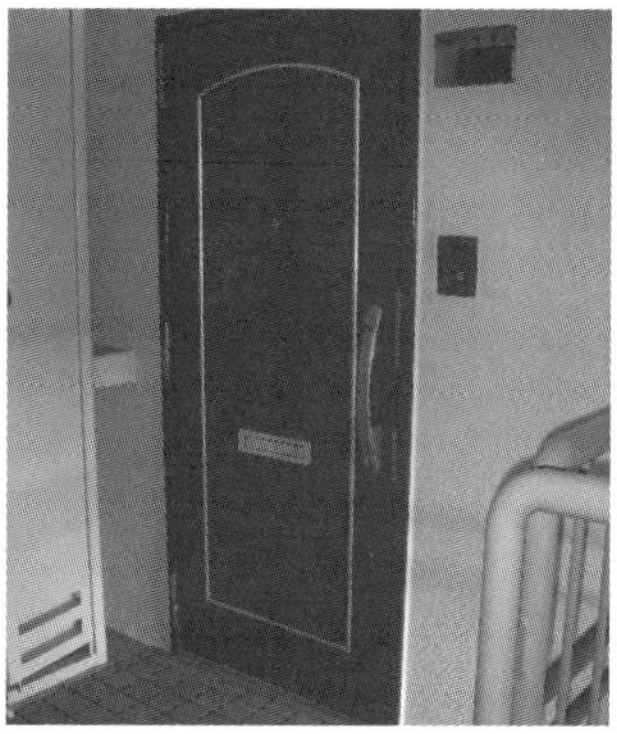

▲新規の玄関扉

- 枠かぶせ工法により玄関扉を交換
- 断熱性、遮音性、気密性の向上
- プッシュプル錠、ダブルロックにより使い勝手と防犯性向上

玄関扉表面に塩ビフィルムを張って、美装的な向上を図った例

▲塩ビフィルム張り付け後

▲塩ビフィルムの張り付け作業

▲枠撤去による玄関扉交換作業

Chapter 4

073

建具工事

―アルミサッシ―

アルミサッシは共用部分。消耗部品類の交換による機能回復と交換の検討

アルミサッシは専用使用される共用部分である。居住者がガラスを割ったり、戸車やクレセントが破損した場合には、当該住戸の費用負担で修理するが、計画修繕としてサッシを改修する場合には、管理組合が修繕積立金を取り崩して対応するのが原則である。

しかしながら、サッシ全体の交換に要する資金的な問題や、住戸タイプや使用状態により不具合状況に個別差があることなどから、全戸一斉ではなく、一定のルール下において各住戸がそれぞれに対応する場合もある。

戸車やクレセント、気密材などの部品類は消耗品で、経年に伴い磨耗・損傷する。おおむね20年を過ぎるとサッシの障子を外し、これらの部品類を新品に更新する必要が生じる。ただし、交換部品の製造がすでに中止され、在庫部品の入手も困難な場合には、代替品での対応や、サッシ自体の交換を検討する必要がある。

アルミサッシの交換方法は「枠かぶせ工法」が一般的であり、サッシ性能も向上

アルミサッシの交換工法は、玄関扉の交換と同様に、障子のみの交換、枠かぶせ工法、全撤去・新設工法がある。かぶせ工法の場合には、開口部寸法が一回り縮小するものの、枠の一部を加工して、開口寸法の縮小や立上がり寸法をできるだけ少なくする工法も開発されている。

また、窓の結露低減や断熱性向上のため、既存の1枚ガラス用のサッシに専用アタッチメントを設けて複層ガラスを取り付ける工法や、1枚ガラス用サッシに取り付けられる真空ガラスも開発されている。

そのほか、既存のサッシの住戸内側にもう1つサッシを取り付け二重サッシにする方法もある。表面はアルミよりも結露しにくい樹脂製品が一般的で、断熱性、遮音性にも優れる。共用部分といった制約もなく、各住戸の責任と負担により取り付けが可能である。

アルミサッシを交換しても、結露が完全に解消するわけではないことに注意

アルミサッシを取り替えると室内全体の気密性が高まり、それまで隙間から自然に逃げていた水蒸気が排出されずに、結露が発生しやすい状況になる。換気を小まめにすることや、水蒸気の発生を抑制することに注意が必要となる。

アルミサッシの改修例

▲アルミサッシを交換した状態

▲アルミサッシの交換作業（枠の取り付け）

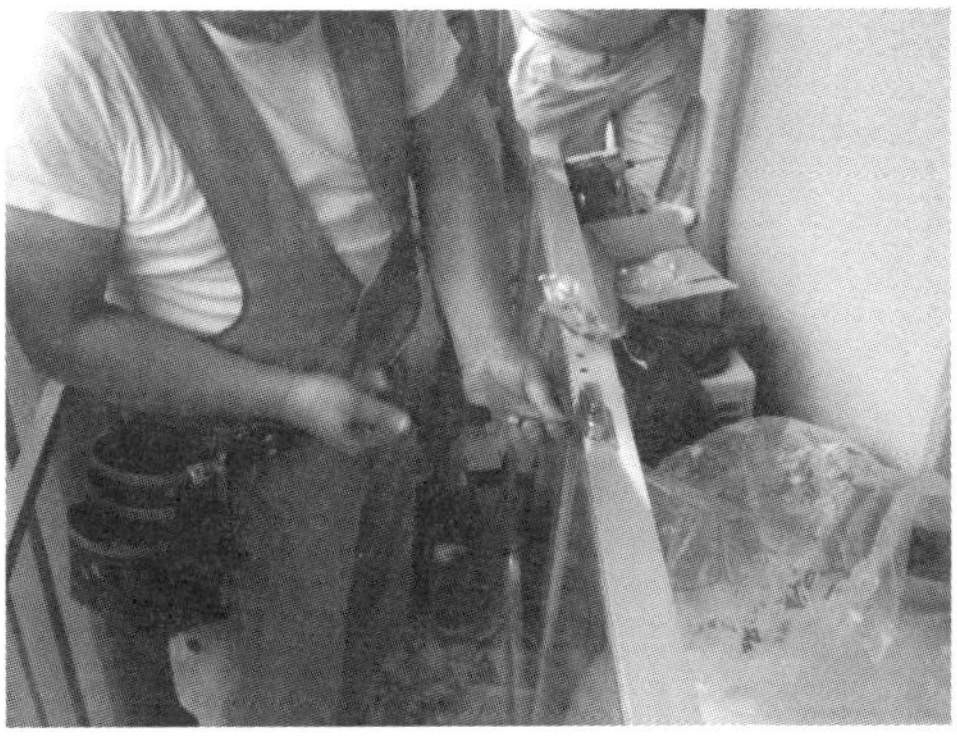

▲クレセントの交換

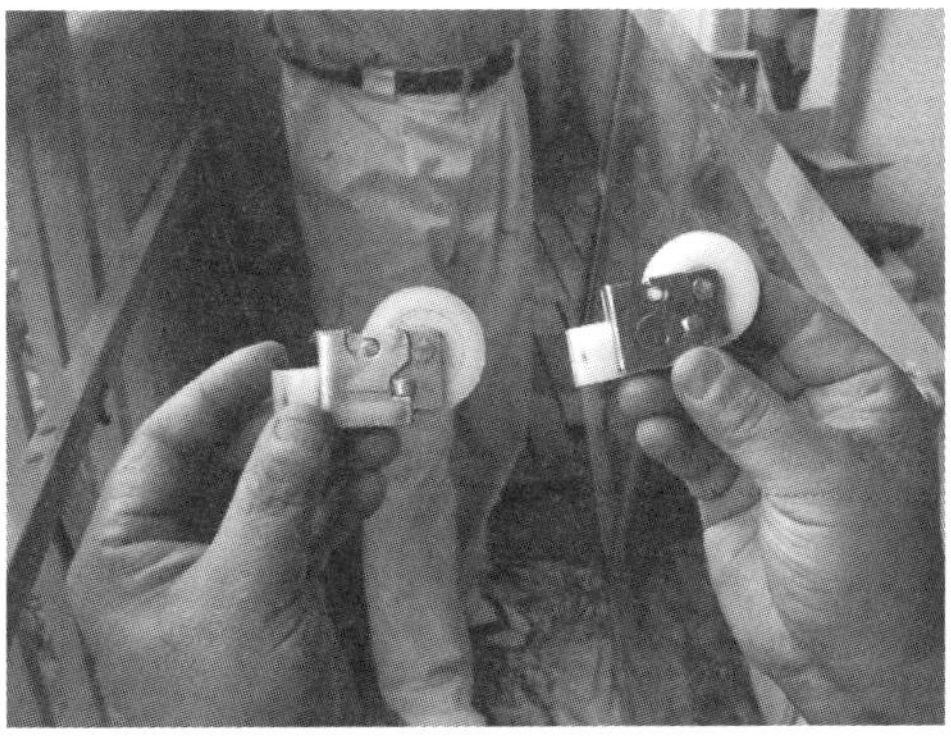

▲戸車の交換

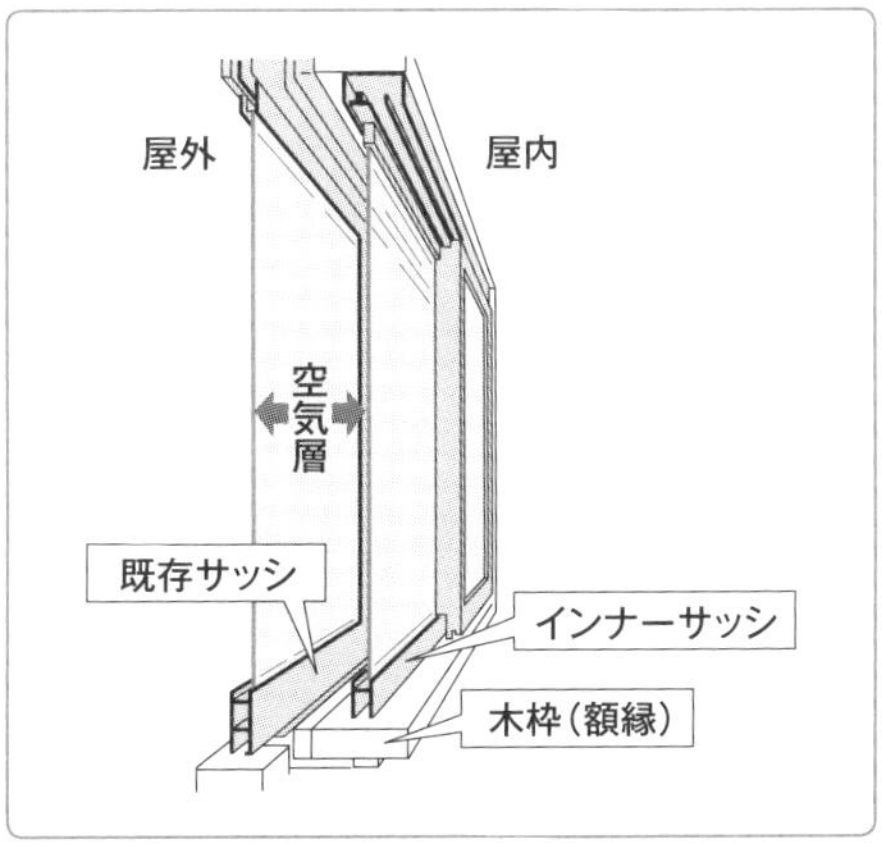

▲樹脂製インナーサッシによる二重窓化

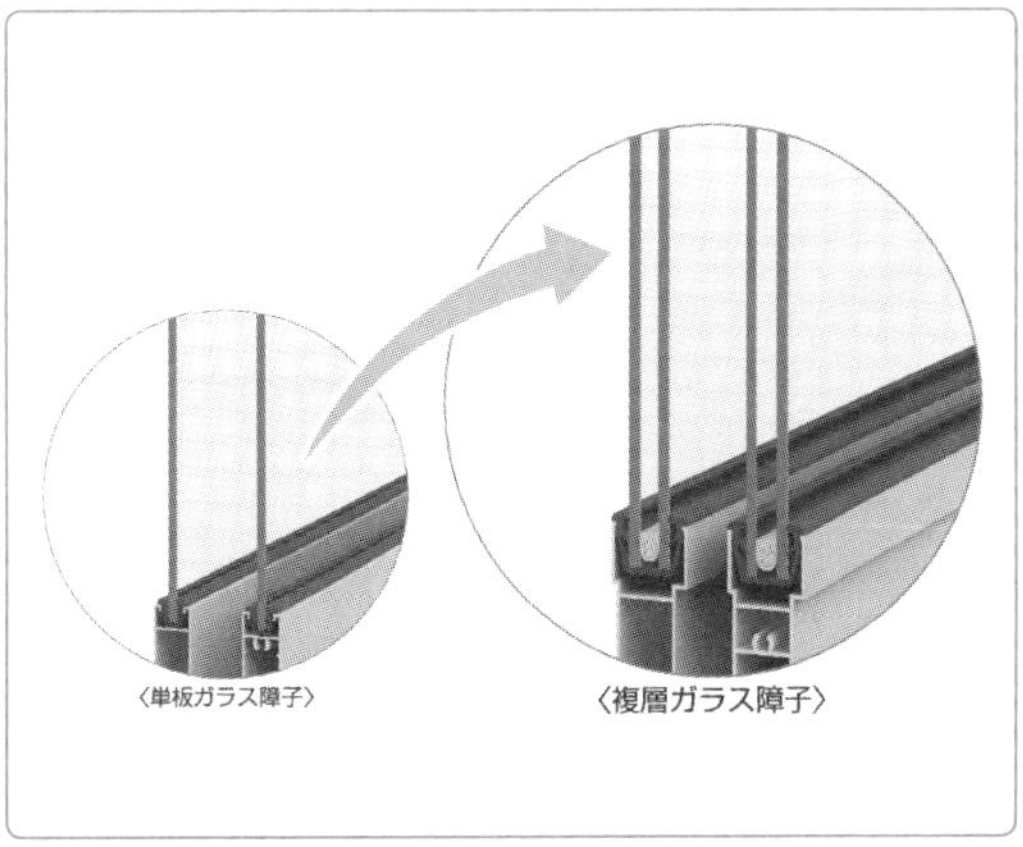

▲単短板ガラスの複層ガラスへの交換
（写真提供：YKK AP（株））

074

共用内部工事
―エントランス・屋内廊下・集会室など―

エントランスや屋内廊下・集会室など屋内共用部

エントランスは、マンションのイメージ、グレード感を左右する大変重要な部分である。

ホテルと見間違うような豪華なエントランスもあれば、スペースの関係で十分な広さを確保できないエントランスもある。エントランスが狭い場合などは、窓ガラスやドアを開放的にすることや、エントランスホールの天井を上げて空間に余裕をもたせたり、照明計画を見直したりすることなどの改善も有効である。

また、入口の手動ドアをオートドアにしたり、風除室を新たに設ける事例や、防犯性を高めるために監視カメラを設置したり、オートロックシステムを導入したりする場合もある。

そのほか、集合郵便受けや掲示板・住居案内板などのサイン類、表示類もデザインや機能性の高いものに変更することが望まれる。

屋内廊下、階段室、エレベーターホールなどの居住者や来訪者が通行する部分、そのほか、集会室や管理室などは、使用頻度やメンテナンスの程度により痛み方に差異がある。一定の美装性やデザイン性を必要とするものから、単に機能性だけで良いものまであるので、それぞれの目的や費用バランスを考慮した内容の改修を行う。

いろいろな共用施設。居住者のニーズの変化に合わせて改修や用途の変更も

集会室のない小規模なマンションから、豪華なロビーや談話室、応接室的な集会所、子供用のプレイルーム、宿泊のできるゲストルーム、趣味・サークル室を有するものなど、付帯施設として設けられた共用室は、マンションによりかなり異なる。

集会室のない場合は、管理組合活動のために、倉庫や設備の改修で不要となった機械室を集会室として転用する例がある。共用部の用途を変更する場合には、総会の決議や関係諸官庁への所定の届出や許可などが必要となる場合があるため、注意が必要である。

マンションに付帯する魅力的な共用施設は資産価値として注目されるものの、居住者の年齢構成や入れ替わり、時代状況の変化などにより、マンションに付帯する共用施設のニーズや必要性も変わる。豪華な施設の維持が重荷となったり、利用率の低下により共用部のレベルを下げたり、用途を変えたりすることも考えられる。

エントランスや屋内共用部の改修

▲ステンレス製のオートドアーに交換した例

▲豪華なエントランスロビー

▲屋内廊下改装後の状態

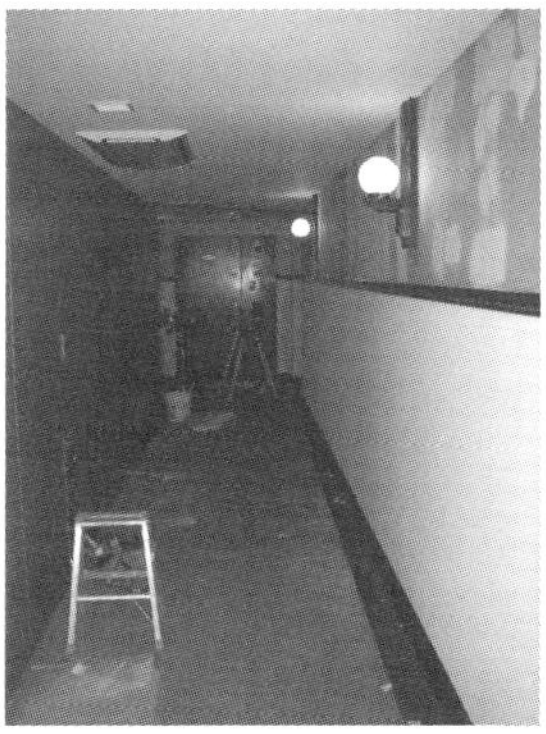

▲屋内廊下の改装作業

▲集会室内の全面改装

(壁・天井：クロス張り替え、床：タイルカーペット張り替え、幅木：塗装)

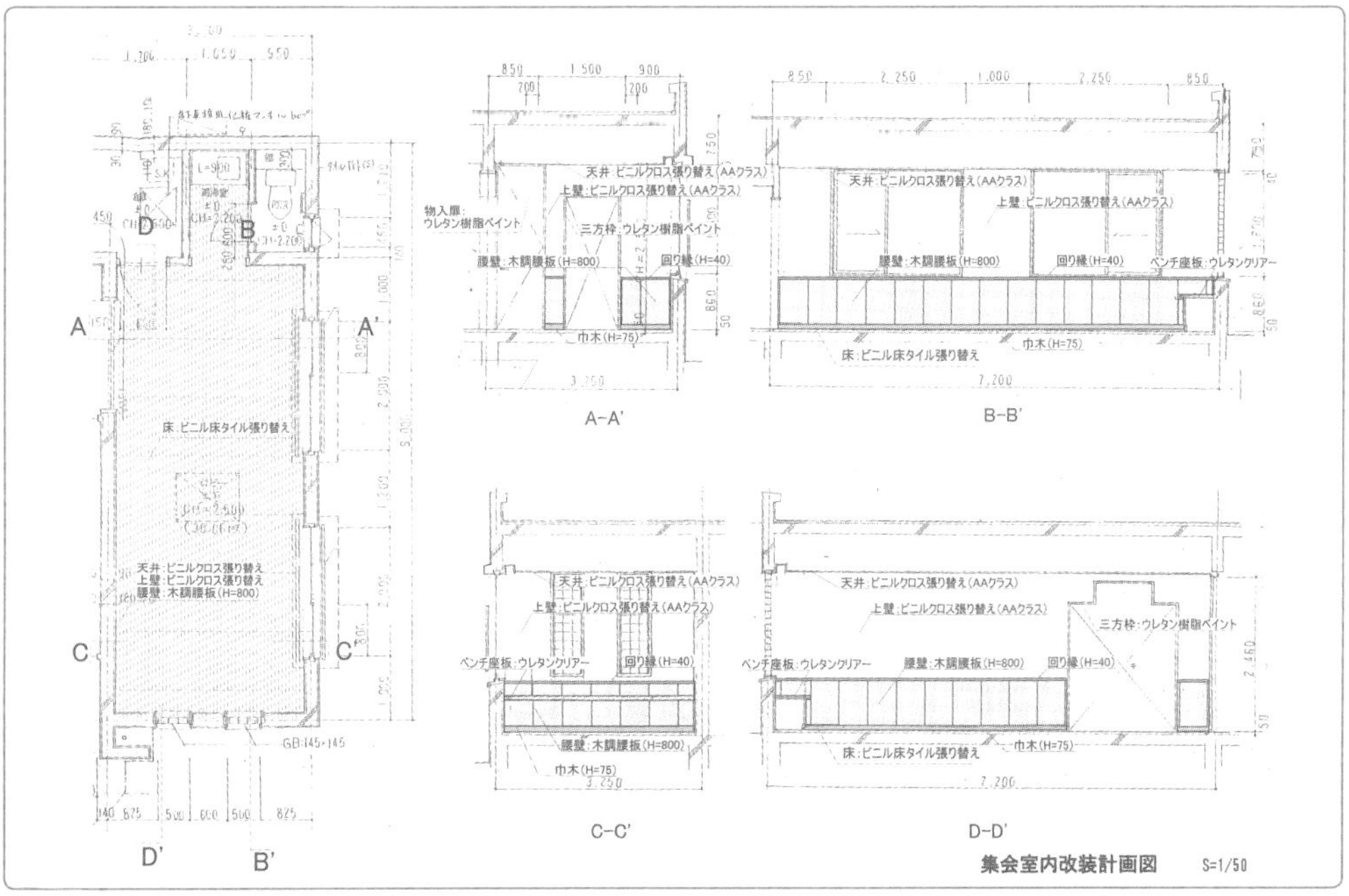

▲集会室内の全面改装

075

給水システムの種類

マンションの給水方式には「貯水槽方式」と「直結方式」がある

マンションの給水システムにはいろいろな方式があるが、大きくは受水槽や高置水槽といった貯水槽を設ける「貯水槽方式」と、貯水槽を設けない「直結方式」に分けられる。

以前、ほとんどのマンションでは貯水槽を設ける方式となっていたが、近年では水道事業者の供給性能も向上し、より衛生的な水を直接供給しようという動向から、貯水槽が不要な「直結方式」が選定されることが増えてきた。

直結方式には、一戸建てと同じように本管から直接、蛇口まで供給する「直圧直結方式」と、ブースターポンプを介してから供給する「増圧直結方式」があるが、マンションでは規模の面から増圧直結方式となる場合が多い。

増圧直結方式のメリットは経済性のほか、衛生面と省スペースなどがある

マンションでも「直結方式」が選べるようになったのは、「増圧直結方式」が誕生したからで、国内で最初に始めたのは平成4年の横須賀市水道局だそうだ。採用にあたっては、その地域の水理状況と建物の規模などにより条件があるため、所轄の水道局に確認が必要だが、近年では多くの都市部で採用が可能になっている。

増圧直結方式のメリットは、衛生的であるとともに、改修費や維持費を含めた「トータルコストが安い」という点である。貯水槽があれば、毎年1回以上の清掃や水質検査が必要となるが、なければ一切不要となる。

貯水槽がなければ事故や悪戯の心配もない。また水槽の設置スペースを考える必要もなく、敷地を有効に活用できる。

近年の技術革新もあり、ブースターポンプは、かなりコンパクトとなり、ポンプの設置場所で悩むことはすっかりなくなった。

災害用に自前の貯水槽があると安心。直結方式の場合、別途災害用水の備蓄が必要

一方、一定の規模以上になると受水槽を設けることが多い。震災時のことを考え、マンション独自の水源を自前で確保しておきたいという、ニーズもある。

屋上に水槽を設置する「高置水槽方式」は、以前は中高層住宅で多く見られたが、現在の新築マンションにおいては、超高層マンションを除いてほとんど採用されなくなった。

マンションで採用されている主な給水方式の特徴比較

▼マンションで採用されている主な給水方式

	貯水槽方式		直結方式
	高置水槽方式	ポンプ圧送方式	増圧直結方式
図	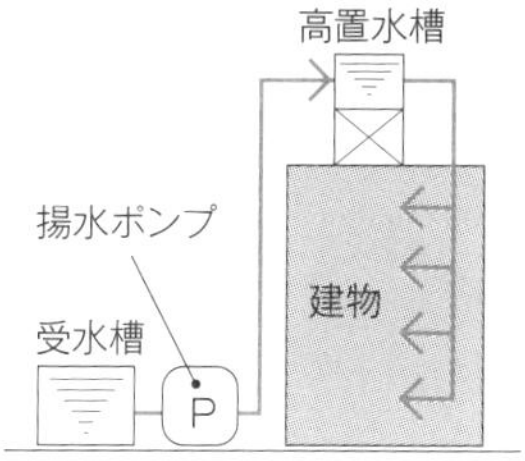	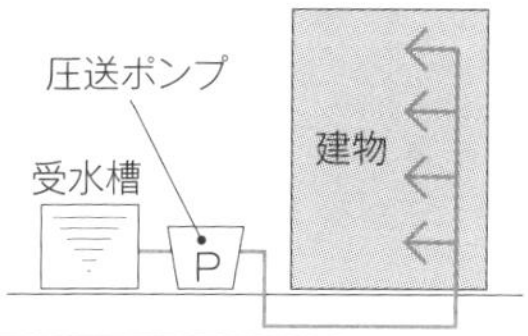	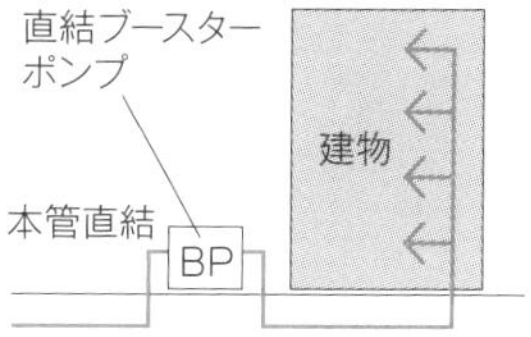
概　要	受水槽に貯めた水を高置水槽に揚水し、高置水槽から重力で供給する方式。 中高層住宅で多く採用されてきたが、最近の新築マンションではほとんど採用されていない	受水槽に貯めた水を圧送ポンプで供給する方式	受水槽を介さず、水道本管からの給水を直送する方式。 本管水圧の不足分をブースターポンプで補う。衛生面から水道局が採用を推奨
水槽の有無	2槽（地上と屋上）	1槽（地上）	ゼロ（タンクレス）
ポンプの種類	揚水ポンプ	圧送ポンプ	直結ブースターポンプ
水槽やポンプの維持管理	①受水槽の定期清浄（年1回） ②高置水槽の定期清浄（年1回） ③受水槽と高置水槽の水質管理 ④揚水ポンプの点検整備	①受水槽の定期清浄（年1回） ②受水槽の水質管理 ④圧送ポンプの点検整備（年1回以上）	①直結ブースターポンプの点検整備（年1回以上）
各戸への供給水圧	高置水槽との高低差による（上階…弱め、下階…強め）	ポンプ吐出圧力により設定（減圧弁設置により全戸同一圧力設定が可能）	
停電時の給水	高置水槽にある分だけ利用できる	停電＝即断水	上層階のみ断水または水圧不足が生じる下層階は本管の水圧で供給される
水道本管の断水時	受水槽ならびに高置水槽に貯められた水を利用できる	受水槽に貯められた水を利用できる	水道本管の断水＝即断水
災害時用の水源	受水槽を災害対策用向けに改造（緊急遮断弁の設置など）することで、災害時用の飲料用水として確保できる高置水槽は大地震に耐えられるよう適切な耐震仕様への改修が必要	受水槽を災害対策用向けに改造（緊急遮断弁の設置など）することで、災害時用の飲料用水として確保できる	改修による旧受水槽を災害時用の非飲料用水源として使用する事例もある

▲高置水槽の例

▲受水槽の例

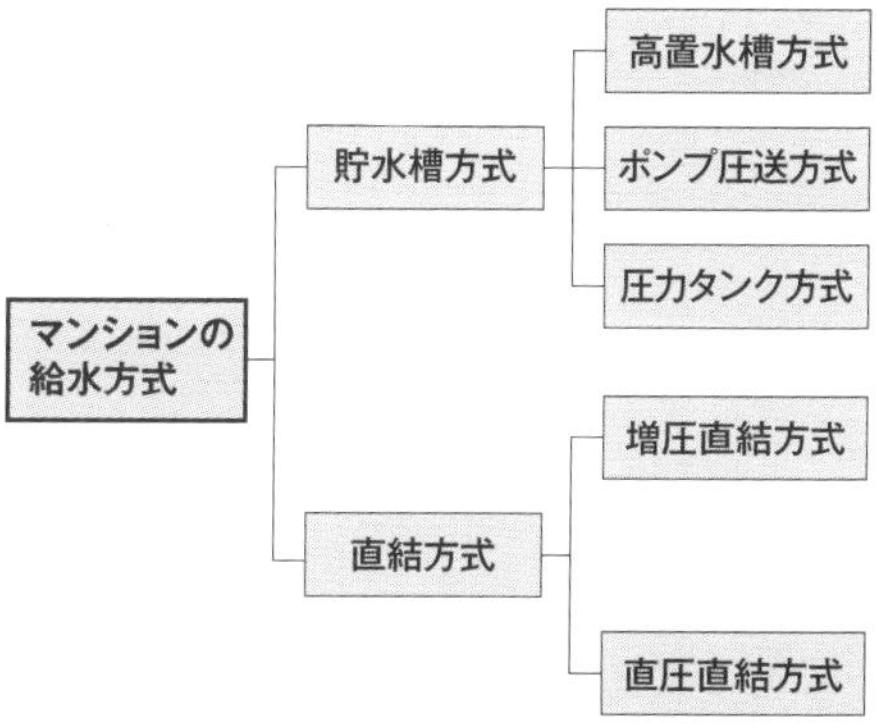

▲マンション給水方式の分類

Chapter 4

076
給水システム変更のポイント

躯体兼用の地下式受水槽は「既存不適格」扱い

築後25年程度を経過した段階で、給水管の劣化対策を検討することになる。それに合わせて給水システムの見直しを検討するとよい。

昭和40年代のマンションに見られる基礎梁などの構造躯体を利用した「地下式受水槽」については、昭和50年建設省告示第1597号により、現在では使用が禁止されている。よって、このような場合は、受水槽を新たに設置し直すか、直結方式に変更して地下式受水槽を廃止する必要がある。

新たな受水槽を地上に設置し直すスペースがないマンションにとっては、増圧直結給水方式への変更は、スペースをとらないことから、魅力的な選択肢となる。

耐震性の低い高置水槽は、早く撤去すべき

建築設備の耐震基準は昭和57年に示されたが、それ以前の建物の高置水槽は耐震性能が不足している場合が少なくない。アンカーボルトで固定されずに置かれていたり、基礎や架台が構造躯体に固定されていないものなどが見られる。

地震時は上層階ほど揺れが激しくなるため、このような高置水槽は落下などの危険があるため廃止することが望まれる。ポンプ圧送方式や直結給水方式に変更するのがよい。

特に鉄骨で組まれた、高さのある高架台付きの高置水槽は、高架台の定期的な塗装補修が必要となるため、なくすことがより経済的だ。

受水槽をなくし、限られた敷地スペースを有効に活用

また、敷地が狭く駐車場や駐輪場が不足している場合は、受水槽を廃止して直結給水方式に変更することで、駐車場や駐輪場のスペースが生まれ、敷地を有効に活用することができる。

住棟内にある大きな受水槽室を直結方式に変更することで、その場所を集会室に改造するような事例もある。

震災に備えるための受水槽の改修には「緊急遮断弁」がセット

一方で、耐震性の低い高置水槽は廃止するが、受水槽を耐震型のものに更新し、震災時を考慮して貯水機能を付加した「ポンプ圧送方式」に変更するという選択肢もある。

現行法規に適合しない地下式受水槽の設置例

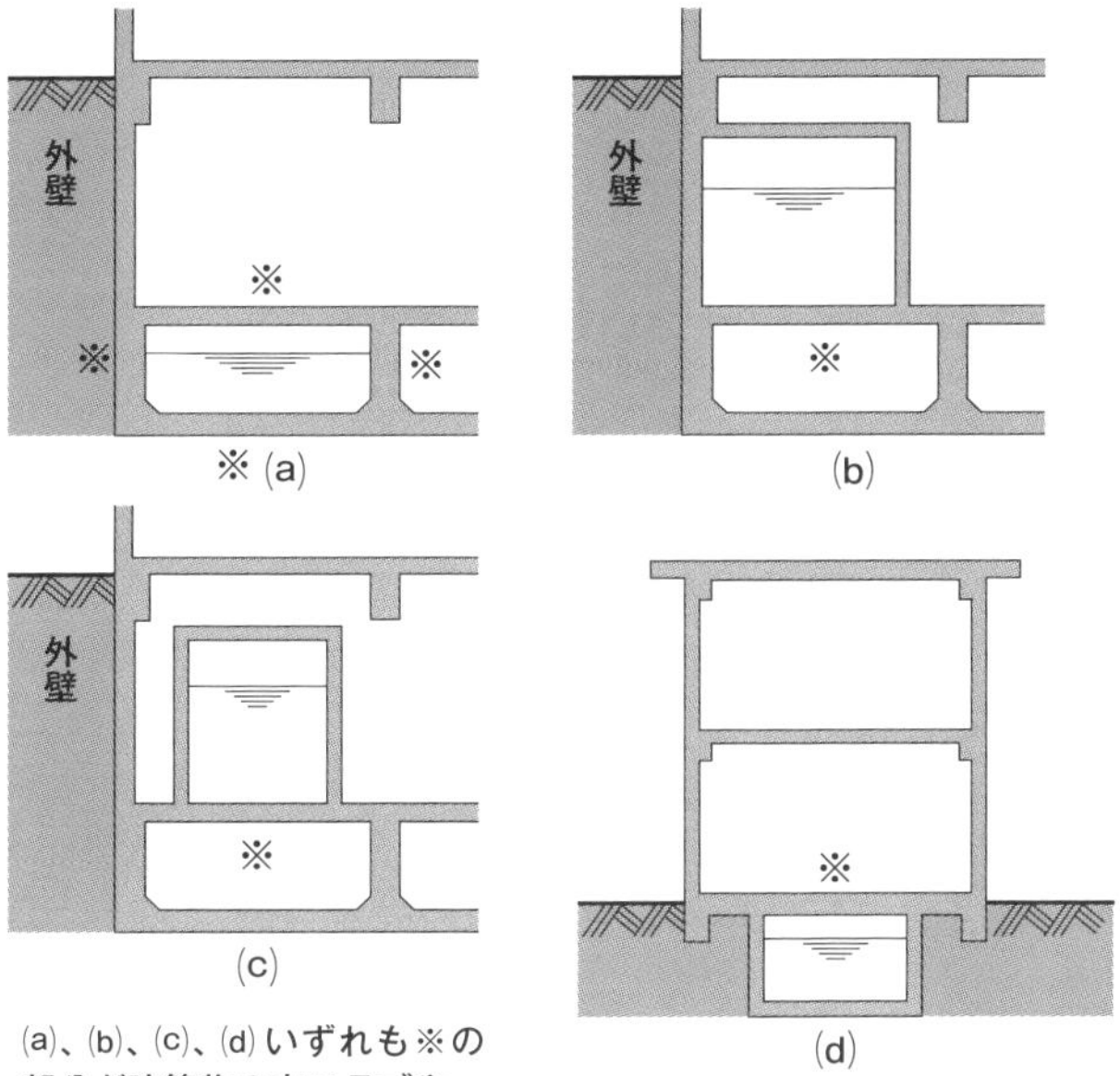

(a)、(b)、(c)、(d) いずれも※の部分が建築物の床スラブや、外壁などを兼用しているので、現行法規に適合しない

昭和50年建設省告示1597号より

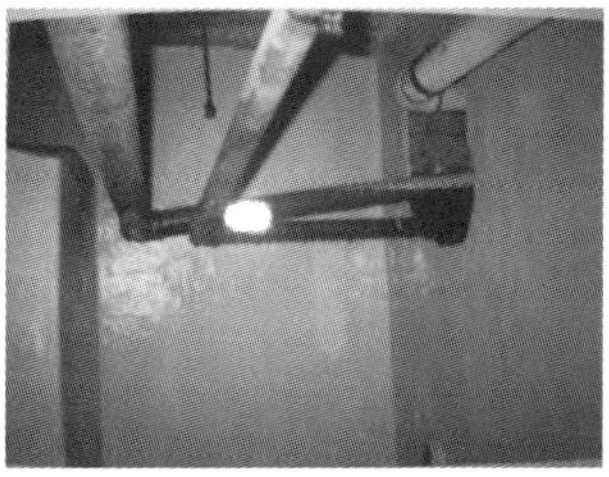

▲地下式受水槽内に配管されている飲用以外の配管

▲耐震性能の低い高置水槽の設置例

改修事例受水槽方式から増圧直結方式へ改修［築28年］

［コンセプト（改修のねらい）］
敷地が狭いので駐車場が足りなく困っていた。増圧直結方式に変更することで受水槽を撤去し、跡地を駐車場に転用

◀改修前

▶改修後

◀このような高架台による高置水槽はできれば廃止したい

▶高架台は足場を設置しての塗装工事が定期的に必要になってしまうので撤去したい

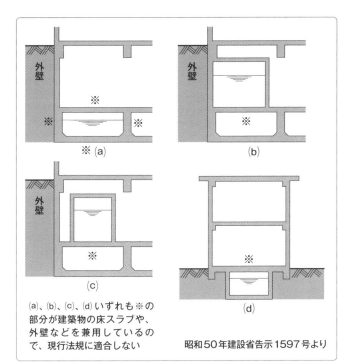

Chapter 4

077

給水管の変遷

給水管は腐食との戦いにより進化。昭和の頃の塩ビライニング鋼管は既に更新時期に達している

いかにして給水管を長持ちさせるか。過去、腐食との戦いの末、現代では当たり前のように使用されているものに、高耐久性の給水管材がある。

マンションの建設ラッシュが始まった昭和40年代後半頃から、「水道用硬質塩化ビニルライニング鋼管」という給水管材が使われ始めたが、現在ではこの管の改修工事が盛んに行われている。

腐食のメカニズムとしては、ねじ接合部分に集中的に腐食が発生する。その理由は、所定の寸法に切断してねじ切り加工された直管（おねじ側）の管端部が、継手（めねじ側）に挿入された内部で、管端部が水に接してしまい、この部分に集中的に腐食が生じる。コブ状に成長した大きな錆は、やがて水質にも悪影響を与え、末期になるとねじ部が消失してしまい、やがて漏水に至る。

このような状況を受け、昭和60年頃に継手接合部分の腐食対策として登場したのが「管端防食継手」である。接合部分が水に接しにくくなっており、在来品に比べて耐食性は向上したが完璧ではなく、施工の精度によっては接合部を中心とした腐食は避けられない。

ステンレス鋼管の普及が促進したことで改修コストが手頃になり、施工性も向上

現在の新築マンションや改修の現場においては、ステンレス鋼管が主に使用されている。

耐久性が高いのは無論のこと、施工が容易であることやリサイクル性が良いため、環境面においても評価が高い。特に改修工事の現場では、工場であらかじめプレハブ加工した配管を現場で組み立てる「加工管」が、品質確保の面から多用されている。

ステンレス鋼管でもいろいろな鋼種があるが、マンションにおいては、通常「一般配管用ステンレス鋼管」（JIS G 3448）のSUS304TPDが多く採用されている。

非金属の配管（樹脂管）も、かなり進化を遂げている

また金属以外に、樹脂製の配管材も普及した。その理由は、耐久性・耐食性・施工性に優れている点にある。

専有部分である住戸内では、架橋ポリエチレン管（PEX）や、ポリブテン管（PB）が採用され、共用部分では、高密度ポリエチレン管（PE）が採用されている。

給水管の変遷

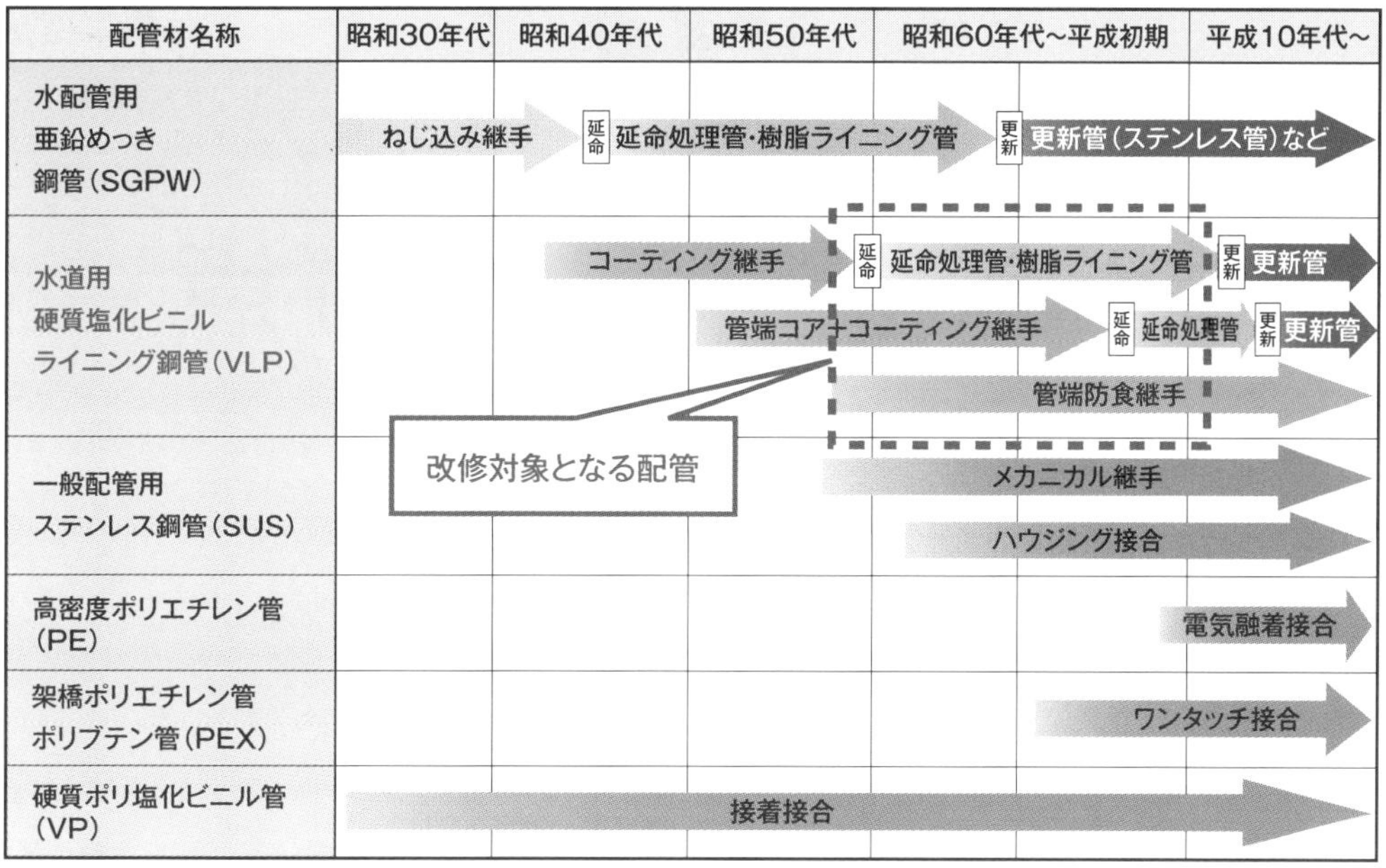

給水管の腐食事例

▲水道用硬質塩化ビニルライニング鋼管とエポキシ樹脂コーティング継手（接合部管端面の腐食例）

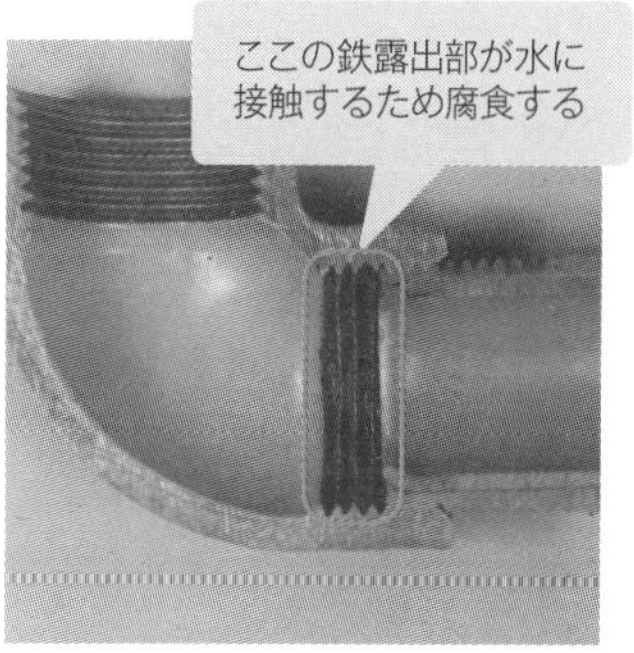

▲水道用硬質塩化ビニルライニング鋼管とエポキシ樹脂コーティング継手

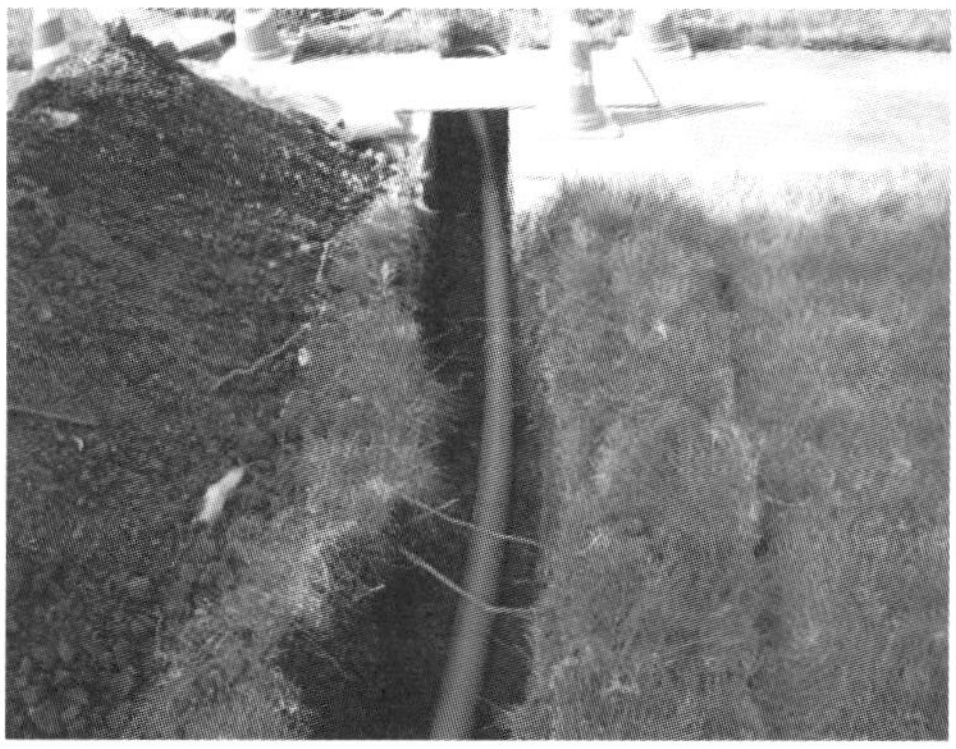

▲耐久性の高い高密度ポリエチレン管

なるべく継手を設けないで、敷地内をなだらかに敷設する。
配管そのものが柔軟なため、地盤の変位にも対応できる

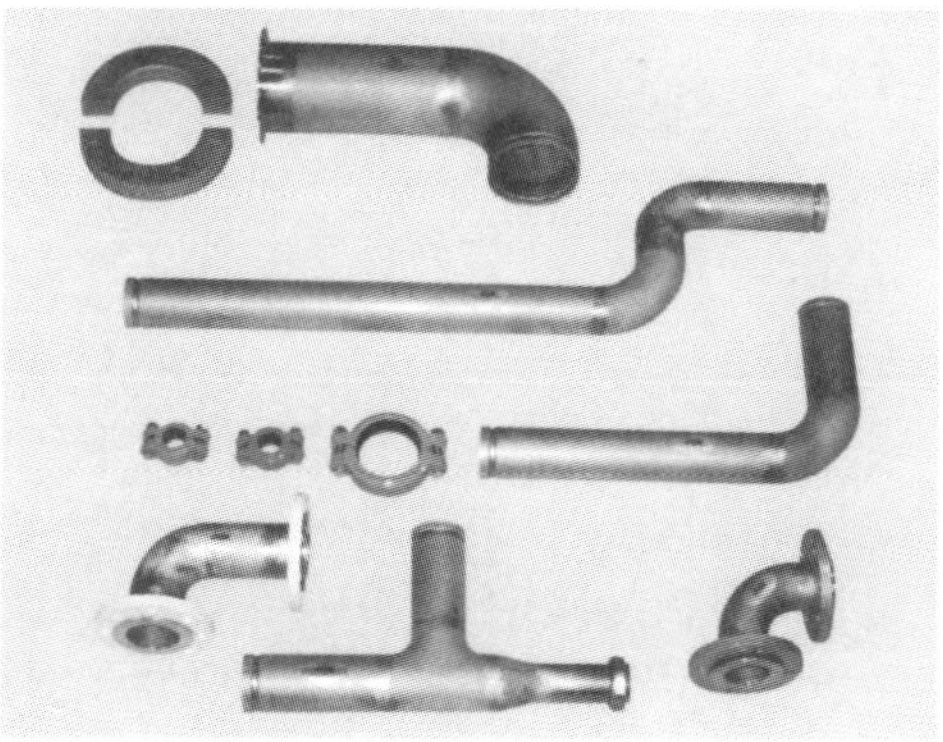

▲プレハブ加工されたステンレス鋼管

078

給水ラインの弱点

給水管は一様に腐食するわけではなく、マンション固有の弱点がある。特に劣化が現れやすい部分をいくつか紹介する。

異なる金属の接触が多い水道メーターまわりが、第一の弱点

給水ラインの弱点の代表選手は、異なる金属が接触する個所が多い水道メーター廻りだ。

異種金属接触腐食（ガルバニック腐食）という特別な腐食がここで生じてしまい、ねじを切られたライニング鋼管が青銅製の弁類に直接的に接続されると、ライニング鋼管側の腐食がきわめて速く進行する。10年足らずで漏水に至るケースもあるので要注意だ。

水栓接続部でも異なる金属が接触する場合がある

異種金属が接触する部分はメーター廻りだけではない。

水栓と接続するために壁の中を立ち上がってきた給水管は、水栓と接続する部分で90度に曲がり、水栓と接続する。そのわずかな距離を調整しながら水栓と接続するために、銅製の役物（持ち出しソケットと言われていた）を使用する場合があった。古いマンションでは、このような局部的な腐食が見られる場合がある。

腐食は管内面だけではなく、設置環境によっては管外部からの浸食もある

塩ビライニング鋼管で、異種金属接合がない、通常の接合部分の耐用年数は一般に30年程度と言われている。しかしこの数字は、管端防食継手が誕生する前の時代、すなわち昭和60年代以前の建物の場合で、管内面における接合部管端面の腐食から考えた耐用年数である。ところが、腐食は内面ばかりではなく管外面からも進行する場合がある。

左ページに紹介したのは、グラスウール保温材で囲まれた管外面の環境が湿潤となり、長い年月を経て腐食した例である。

また密閉された床下ピット内の給水管を、保温材を巻かずに裸のままで使用したため、結露水などにより、長い年月を経て腐食した例もある。つまり配管の設置環境により、耐用年数は大きく異なるということだ。

合成ゴムなど非金属部分の劣化にも要注意

水槽やポンプ廻りには、ゴム製品が使用されるが、水に含まれる塩素や外部からの紫外線による劣化にも注意したい。

給水管の腐食事例

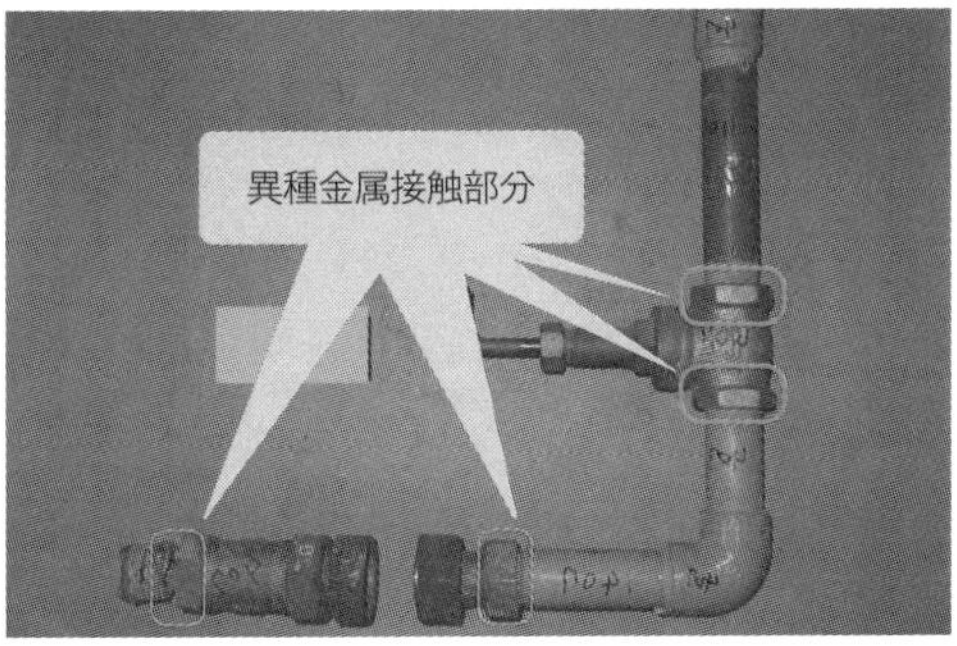

▲メーター廻り配管の例

▲メーターソケットとライニング鋼管の異種金属接触腐食

▲仕切弁との接合によるライニング鋼管の異種金属接触腐食（バルブ内の錆詰まり）

▲メーターソケットと仕切弁に挟まれている短ニップル（最も早く漏水に至る接合パターン）

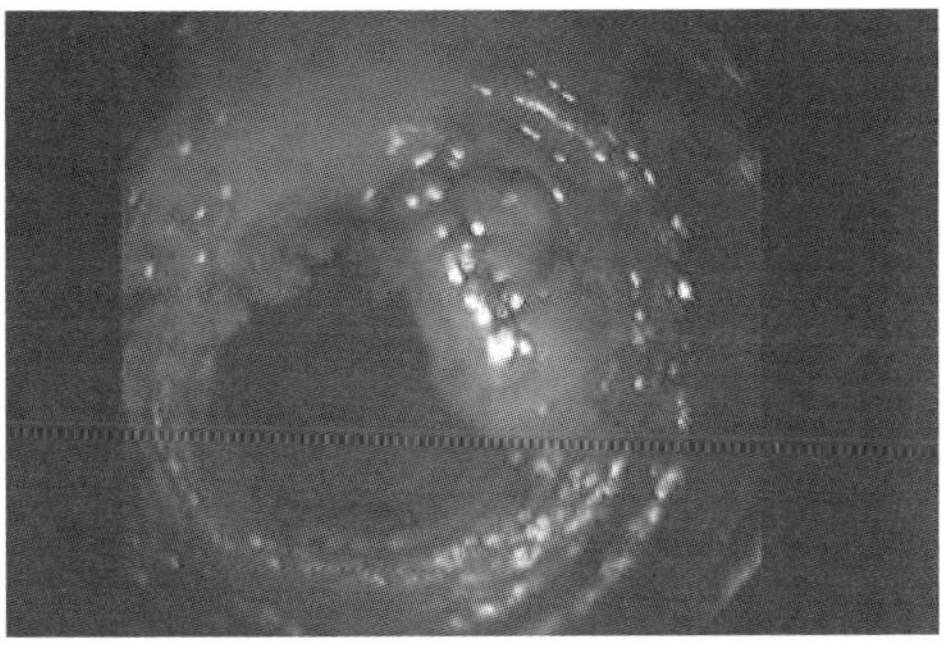
▲水栓接続部周辺に絶縁なしで銅製の持ち出しソケットを使用したため腐食した例

▲密閉されたピット内給水管の外面腐食（一番左：SGP-VA）右側のガス管（SGP白）は腐食していない。真中は排水管(VP)

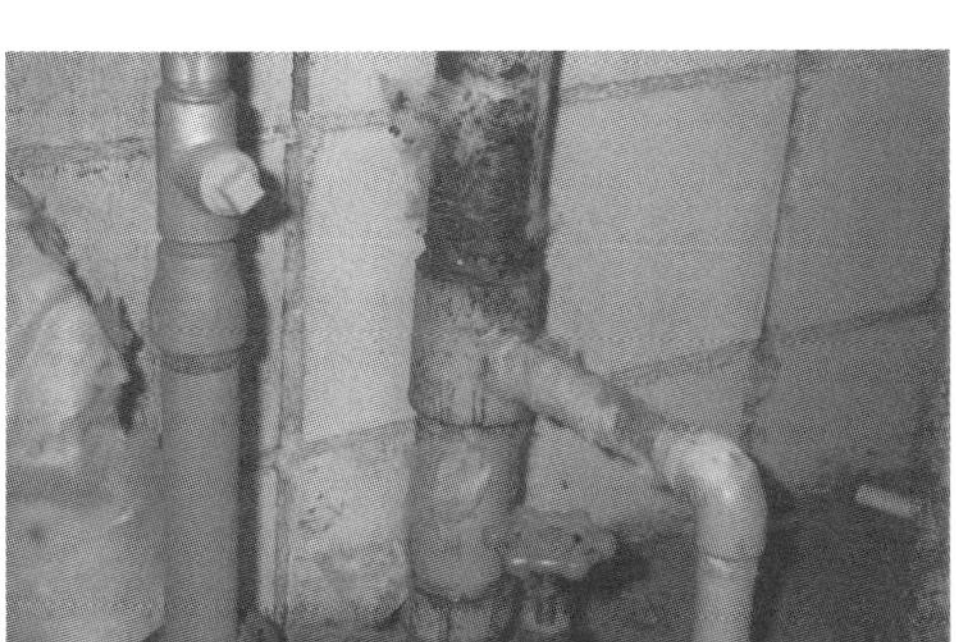

▲湿ったグラスウール保温材を剥がした所、管外面で腐食が発生していた。特に右側は異種金属接触腐食も重なり、今にも水が滲み出てきそうな状態であった

Chapter 4

079

給水管改修のポイント

昭和の頃に採用された短命配管は、早めに見切りをつける

給水管の延命方法として、管内面に発生した錆こぶなどの付着物を除去したうえで樹脂塗装を施し、管の寿命を10～20年程度延命させる「樹脂ライニング更生工法」がある。しかし長い目で見れば、管を新しい物に交換する「更新工法」が経済的である。現在の最新の材料に交換することで、給水管は半永久的に使用できるようになるからで、更生工法による延命という選択では、再度なんらかの改修が必要となり、二重投資となってしまう。

最新の材料を選べば、耐久性は一段と伸びる

給水管の更新は、耐久性の高い材料の中から、場所や設置環境などにより適材適所で選ぶ。

たとえば、土中埋設部分や住棟導入部など、土壌からの腐食や地震や地盤沈下などに対応させる必要がある場所には、高密度ポリエチレン管（PE管）を選ぶとよい。

また、住棟内部の立て管など共用部分には、地震時の建物層間変形に追随できて、なおかつ強度と耐火性のあるステンレス鋼管のプレハブ加工工法がよい。

各住戸内（専有部内）については、短時間で施工が可能な樹脂系の管材が適している。更新することで壁面や天井面に新たな露出配管を生むことは、マンションを100年使っていくことを考えると、行うべきではない。

配管ルートを見直すことで耐震性や美観などが向上し、新たな価値が手に入る

また、新築時にすでにあった部分的な共用廊下の天井などの露出配管は、改修時になくすことができるので、是非検討してもらいたい。

配管ルートは、必要最小限の最短ルートを基本とする。特に高置水槽を廃止する場合は、下向き給水から上向き給水に変更することで、配管総延長を短くすることができ、かつ屋上や最上階のメイン管をなくすことができるので、防水改修などもしやすくなる。さらには地震時のリスクとなるエキスパンションジョイントを上層階で通過させないようにすれば、耐震性はさらに高まる。

マンションにとって給水管は大切な設備であるため、ただ配管を交換するのではなく、マンション全体を長持ちさせるような配管改修を考えることが重要となる。

給水管ルートの変更例

下向き配管

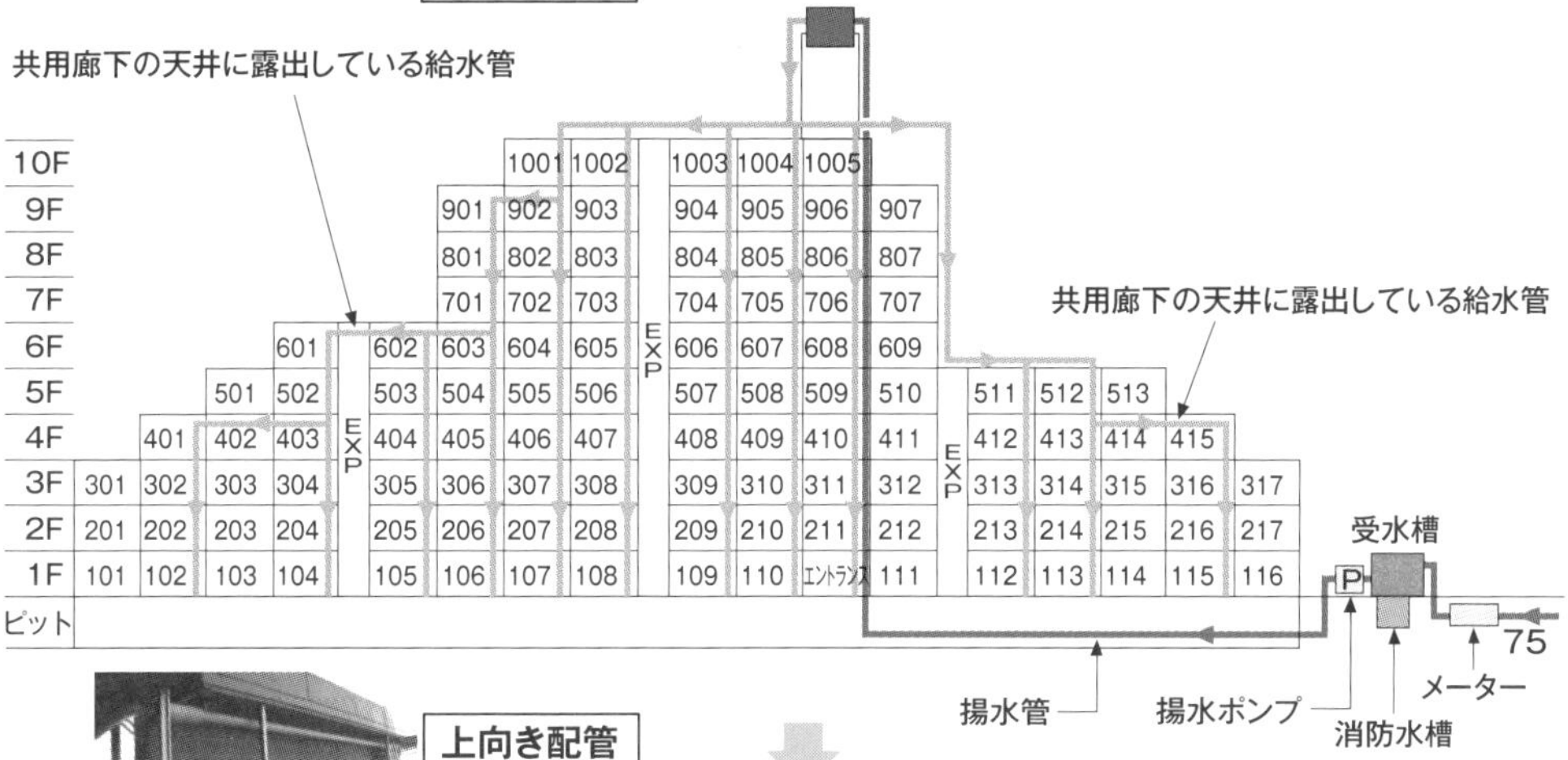
高置水槽

上向き配管

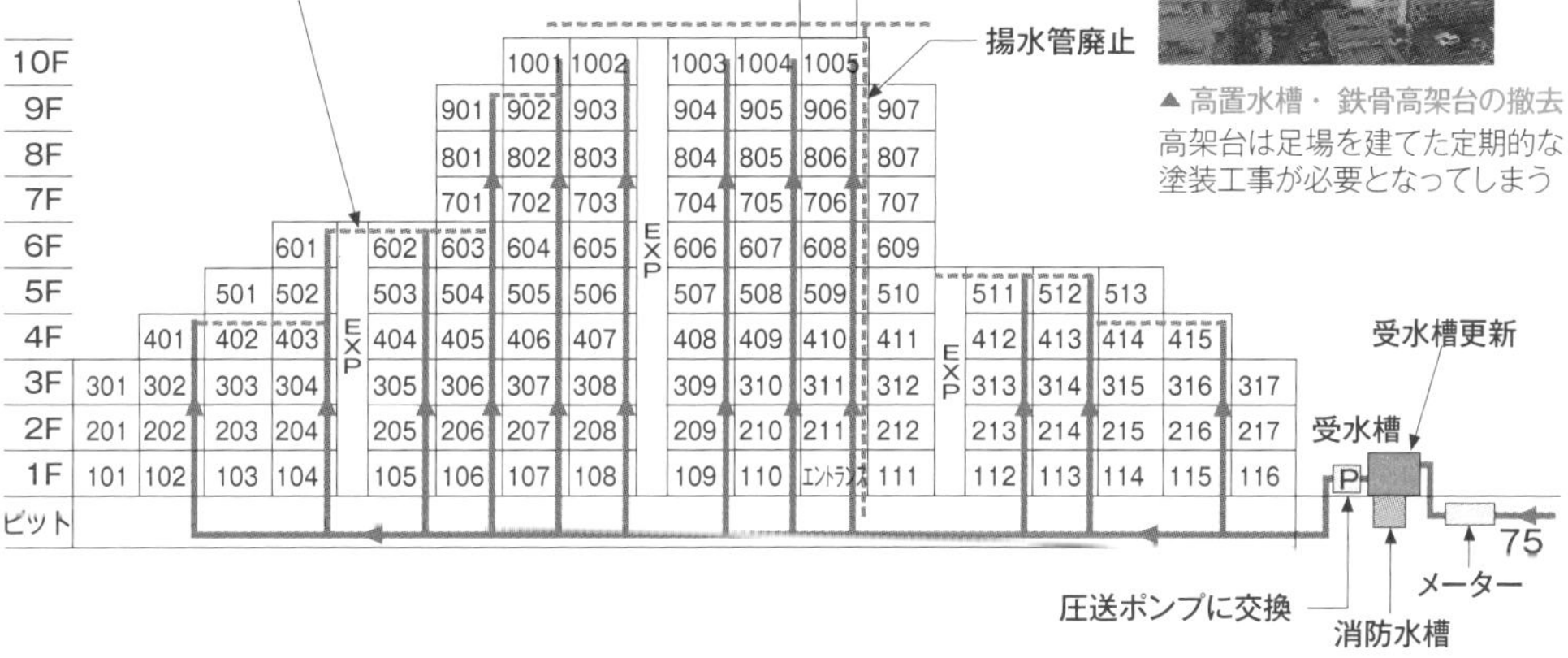
高置水槽を撤去
共用廊下の天井に露出している
給水管は撤去する

▲高置水槽・鉄骨高架台の撤去
高架台は足場を建てた定期的な塗装工事が必要となってしまう

▲ステンレス加工管による給水立て管の更新事例

◀ポリエチレン管による埋設給水管の更新事例

▶東日本大震災においてメインの給水管が、エキスパンションジョイント通過部分で脱落してしまった事例
建物を繋ぐエキスパンションジョイント部分は、地震時に複雑な揺れとなり上階ほど大きく揺れる

080

排水管の変遷

排水管の寿命は複数の材質が混在しているため、一概には語れない

排水管の寿命は、使われている管の種類により異なる。そしてその種類は、マンションでは通常2～3種類のものが混在し、多い場合では4種類も混在している場合もある。台所や浴室、トイレなど流れる系統によっても腐食の度合いは違ってくる。自分のマンションの排水管は「どの系統に」、「どの種類」が使われているのかを正確に把握することが、先決である。

排水管の厄介なところは「漏れていることに気付けない」ことである。床下など目に見えない空間で、極微量の漏水が発生しても、被害として現れずに時が過ぎ、長い間下水を床下に貯めていたという話をよく聞く。

排水管の改修は、漏れる前の予防保全としての更新判断が重要で、「まだ大丈夫であろう」というような期待的観測は、後で痛い目にあう。

「鋼管のねじ切り施工」の耐久性は、特に低い。台所排水系統は要注意

今まで雑排水管に最も多く使われてきた管材は、「配管用炭素鋼鋼管」すなわち「鉄管」である。俗称で白ガス管と呼ばれているこの管は、鋼管の内外面ともに亜鉛メッキが施されているだけなので、管内面に全面的な腐食が生じてしまう。

特にねじ接合で配管されている場合のねじ部分は、ねじ切り加工により肉厚が元々半分程度しかないので、腐食減肉による漏水が生じやすい。

最も腐食傾向が強いケースは、台所からの排水が単独で流れる部位で、築25年程度で更新を迫られたりする。

かつて耐食性があるといわれた「塩ビコーティング鋼管」も、今や改修が必要な時代に

最近では、比較的新しい材料といわれていた排水用塩化ビニルコーティング鋼管（通称アルファ鋼管）の改修も始まった。

昭和50年代後半の建設ラッシュによる、施工省力化の要請を受け、配管の軽量化を図るため薄肉の鋼管が採用され、内外面ともに塩化ビニル樹脂による被覆が施されている。しかし密着精度があまり高くなく、使用開始後30年を過ぎる頃から被覆が剥がれはじめ腐食してしまう。そのため、集中的に浸食が起きることと、元々薄肉であることが漏水の発生を心配させる。そのほか、差し込み接合部分や溶接加工部分といった場所に、局部的な腐食が発生する。

排水管の変遷

配管材名称	昭和30年代	昭和40年代	昭和50年代	昭和60年代～平成初期	平成10年代
配管用炭素鋼鋼管（白）（通称：白ガス管）（SGP）	ドレネージ接合		可とう継手接合（用途により一部で使用）		
排水用塩化ビニルコーティング鋼管（ARFA）		差し込み接合			
排水用ノンタールエポキシ塗装鋼管（SGP-TA）			可とう継手接合		
排水用硬質塩化ビニルライニング鋼管（DVLP）				可とう継手接合	
排水用鋳鉄管（CIP）	鉛コーキング接合	ゴムリング接合	メカニカル接合	ワンタッチ接合	
硬質ポリ塩化ビニル管（VP）	接着接合				

出典）マンションを長持ちさせる設備改修ノウハウ（エクスナレッジ社）

床上配管方式とスラブ下配管方式

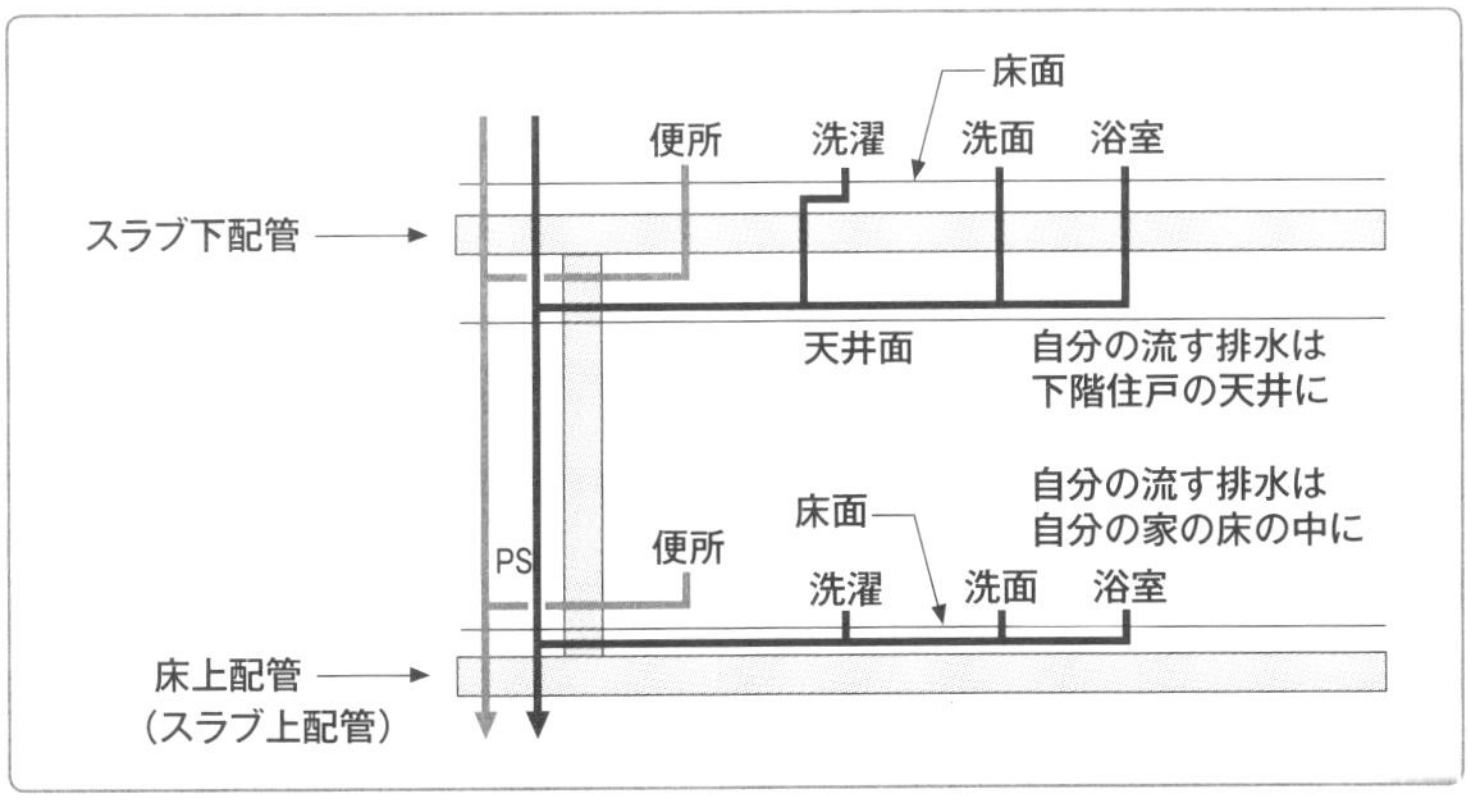

▲スラブ下排水管の漏水事故例

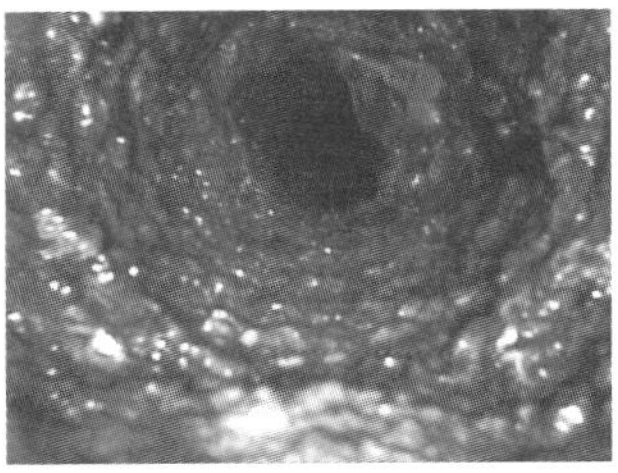
▲台所系排水管（白ガス管）の腐食例

▲台所系排水管（白ガス管）の腐食例

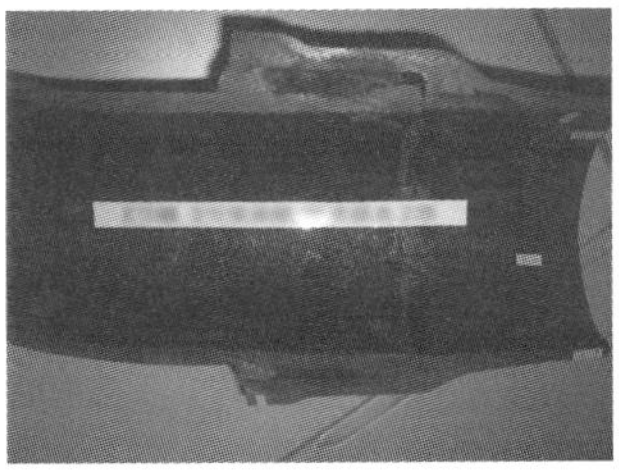
▲45年使った汚水鋳鉄管（腐食なし）

▲塩ビコーティング鋼管の腐食

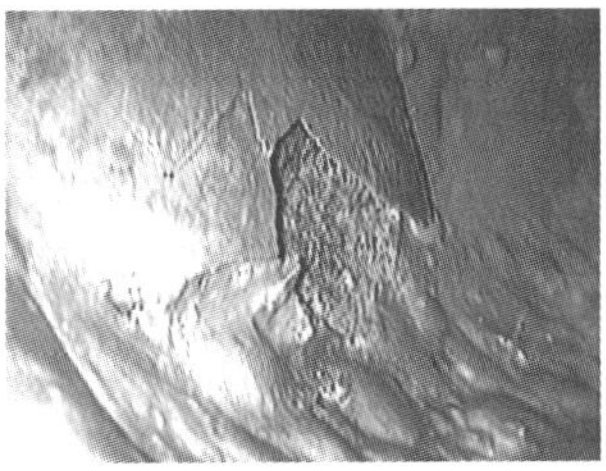
▲塩ビコーティング鋼管の腐食

081

排水管改修のポイント

排水管は室内に隠れているため、共用部分の立て管工事は室内において大工事となる。

工事の騒音対策や入室日の徹底など、広報活動や円滑なコミュニケーションが成功の鍵となる。

改修方針は、将来を見越しフレキシビリティを付加したものにする

現在市販されている住宅設備機器の大半は、将来必ず世の中からなくなる。そしてその商品群は根本から寸法体系が変わり、40年前に建設されたマンションには設置できないということがあるだろう。

かつての設備配管は、永遠に室内の間取りが変わらないかのごとくつくられてきた。リフォームは繰り返されるもので、便器など住宅設備機器は、進化し続ける製品であることは容易に想像つく。だが、残念ながら配管の構造上、新しい製品が選べないというマンションが少なくない。

住まい手は変わるもの、間取りは変わるもの、設備機器は進化していくもの、という変化が大前提で設備配管を考えていかなくてはならない。

特に排水管の改修においては、ただ老朽化した配管を取り替えるのではなく、「フレキシビリティ」という付加価値を、改修により手に入れることが重要となる。

改修ポイントは、いかにして居住者の理解と協力を得て、施工時の影響をやわらげられるか

以下にポイントをまとめる。

- 耐久性の高い材料を選定するとともに、排水システムの見直しを検討し、必要により立て管本数を減らす。
- 共用部分と専有部分の区分けを整理する。
- 居住者への説明は繰り返し行い、工事に対する理解を得る。
- 流れ作業での全戸入室工事となるので、居住者の合意形成は100%を目指す。
- 騒音対策、粉塵対策を考える。
- 必要により、居住者専用の仮設便所やランドリーを設置する。
- 必要により、騒音からの避難所などを設置する。
- 工事中は在宅が基本となるが、現実的には、住戸の鍵の貸し借りルールなども必要。
- 更新施工時の排水制限時間は、最長でも朝9時から夕6時までの間とし、早朝と夜は通常どおりの生活ができるよう排水を確保する。
- 排水制限時に、うっかりして上階から排水を流されないよう、アナウンスを徹底する。

排水管の改修事例

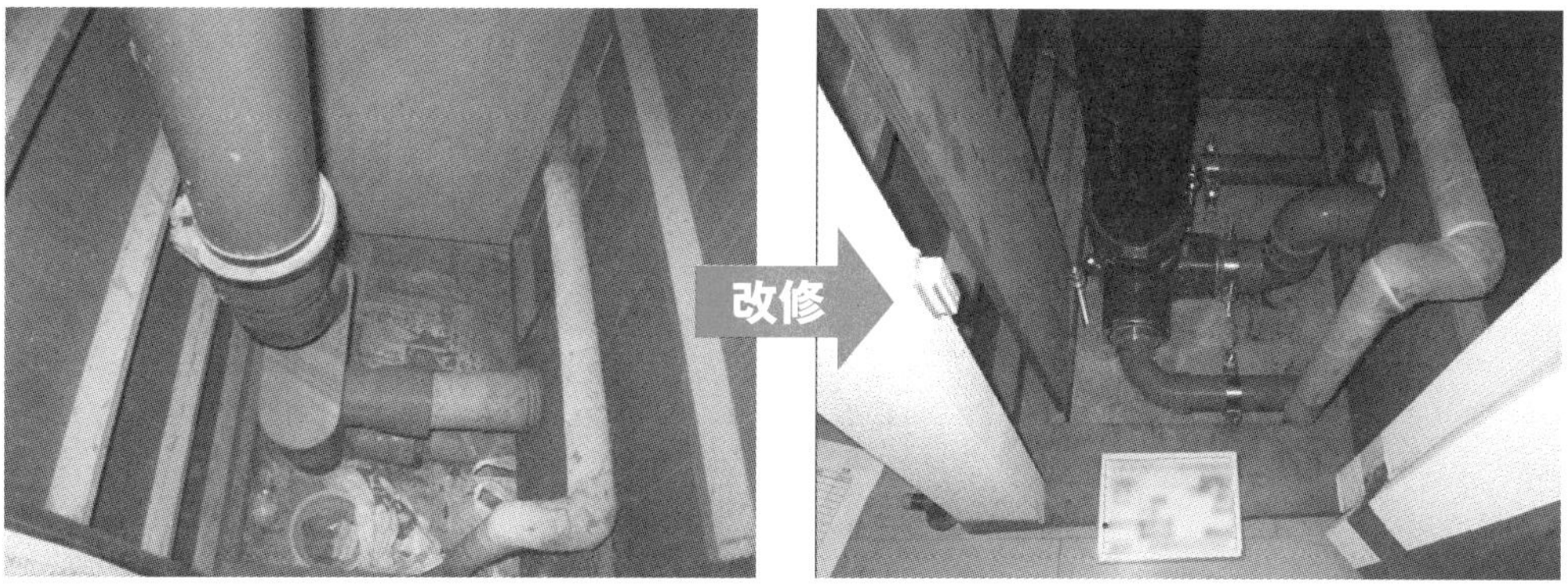

▲フレキシビリティーを持たせる排水管の改修例

この事例における排水用特殊継手の枝管接続口80A×3口はすべて床スラブ面まで下げてある。立て管は硬質ポリ塩化ビニル管に耐火遮音材（認定品）を巻くことで、枝管はすべて硬質ポリ塩化ビニル管でよくなり、狭い床フトコロ内でのころがし配管が可能

▲古い排水立て管の切断状況

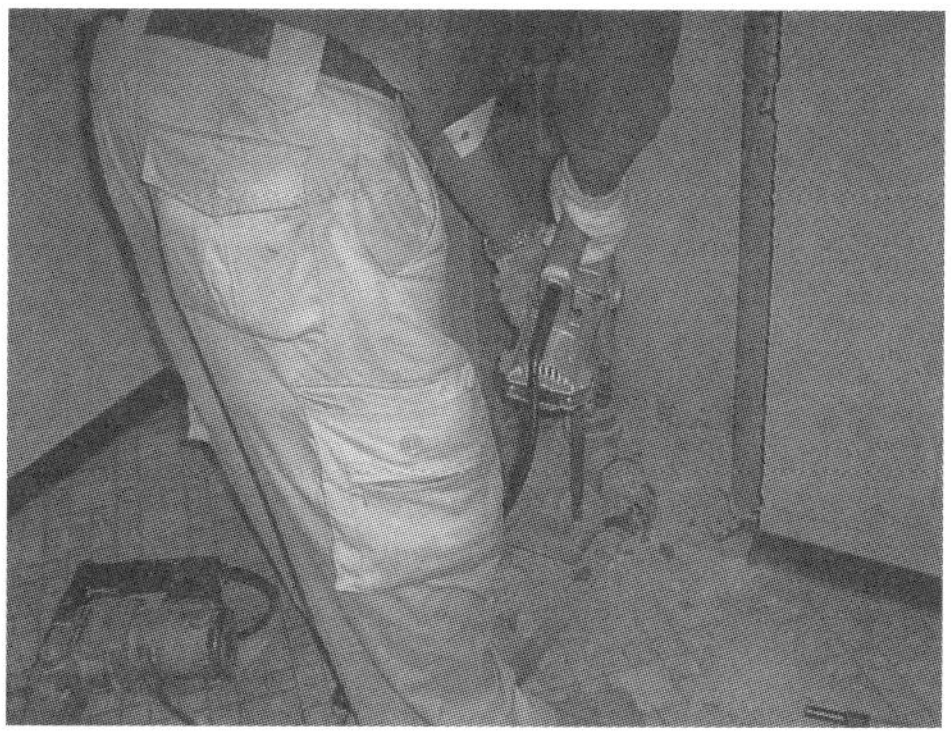

▲立て管貫通部のスラブハツリ状況

▲居住者専用の仮設便所を設置した例

▲騒音からの待避所を設置した例

082
無駄なリフォームを防ぐ設備改修

築25年の中古マンションを購入したA氏は、入居前に巨額を投じてスケルトンリフォームを行った。リフォームの設計を建築士に依頼し、自分好みの間取りにしてとても満足の行く出来栄えとなった。

しかし古い床や壁はすべて撤去したが、設備配管は一切交換しなかったそうで、台所から流れる古い排水管の上には新しく1まわり大きなユニットバスが設置された。浴室を大きく広げたのだ。A氏は、この排水管の寿命がよくてあと5年であろうとは知らされていなかった。

この3年後、排水管から漏水事故が発生したため、管理組合は排水管更新工事を実施することになったのだが、このユニットバス下にある台所系統の排水管を更新するため、まだ新品に近い大きなユニットバスは解体せざるを得ないこととなった。その費用負担は管理組合ではなく、もともと専有部分の枝管の更新であることなどから、A氏が負担することになった。実にお気の毒な話である。

一方、別の築25年のマンションに住むB氏は、コンサルタントの診断報告書により、自分のマンションに3種類の排水管が使われていることを知った。理事長を務めていたB氏は、排水管を色分け、次の手をうった。

①共用の立て管は塩ビコーティング鋼管（ARFA）。あと最低10年は使えるので長期修繕計画を見直した（図の　の管）。

②専有の台所排水管は白ガス管（SGP）が使われており、立て管まで単独で敷設されている。腐食が激しく漏水の危険があるので、この白ガス管部分の一斉更新を総会に上程した（図の垂直方向に走っている　の管）。この部分は専有部分の配管だが、全戸共通の問題なので、修繕積立金で工事することにした。

③洗面・洗濯の排水管はさほど腐食が進行していなかったがユニットバスの真下を横断していた。専有部分であるこの部分を各戸で管理してもらうこととし、ユニットバスをリフォームする場にあわせ当該部分を自分で更新するようガイドラインを作成し総会に上程した（図の斜め方向に走っている　の管）。

これを総会で聞いたC氏は3年後にユニットバスをリフォームする際、ユニットバス工事業者にガイドランを見せ、白ガス管を更新してもらった。この部分の排水管更新にかかった費用はたった1・5万円だったそうだ。A氏とC氏の違いがお解り頂けるであろうか。

無駄なリフォームを防ぐ設備改修例

A氏いわく「不動産屋も建築士も管理組合も、この排水管の耐用年数が残りわずかであることを、教えてくれなかった。管理に熱心な管理組合でもなさそうだし誰も知らなかったのであろう。」

▲A氏は築25年のマンションでスケルトンリフォームを行った。ユニットバス下の排水管は更新しないで、そのうえにユニットバスを設置した

ユニットバスをリフォームした時に、この部分を取り替えた

取り替え後

▲C氏はガイドラインに沿ってユニットバスのリフォーム時に排水管の更新を行った

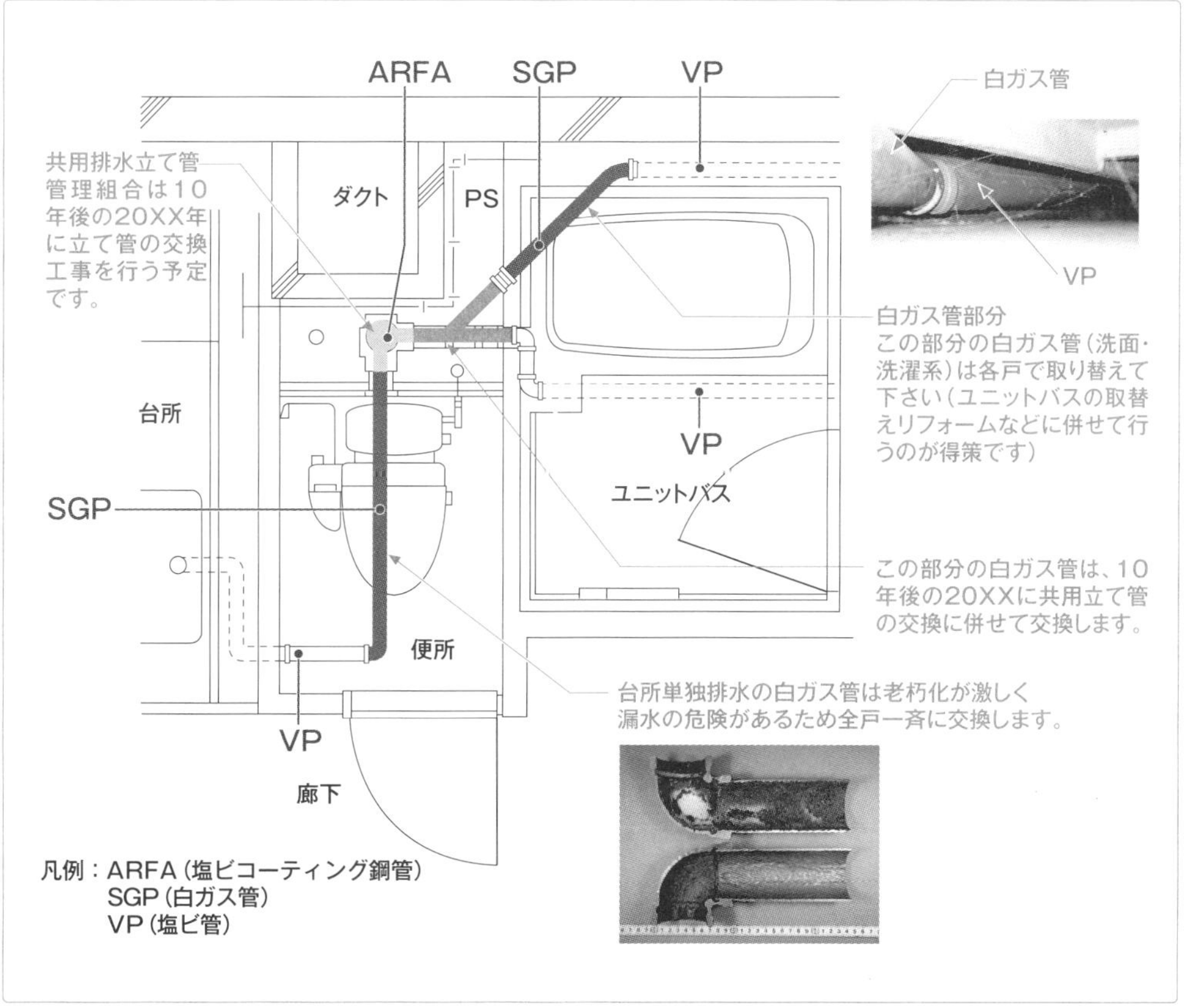
ARFA
SGP
VP
白ガス管
VP
共用排水立て管
管理組合は10年後の20XX年に立て管の交換工事を行う予定です。
ダクト
PS
台所
SGP
白ガス管部分
この部分の白ガス管（洗面・洗濯系）は各戸で取り替えて下さい（ユニットバスの取替えリフォームなどに併せて行うのが得策です）
VP
ユニットバス
この部分の白ガス管は、10年後の20XXに共用立て管の交換に併せて交換します。
便所
台所単独排水の白ガス管は老朽化が激しく漏水の危険があるため全戸一斉に交換します。
VP
廊下
凡例：ARFA（塩ビコーティング鋼管）
SGP（白ガス管）
VP（塩ビ管）

▲B氏が色分けした排水管改修計画

083 タイル張り在来浴室の問題点

在来浴室とは「アスファルト防水タイル張り仕上げ」の浴室

昭和40～50年代以前に建設された団地やマンションの浴室には、アスファルト防水が施されたタイル張り仕上げのもの（在来浴室）があり、この場合の大半は浴室排水管が直下階の天井裏に横引き配管される、いわゆる「スラブ下配管」となっている。

このスラブ下排水管の取り扱いは、最高裁の判例から共用部分として取り扱うのが一般的で、管理組合が改修を考えなくてはならない。問題は、排水金物（排水トラップ）と排水管の接続部分がコンクリート床に埋まっているので、この部分の改修にはタイルや防水層が「道連れ的」についてきてしまい、工事がかなり大がかりとなってしまうことだ。

昭和の終わりの頃までは排水金物と排水管の接続部・アスファルト防水層はさほど老朽化していないと考え、この部分を残して排水管を更新すればよいと考えられてきたが、平成に入ると排水金物とその接続部まわりの腐食が徐々に顕在化してきたため、この部位専用のライニング更生工法が誕生した。

さらに時が過ぎ、マンションも築40年を超える頃になると、排水金物廻りからではなくアスファルト防水層からも、しだいに漏水が発生するようになる。そうなると、防水層と排水金物を合わせて修繕することが合理的と考え、浴室の床面にFRP材による新規の床防水を「かぶせ工法」で施し、これに見合う専用の排水金物に交換する修繕が行われるようになった。ここまでくると管理組合がまとめて実施することになる。

在来浴室の排水口は、ユニットバスからの排水を適切に接続できない構造

一方で浴室は専有部分であるため、築30年も過ぎれば各戸が個別にリフォームをする。タイル張り浴室の中に「ユニットバスを置く」リフォームは、経年を増すほどに増えていく。

排水口の上に置かれた新しいユニットバスの排水は、古い排水口に放流されることになり、改修しなければならない排水金物まわりが封印されてしまうことになる。

この問題に対応するため、管理組合が管理規約やリフォーム細則などにより、そうならないよう指針を作成する場合もあるが、思い描いたように運用することがなかなか難しいのが現状だ。根本的な改修手法が必要となってきているのである。

古い浴室の問題点

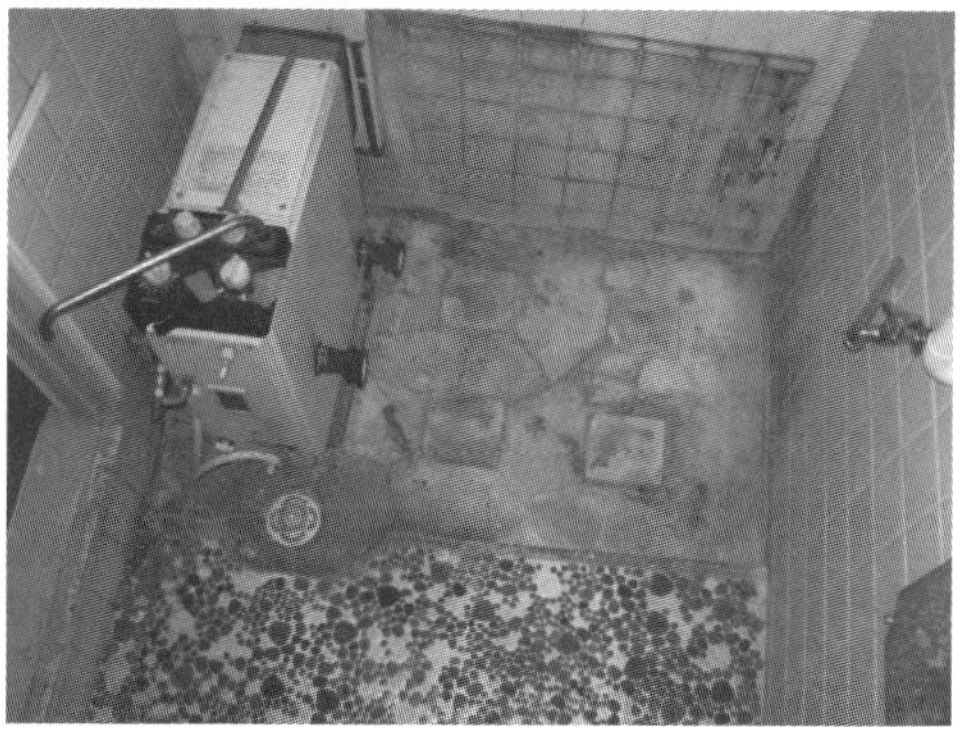

▲アスファルト防水タイル仕上げの浴室
（浴槽を外した状態）

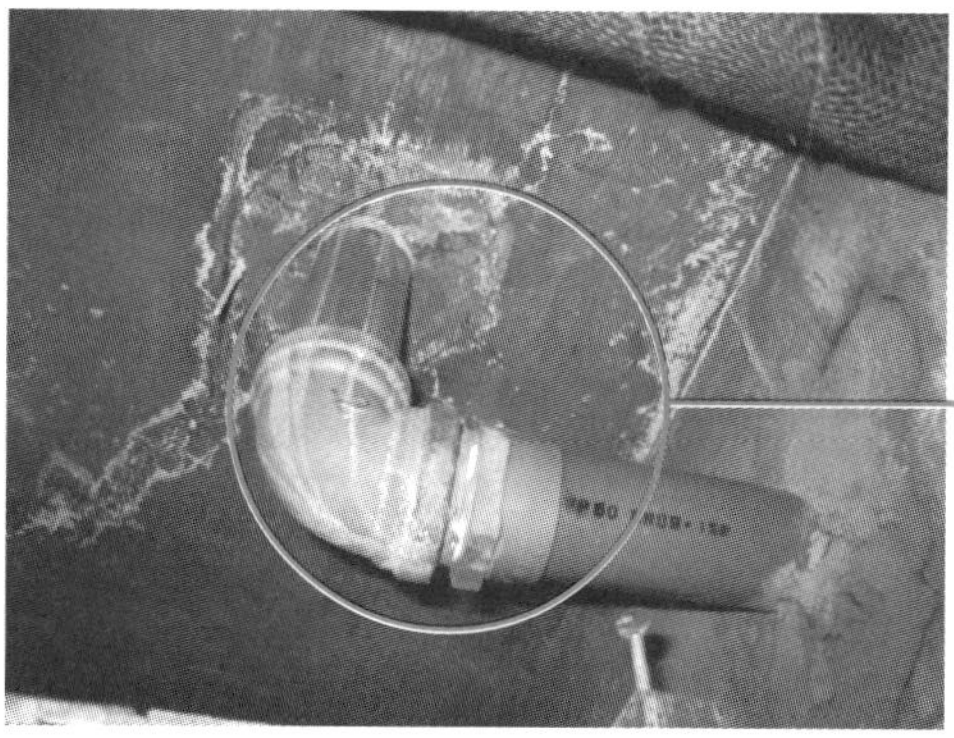

▲浴室排水口直下のスラブ下排水管（下階の天井内）
排水口廻りから微量の漏水が発生している

この貫通部分の排水管を更新するには防水工事を巻き込むことになるので敬遠されてきた。

写真の事例も、貫通部は更新されず、横引き管から塩ビ管に更新されていた

▲浴室天井内（スラブ下排水管）からの漏水事故

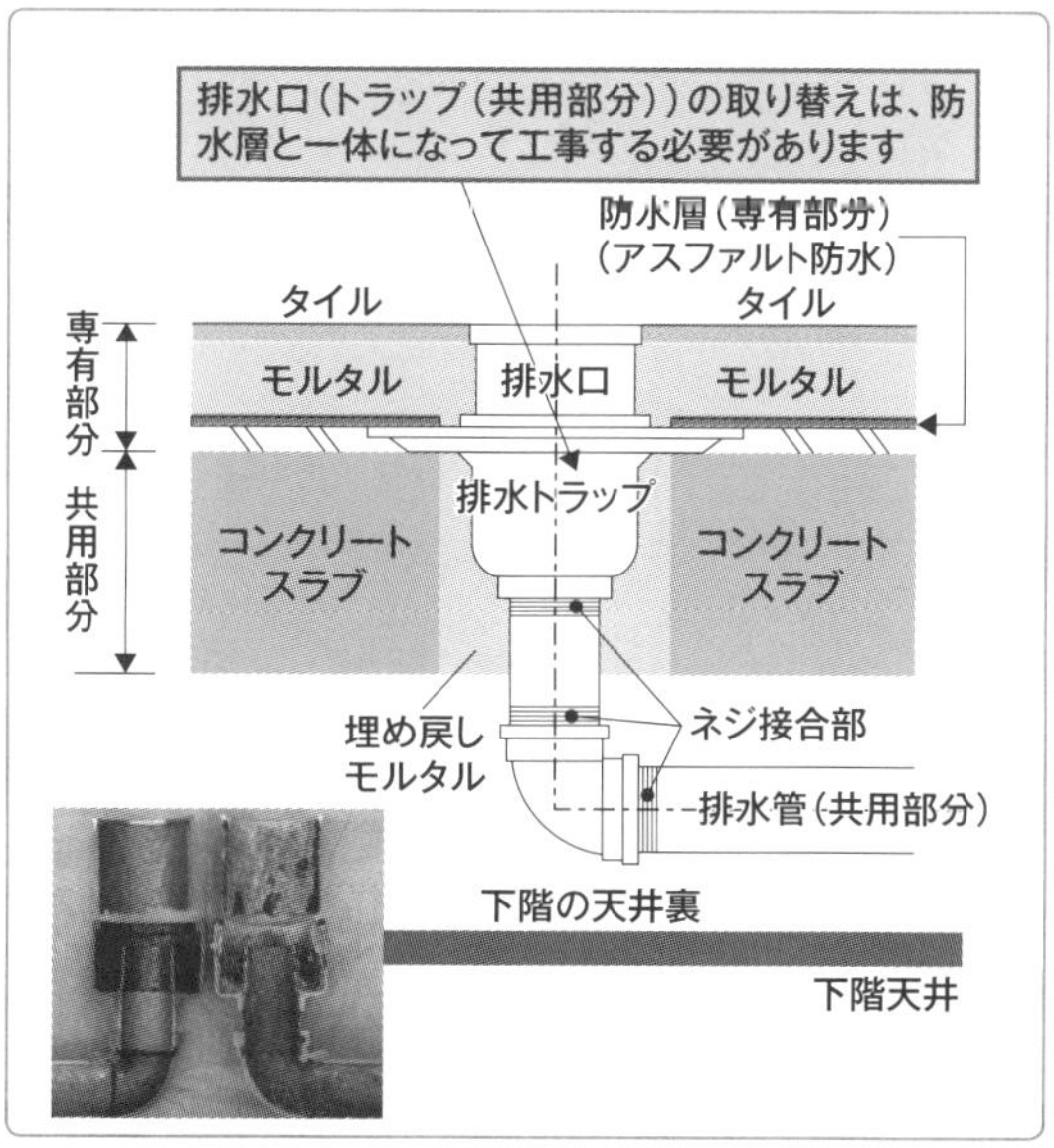

▲浴室の床と排水口廻りの断面詳細図

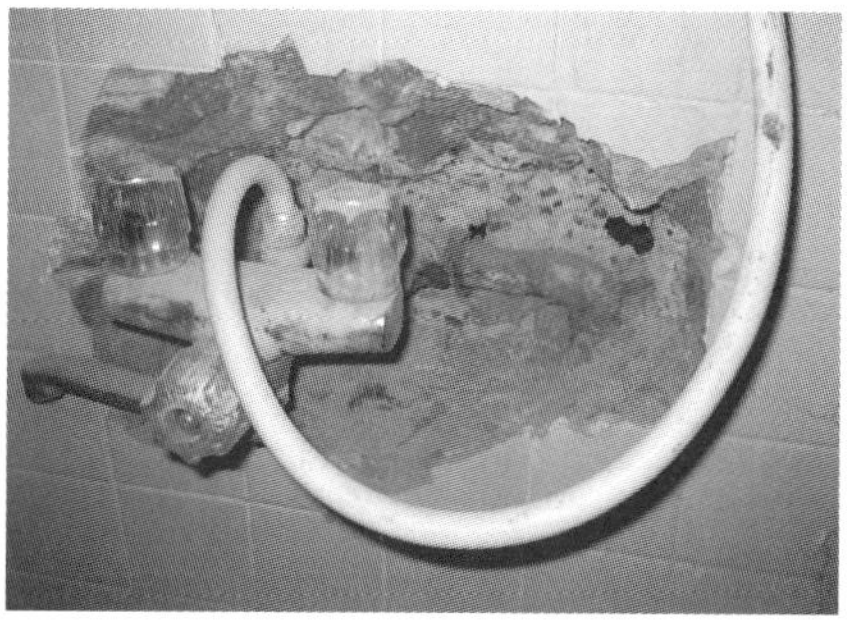

▲排水管だけではなく、浴室壁内に埋まっている給水管も併せて考える必要がある

▲ユニットバスリフォームの排水放流
戸別リフォームで在来浴室にユニットバスを設置する場合の排水管の接続は、老朽化した古い排水金物にユニットバスからの排水管を差し込むだけだ。既存の床排水金物は、排水管を接続できる構造になっていないので、リフォーム業者は排水管を古い排水口に差し込むことしかできないのである

084
在来浴室と排水管の段階的スラブ上化改修手法

段階的スラブ上化改修手法

在来浴室から、既製のユニットバスへリフォームする費用を含めてすべて修繕積立金で賄い、排水管をスラブ上更新したという優れたマンション改修事例もあるが、現実としてその選択は難しい。ユニットバスリフォーム費を全戸から一斉徴収しようとしても、なかなか全戸からの合意は得られない。

その一方で、排水管は老朽化して漏水が年々増え、在来浴室からの漏水も発生し始める状況なので、改修しなければ安心した生活が確保できない。

そこで、排水管のスラブ上化更新は修繕積立金を使って一斉に行うが、浴室の改修（ユニットバスの設置）については、希望者のみの同時オプション工事（自費）にて行ってもらう住戸と「今回は浴室のリフォームを何もしない」という住戸が併存できる方法が必要となる。それに対応するものが「段階的スラブ上化改修手法」である。

管理組合としては、できれば1件でも多く今回の排水管工事と同時にユニットバス化リフォームを行ってもらい、「浴室排水管のスラブ上化」を完結させたいところだが、浴室は専有部分であり、管理組合が各戸へ強制的にリフォーム工事を促すことは難しい。

すでにユニットバスにリフォームした住戸や、今回は見合わせる住戸には、将来、戸別に浴室をリフォームする際に適切に排水管を接続することができる「スラブ上将来接続口」を今回工事で設けておくことで、将来にわたり柔軟に対応していくことが可能となるというものである。

浴室リフォームの実施時期の判断を各戸に委ねつつ、時間をかけた段階的な排水管のスラブ上化と、適切な浴室リフォーム対応(排水管の適切な接続)が可能となる手法であり、現在注目を浴びている。

立て管改修は、スラブ下排水管を暫定的に接続し、将来スラブ上接続口を設けておく

A氏とB氏が将来浴室をリフォームするときまで、スラブ下配管のまま使えるように暫定接続しておき、将来の浴室リフォーム時に自階のスラブ上で確実な排水接続ができる「将来排水接続口」を設置しておく[左図]とよい。自階に接続口を設けておくだけなので、大して費用はかからない。この接続口で悲惨なユニットバスリフォームを避けることができる。

在来浴室と排水管の段階的スラブ上化改修手法

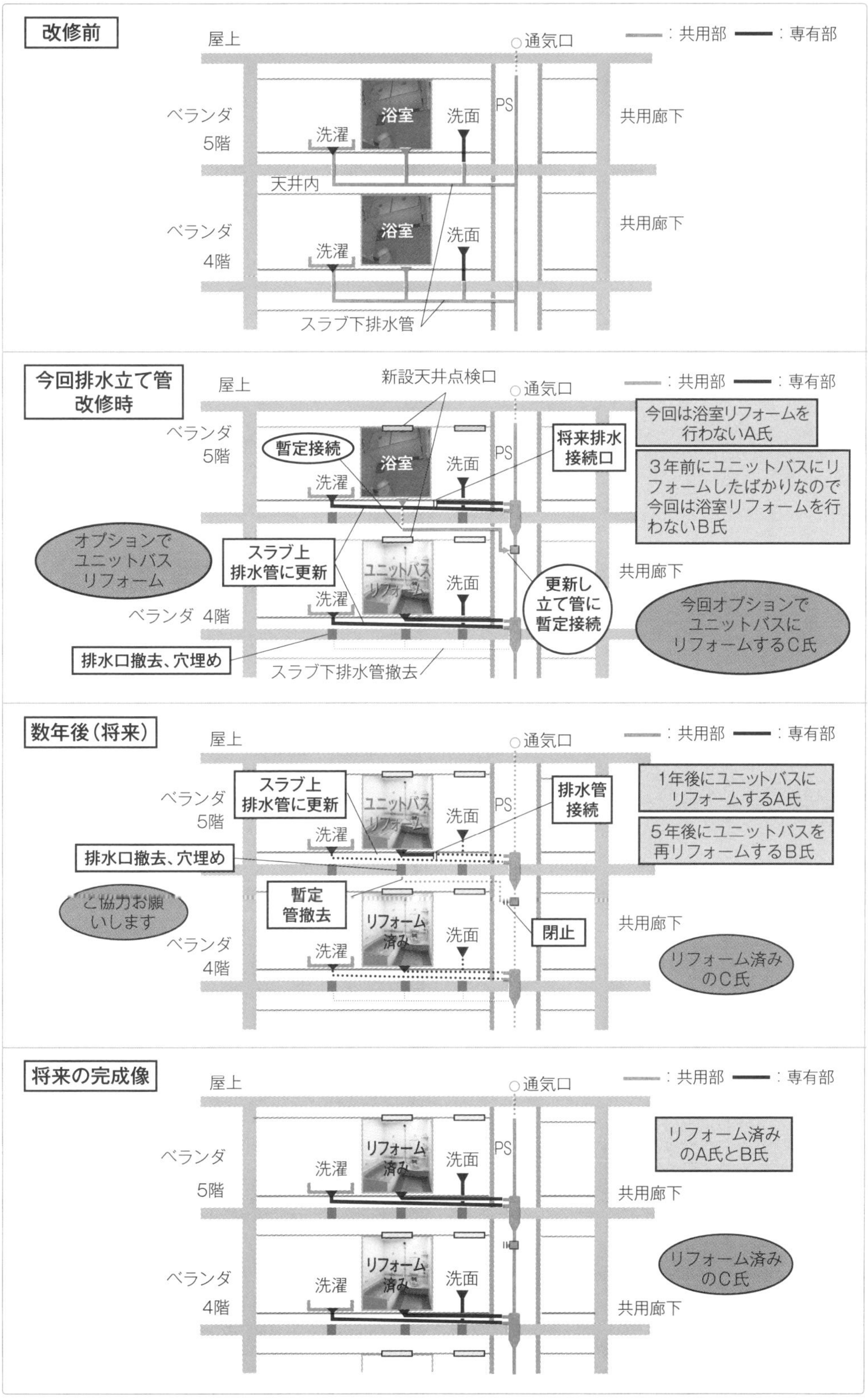

085

専有配管の一斉更新

マンションに末永く安心して住むために、配管をすべて更新する時がくる

マンション設備改修の判断で最も重要なことは、隠れた配管を「どのような方法」で、「いつ改修するか」である。昭和の頃に使ってきた配管材はどうしても耐用年数が短く、改修を余儀なくされるわけだが、その腐食との戦いにより配管材は進化を遂げ、現在のような耐久性の高い優れた材料が普及したともいえる。

過去、腐食・劣化との戦いの中で「配管を延命させる」という考え方が一時を救ってくれた。配管を新管に交換する「更新工法」は、現在では当然のこととして行われているが、一昔前は技術的にもコスト的にも難しく、できれば避けたいと捉えられていたときもあった。

時が流れ、世の中が改修の経験を積むにつれて、住みながら改修することの技術もコストも身近になった設備改修は、「建物自体を延命させる」ために、パーツのひとつである設備配管は「更新する」という考え方にステップアップし、今では過去に延命投資された更生配管や防錆装置を撤去しているのが現状である。

マンションにもいろいろあるが、一般的には昭和の頃に建てられたものは、遅かれ早かれ配管の「フル更新」が必要な時がくるということを現実的に正面から捉えなければ、結果として二重投資を行ってしまうということを、先輩マンションの経験から学ぶことができる。

共用部分の配管と専有部分の配管は、構造上一体につながる

水やガス、電気は公共から供給を受け、マンション共用部分の配管を経て室内に入る。すべて1つの線で繋がっており、老朽化の進行度合いは共用部分も専有部分も似たような具合だ。共用配管だけ更新しても、末端の専有配管を更新しなければまったく意味がないのである。共用部分の改修は管理組合が適切に行うが、専有部分の管理は老朽化した給排水管が改修されないまま、とり残されることが少なくない。そのため、漏水が多発し安心した生活が過ごせなくなってしまっている高経年マンションが、今後ますます増えることが想定され、大きな課題となっている。

一つ屋根の下、上階の住戸の専有配管がきっちり改修されないと、下階の住戸は漏水の心配から開放されない。ここにも管理組合の介入が必要となる。

専有配管の一斉更新

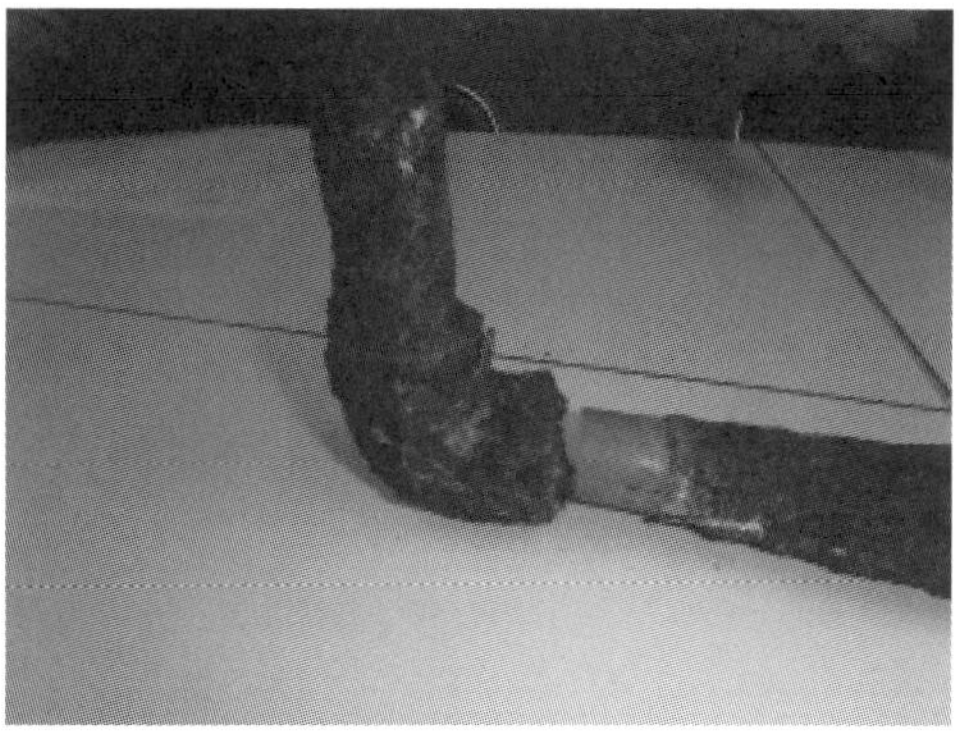

▲築33年、トイレのロータンクに接続される専有部分給水管の立ち上がり部分の激しい腐食。極微量の漏水が発生していたが、居住者は気付かず、管理組合による一斉更新で床を剥がし、初めてこの状態がわかった

▲管内の水質などを変え配管を延命させるための装置。導入コストに加え維持費がかかるので、10年後ぐらいに2回目の給水設備改修を行う際、給水管の更新と装置の廃止を行うケースが多い

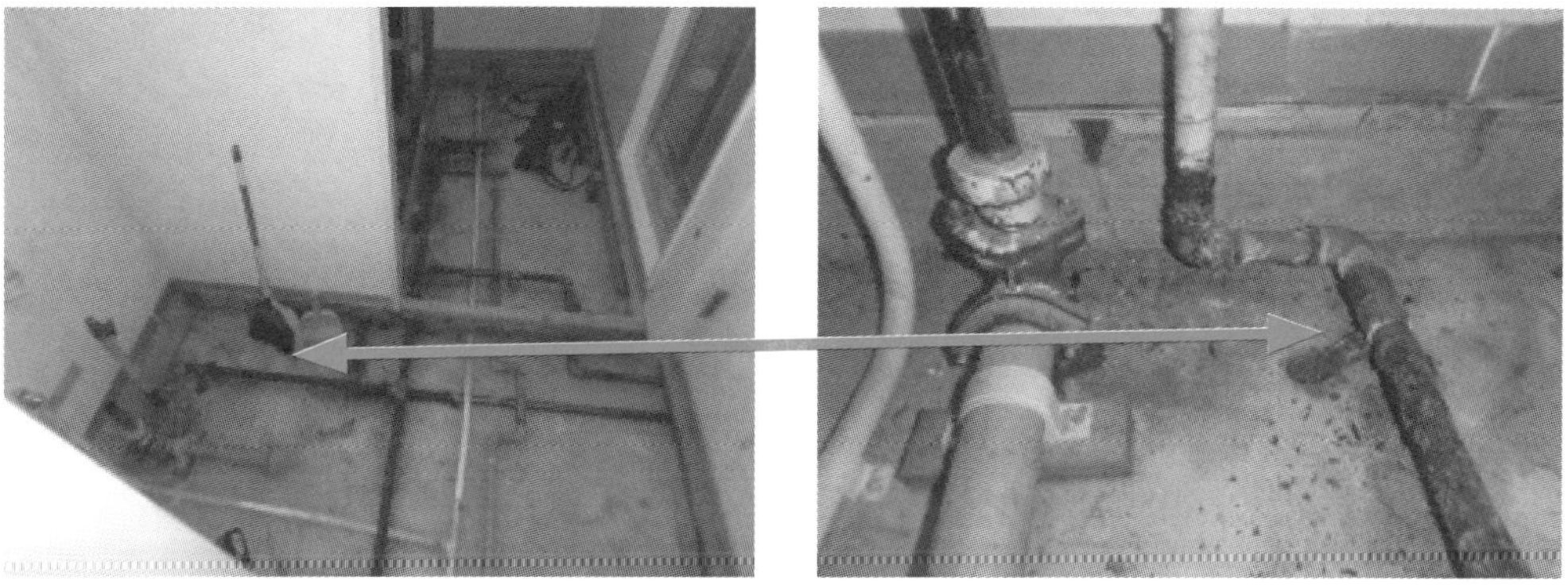

▲築35年で専有給水管、給湯管、ガス管を更新中の住戸。床を剥いだら、洗面器下の給水管が、漏水寸前の状態であった

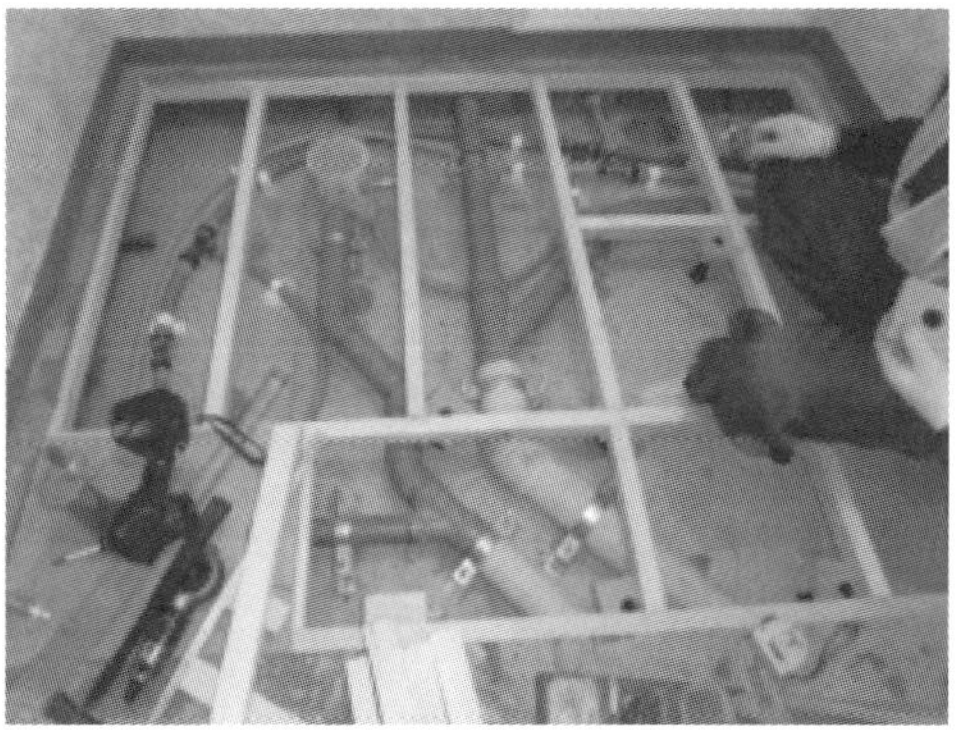

▲築30年で専有給水管、給湯管、ガス管を更新後。内装復旧中

▲築35年で専有給水管、給湯管、ガス管を更新中。排水管からの漏水が発覚。1階の床に水が貯まっていた

Chapter 4

086

配管の更新情報を継承する

配管更新は「やり残し」せず完全に更新しきる

高経年マンションにおいては、数年前に配管更新工事を行ったはずなのに、また配管からの漏水事故が発生したという事が少なくないようだ。それは、配管の施工そのものが悪かった訳ではなく、実は更新されていなかった部分があったということだそうだ。

配管更新工事には、必ず「始まり」と「終わり」がある。究極の始まりは公共下水道や水道局の本管と接続する官民の境界で、終わりは住戸内の蛇口や器具の排水口だ。使われている配管材質にもよるが、基本的にはこの全てを更新しきらないと意味がないのだが、現実としてはその全てを一度に完全更新する事の方が少なく、様々な事情で更新範囲が区切られることになる。「築何年目の工事は」、「何の配管を」、「どこからどこまでを」、「どのように更新し」、「どの部分が残っているのか」を示した「正確な竣工図」を残すことが重要だ。

少し残念な具体的な事例（写真1）を紹介しておく。これは更新工事の手抜き工事例で、本来更新しなければならない老朽化した「鋼管」を、工事上の都合で残されてしまった例だ。工事完了時点において発注者である管理組合には知らされず、数年後、地下に汚水が流れ出し発覚したそうだ。

専有配管の更新情報も管理組合で管理する

専有部分の給排水管の更新をどうするのか。築50年を過ぎても各戸に委ね放しで更新されないままでよいのか、管理組合で一斉に更新工事を実施するのか、その費用はどうするのか、これは頭の痛い大きなテーマである。

大切な事はリフォーム工事が終わった後である。行われた専有部分の工事で「やり切れなかった部分があるのか、無いのか」、「あるとすれば今後どのようにしていくか」、そうゆう部分こそ往々にして忘れられがちで、放置すればそれは時限爆弾のようになってしまう。

その未達成情報を区分所有者と管理組合が将来に渡り保有し続けなければならない。難しそうに聞こえるかもしれないが、リフォームをチェックするための専門家を雇うことも一つである。

特に設備配管の管理は、「面」や「線」ではなく部材一つ一つの「点」として扱える知識と経験が必要だ。

やり残された排水管

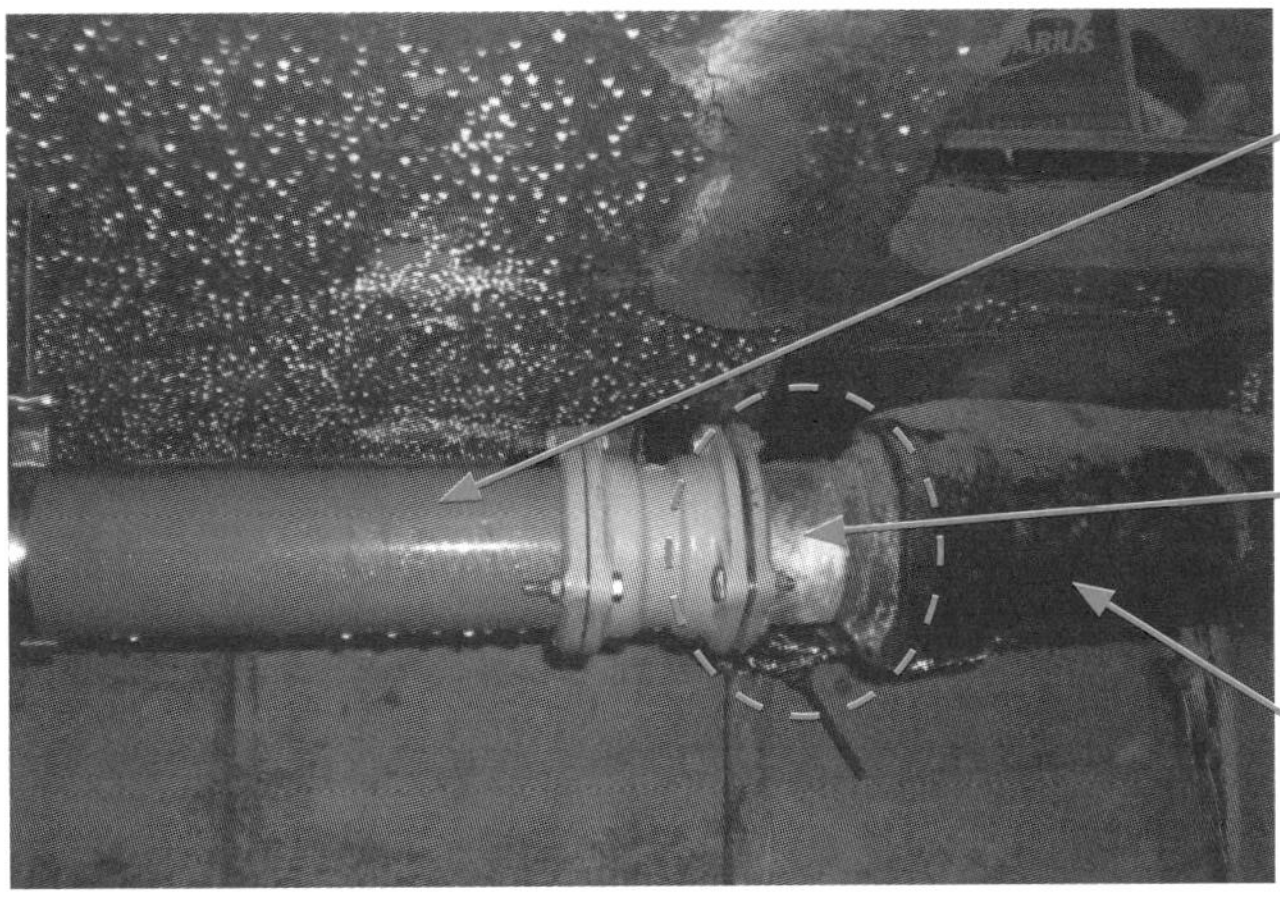

▲写真1　実際にあった排水管更新工事の事例

残念なことに手抜き施工により更新対象である「鋼管」がもう一歩のところで残されてしまった事例である。鋼管を全て塩ビ管に更新し、既存の排水鋳鉄管に接続して終了する予定であったそうだが、鋳鉄管手前の鋼管部分で塩ビ管を接続している。

専有配管の更新カルテ

20XX/X/X

●棟＊＊＊号室　　区分所有者様

・・・マンション管理組合

ユニットバス床下の排水管について

この度は、給排水設備改修工事にご協力頂き、誠にありがとうございました。
今回の工事において、お宅様は「ユニットバス」のリフォーム等を行っていないので、排水管に老朽化した古い鉄管が残っているか、またはジャバラ管が使われているなど、今後の維持管理上、好ましくない状態のままで
この状況を受け、管理組合としては、今後の対応について特に気になる住戸に対し戸別に写真を添えてお伝えすることといたしました。
どうぞ趣旨をご理解の上、今後ユニットバスをリフォームする際は必ず床下の排水管を更新していただくようお願い申し上げます。

排水管接続状況	ユニットバス床下の排水管接続状況
	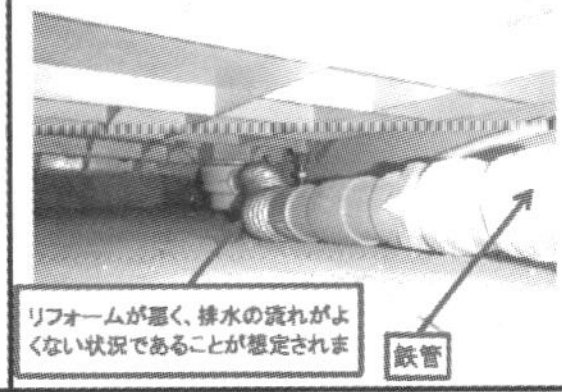

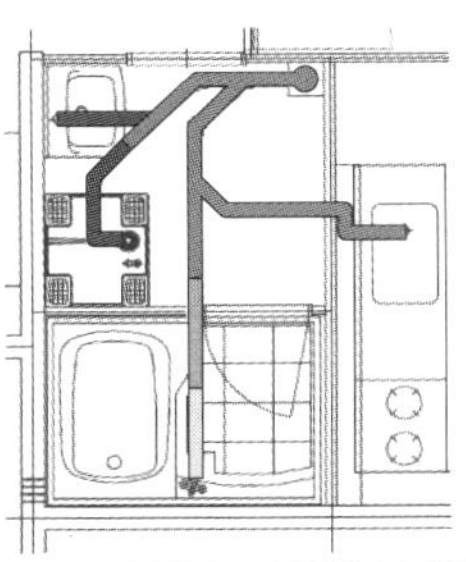

：今回更新しておらず、建設当初の鉄管が残っている部分
⇒ユニットバスをリフォームする際に、必ず更新してください。鉄管の残存耐用年数は、住戸により異なりますが、概ね5～10年程度と思われます。
：今回更新しておらず、ご自身のリフォームにより過去に更新されているようであるが、あまり好ましくない状況の部分
⇒なるべく早めに改善することをお勧めします。
：今回塩ビ管に更新した排水管
：過去の修繕工事で塩ビ管に更新した排水管

※住宅を売却されるときは、この内容を不動産会社や買い手の方に必ず伝えてください。
[確認欄]
記載内容について理解しました。
令和X年　月　日 氏名：　　　　　　印

発注者：・・マンション管理組合
設計監理：JIAメンテナンス設計事務所
施工者：〇〇工業株式会社

各住戸にはそれぞれ事情があるので、専有部分の改修は、必ずしも管理組合が思い描くように完成するとは限らない。

やりきれなかった部分は、左図のような「更新カルテ」により具体的な情報を残す。その残した情報は管理組合と区分所有者が共有する。将来、この住戸からリフォーム申請が上がってきた時に、管理事務所がその履歴に気が付いて、自動的にフィードバックされる仕組みを作らなければならない。

特に所有権が移転するタイミングで行われる比較的大がかりなリフォーム工事は、完成形に持っていくための大きなチャンスだ。


出典）マンションを100年以上使っていくために今やるべきこと（JIAメンテナンス部会）

087

エレベーター設備の改修

エレベーターは、様々な性能が向上している

中高層マンションの設備として欠かせないエレベーターには、安全性・耐震性・利便性・経済性・意匠性などが求められ、これらの性能は車や家電と同様に進化している。具体的には、地震時管制運転の標準装備や耐震性の向上、停電時管制運転など閉じ込め防止対策、インバータ制御やLED照明など省エネ化、リモートメンテナンスによる不稼動時間の低減、カゴ内の明るく洗練されたデザインなどさまざまな性能が向上している。

エレベーター改修時期は25～30年

マンションのエレベーター改修時期は、使用頻度やメンテナンスの状態により違うが、一般的に設置後25年～30年位までに行なわれるようになった。2012年頃から、メーカー各社が生産終了からおおむね25年以上経過した機種について部品供給を停止する通知を出すようになり、またメーカーのカタログには、改修工事の目安を20年～25年としているものが多い。現在では、長期修繕計画で築後25年を目安に資金計画をたて、メーカーにエレベーターの状態など相談しながら、設置後25年～30年位までに改修工事を実施している。

エレベーター改修工事のポイント

エレベーターの改修工法には大きく、全撤去リニューアル、準撤去リニューアル、制御リニューアルの3つの工法がある。特徴は左頁表に示す。

近年の改修工事では、工事期間が短く、工事費も比較的安価な「制御リニューアル」の採用が多くなっている。従来の「制御リニューアル」のように、制御盤を入れ換えるだけの基本工事以外に、地震や停電に対する安全対策や車いす対応など、メーカーが様々なオプションを用意しているので、エレベーターを更新する機会に安全性や快適性を付加する機能を検討したい。

また計画時には、居住者が生活しているなかで停止期間が生じることに注意しなければならない。管理組合は工事中の生活支障を少なくする工夫や、アンケートなどで居住者の状況を把握し、通院している方や自力で階段の昇降が困難な方がいる場合など、工事の時期や停止期間などを早めにお知らせするなど、余裕を持って準備を進めたい。

ロープ式エレベーター（機械室有り）改修工事　工法別比較例

比較項目		全撤去リニューアル	準撤去リニューアル	制御リニューアル
工法の概要		エレベーターを構成するすべての部品を撤去し、新しいものに取り替える工法	建物に固定されている部品のうち、三方枠や敷居など使用できるものは再使用する工法	制御に関する機器の入れ替えを行う工事で、主に機械室の機器を交換する工法
機械室	制御盤	●	●	●
	電動機（モーター）	●	●	●
	巻上機	●	●	●（註記5）
	巻上機受台（マシンビーム）	●	○（註記4）	−
	調速機	●	●	●
昇降路	主ロープ・調速機ロープ	●	●	●
	つり合おもり・枠	●	●	−
	つり合おもりレール	●	−	−
	カゴレール	●	−	−
	非常停止装置	●	●	−
	緩衝器	●	●	−
	移動ケーブル（テールコード）	●	●	●
カゴ	カゴ室	●	●	再使用・美装工事
	カゴ戸	●	●	再使用・美装工事
	戸開閉装置	●	●	●
	着床スイッチ	●	●	●
乗り場	三方枠・幕板・敷居	●	再使用・美装工事	再使用・美装工事
	乗り場扉	●	●	再使用・美装工事
一般的な工期の目安（10階建/1基あたり）		30～40日	15～25日	5～12日
完全停止期間の目安		30～40日	15～25日	3～10日
確認申請（註記3）		必要	必要・不要	不要
納期の目安		仕様の決定、施工図の承認から3ヶ月		
備考		・油圧式エレベーターをロープ式エレベーター（機械室無し）にシステム変更する場合など ・価格に競争原理が働く	・カゴや扉は取り替える ・既存部品を残すので、既存エレベーターメーカーに有利になるという点で、価格に競争原理が働きにくい	・カゴや扉は再使用する ・この表は大規模な制御リニューアルを想定したもので、制御盤や電動機など必要な部品だけ交換する場合もある

註記
1.　この表は一般的な例で、メーカーや機種により違う。エレベーターリニューアル用カタログを参照すると共に、メーカーに提案を求める
2.　工期は、スペースや作業条件など建物ごとに違う
3.　確認申請の要否は、特定行政庁により違う。事前に建築主事に確認が必要
4.　○印は、既存部材が新基準を満たしていれば既存使用可、新基準を満たしていなければ更新
5.　戸開走行保護装置（UCMP）を設置する場合は更新

エレベーターリニューアルの必要性

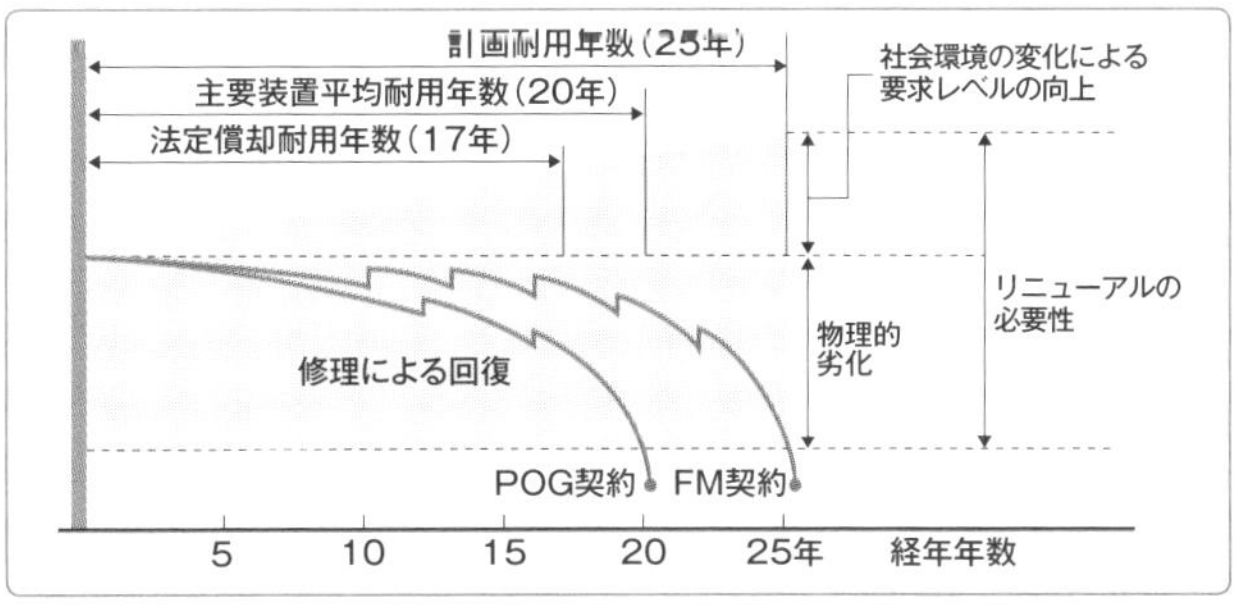

▼階段昇降機

▲エレベーター制御盤の旧（左）新（右）　機械式とコンピューター制御で大きく進化している

088

外構の構成要素と改修内容

屋外環境の整備や改善は、居住者のニーズや地域特性、周辺環境との調和を配慮して検討

マンションの外構を構成する要素としては、道路、歩道、広場・公園（プレイロット）、駐車場、駐輪場、ゴミ置場、緑地などがある。それぞれの要素は、舗装、擁壁、塀・柵、標識類、ストリートファニチャー、遊具、上屋、植栽、照明器具、雨水排水設備の部材により構築されている。

外構廻りの改修は、経年に伴う劣化や不具合や発生に応じて部分補修や交換などを施していくのが実態と思われる。しかしながら、築20年以上を経過すると、用途の変更や景観の整備、グレードアップなどについて居住者のニーズが高まることも少なくない。

用途変更の代表的な例としては、緑地の一部を駐車場や駐輪場にすることが挙げられる。

グレードアップとしては、アスファルトやコンクリート、平板舗装をインターロッキングブロックやタイル舗装に替える、外柵や掲示板・標識をデザインの優れたものに替える、歩道の段差を解消する、昇降補助の手摺を取り付けるなどが挙げられる。

居住者の年齢構成や利便性、ニーズの変更に対応するため、公園や広場、プレイロットに付帯するベンチや遊具類の構成を変更したり、防犯や景観上の観点から、外灯・庭園灯の配置計画を見直したりすることも行われる。

樹木や植栽などの緑の環境も一定の時期に新築時の構成から見直しを必要とする

時を経るごとに、新築時に植えられた樹木のみならず、居住者が自ら植栽したものや、自然と生えた植物が混在して、マンションの外構まわりには豊かな緑の空間が構成される。

一方で、樹木の成長や過度な密生により、日照障害、樹木の傾斜や腐朽、植栽管理費用の増大などの問題も生じる。

自然界では成長に伴い淘汰される樹木があって、残されたものが十分な生育環境を得て、大きく健康な樹木に成長する。本来であれば淘汰される樹木まで生き永らえさせることで、結果として生育環境のバランスを崩している場合も少なくない。

樹木には樹種ごとにふさわしい樹形があるとされ、安易な剪定方法ではそれらの魅力を出すことはできない。樹木を健全な状態に保ち、豊かな緑の空間を保つためには適正な管理が必要となる。

外構施設

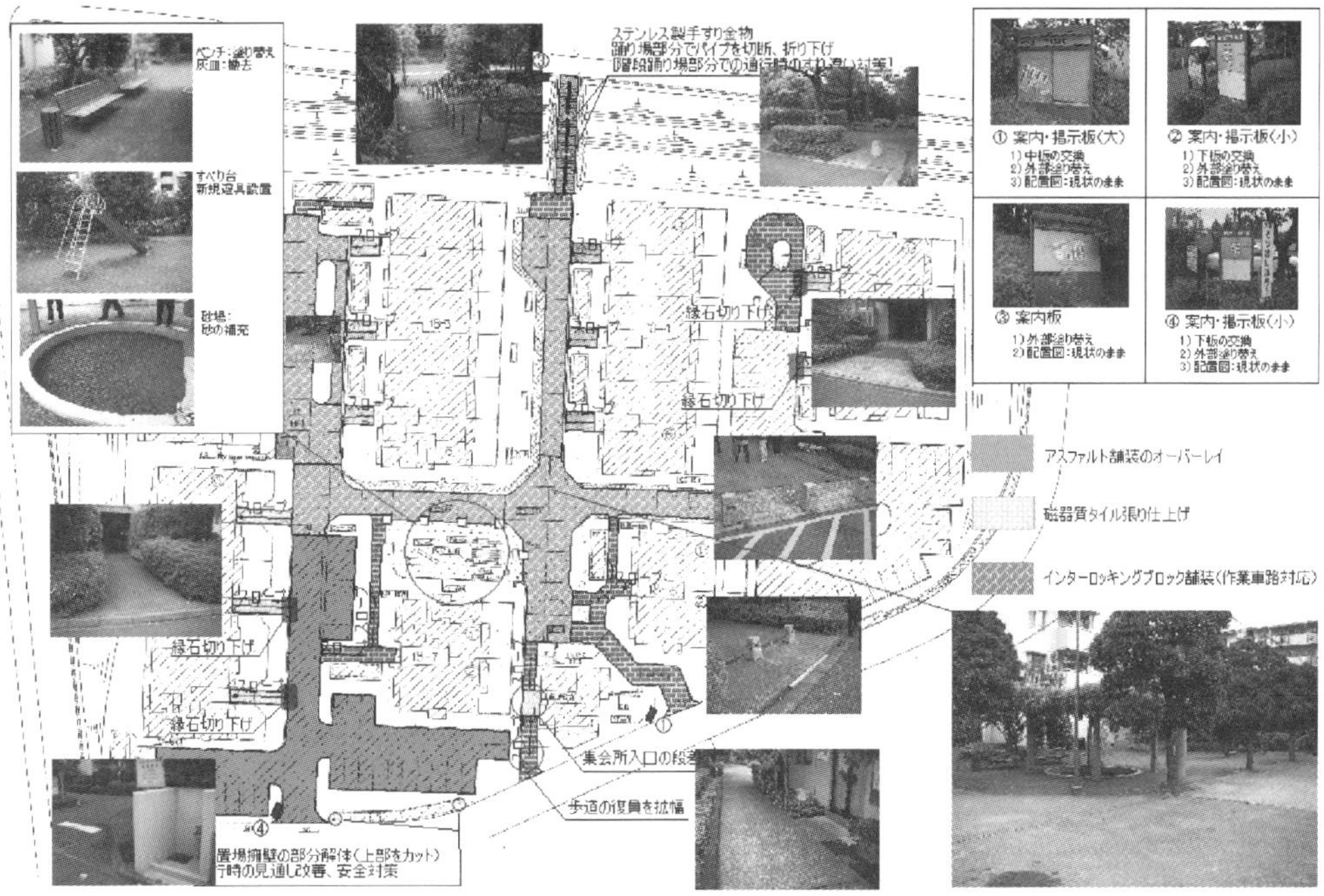

▲団地型マンションの外構構成

▲団地内の緑の整備

▲駐車場の状態

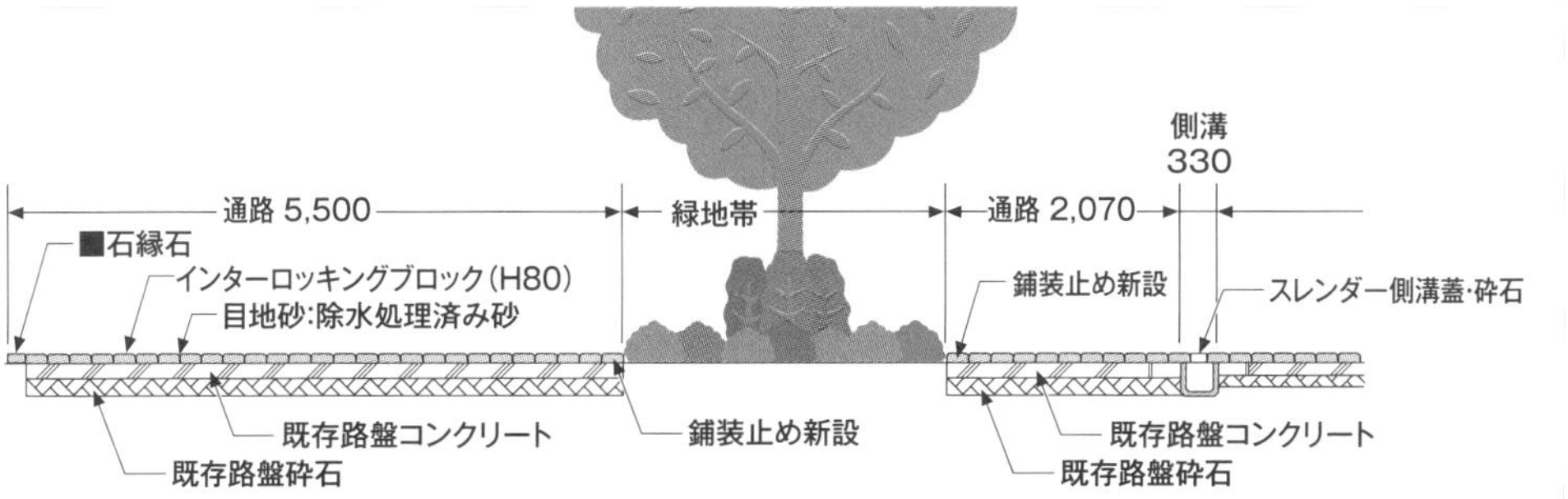

▲路面改修基準図例

Chapter 4

089

舗装の改修

屋外の舗装の改修を行う場合、舗装による景観や機能性の向上を検討する

外構の路面舗装は、アスファルト舗装、コンクリート舗装、インターロッキングブロック、平板、磁器質タイル、石張りなど、多様な舗装材により構成される。

これらには経年に伴い沈下、凸凹、ひび割れなどの劣化損傷が生じる。見た目に見苦しいだけでなく、水溜まり、つまずき、通行障害など、生活上の不具合や事故の恐れもある。特に樹木の根の成長により路面が隆起している例がよく見かけられる。

事故を未然に防止するためにも、経年劣化や不具合の発生に応じて修繕を行うほか、舗装材の機能性やデザイン性の向上、段差解消などのバリアフリー化などが望まれる。

道路や駐車場の傷んだアスファルト舗装は、一定の時期にオーバーレイ、または打ち替えを行う。駐車場の舗装改修にあたっては、駐車区画の引き直しが行われるが、最近は1本線による区画表示からU字型区画線に見直される場合もある。

コンクリート舗装や平板舗装などにあっては損傷や不具合のある個所に限定して部分的な補修により対応する場合もあるが、全面的な改修、あるいはインターロッキングブロック舗装により外構の景観向上を図ることも実施される。

車道であっても、車両の通行の少ない場合は歩車融合路として、インターロッキングブロック舗装やタイル舗装に変更することもある。駐車場では植生ブロック舗装を混在させて、緑化や透水性、吸熱性を高めることも行われる。

舗装の改修にあわせて、バリアフリー化の推進や屋外環境全般の整備を図る

舗装の改修に際しては、段差部分のスロープ化が望まれる。点字・誘導ブロックの設置なども有用である。

階段室型の建物で構成される団地などでは、階段入口へのアプローチ部分がアスファルトやコンクリートで舗装され、アプローチ部分と階段室の入口部分に段差が設けられている。これを磁器質タイルやインターロッキングブロック舗装により、アプローチから階段室の中までの段差を解消し、バリアフリー的な改修を実施している。

マンション全体の景観や環境の向上、地域特性や周辺環境との調和を図ろうと志向する傾向は、今後ますます高まると考えられる。

舗装の改修例

▲インターロッキングブロック舗装により、団地内の景観を向上

▲コンクリート舗装

▲インターロッキングブロックの敷き並べ

▲階段アプローチ部分の段差を解消

▲改修前（入り口部分に段差）

▲既存コンクリート舗装の解体とインターロッキングブロックによるスロープ化

090

外構工作物の改修

耐久性やデザインの向上、利便性やバリアフリー化を考慮した検討が必要

マンションの外構には、フェンス、ベンチや遊具、ファニチャー、外灯、駐輪場、ゴミ置場など、さまざまな工作物が設置されている。

外構に付帯する工作物のうち、スチール製のものは、定期的な塗装の塗り替えが必要となる。適切な塗り替えを怠たると、腐食の進行による断面欠損などが生じて、溶接補修や交換を行わざるを得ない状況に到る。

フェンスなどを交換する際には、メンテナンスの比較的容易なアルミ製やステンレス製の製品を採用するのが望ましい。

ちなみに、フェンスの材質としては、スチール製、アルミ製、ステンレス製、コンクリート製、木製などがある。ネットフェンスは、代表的なスチール柵として多用されているが、最近は美装性、強度、防食性に優れたグリッドフェンスなどが一般に使われる傾向にある。アルミフェンスは多様なデザインがあり、部材もパイプ、パンチングメタル、鋳物など多種で、専用庭柵や門扉などに多く採用される。ステンレス製のものは、主として階段やデッキの手摺などに使われる。

また、外構廻りのバリアフリー化の観点から、外構の階段に手摺を新設するなどの改良も検討するのが望ましい。

外構工作物の整備や見直しにより、時代性や居住者ニーズに対応する

駐輪場の上屋は、変形、傷み、汚れ、変退色により適宜修繕や塗装が必要となる。最近はタイヤラックや2段式の駐輪機が設置される事例も多いが、子供や大型の自転車、電動自転車などにとっては必ずしも使い勝手がよいとは言えず、新たに取り付ける場合には事前の意見調整や検討が必要である。

ゴミ置場が建物の内部に設けられているマンションもあるが、屋外に設けられている場合、美観や管理上の事由により上屋付や小舎にしたものが多い。あまり痛んだままにするとマンション全体の印象を落とすことになるので、常に清浄な状況を維持したい。

そのほか、ベンチ、パーゴラ、ゴミ箱、屋外掲示板、マンション案内板、各種注意板・標識、遊具、照明器具などがある。

経年劣化や時代の推移に伴う陳腐化、居住者のニーズに対しては、一定の時期にこれらを改修することで、イメージアップを検討することが望ましい。

外構に付帯する各種工作物

▲専用庭のアルミ製格子柵

▲スチール製フェンスの腐蝕

▲案内板

▲ベンチ、ゴミ箱などのファニチャー

階段入口廻りのバリアフリー化

▲中途半端なスロープと階段を解体し、手摺を取り付けて
スロープと階段を再整備

Chapter 4

091

駐車場の修繕

駐車場も、住棟などの建物と同様に修繕する

マンションに附随する駐車場の種類は、平面式駐車場、機械式駐車装置、自走式立体駐車場などが挙げられる。機械式駐車場などは、エレベーターと同じように、日常の保守点検や部品交換などの管理は、契約しているメンテナンス会社が行い、管理組合は鉄部塗装や装置の入替えなどの劣化対策の修繕・改修工事を行うこととなる。

駐車場や駐車装置の修繕工事は、一般的には駐車場使用料会計から工事費用を支出することになる。

最もメンテナンスが楽なのは、平面式駐車場である。駐車番号や区画線の舗装は車輪に引かれて薄れるため、大規模修繕工事などの時に一緒に引き直すことが望ましい。駐車場の路盤も、外構路盤のメンテナンスと同様に行う。表層を撤去してアスファルトオーバーレイを行う場合や、路盤から改修するなど、劣化状態などにより改修方法を選択する。外構の全面リニューアルを行う場合は、舗装仕上をグレードアップしたり、駐車場区画を変更するなど、使い勝手に合わせた改修を行うが、条例などで附置義務台数が決められている場合があり、駐車台数の変更を行う場合は、注意したい。

機械式駐車装置や駐車場棟の修繕も、定期的に行う

一般的なパレット昇降型の機械式駐車装置の場合、5~10年おきに鉄部塗装を行う。タイヤによる摩耗が早いパレットの車路部分の塗装は、耐摩耗性のある材料を選定すると耐久性が向上する。既存塗膜を完全ケレンし、車路部分はエポキシ系などの超厚膜型の重防食塗装を施し、他の鉄部は耐候性の高い塗装を施す。地中のコンクリートピットは、漏水止水・躯体改修も合わせて実施し、地下の鉄部は耐防食性の錆止めを使う。

塗装工事期間中は車が置けないため、仮駐車場を確保し、車の所有者に移動を依頼するなど、施工計画の検討もあらかじめ必要だ。仮駐車場の台数によっては、工区分けして施工するなどの工夫が必要だ。

RC造、鉄骨造の自走式駐車場棟は、住棟などと同様の修繕を行うが、常時使用する場所ではないため、住棟よりはグレードを落とすことも考えられる。消防や照明設備など必要な設備機器の改修を行う。

EVや水素自動車向けの改修も必要に応じて実施する。

屋外の機械式駐車装置の修繕事例

▲パレットに空いた穴
地下ピット内のパレットなどは、湿気による腐食で貫通した穴が開くことがある。鉄板を溶接して補修すれば使い続けることができる

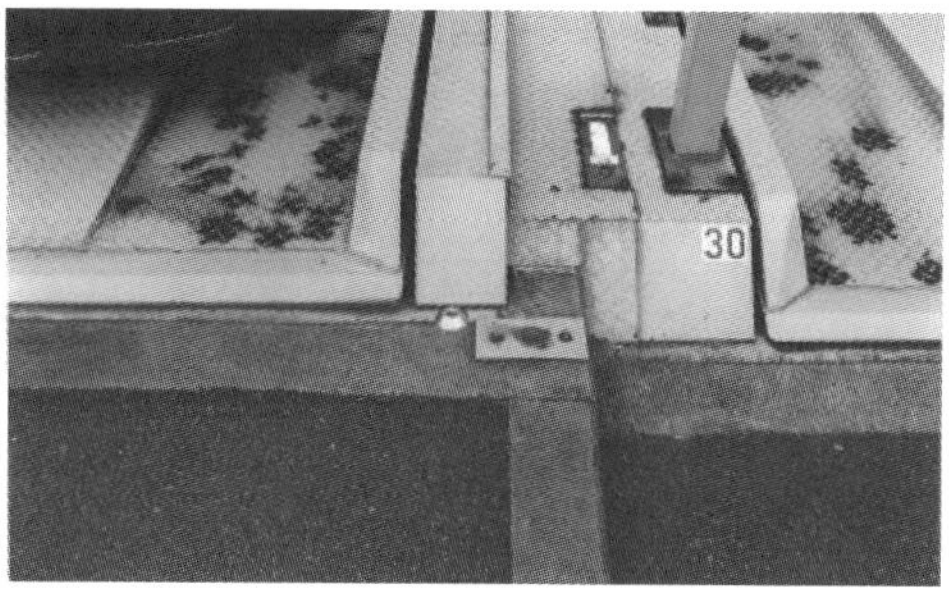

▲パレットの腐食や錆 (※1)
パレットの錆や腐食は、車輪が通る部分に集中し、地下ピット型の場合は下段パレットの錆や腐食がさらに多くなる

◀▼パレットの完全ケレン (※2)
車室の車輪が通る部分は、既存塗膜を完全に剥離し、腐食の著しい個所や、貫通した穴を補修する

▲パレットの塗装 (※2)
車室の車輪が通る部分は、超厚膜のエポキシ樹脂系塗材で塗装する

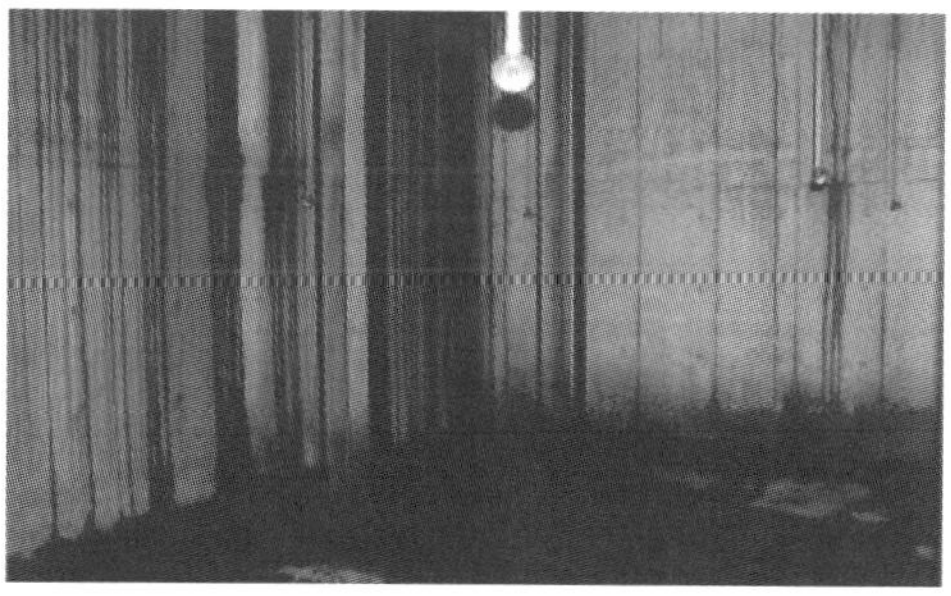

▲地下ピット内 (※1)
地下のピット内は全面清掃する。排水桝や排水管の泥さらい、洗浄も行う。コンクリートピットの躯体不良部分は、止水や躯体改修を行う

◀機械式駐車装置の駆動部分 (※1)
制御盤、ギヤ・モーター、チェーン、パレット受け装置などの制御駆動部分は、必要な養生を行う。塗装不可部分は、あらかじめ装置のメンテナンス会社に確認することが望ましい

※1：『月刊リフォーム 2004年1月号「マンションリフォームケーススタディ」』(テツアドー出版) より
※2：『月刊リフォーム 2007年12月号「マンションリフォームケーススタディ」』(テツアドー出版) より

092

超高層マンションの改修のポイント①

超高層マンションの大規模修繕工事は、仮設ゴンドラでの作業が主体となる

「超高層マンション」に明確な法的定義はないものの、高さが60mを超え、おおむね20階建て以上の共同住宅を超高層マンションとする場合が多い。

1970年代初めのころから、20階を越えるマンションの建設が始まっているが、80年代のバブル経済期以降、都心部において超高層マンションの建設が本格化し、90年代からはさらに首都圏や地方都市でも建設が拡大した。

こうした状況の下、近年、超高層マンションの大規模修繕工事を実施する事例が増えているが、超高層マンションにおける大規模修繕工事には、中高層マンションの工事と異なる課題がある。

超高層マンションが中高層マンションの大規模修繕工事と大きく異なる点は、仮設ゴンドラを主体とした工事になることといえる。

仮設ゴンドラでの工事は、一般的な中高層マンションの大規模修繕工事で使用される枠組み足場などと比較すると、風対策や落下・飛散防止対策に、より慎重な検討を要する。

また、作業効率や生産性が低いことから、工程・品質管理の点でも多くの制約が生じ、コストアップの要因ともなるので注意したい。

仮設ゴンドラと存置型足場を併用して仮設足場を計画する場合や、最近では移動昇降式足場を採用するケースもある。

いずれにしろ、工事規模や工事内容、マンション個々の条件に応じて、仮設方法の検討と選定が必要となる。

仮設ゴンドラでの作業は「風」が最大の障害となる。現場周辺の状況や既存設備の活用を検討

超高層マンションの大規模修繕工事における最大の障害は風といえる。特に仮設ゴンドラの場合は、労働安全衛生法の「ゴンドラ安全規則」により、強風などの悪天候時での作業禁止が定められている。仮設ゴンドラ自体は無論のこと、ワイヤーやメッシュシートも風の影響を受けるし、突風についての注意も必要となる。季節ごとの風向きを調査して施工計画を検討するなど、現場周辺の風の特性を把握することも有効である。

また、仮設ゴンドラの上下走行位置に沿ってガイドレールやガイドワイヤーを取り付ける方法もあり、ゴンドラの安全性・安全性を高める工夫がなされるようになっている。

超高層マンションの工区・工期分けの検討例

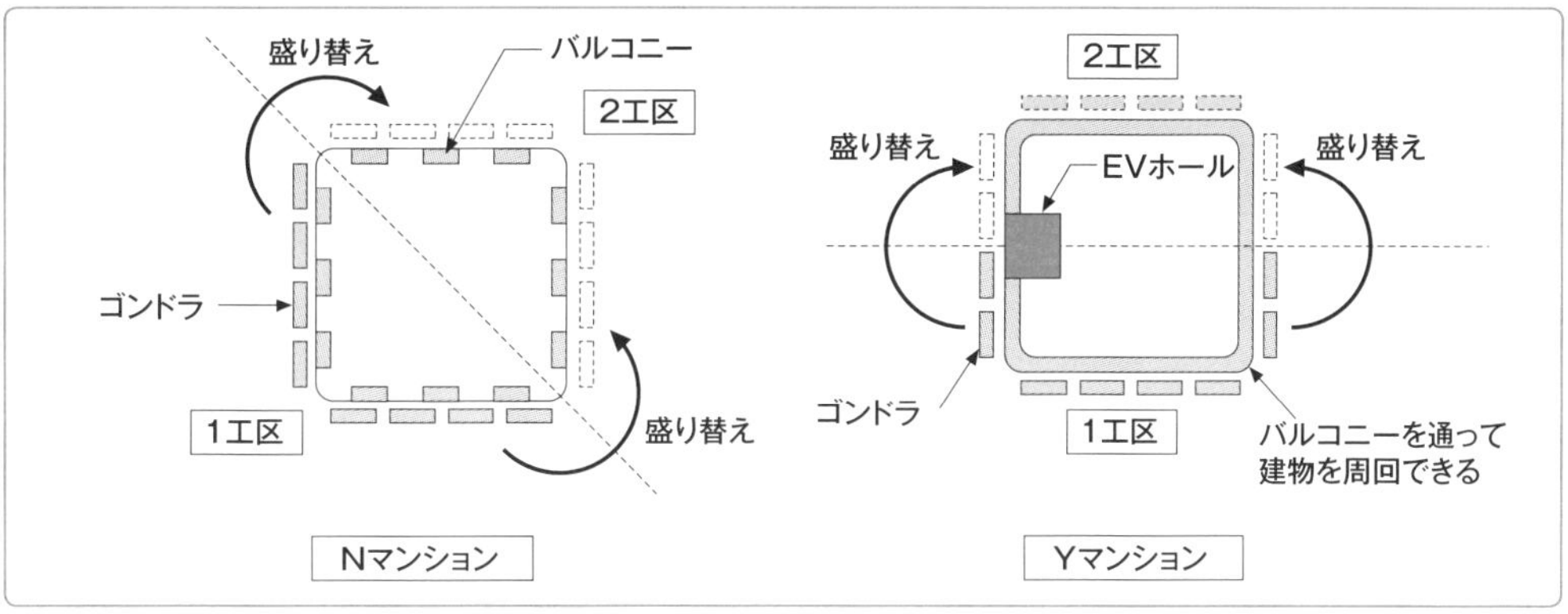

ゴンドラの風対策

▲常設ゴンドラのガイドレールの活用

▲風速計の設置

ゴンドラの種類

▲ガイドレール式ゴンドラ

▲ガイドワイヤー式ゴンドラ

093

超高層マンションの改修のポイント②

工事時中の飛散や落下防止対策に十分な注意が必要で、作業効率を考慮した仮設方法を選択する

工事中の外部への飛散や落下防止対策としては、一般にメッシュシートが使用されるが、高さ60ｍを超えると風対策の面からメッシュシートの設置範囲を分割する必要が生じる。

飛散や落下防止対策として仮設ゴンドラ本体の外周をメッシュシートで養生してゴンドラ単体で施工する場合は、本体養生に加えて専用フラップ、振れ止め防止装置などを併用する。

また、居住者や第三者などの通行動線を把握したうえで、地上部分への飛散・落下防止対策も検討しておく必要がある。

一方、作業効率や生産性をいかに高めるかで、工期や全体コストが大きく変わる。昇降速度を高めた超高層専用ゴンドラや横移動が可能なゴンドラ、特定のフロアに一定期間ゴンドラを固定して施工をフロアごとに完結させる連結型ゴンドラ、2～3層構造の多段式ゴンドラなども開発されている。

作業効率・生産性が比較的安定している枠組み足場を併用する場合もあるが、枠組み足場が設置されるフロアとゴンドラによるフロアでは、工事中の居住環境に大きな差異が生じてしまう。

そのほか、バルコニーの隔て板の取り外しや、避難用ハッチの活用によって、横移動や上下階の移動を容易にすることにより作業効率の向上を図ることも有用である。

ゴンドラに代わる仮設方法、工事中の柔軟な対応、検査・確認方法の検討も必要

さらに最近は、マストと呼ばれる一本または二本の柱を外壁面に取り付けて、マストに沿って機械装置により作業床を昇降可能とする移動昇降式足場を採用する事例もある。

仮設ゴンドラと同様、工事期間中、従来の足場のような建物全体を覆うような必要がないため、居住者の生活障害が少なく、作業効率や安全性も高いとされる。ただし、マストを設置する地上部分の耐荷重に支障が無いかどうかなど、慎重な検討を要する面もある。

いずれにしろ、超高層マンションにおける工事では、風雨による作業中止の影響が小規模現場より大きく、作業員の配置転換を迅速に行えるような作業計画を検討することが望まれる。工程ごとの検査方法も検討が必要であり、検査専用ゴンドラの設置や遠隔操作カメラなどを導入する事例もある。

超高層マンションの大規模修繕工事における仮設方法の事例

（＊は日本ビソー提供、＊＊はエスアールジー タカミヤ提供）

▲「ゴンドラ＋システム養生」＊

▲「システム養生分割設置」＊

▲「ゴンドラ本体養生」＊

▲「ゴンドラ＋枠組足場」

▲「横移動式単体ゴンドラ施工」

▲「移動昇降式足場」＊＊

column 04

改修時に苦しむデザイン

―時代のツケと露出配管―

昔、設備配管を改修することなんて思いもよらなかった。そんな時代のツケが回り、設備配管の更新時に必要以上のコストがかかってしまったり、美装性の悪い「露出配管」で給水管を更新せざるを得なかったりすることがある。

メーターボックスやパイプスペースの扉は、配管の点検や更新を配慮した大きさに

給水、ガス、電気幹線などといったライフランが集約されているメーターボックスの扉が小さいと、内部の配管更新ができない。「扉が小さく配管更新ができないと工事会社に言われ、やむを得ず露出配管にて配管更新した」という管理組合は少なくない。

扉が小さかったために、共用廊下に設備配管が露出してしまうのである。扉が小さいながらもなんとか露出させずにメーターボックスの中で配管更新ができたとしても、仮設の配管が必要となってしまい余計な費用がかさんでしまうこともある。

思い切って壁を解体し小さい扉を大きく広げる場合もある。写真の事例では給湯熱源器が風呂釜タイプであったので、メーターボックスに屋外設置型のガス給湯器を設置できるよう、大きな建具に改修した事例である。

真ん中の白い四角がメーターボックス。給水管を更新したいのだがこのままでは立て管が入らない

メーターボックスの復旧は大きい扉にし、ガス給湯器を新たに設置できるようにした

メーターボックスの上側の躯体を除去し、給水立て管を更新した

写真左側は縦長のメーターボックス。人の肩が入らない。上部の露出配管は共用給水管

Chapter 5

マンションの耐震補強

094

耐震化に関わる社会的背景

マンションの耐震性が、資産価値に大きく影響する時代に

近年、地震が頻繁に発生している。甚大な被害をもたらした兵庫県南部地震（阪神淡路大震災1995年）以後も、新潟県中越地震（2004年）、東北地方太平洋沖地震（東日本大震災'11）、熊本地震（'16）、北海道胆振東部地震（'18）と、最大震度7とする大地震が発生し、大きな被害に見舞われている。現在の日本は、いつどこで大地震が発生してもおかしくない状況にある。

そのような状況の中で、生命や財産を守るべく、建物の耐震性は資産価値に大きく影響している。平成18年（'06年）に宅地建物取引法施行規則の改正があり、建物の取引時に耐震診断の実施の有無と内容が重要事項説明項目となった。

耐震化を促進するために、さまざまな法律の改正がなされている

耐震改修促進法の一部改定が平成25年11月25日から施行され、耐震化促進の規制強化と円滑化の措置が盛り込まれた。規制強化では、昭和56年5月31日以前の旧耐震診断基準で建設されたすべてのマンションに、耐震診断の努力義務が課せられる。また、自治体の耐震化促進計画に基づき、都道府県や市町村が指定する緊急輸送道路などの避難路沿道にあるマンションには、耐震診断の実施と報告の義務化を課される場合がある。

一方、円滑化の施策としては、区分所有建築物の耐震改修の必要性にかかる認定を創設し、耐震改修を行う必要がある旨の認定を受けた場合には、集会の普通決議（区分所有者及び議決権の各過半数）により耐震改修を行えるようになった。また、耐震改修計画の認定を受けた場合、耐震改修のためやむを得ない範囲で容積率や建ぺい率を緩和する特例が設けられた。

なお、そのマンションが耐震性を有していると判断された場合には、その旨を表示できる制度も創設された。多くの自治体では耐震診断、耐震設計、耐震改修工事に対する補助制度を設けている。

建替えによる耐震化の推進では、マンション建替法の改正が平成26年12月24日に施行され、マンション敷地売却制度の創設と建替建物の容積率の緩和の特例が盛り込まれており、建替えも選択肢に加えられやすくなった。このように、耐震性のない建物の建替えや、耐震化改修への社会的機運が高まっている。

2000年以降の主な地震

発生日	震央地名（地震名）	規模	最大震度	主な被害
2000年10月6日	鳥取県西部（平成12年鳥取県西部地震）	7.3	6強	住家全壊435、半壊3,101
2001年3月24日	安芸灘（平成13年芸予地震）	6.7	6弱	死者2、住家全壊70、半壊774
2003年9月26日	釧路沖[十勝沖]（平成15年十勝沖地震）	8.0	6弱	死者1、不明1、住家全壊116、住宅半壊368
2004年10月23日	新潟県中越地方（平成16年新潟県中越地震）	6.8	7	死者68、住家全壊3,175、半壊13,810
2005年3月20日	福岡県西方沖〔福岡県北西沖〕	7.0	6弱	死者1、住家全壊144、半壊353
2007年3月25日	能登半島沖（平成19年能登半島地震）	6.9	6強	死者1、住家全壊686、半壊1,740
2007年7月16日	新潟県上中越沖（平成19年新潟県中越沖地震）	6.8	6強	死者15、住家全壊1,331、半壊5,710
2008年6月14日	岩手県内陸南部（平成20年岩手・宮城内陸地震）	7.2	6強	死者17、不明6、住家全壊30、半壊146
2011年3月11日	三陸沖（平成23年東北地方太平洋沖地震）	9	7	死者19,630、不明2,569、住家全壊121,781、半壊280,962
2011年3月12日	長野県・新潟県県境付近	6.7	6強	住家全壊73、半壊427
2011年4月7日	宮城県沖	7.2	6強	死者4、住家全壊36以上、半壊27以上
2011年4月11日	福島県浜通り	7	6弱	死者4
2013年4月13日	淡路島付近	6.8	6弱	住家全壊8、半壊101
2014年11月22日	長野県北部	6.7	6弱	住家全壊77、半壊136
2016年4月14日	熊本県熊本地方（平成28年熊本地震）	6.5	7	死者50（ほかに関連死219）、住家全壊8668、半壊34,718
2016年4月16日		7.3	7	
2016年10月21日	鳥取県中部	6.6	6弱	住家全壊18、半壊312
2018年6月18日	大阪府北部	6.1	6弱	死者5、住家全壊12、半壊273
2018年9月6日	北海道胆振地方中東部（平成30年北海道胆振東部地震）	6.7	7	死者41、住家全壊156、半壊434、多数の山崩れ、火力発電所停止（全道停電）

※規模：マグニチュード　　　　（出典）気象庁ホームページ資料に追加

耐震化の促進に係る法律

法　律	施行日	内　　　容
宅地建物取引業法施行規程の一部の改正	平成18年4月24日	昭和56年5月31日以前に新築の工事に着手した建物について、建築物の耐震改修の促進に関する法律第4条第2項第3号の技術上の指針となるべき事項に基づいて指定確認検査機関、建築士、登録住宅性能評価機関又は地方公共団体が行った耐震診断がある場合は、その内容を説明することを新たに規定し、重要事項説明として建物の購入者等に対して説明しなければならない。
建築物の耐震改修の促進に関する法律の一部を改正する法律（改正耐震改修促進法）	平成25年11月25日	【耐震診断の促進】 1．耐震診断の義務化・耐震診断結果の公表 ○要緊急安全確認大規模建築物 ○要安全確認計画記載建築物 ○避難路沿道建築物 ○防災拠点建築物 2．全ての建築物の耐震化の促進 【耐震改修の円滑化】 3．耐震改修計画の認定基準の緩和および容積率・建ぺい率の特例 ○認定対象となる工事の拡大 ○耐震改修に係る容積率、建ぺい率の特例 4．耐震性に係る表示制度「基準適合認定建築物マーク」 5．区分所有建築物の耐震改修の必要性に係る認定
マンションの建替えの円滑化等に関する法律の一部を改正する法律	平成26年12月24日	1．マンション敷地売却制度の創設（耐震性不足のマンションのみ適用可能） 区分所有者における4/5以上の賛成でマンションとその敷地を売却できる。（これまでは全員の同意が必要） 2．容積率の緩和特例の創設（耐震性不足のマンションのみ適用可能） 除去の必要性に係る認定（耐震性不足の認定）を受けたマンションの建替えにより新たに新築されるマンションで一定以上の敷地面積を有し、市街地環境の整備・改善に資するものについて特定行政庁が許可した場合には、容積率が緩和される。

095

耐震化の基本的進め方

大きく4段階、まず耐震診断を行うための準備を整える

マンションの耐震化の取り組みは「耐震診断段階」、「耐震化検討段階」、「耐震改修計画段階」、「耐震改修実施段階」の、大きく4段階で構成される。区分所有のマンションでは、各段階で合意形成の決議を取りながら進めていく必要がある。

耐震化への取り組みは、現状の耐震性能を知るための耐震診断を実施することから始めるが、全体的な流れの理解と準備資料を整えていく作業もあるので、専門家である耐震アドバイザーに相談するのがよい。耐震アドバイザー派遣制度をもつ自治体もある。

「耐震診断段階」では、耐震診断の予算化を踏まえ、耐震診断を実施する。耐震診断を行う専門家の選定も重要である。地方公共団体からの支援事業による補助金を利用する場合、専門家が所属する団体や資格で限定される場合があるので注意が必要である。耐震診断の結果から耐震化の必要性を確認する。

情報提示と合意形成をとりながら、進めていくことが求められる

「耐震化検討段階」では、現状の耐震性能を踏まえた耐震化の基礎的な検討を行い、耐震化検討の進め方についてアンケートを実施し、その方針を決定する。耐震改修を行う場合には、「耐震改修を推進すること」の合意形成を図る。建替えが選択肢にある場合には、耐震改修との比較検討を行う必要があり、「幅広く耐震化手法を検討していくこと」の合意形成を図る。これらの合意形成には、検討や推進の組織体の設置や検討に要する予算も盛り込まねばならない。

「耐震改修計画段階」では、耐震改修計画を検討し、耐震改修決議により、「耐震改修を実施すること」の合意形成を図る。準備作業として、管理組合における計画組織の設置、耐震改修計画の専門家の選定、耐震改修工法の選定、資金調達の基本方針、費用負担の基本方針などの検討を行う。事前に検討結果の周知を図り、耐震改修決議と耐震改修実施設計の予算化の合意形成に臨む。

「耐震改修実施段階」では、耐震改修実施設計を検討し耐震改修工事の予算化を踏まえ、耐震改修工事を実施する。実施設計を行うことによって耐震改修工事費用が明確化され、具体的な予算案について合意形成が図られる。各段階とも、丁寧に手順を踏むことが重要である。

マンション耐震化マニュアル

段階	フロー図	実施内容
耐震診断段階	全体の流れの理解・方向性の確認 ↓ 耐震診断の予算化 ↓ 耐震診断 ↓ 耐震化の必要性の確認	・耐震アドバイザー等専門家への相談で理解を深め、これからの方向性を確認する ・耐震診断費用を予算化する ・耐震診断の専門家の選定 ・耐震診断の実施（第1次診断、第2次診断、第3次診断等） ・耐震診断の結果に基づき、耐震化の必要性を確認する
耐震化検討段階	耐震化検討の進め方の方針決定 ↓ 耐震化検討決議 ↓ 耐震化手法の検討 ↓ 耐震改修推進決議	・耐震化の情報収集 ・耐震化に関する基礎的研究 ・耐震化検討の進め方についてのアンケート等を実施し、その方針を決定する ・専門家への相談 ・耐震改修工法の比較検討 ・耐震改修か建替えかの比較検討 ・耐震改修推進決議により、「耐震改修を推進すること」の合意形成を図る
耐震改修計画段階	耐震改修計画の検討 ↓ 耐震改修決議と耐震改修実施設計の予算化	・管理組合における計画組織の設置 ・耐震改修計画の専門家の選定 ・耐震改修工法の選定 ・資金調達の基本方針 ・費用負担の基本方針 ・耐震改修実施設計の予算化の準備 ・耐震改修決議により、「耐震改修を実施すること」の合意形成を図る
耐震改修実施段階	耐震改修実施設計の作成 ↓ 耐震改修工事の予算化 ↓ 耐震改修工事の実施	・耐震改修実施段階の組織 ・耐震改修実施設計の専門家の選定 ・耐震改修工事の予算化の準備 ・耐震改修工事業者・工事監理者の選定

国土交通省「マンション耐震化マニュアル」（平成26年7月改正）を元に編集

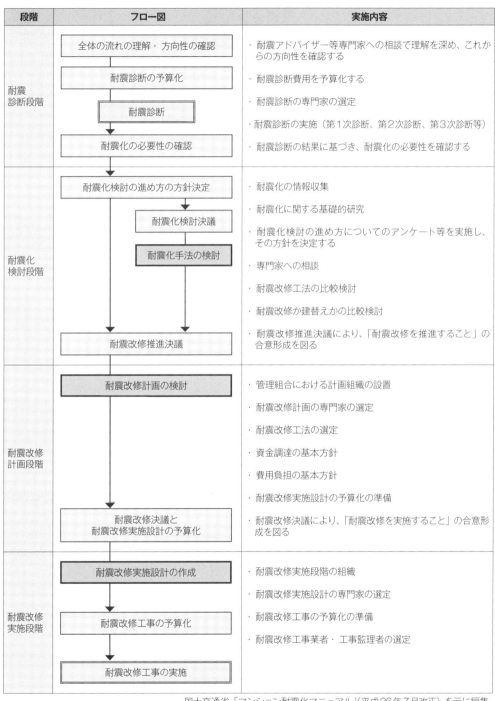

096

建物年代でみた耐震性能

過去の地震を教訓として、地震とともに耐震法規は見直されてきた

わが国での耐震に関する考えは、関東大震災（1923年）を契機とした市街地建築物法の改定から始まる。'48年の福井地震では柱・壁の少ない建物が崩壊した。'50年に建築基準法が制定され、耐震設計法（旧耐震設計法：第1世代）が生まれる。

その後、大きな地震での被害を教訓とし、見直しがされてきた。'64年の新潟地震では、液状化現象による建築物の倒壊などの被害が生じ、液状化に対する技術的検討が盛り込まれた。'68年の十勝沖地震では学校等で短柱の脆性的破壊（せん断破壊）が生じた。建物全体が瞬時に崩壊する非常に危険な壊れ方である。この地震被害を教訓に、柱を粘り強くするための耐震設計法の見直し（旧耐震設計法（改正）：第2世代）がなされた。

次の大きな契機は、'78年の宮城県沖地震である。ピロティやバランスの悪い建物の崩壊、ブロック塀の倒壊、仕上げ材などの被害が目立った。この地震被害が、'81年（昭和56年）建築基準法施行令の大改正（新耐震設計法：第3世代）に繋がった。

新耐震設計は今までの耐震設計法と大きく異なり、対象とする地震を、中地震と大地震の2段階について検討する。中地震では建物の継続使用が可能とし、大地震では建物を倒壊させない設計を行うものである。このように建物の建設年代によって、反映されている耐震性能は異なる。

新耐震設計法は、阪神大震災において実証された

'95年（平成7年）1月17日に発生した兵庫県南部地震［M7.3、最大震度7］（阪神淡路大震災）では、死者6434名、行方不明者3名、住家全壊10万5000棟、住家半壊14万4000棟の大惨事となった。被害の大きかった地域での建築年度別の被害では、'81年（昭和56年）以前の旧耐震基準で建てられた建築物に大きな被害が生じた。一方、新耐震基準で建てられた建築物の損傷の程度は小さく、新耐震設計法の妥当性が実証された。

このような状況を踏まえ、既存建築物の耐震化促進の対象となるのは、旧耐震設計法で建てられた建築物であり、耐震診断や耐震改修が急がれている。旧耐震設計法の建物においても、建設年代により耐震性能に違いがあり、耐震診断で確認することができる。

大地震と耐震規定の変遷

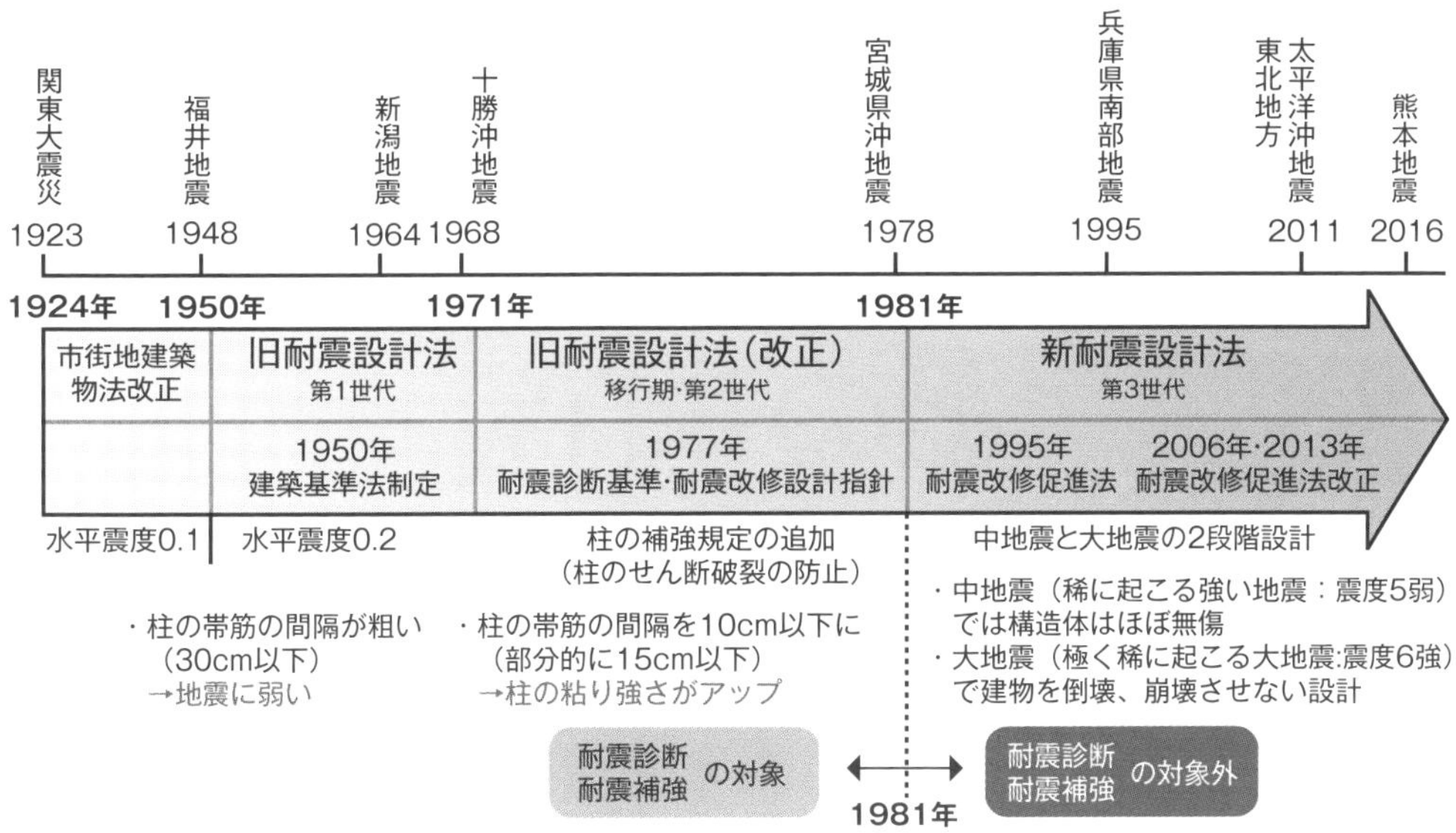

阪神淡路大震災での建築年代別被害率

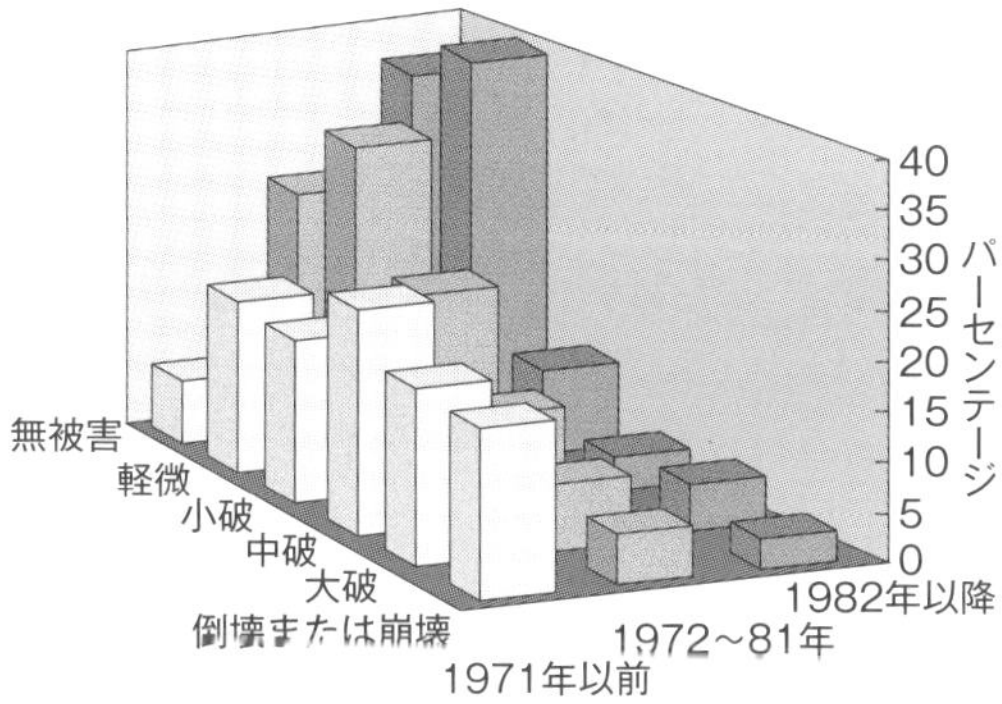

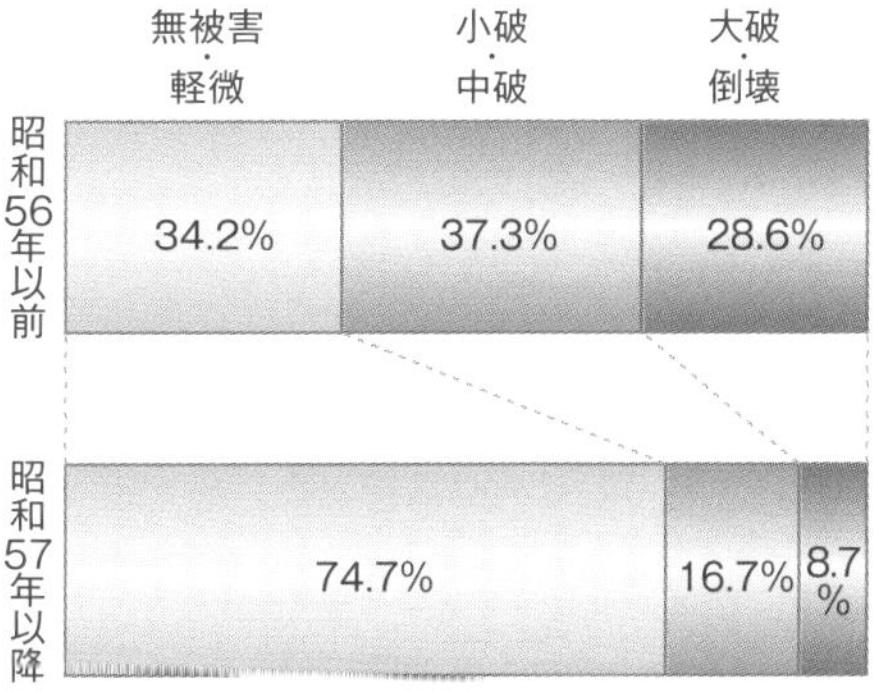

地震の被害

被害	ランク	軽微	小破	中破	大破	倒壊
	状況	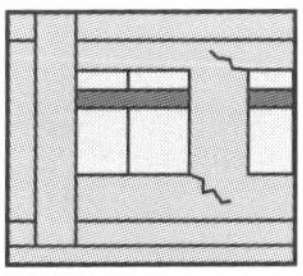	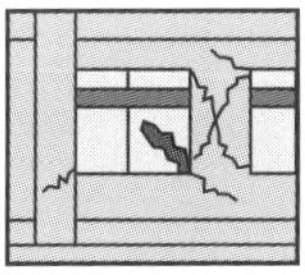	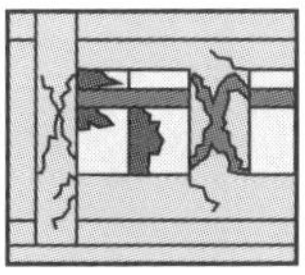	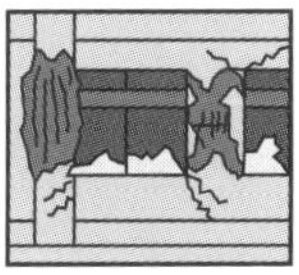	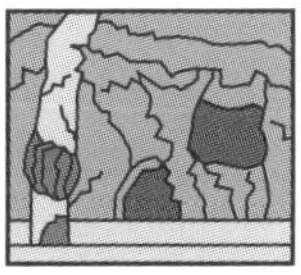
	RC造 SRC造	壁の損傷がほとんど無い	一般的な壁にひび割れ	柱・耐震壁にひび割れ	柱の鉄筋が露出	建物の一部または全体が倒壊

東京都都市整備局「ビル・マンションの耐震化読本」より

097

構造形式と耐震性能との関係

柱梁の架構形式の建物は、建設年度により柱の壊れ方が違う

ラーメン構造とは

柱梁の架構形式の構造をラーメン構造と呼ぶ。鉄筋コンクリート（RC）構造や鉄筋鉄骨コンクリート（SRC）構造に採用される。ラーメン構造は開口が大きく取れ、設計の自由度も大きく、低中層から高層建物まで多くの建築物で採用されている。しかし、過去の地震における被害事例も多く、耐震設計法の改正で改善されてきた。

RC造・ラーメン構造

1971年（昭和46年）以前の第1世代の耐震設計法で建てられたものは、柱の主筋を束ねる帯筋の間隔が大きく、地震時に柱に作用する水平力に対して、耐力不足なものが多い。柱中央部でX形のひび割れを生じるせん断破壊を起こす。特に、窓開口等で実質的な柱高さの小さい（短柱）建築物では、瞬時に建物崩壊につながる柱の脆性的な破壊が生じる恐れがある。一言でいえば、「もろい建物」である。'71年の耐震設計法改正で帯筋間隔が密になり、柱のねばり強さが増した。

SRC造・ラーメン構造

SRC造ラーメン構造は高層建築物に多く採用されている。RC造の問題に加え、SRC造独自の問題として、柱鉄骨部材の強度不足（特に、第1世代）、柱と基礎を結合しているアンカーボルトの抜けや破断（第1、第2世代）、鉄骨継手の破断による破壊（第1、第2世代）がある。本来鉄骨は非常に靱性があり、ねばり強い部材であるが、この性能を発揮する前に継手部分で脆性的に破壊した。このことを防ぐために現在の設計法では、部材の耐力以上に、接合部の強度が要求されている（保有耐力接合）。

RC造+SRC造・ラーメン構造

上層部がRC造で下層がSRC造の建物の場合、SRC造からRC造に構造形式が切り替わる階が弱点になりやすく、層破壊などの被害が生じやすい。

旧耐震基準でもRC造壁式構造は、基本的に耐震性がある

RC造・壁式構造

壁は非常に有効な耐震要素である。中層のRC造壁式構造やプレキャストコンクリート工法（PC工法）の建物は比較的整形で「壁量」が多いため耐震性が高い。旧耐震基準時代のものでも、過去の大地震において、液状化などによる地盤被害はあるが、建物自体に大きな被害を受けたものは少ない。

壁式構造とラーメン構造

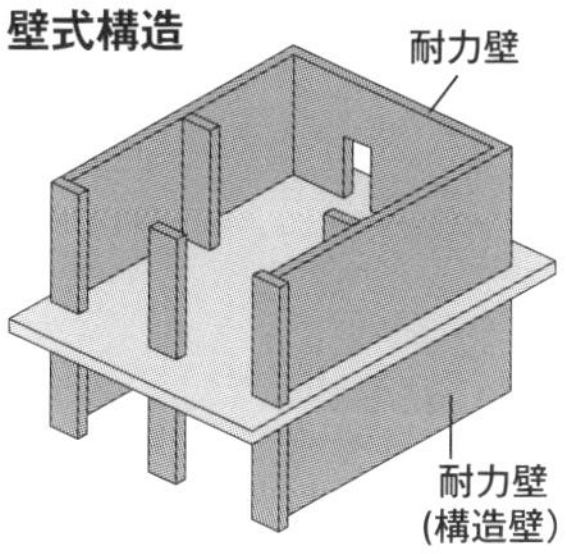

平面的な壁面と床板で構造を支え、柱がない。RC造の5階建て以下の中低層に多い

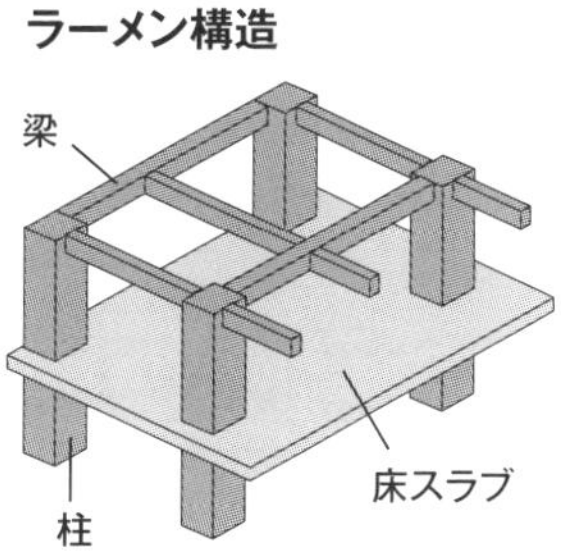

柱と梁で構造を支える。RC造やSRC造の低層から高層まで広く用いられる

（国土交通省「マンション耐震化マニュアル」引用）

旧耐震基準マンションにおける構造・階層別想定被害

		【旧耐震基準】	
		昭和46年4月末まで	**昭和46年5月〜 昭和56年5月末まで**
1）	**RC造・壁式構造 ＰＣ工法 （中層）**	・中層のRC造・壁式構造、ＰＣ工法のものは、壁量が多いため、旧耐震基準のものでも一般的に耐震性は高い	
2）	**RC造・ ラーメン構造 （中層）**	1．帯筋の不足による柱の座屈破壊、せん断破壊 2．帯筋端部の定着不足（フックが開ききっている）による柱の破壊 3．配筋不足による壁の破壊 4．たれ壁と腰壁が上下に付いた短柱のせん断破壊	−
	RC造・ ラーメン構造 （高層）	1．帯筋の不足による柱の座屈破壊、せん断破壊 2．帯筋端部の定着不足（フックが開ききっている）による柱の破壊 3．配筋不足による壁の破壊 4．たれ壁と腰壁が上下に付いた短柱のせん断破壊	−
		5．高層建築物での中間の特定階が層崩壊（圧壊）するおそれがある（その他の被害は大きくない場合が多い）	
3）	**SRC造・ ラーメン構造 （高層）**	・旧耐震基準では、RC造の問題に加え、一般に次のような被害が想定される 1．格子型SRC部材（1970年代前半まで広く使用。H型鋼等を用いた充腹型SRCに比べると、せん断に対する脆弱さや軸力保持能力に欠ける）の破壊 2．柱内の鉄骨継手の破断による連層耐力壁の付帯柱の破壊（大きな引張力を受け、柱脚部のベースプレートを結合しているアンカーボルトの抜け又は破断、鉄骨継手の破断による破壊） 3．壁筋のSRC柱への定着不足による耐力壁の破壊	

（国土交通省「マンション耐震化マニュアル」引用）

▲柱のせん断破壊

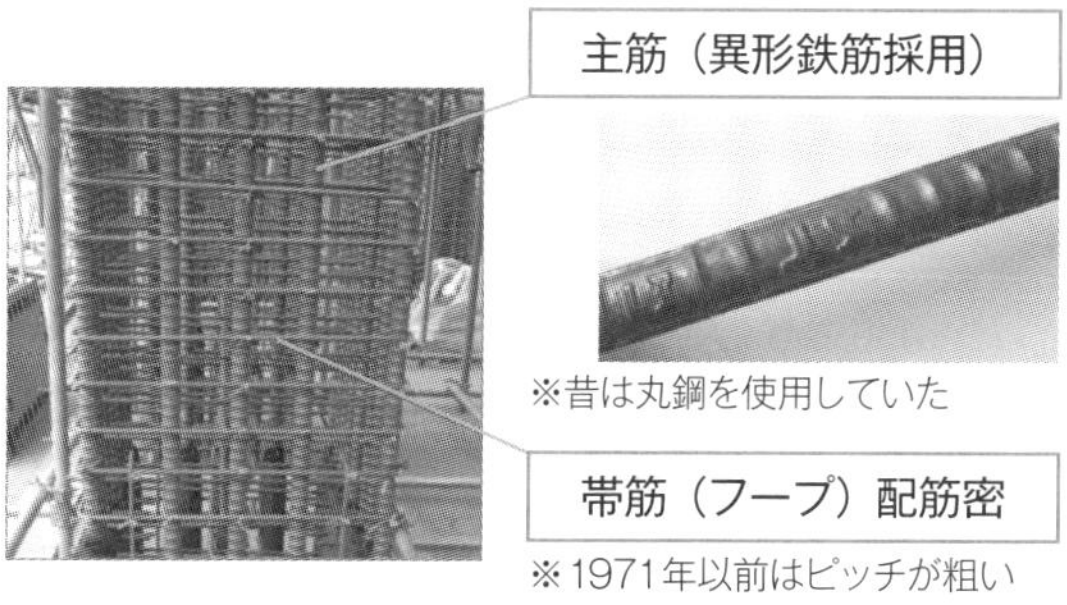

十勝沖地震以後 耐震設計法改正（1971年）

▲最近の柱の配筋例

Chapter5

098 建物形状と耐震性能

形状や強さのバランスの悪い建物は、耐震性は望めない

耐震性能は構造形式だけで決定されるものではなく、バランスの悪い建物では局所的に過大な力が作用するため、耐震性能が低下する。

建物は地震時に建物の重心（各階、各エリアの重心）に大きな力（慣性力）が加わる。この力に対して、床、梁、柱、壁などの構造部材で抵抗し、最終的に地震時に受けた力をスムーズに地盤に伝えなければならない。バランスが悪い建物とは、地震時に部分的に振られる建物、地震時の挙動が複雑な建物、抵抗する構造部材の配置が悪くねじれを生じる建物、構造部材の強度や剛性変化が著しい場合などで、結果として抵抗する構造部材に過大な力が加わることになる。1978年の宮城県沖地震ではこのようなバランスの悪い建物に多くの被害が発生した。

地震に対してはシンプルな形状がベスト

建物形状から構造上のバランスの悪い建物とは、具体的には次のようなものである。

①不整形な建物

建物の形状がL字型・雁行型などで、平面的に不整形な建物は、局部的な破壊を生じる。

②極端な剛性変化、壁量の違いなど

建物の高さ方向で、建物の剛性が極端に違う建物は、柔らかい層に変形が集中し、層破壊の被害を生じる。

③ピロティ形式の建物

2階以上が住戸で1階がピロティ形式の建物は、1階で変形が集中し、圧壊などの被害を生じる。

④耐震壁の偏在

耐震壁が偏って配置されている建物は、地震時にねじれによる変形が大きくなる。

また、ねじれ幅の大きい部分が局所的に破壊し、地震力の集中する剛心近くが崩壊してしまうことがある。

⑤細長い建物

細長い建物は桁行方向（長手方向）に地震力が伝わるのに時間差があり、異なる動きとなるため、耐震上弱い桁行方向に被害を生じやすい。

建物形状によって地震時の挙動が影響される。意匠性を重んじるあまり、構造的に無理を強いた建物は、耐震上良い建物とは言えない。

地震に対してはシンプルな形状で地震時の力の伝わり方が分かりやすい、単純明快な建物が良い。

アンバランスの種類

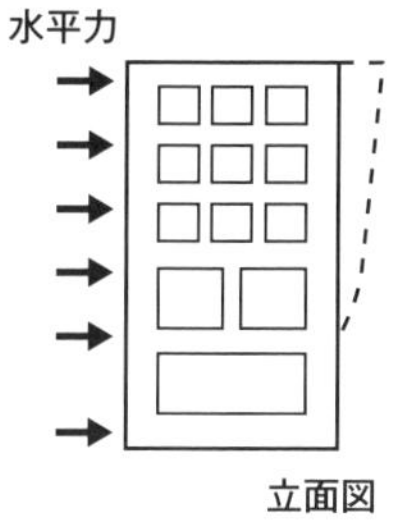

立面的な剛性の
アンバランス
（ピロティーなど）
（根入れ深さの確保）

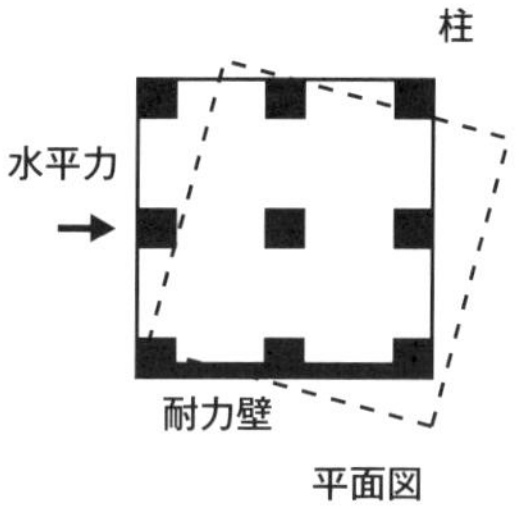

平面的な剛性の
アンバランス
（壁の偏在）

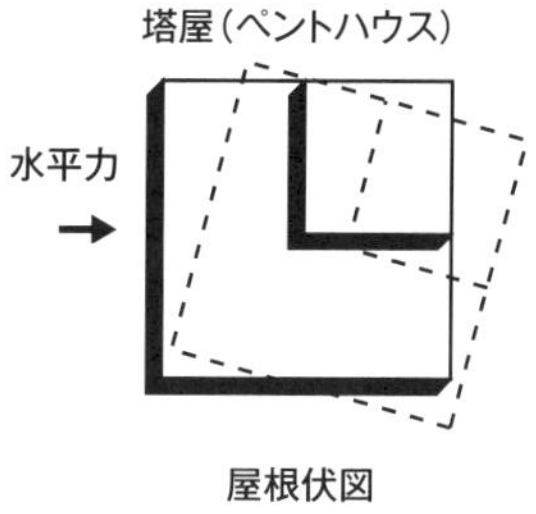

平面的な重量の
アンバランス
（セットバックなど）

好ましくない形状の建物

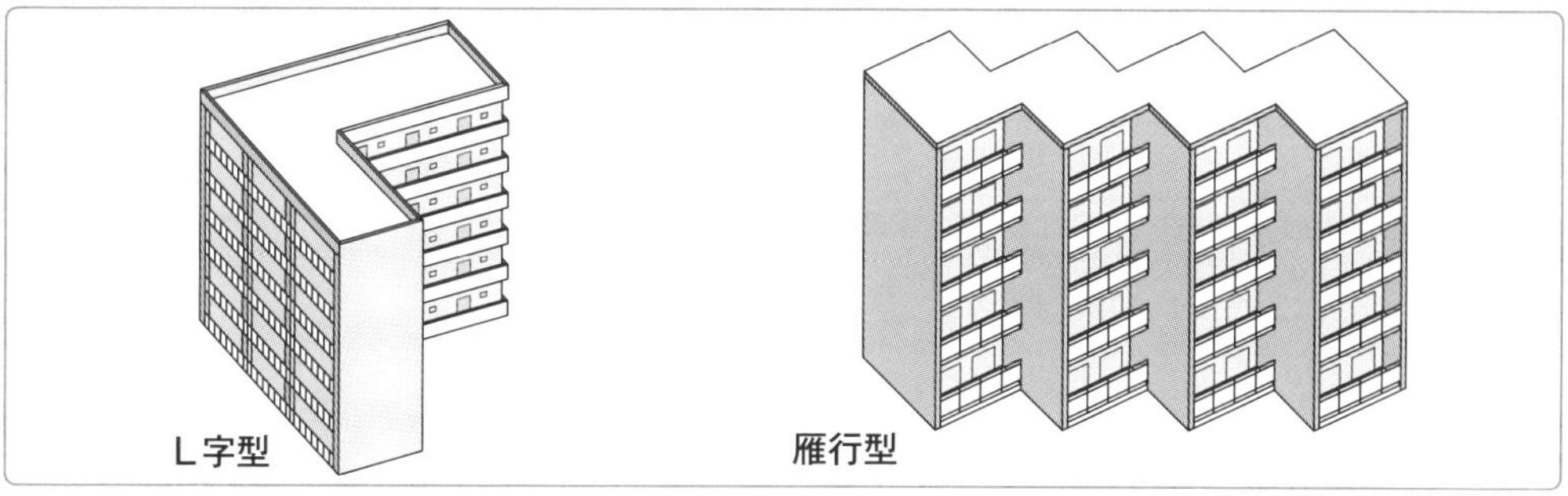

▲①平面的に不整形な建物

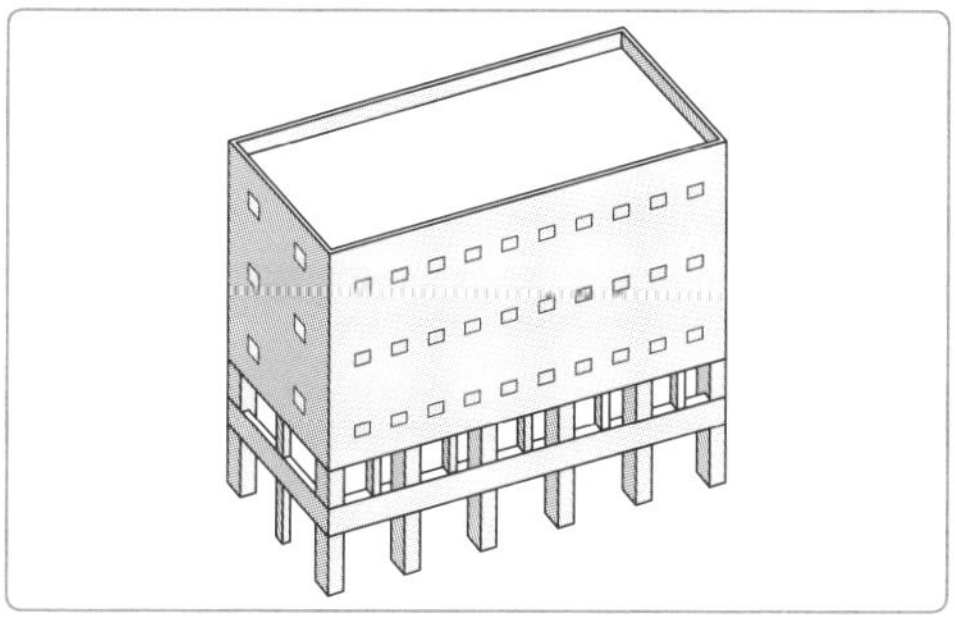

▲②極端な剛性変化（壁量の違いなど）

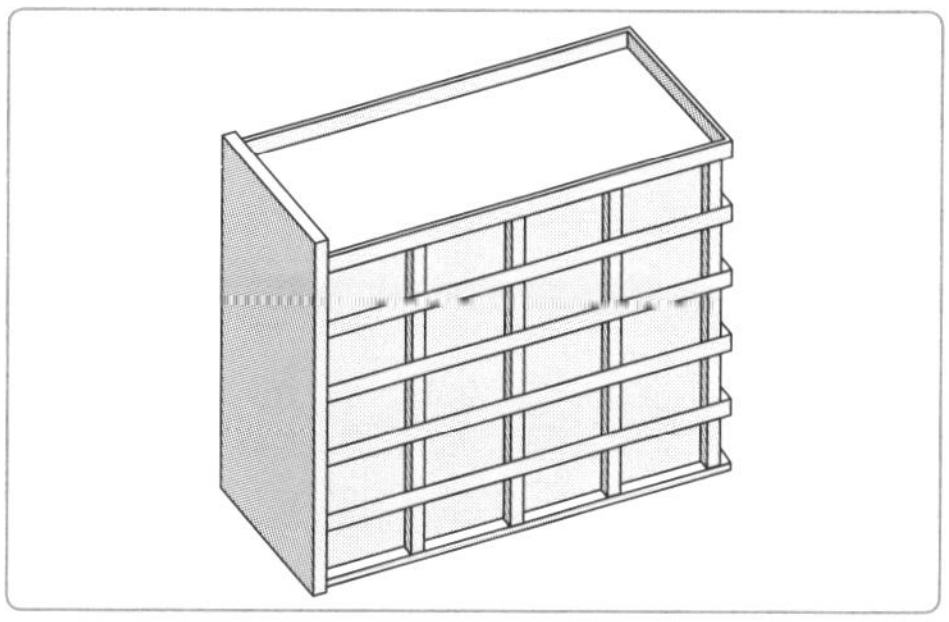

▲④耐震壁の偏在

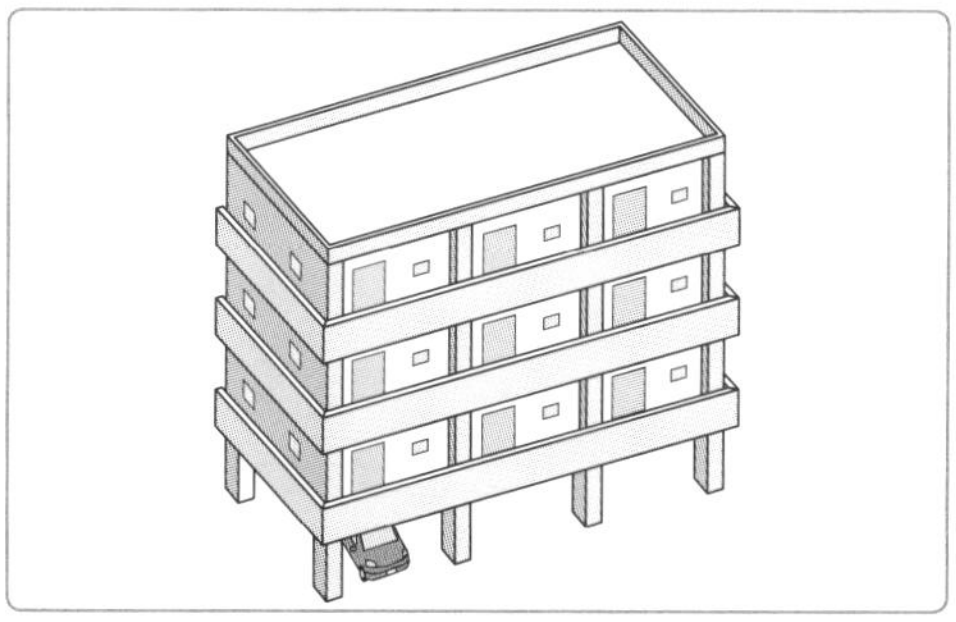

▲③ピロティ形式の建物

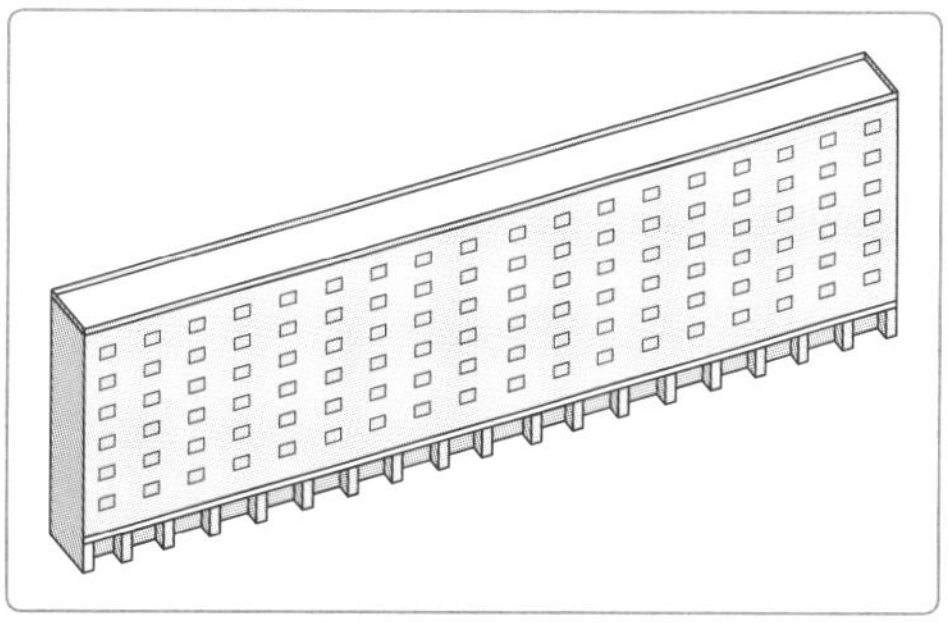

▲⑤細長い建物

Chapter5

099

耐震診断とは

地震による被害の可能性の大小を判断し、安全性を確認すること

耐震診断とは一言でいうならば、「既存の建物の地震による被害の可能性の大小を判断し、安全性を確認すること」。現在ある建物が想定される地震に対して、どのくらいの被害が生じるか、倒壊や崩壊の危険があるか否かを判定するものである。

阪神・淡路大震災での被害をみると、昭和56年（1981年）に導入された新耐震基準で建てられた建物では、無被害・軽微なものが多く、大破・倒壊に至った建物の割合が少ないことが確認され、新耐震基準の妥当性が確認された。すなわち、耐震診断の対象となるものは、新耐震基準以前に建てられた建物である。「安全性がある」建物とは、耐震診断において、「現行の耐震基準の大地震時における耐震性のレベルにほぼ対応」していると確認された建物、と言うことができる。

耐震性能は地震力に抵抗できる強度と、ねばり強さが大きな要素

建物は地震時に大きな力を受ける。この力に対して柱、梁、壁などの構造部材で抵抗する。壁の多い建物は外からの力を、がっちり受け止め変形も小さい。一方、壁の少ない柱と梁で構成されたラーメン構造では、外からの力に対して変形しやすい。耐震性能は受け止める抵抗力（強度）と変形能力（靭性能）で決定され、これらの積（強度×変形能力）が大きいほど耐震性能を保有している。耐震診断とは、建物の構造要素を各階、方向ごとに抽出し、これらの強度と変形能力を算出したものに、地盤条件、形状のバランス、劣化状況を加味し、耐震性能を示す指標（耐震指標）を求めるものである。

具体的な耐震指標の算出方法は構造別に診断基準類が用意されている。マンションに多い、鉄筋コンクリート構造、鉄骨鉄筋コンクリート構造では、日本建築防災協会、耐震改修支援センター発行の、「既存鉄筋コンクリート造建築物の耐震診断基準・同解説」、「既存鉄骨鉄筋コンクリート造建物の耐震診断基準・同解説」を用いるのが一般的である。これらの方法において、あまり変形が大きくならない範囲で、構造耐震指標（Is値：アイエス値）が0.6（0.8：1次診断時）以上のとき、「安全（想定する地震動に対し所要の耐震性を確保している）」、満足しない場合には、耐震性に「問題あり」としている。

耐震性能の概念図

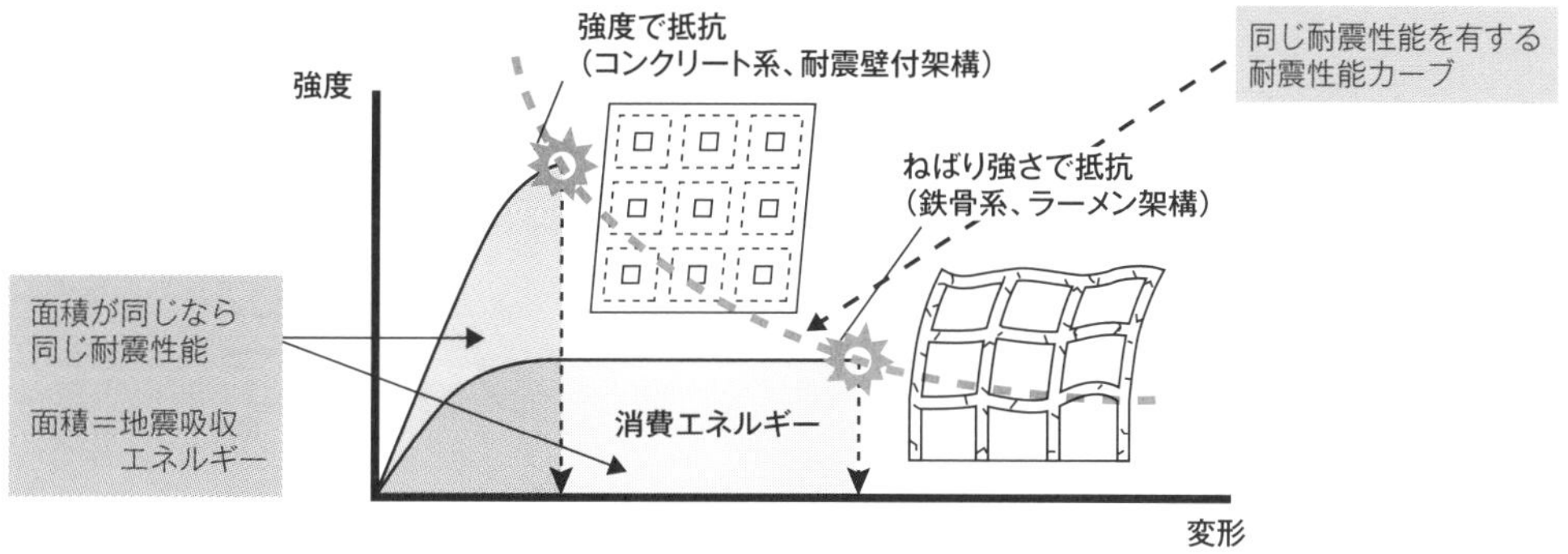

耐震性能の構成要素

耐震性能 ＝ 地盤条件 × 形状バランス × 強度 × 粘り強さ × 経年劣化

構造別耐震診断基準

構造種別	年	耐震診断基準など	発行
鉄筋コンクリート造	2017	2017年改訂版 既存鉄筋コンクリート造耐震診断基準	（一財）日本建築防災協会
鉄骨鉄筋コンクリート造	2009	2009年改訂版 既存鉄骨鉄筋コンクリート造建築物の耐震診断基準	（一財）日本建築防災協会
鉄骨造	2011	2011年改訂版 耐震改修促進法のための既存鉄骨造建築物の耐震診断	（一財）日本建築防災協会
鉄筋コンクリート造（壁式構造）	2005	既存壁式プレキャスト鉄筋コンクリート造建築物の耐震診断指針	（一財）日本建築防災協会
	2005	既存壁式鉄筋コンクリート造等の建築物の簡易耐震診断法	（一財）日本建築防災協会
木造	2012	2012年改訂版 木造住宅の耐震診断と補強方法	（一財）日本建築防災協会

耐震診断基準の耐震性評価（RC造、SRC造）

		鉄筋コンクリート造（RC造）	鉄骨鉄筋コンクリート造（SRC造）
構造体の耐震性判定		$Is \geqq Iso$ の時、「安全（想定する地震動に対し所定の耐震性を確保している）」 $Is < Iso$ の時、耐震性に「疑問あり」	
診断次数	第一次診断法	$Is \geqq Iso = Es \cdot Z \cdot G \cdot U$ （$Es = 0.8$）	$Is \geqq Iso = Es \cdot Z \cdot Rt \cdot G \cdot U$ （$Es = 0.8$）
	第二次診断法 第三次診断法	$Is \geqq Iso = Es \cdot Z \cdot G \cdot U$ （$Es = 0.6$） かつ、$C_{TU} \cdot S_D \geqq 0.3 \cdot Z \cdot G \cdot U$	$Is \geqq Iso = Es \cdot Z \cdot Rt \cdot G \cdot U$ （$Es = 0.6$） かつ、$C_{TU} \cdot S_D \geqq 0.25 \cdot Z \cdot Rt \cdot G \cdot U$（充腹形） $C_{TU} \cdot S_D \geqq 0.28 \cdot Z \cdot Rt \cdot G \cdot U$（非充腹形）
構造耐震指標（Is）		当該建築物で得られた構造耐震指標（各方向の階ごとの値）　$Is = E_O \cdot S_D \cdot T$	
構造耐震判定指標（Iso）		必要とする構造耐震指標（$= Es \cdot Z \cdot G \cdot U$）	必要とする構造耐震指標（$= Es \cdot Z \cdot Rt \cdot G \cdot U$）
保有性能基本指標（E_O）		建築物が保有している基本的な耐震性能を表す指標（強度指標、韌性指標、階の外力分布から算定）	

ここで、Z：地域係数　G：地盤係数　U：用途係数　Rt：振動特性係数

100

耐震診断の方法

現地調査で躯体状況などの確認を行う。設計図がないと費用がかかる

耐震診断は、大きく現地調査と耐震指標計算で構成され、これらをもとに耐震性能評価を行う。現地調査では、耐震壁などの構造部材が設計図書通りに配置されているかを確認する。過去に大規模な改修や増改築が行われている場合は注意する。

2次、3次診断では、構造部材のたわみやひび割れ、経年劣化の調査を行うと同時に、構造体コンクリートの強度・中性化・損傷度などを調べる。コンクリートコア強度や中性化深さなどの物理試験も併用して、客観的な資料を得るほか、非構造部材や設備機器の取付け状況を調査する。設計図がない場合、診断用の構造図を作成するには、多くの手間と費用がかかる。

1次診断法は壁の多い建物、壁の少ない建物は2次診断を採用する

鉄筋コンクリート構造、鉄骨鉄筋コンクリート構造の耐震指標の計算においては、第1次～第3次までの診断法があり、診断が高次になるほど算定法は詳しくなり精度が高まる。

第1次診断法

建物重量および柱、壁の断面積から略算される各階の終局強度によって耐震性能を評価する方法で、壁の多い建物に適する。鉄筋量も診断に用いない、簡便法である。

第2次診断法

梁などの水平部材は剛強と仮定し、柱、壁の鉛直部材の終局強度および破壊形式、靱性能などから耐震性能を評価する方法で、靱性の高いラーメン構造を持つ建物に適している。最も多く採用されている診断法で、計算には各階のコンクリート強度、柱、壁の部材寸法、鉄筋量と配置が必要である。

第3次診断法

梁などの水平部材も反映させ、フレームの降伏形式、壁の脚部回転も考慮して保有耐力を算出する方法で、建物の耐震性能を第2次診断法より、さらに詳細に検討する方法である。

第1次診断法は簡便法であるが、耐震壁が多く強度の大きい建物の耐震性能を把握するのに有効で、これにより耐震性が確かめられた建物は、十分な強度を有していると考えられる。しかし、純ラーメン構造や壁の少ない建物の場合には、結果が過小評価される傾向があるため、第2次診断法を採用する。また、階数が多く高さのある建物では第3次診断法を合わせて行うことが望ましい。

現地調査項目

調査項目	調査目的	調査方法	1次診断	2・3次診断
使用状況調査	・現状建物の使用状況の把握 ・用途変更や増改築の確認	目視による	◎	◎
敷地状況の確認	・建物の傾斜や地形・地盤・擁壁の把握	目視による。ボーリング柱状図	○	◎
劣化状況調査	・仕上げ材の劣化状況を把握 ・補強以外に補修の必要箇所や落下危険物の有無を把握	目視による。劣化状況の確認	◎	◎
躯体ひび割れ状況調査	・建物劣化状況を把握	目視による。ひび割れ発生状況の確認	◎	◎
		ひび割れ幅の測定による	―	◎
不同沈下測定	・不同沈下による構造上問題となるひび割れの把握	ひび割れ状況による目視 レベル測定	―	◎
部材調査	・設計図書と現況建物の整合性確認 ・柱壁の配置の確認 ・間口位置の確認	部材寸法の実測による	◎	◎
		鉄筋探査による配筋の確認	―	○
		仕上げ材除去、ハツリ	―	○
コンクリート強度試験	・耐震診断に用いるコンクリート強度の確認	コンクリートコア採取および圧縮強度試験	○	◎
コンクリート中性化深さ試験	・老朽化の程度の把握	コンクリートコア内の中性化深さ試験	―	◎

◎：必ず実施する　○：必要に応じて実施　－：実施しない

現地調査項目（マンションを100年持たせる100の方法 p105引用）

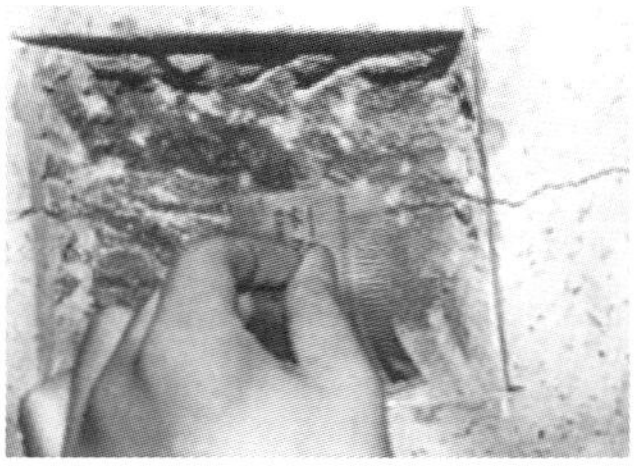

▲ひび割れ調査

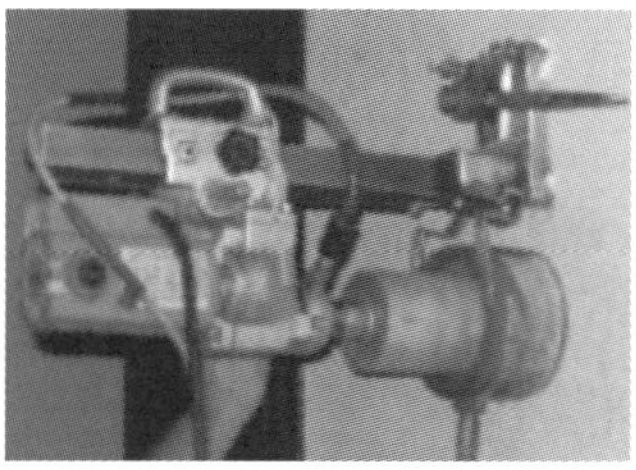

▲コンクリートコア採取

▲中性化試験

診断次数（RC造、SRC造）

耐震診断の種類と特徴

診断次数		第1次診断	第2次診断	第3次診断
解析対象部分 （色付け部分）		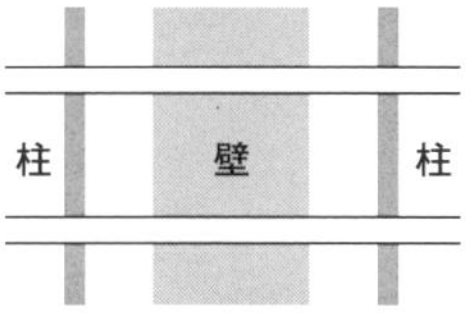	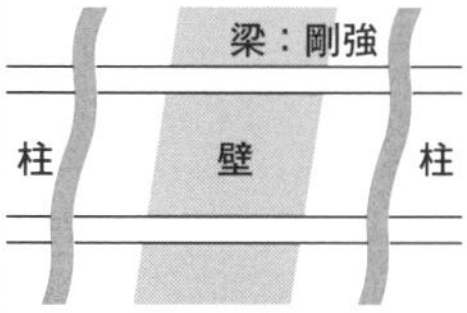	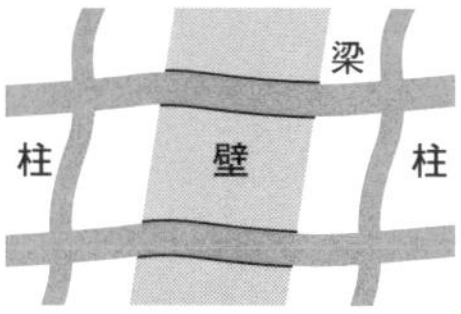
計　算	方　法	柱・壁の量	柱・壁の量および強度	柱・壁・梁の量および強度
	精　度	低い	高い	非常に高い
	難易度	易しい	難しい	非常に難しい
特　徴		壁の多い建築物に適する	主に柱、壁の破壊で性能が決まる建築物に適する	主に梁の破壊で性能が決まる建築物に適する

101

耐震診断結果の見方

耐震診断結果表で、対象建物の耐震性が確認できる

耐震診断の結果は「耐震診断結果表」において、建物の方向別に各階の耐震判定が示されている。判定材料となるのは、Is値（構造耐震指標）とCTU・SD値（累積強度指標）の大きさである。Is値が大きいほど耐震性能が高く、十勝沖地震（1968）、宮城沖地震（'78）では、Isが0.6（2次診断）を上回る建物では、中破以上の被害を受けた建物が少ない結果となっている。Isが0.6となる建物は現行規定の耐震性のレベルと同程度と考えられている。しかし、兵庫県南部地震（'95）では、Isが0.6以上の建物でも、柔らかい建物の中に変形が大きくなり過ぎ、中破以上の被害が見られた。柔らかい建物に対してもある程度の強度を確保する必要から、2次診断、3次診断ではCTU・SDの規定が設けられている。通常CTU・SD値の判断基準は0.3以上である。

「耐震診断結果表」では、判定基準（Iso：0.6、CTU・SD：0.3）に対する耐震建物の各階・各方向の耐震判定が示されている。全方向・全階で判定基準を満たしている場合には「安全（想定する地震動に対して所要の耐震性を確保している）」、そうでなければ耐震性に「疑問あり」としている。

構造耐震指標の大きさから、被害の程度を判断できる

建築物の耐震改修の促進に関する法律（平成7年）に基づく建築物の耐震診断及び耐震改修の促進を図るための基本的方針を示した国土交通省告示184号の中で、建築物の耐震診断及び耐震改修の実施についての技術上の指針となるべき事項として、構造耐震指標等と地震に対する安全性との関係を示している。

一般的なマンションの場合、Is値だけに着目できるので、Is値が0.6以上の場合、「地震の震動及び衝撃に対して倒壊し、又は崩壊する危険性が低い」としている。Is値が0.6未満、0.3以上の場合、「地震の震動及び衝撃に対して倒壊し、又は崩壊する危険性がある」、そして、Is値が0.3未満の場合には、「地震の震動及び衝撃に対して倒壊し、又は崩壊する危険性が高い」としている。RC造、SRC造に一般的に用いられている耐震診断基準での「耐震性に疑問あり」（Is値が0.6未満）の領域を2段階に分け、被害の程度を示している。Is値が0.3未満の建物での耐震改修が急がれる。

耐震診断結果表（第２次診断の例）

第２次診断結果表

建物名称：〇〇マンション　**竣工年度：**昭和45年　**住所：**△県△市

診断者名：□□設計事務所　**診断年月日：**平成△年△月△日

構造耐震判定指標　$I_{SO}=0.60$、$C_{TU}\times S_D=0.30$

方向	階	E_O	S_D	T	$I_S=E_O\times S_D\times T$	$C_{TU}\times S_D$	判定
X方向	4	1.00	0.80	0.93	0.74	0.80	〇
	3	0.85	0.80	0.93	0.63	0.68	〇
	2	0.60	0.80	0.93	0.45	0.48	▲
	1	0.56	0.80	0.93	0.42	0.45	▲
方向	階	E_O	S_D	T	$I_S=E_O\times S_D\times T$	$C_{TU}\times S_D$	判定
Y方向	4	2.81	0.80	0.93	2.09	2.25	〇
	3	2.42	0.80	0.93	1.80	1.94	〇
	2	1.47	0.80	0.93	1.09	1.18	〇
	1	1.08	0.80	0.93	0.80	0.86	〇

〇：安全（想定する地震動に対して所要の耐震性を確保している。）　▲：疑問あり

Iso：構造耐震判定指標（RC造：Iso＝Es・Z・G・U、SRC造：Iso＝Es・Z・Rt・G・U）
Es：耐震判定基本指標（1次診断では0.8、2次、3次診断では0.6）
Z：地域指標（その地域の地震動の強さによる補正係数）Rt：振動特性係数
G：地盤指数（表層地盤の増幅特性、地形効果等による補正係数）
U：用途指標（建物の用途等による補正係数）
C_{TU}：構造物の終局限界における累積強度指標

（国土交通省「耐震化マニュアル」引用）

構造耐震指標と地震被害との関係

【平成18年1月25日国土交通省告示184号】

構造耐震指標および保有水平力に係る指標		構造耐力上主要な部分の地震に対する安全性
(一)	I_Sが0.3未満の場合又は qが0.5未満の場合	地震の震動及び衝撃に対して倒壊し、又は崩壊する危険性が高い。
(二)	(一) および (三) 以外の場合	地震の震動及び衝撃に対して倒壊し、又は崩壊する危険性がある。
(三)	I_Sが0.6以上の場合で、かつ、qが1.0以上の場合	地震の震動及び衝撃に対して倒壊し、又は崩壊する危険性が低い。

注1：上記表は、建築物の耐震診断及び耐震改修の促進を図るための基本的な方針（平成18年1月25日国土交通省告示第184号）別添「建築物の耐震診断及び耐震改修の実施について技術上の指針となるべき事項」の別表6として位置づけられている

注2：上記表中のq値は、各階の保有水平耐力に係る指標で、耐震診断基準における累積強度指標 C_{TU}×形状指標S_Dとの関係は以下の通りである
$q=C_{TU}\times S_D$／（鉄筋コンクリート造：0.3、鉄骨造および鉄骨鉄筋コンクリート造：0.25または0.28）

注3：上記表中における地震は、大規模地震を想定している

（国土交通省「マンション耐震化マニュアル」）

Chapter5

102

耐震化の方法と分類

耐震化工法は大きく耐震、制震、免震の3種類

耐震性能は〝強さ〟と〝しなやかさ〟の兼ね合いで決定される。耐震改修とは耐震性能に問題がある状態から、強度とねばり強さを増すことにより、合格エリアに到達させる方策をたてることにほかならない。

通常用いられる耐震改修工法は、耐震補強、制震工法、免震工法の大きく3種類に分類される。耐震補強は建物の強度を高め、ねばり強くする（変形能力向上）ことで耐震性能を高める方法で、従来型の工法で採用実績が最も多い方法である。

制震工法による耐震化のねらいは、建物に取り付けた制震装置に地震エネルギーの一部を吸収させることで、建物の地震時の揺れを抑制するもので、その結果、建物自体に必要な耐震性能も低減される。

免震工法は地盤と建物の間、あるいは建物の下部階に免震装置を挿入することで地震力を遮断し、建物に作用する地震力を低減するもので、建物自体の耐震性能の合格ラインが押し下げられる。建物本体の耐震補強が不要となる場合も多い。

これらの概念を図で示した。このほかに、建物上部を撤去し建物重量を減らすことで、建物に作用する地震力の低減を図る減築と呼ばれる方法などもある。

耐震化にあたって、工法の違いを知り最適なものを採用する

どの耐震改修工法を採用するかは、各工法の特徴を知る必要がある。諸条件によって、採用の適、不適がある。効果を発揮しやすい条件、発揮し難い条件がある。

耐震改修計画にあたっては、耐震性能の目標を明確にし、対象建物の構造的特性、地盤の性質や敷地の状況、建物の使われ方、工事中の制約・条件、予算などを考慮し、条件に見合った耐震改修工法を導く。そのためには、各々の耐震補強工法の特徴や特性を十分理解しなければならない。左ページに3工法の代表的な特徴の比較を示す。たとえば、免震工法は耐震グレードも高く、工事前後の姿に変化を生じない非常に優れた工法であるが、敷地境界までの必要寸法の確保、工事費用がかかるなどの制約がある。

実際の計画にあたっては、具体的にさまざまな諸条件を洗い出し、優先すべき項目、他の要因から決定される項目などを整理し、最適な改修工法を採用することになる。

耐震改修工法のねらい

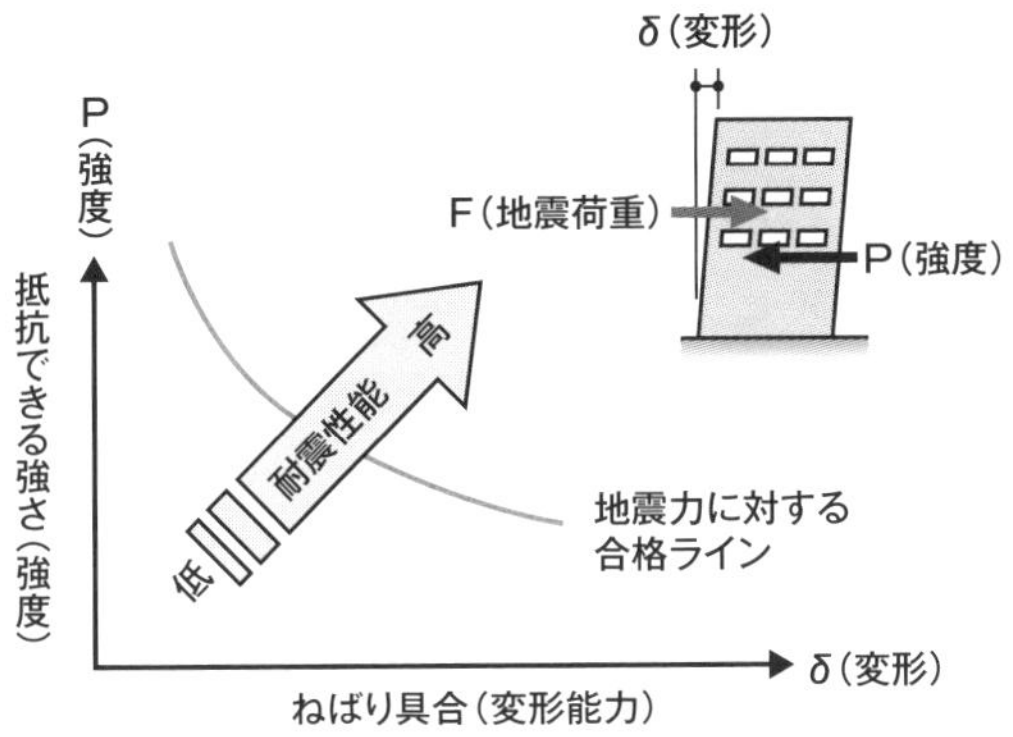

▲建物の耐震性能向上

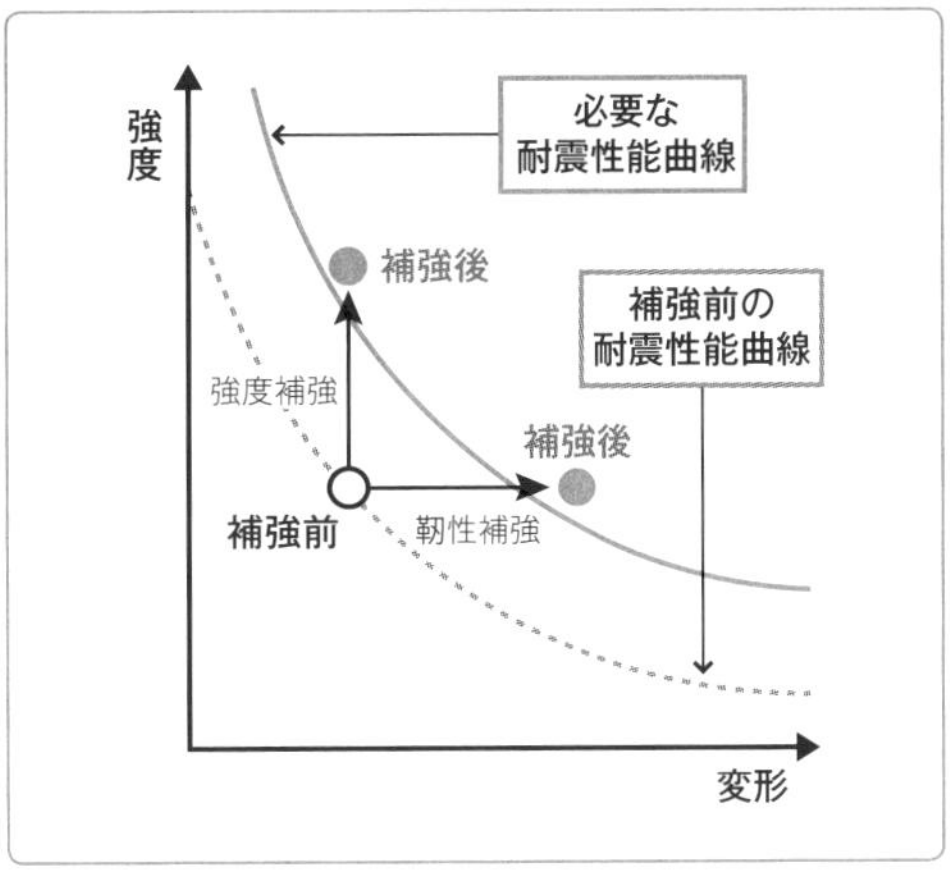

▲耐震工法のねらい

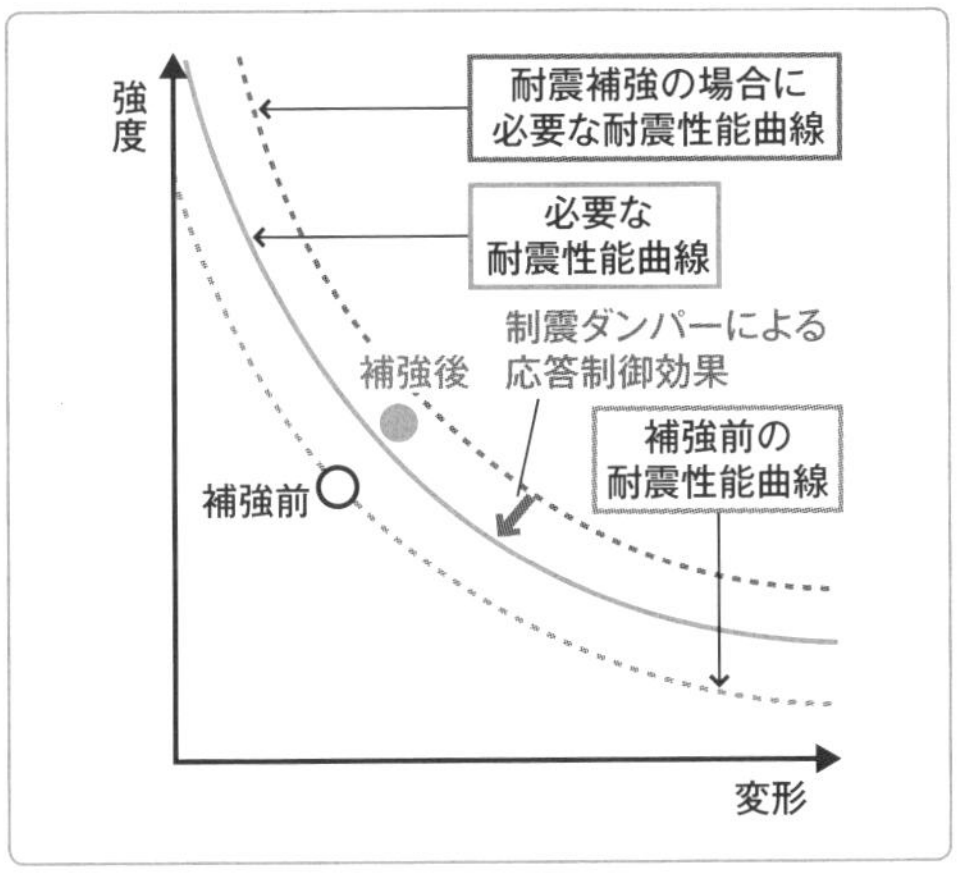

▲制震工法のねらい

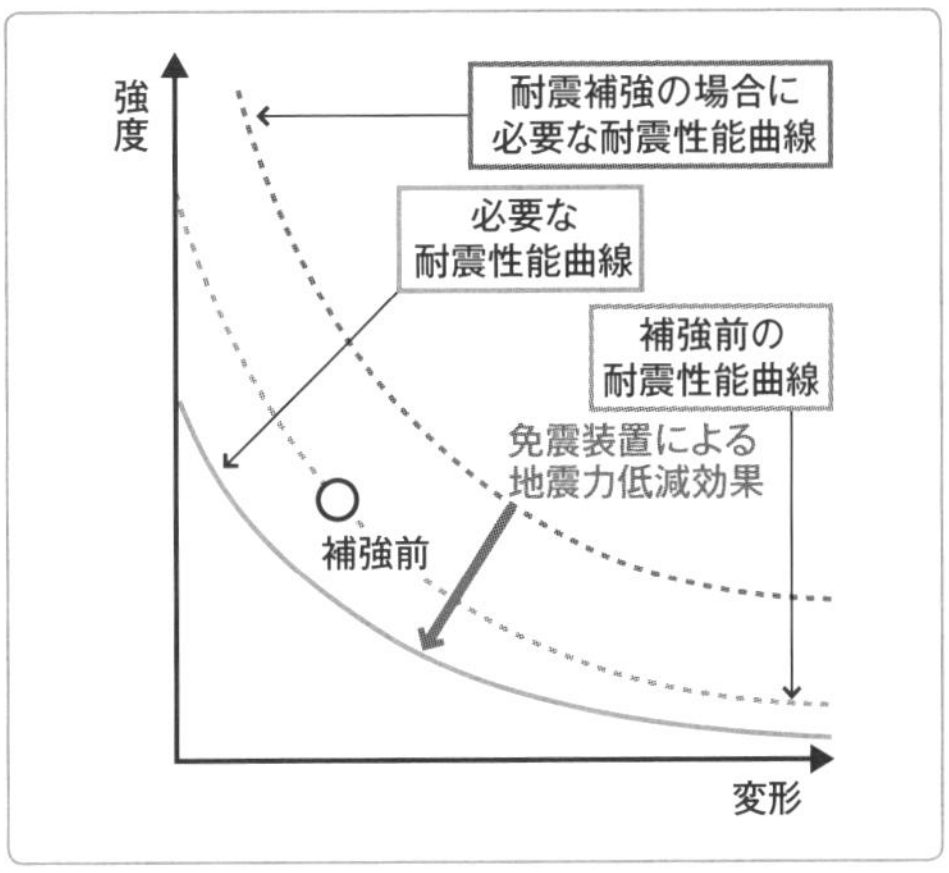

▲免震工法のねらい

（2006年4月　(社)建築業協会パンフレットより図引用）

耐震改修工法の比較

耐震改修工法	耐震補強	制震工法	免震工法
ねらい	建物の強度を高める ねばり強くする （変形能力向上）	制震装置でエネルギーを 吸収し揺れを抑制する	免震装置で地震力を 遮断する
工事中の居住環境 への影響度	大きい	中間	少ない
改修後の使い勝手等、 居住性環境の変化	大きい	中間	少ない
什器や家具の転倒・飛来 への影響	大きい	中間	少ない
改修工事費用	少ない	中間	大きい

103

耐震補強による耐震改修工事

耐震補強は多くの実績があり、最も一般的な補強方法である

最近は耐震補強を施した建物を多く見かけるが、これらのほとんどに耐震補強工法が採用されている。多くの建物が柱と梁で構成するラーメン構造である。補強はこの柱と梁に囲まれた面内において、鉄筋コンクリートの壁や鉄骨ブレースを構築する方法が代表的なやり方である。一般的な工法のため、この工法での補強設計を手掛ける設計事務所も多く、小規模の工事会社でも施工能力を備えているところもある。

耐震補強のねらいは建物の強度を高め、ねばり強くすることである。左図は耐震補強での具体的方法と目的を示したものである。よく見かける鉄筋コンクリートの耐震壁や鉄骨ブレースは強度を高める方法である。建物周囲に敷地がある場合には、バットレスと呼ばれる控え壁を増設する工法もある。これが可能だと建物内部の補強個所を低減することができる。鉄板や炭素繊維を用いた柱補強は主にねばり強くする目的である。

左図に「腰壁・たれ壁スリット」が示されているが、これは柱際の壁にスリットを入れる（柱際に溝を入れ柱と壁の縁を切る）方法である。スリットを入れることにより柱の変形能力が増し、建物にねばり強さが生まれる有効な方法である。

補強個所の配置にあたっては耐震診断結果に基づき、平面的、高さ方向にバランス良く配置し、地震時に建物のねじれ、特定の階や部位に弱点が生じないように注意する。マンションの場合、居住者間に不平等感が生じない配置計画が望まれる。

耐震補強計画にあたっては、補強完成後をイメージする

建物内部を補強する場合には、スペースの変化と影響、動線の変更、使い勝手、視界や眺望の変化、換気や照明の具合等、空間や環境の変化を予測し耐震補強位置や工法の選択を行う。

工事中の環境にも留意する必要がある。最近は建物を使いながら（居住しながら）の工事が当たり前であるが、耐震補強工事では騒音や粉塵を伴う場合が多く、設計段階において環境に配慮した工事計画の取り組みが必要である。また工事車両や資材搬入、工事用の足場計画、作業員の動線などの工事計画と、駐車場、自転車置場、ゴミ置場などのスペースへの影響や居住者の生活動線との関係を工事計画段階でしっかり検討する。

主な耐震補強工法の種類と目的

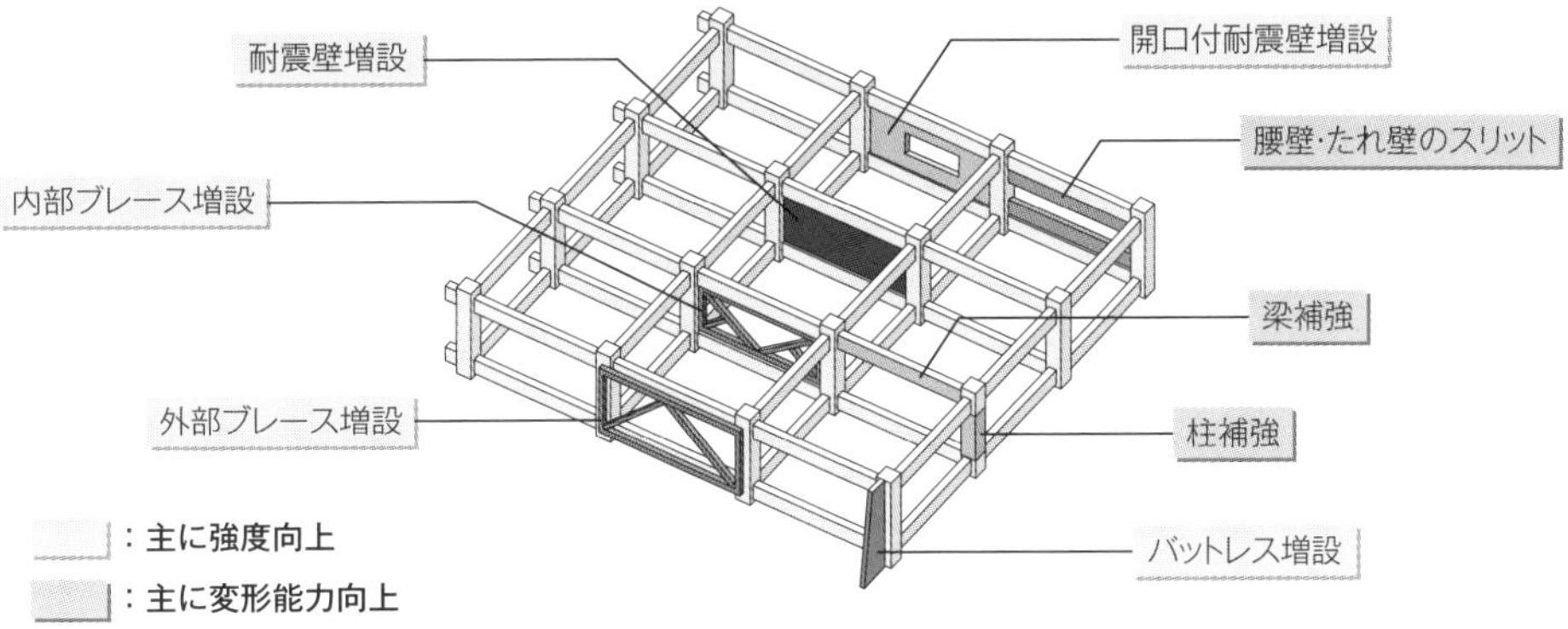

強度向上型補強の特徴

耐震改修工法	コスト	工期	建築・設備との整合性	居たまま施工性	重量増加	強度	靭性
鉄筋コンクリート耐震壁 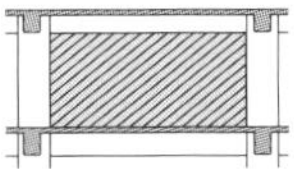	◎	△	○ 開口寸法に制限あり	外部 ◎ 内部 ○ コンクリート打設あり 現場納まりが容易	△	◎	△
鉄骨ブレース 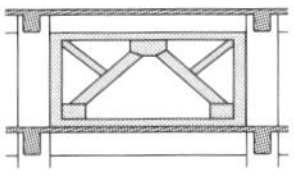	○	○	◎ 採光、通風確保が容易	外部 ◎ 内部 ○ 外部施工に適用容易 搬入サイズに制限あり	○	◎	○
鋼板耐震壁 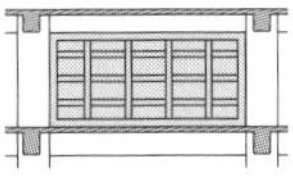	○	○	○ 開口寸法に制限あり	外部 ◎ 内部 ○ 搬入サイズに制限あり 納まりに手間	○	◎	○
壁開口閉塞 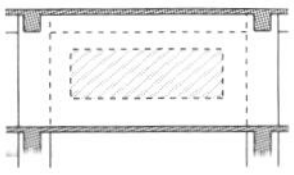	○	△	○ 居室空間への影響　小	○ 補強量　小	△	◎	△

靭性型補強の特徴

補強工法	コスト	工期	建築・設備との整合性	居たまま施工性	重量増加	強度	靭性
柱の鋼板巻き 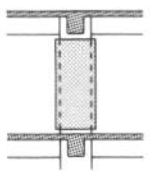	○	○	◎ 耐火被覆不要 居室空間への影響　小	溶接作業　○ ボルト結合　◎ 搬入サイズに制限あり	◎	△	◎
柱の繊維補強シート巻き 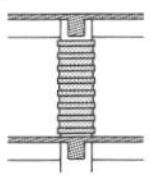	◎	◎	◎ 居室空間への影響　小	◎ 無騒音工法 不燃仕上げ必要	◎	△	◎
柱際のスリット切 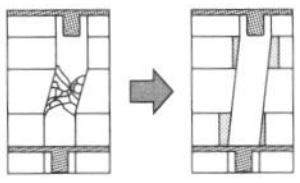	◎	◎	○ 防水、止水に留意 外壁・サッシに影響	○	◎	△	◎

104

制震工法による耐震改修工事

制震構造は、制震装置が地震エネルギーの吸収を分担する

耐震構造は、地震エネルギーを建物自体ですべて処理しなければならないが、制震構造では建物に取り付けた制震装置が地震エネルギーの吸収を分担することで、建物自体のエネルギー吸収の負担が低減される。地震時の応答も建物の減衰性能が高まり、建物の揺れが抑制される。制震装置で吸収されたエネルギーは、熱エネルギーに変換される。制震装置にはオイルダンパー方式、摩擦ダンパー方式、粘性体ダンパー方式、鋼材の材料力学的特性（鋼材の塑性変形）を利用した金属系ダンパーなどがある。制震工法では変位応答だけでなく、従来の耐震補強に比べ建物上階での加速度応答が抑えられるため、什器や家具などの転倒・飛来への影響が低減される。制震装置の形状には、ブレースタイプ、間柱タイプ、壁形タイプなどがあり、建物の構面内（柱・梁で囲まれた面）補強や外付けフレームでの補強として採用される。

制震工法はある程度変形する建物、たとえば柱・梁で構成された純ラーメン構造の中規模以上の建物に適している。従来型の耐震補強では補強個所数が多くなる場合、補強位置の配置計画が難しい場合などに制震補強で対応可能な場合も多い。逆に制震工法は、壁の多い建物や小規模の建物には適さない。建物の建設年度によっては、部材のねばり強さが不足するために採用が難しい場合がある。

制震工法では、地震波に対する応答解析で安全性を確認する

マンションの耐震改修に制震工法を採用する場合、共用廊下側に設置する場合とバルコニー先端に取り付ける場合がある。

制震工法を採用する場合には地震波に対する応答解析を行い、建物の応答加速度や層間の変形量など、揺れ方や部材の安全性の確認を行う。応答解析に用いる入力地震動は過去の地震で得られた観測地震波のほかに、告示波（平成12年建設省告示1461号）と呼ばれ、表層地盤での増幅を考慮した地震波（模擬地震波）が用いられる。この模擬地震波を作成するには、敷地の動的地盤特性を知る必要があり、ボーリング調査を行う。このように制震工法では高度な検討が必要なため、採用にあたっては技術力を持った設計事務所、ゼネコン、制震装置の開発メーカーなどがかかわる場合が多い。

地震時の建物応答と減衰性能の関係

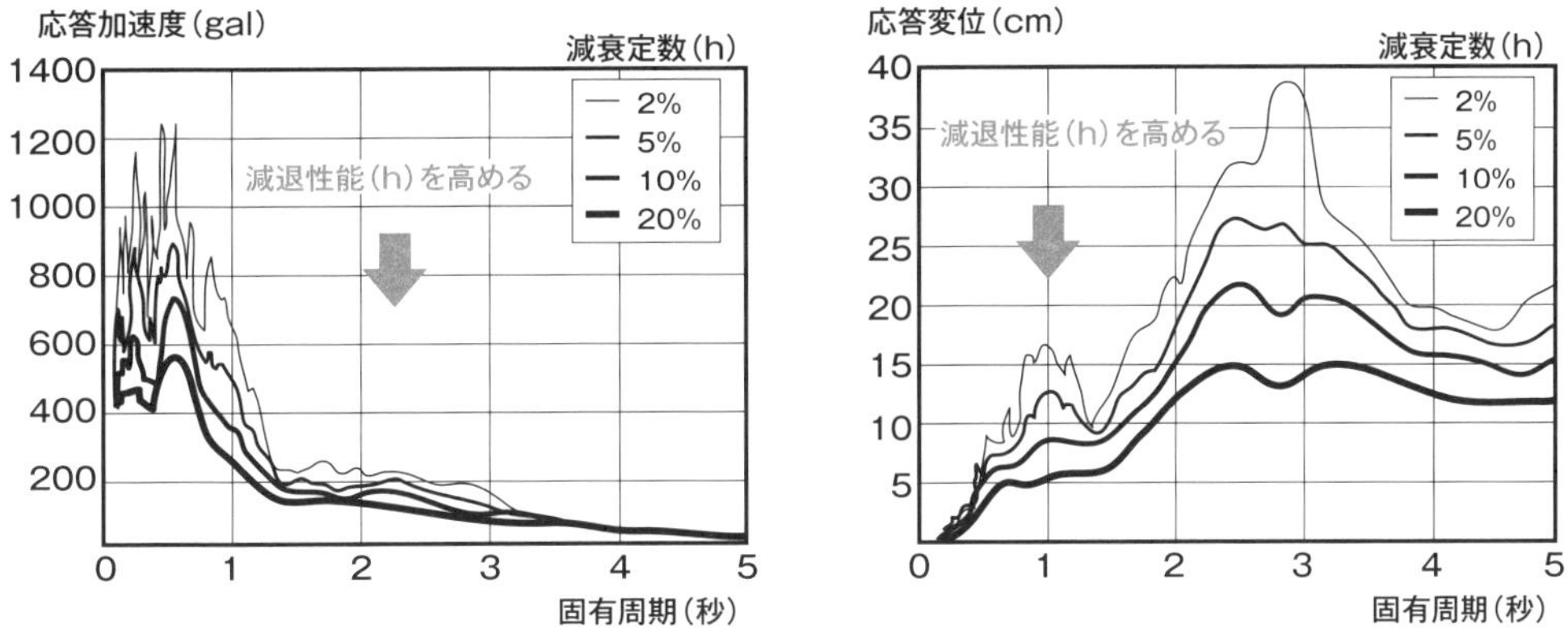

制御装置で減衰性能を高めることにより、建物の応答量は抑止される

制震工法の概念

制御装置で建物の応答量は抑止することで建物の損傷を防ぐことができる。

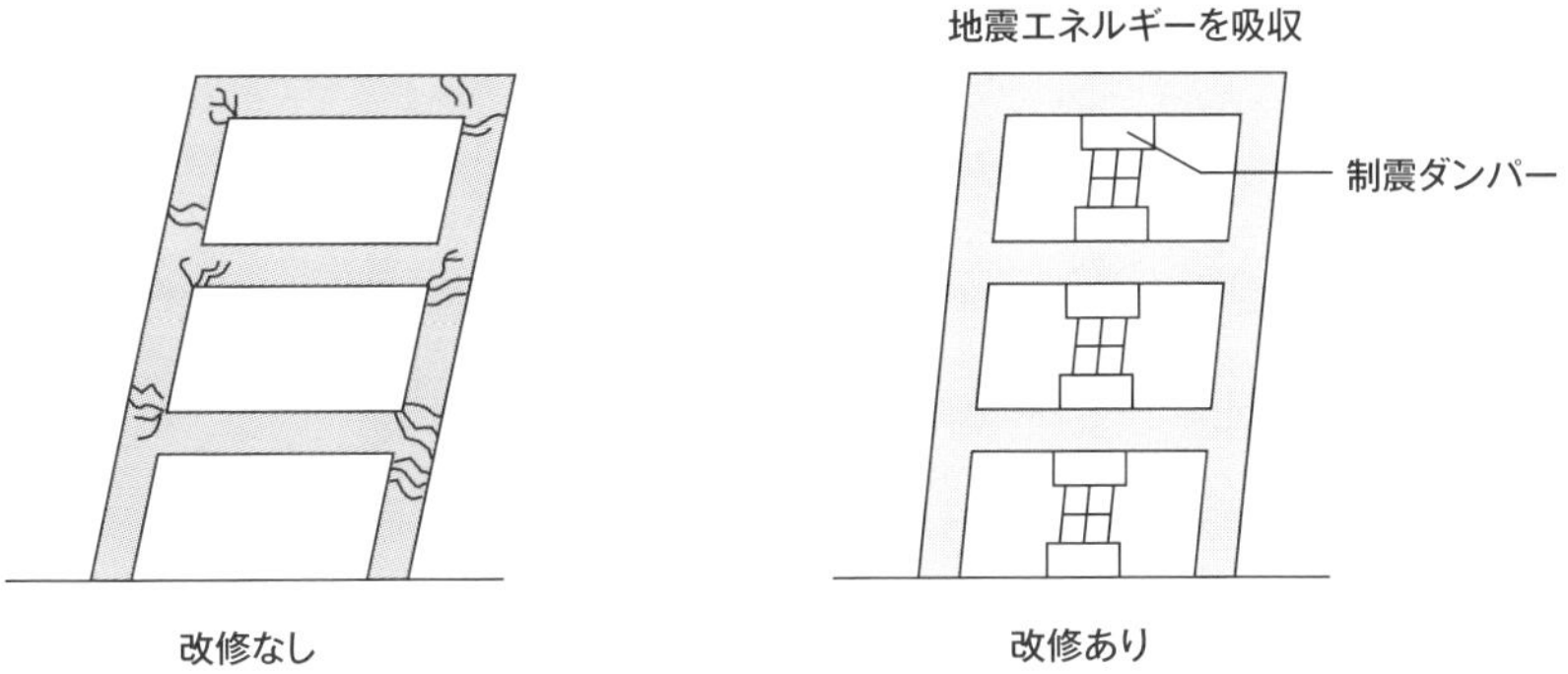

制震工法の概念（2006年4月　(社)建築業協会パンフレットより図引用）

制振ブレースの設置例

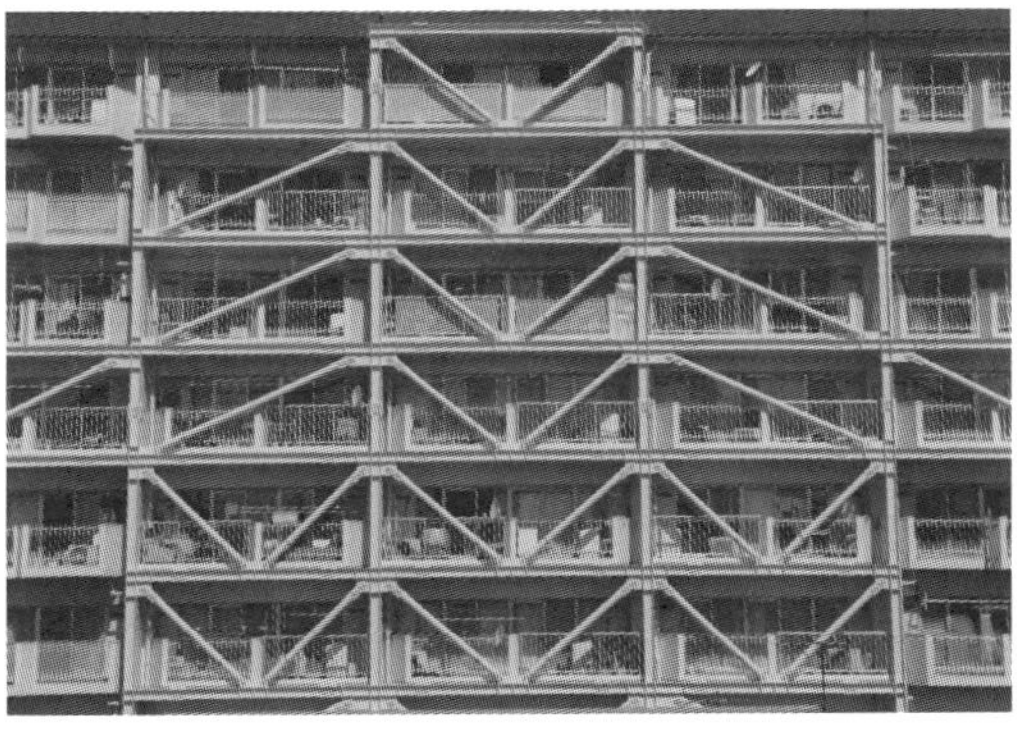

▲バルコニー側設置例（摩擦ダンパー）

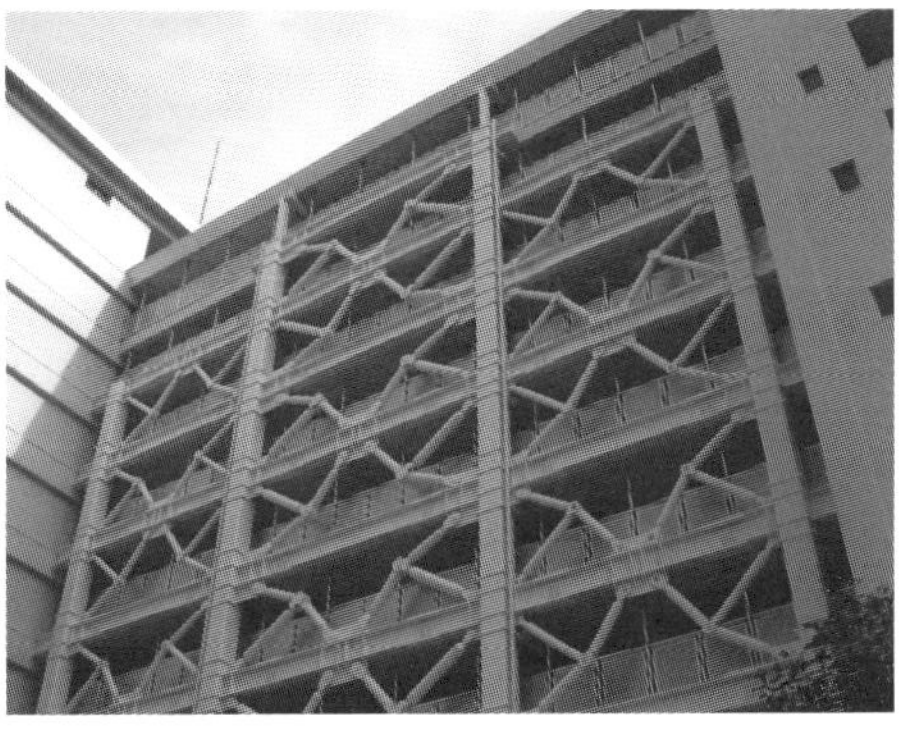

▲共用廊下側設置例（オイルダンパー）

Chapter5

105

免震工法による耐震改修工事

免震装置を挿入することにより、長周期建物に変身させる

免震工法は、建物に作用する地震力を小さくするものである。そのために建物と地盤の間、もしくは建物の中間に免震装置を挿入して、上部建物の長周期化を図る。長周期化で建物の応答加速度が小さくなり、結果として建物に作用する地震力が低減される。また、什器や家具などの転倒・飛来への影響も大幅に低減される。一方、長周期化することにより、地盤との相対変位は大きくなる。建物周囲の敷地の有無は、免震工法の採用可否を判断する重要なチェック項目となる。免震装置の挿入位置により、基礎免震、中間階免震に分類される。

免震装置には、建物の大きな荷重を支えながら水平方向のばねを柔らかくした積層ゴム、大きな揺れを抑制するダンパー、さらなる長周期化を図るすべり支承などがあり、地震波に対する応答解析を行い、最適な装置構成とする。免震工法を採用する場合には、制震工法の場合と同様に敷地地盤のボーリング調査を行い、検討用の入力地震動を作成する必要がある。

免震工法は万能ではない。採用が難しい場合がある

耐震性能がかなり低い、高度の耐震性能を期待、建物が不整形、レンガ構造などの耐震補強が難しい建物には免震工法が向く。逆に、免震工法が難しいものは以下のような建物である。

①建物周囲のあきが少ない

建物から隣地境界線、道路境界までの距離が少ないと地震時に境界を越境する恐れがある。

②敷地が軟弱地盤

軟弱地盤には向かない。地盤の卓越周期が長く免震効果を発揮しないばかりでなく、逆効果の場合もある。液状化の恐れのある地盤も不可である。

③のっぽな建物

建物の平面寸法に比べ高さのある塔状建物には向かない。

④階段、エレベーター位置

中間階免震のとき問題になる。階段やエレベーターの途中に免震層があると、地震時の揺れに対する処置を考えなくてはならない。

一方、マンション1階が駐車場などでピロティ形式の場合には、1階における免震改修工事がしやすい。

また、免震建物は超高層建物と同様に、長周期の固有周期をもつ建物である。長周期地震波に対する、過大な揺れへの対策も念頭に置く必要がある。

建物の固有周期と応答加速度、応答変位の例

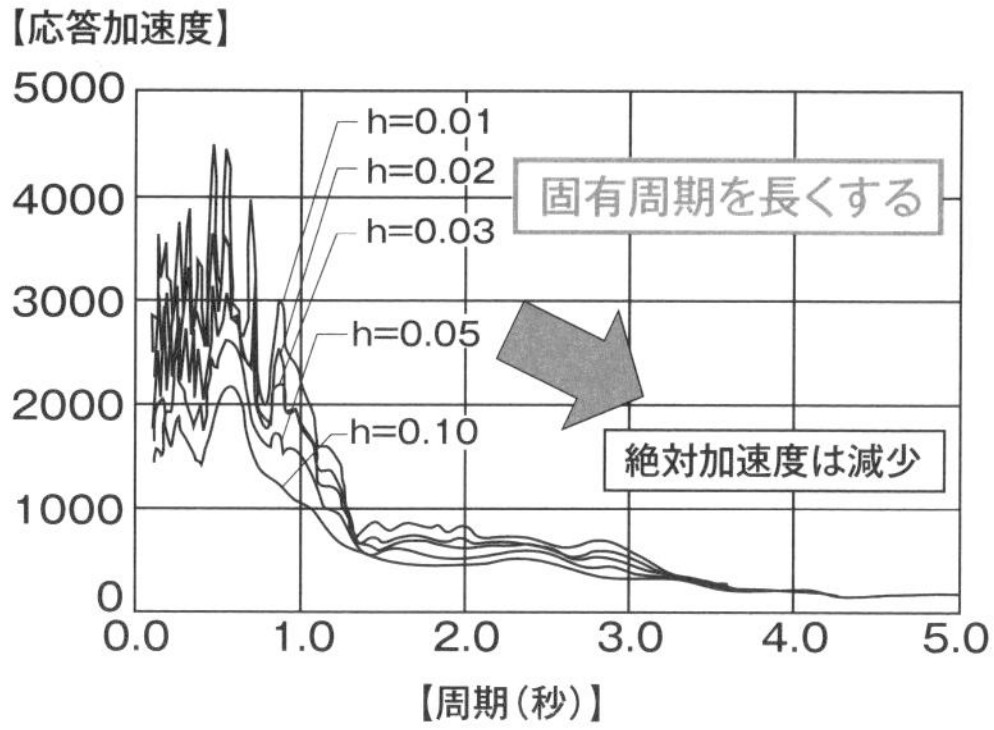

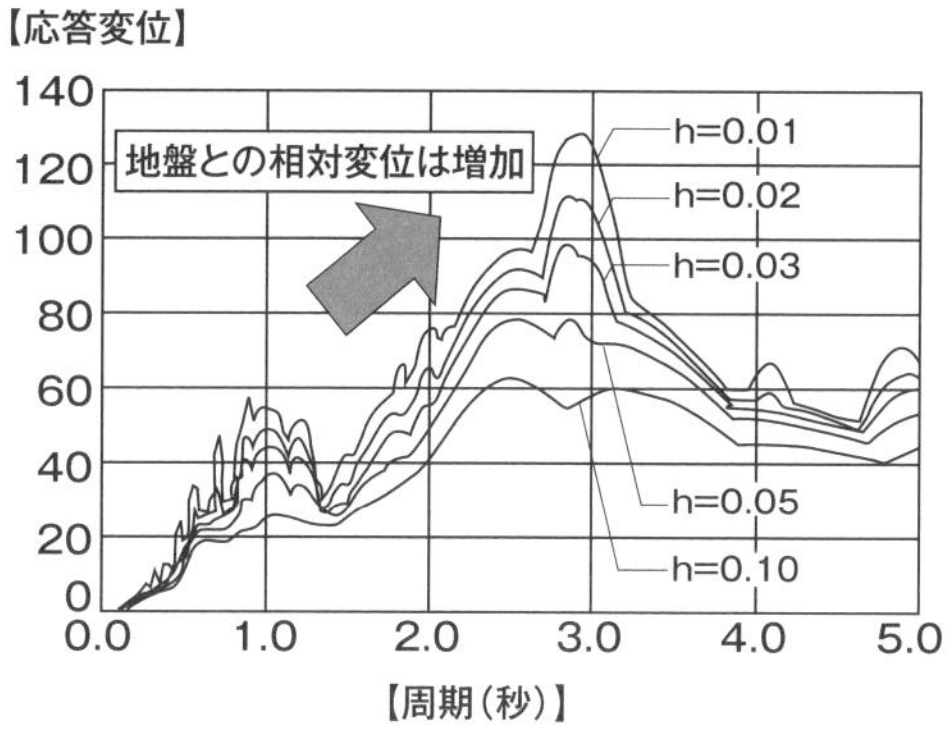

免震装置の位置

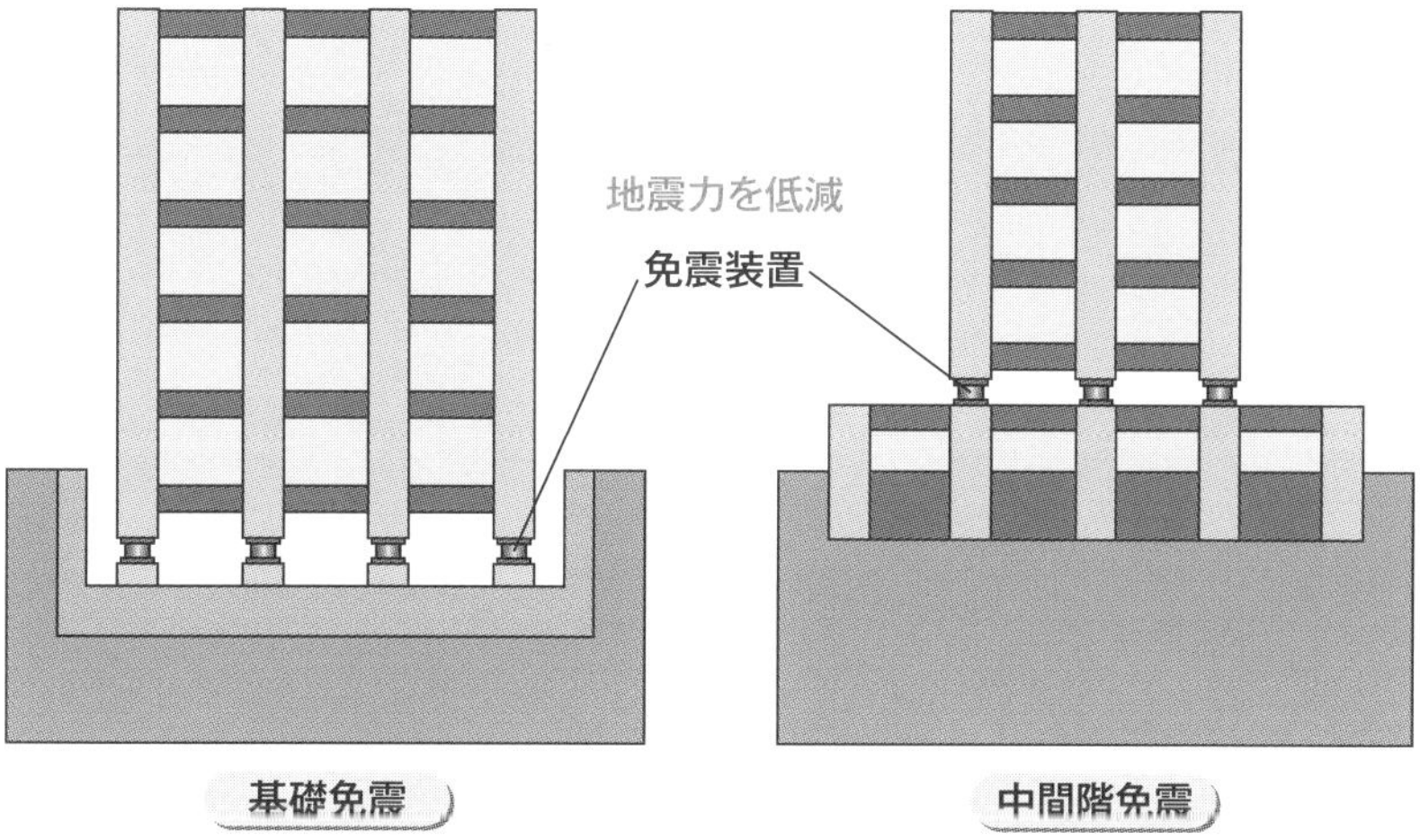

（2006年4月　(社)建築業協会パンフレットより図引用）

免震装置の例

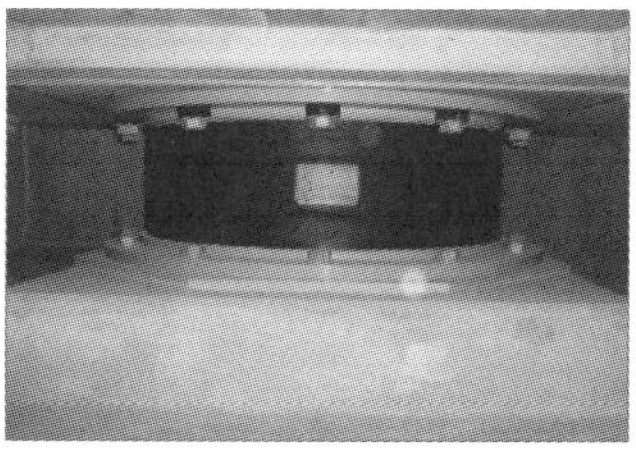

▲積層ゴム

▲ダンパー

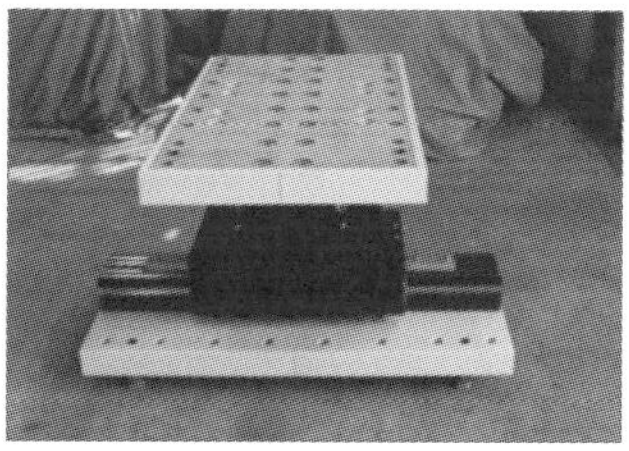

▲直動ころがり支承

Chapter 5 マンションの耐震補強

Chapter5

106

耐震化検討段階でやるべきこと

耐震改修工法の特色を理解し、改修後の姿をイメージする

耐震診断結果で耐震化の必要性がある場合は、耐震化に向けての検討段階に入る。さまざまな耐震改修工法の特色を理解し、具体的な事例などを参考にしても、現状の建物の耐震性能の程度や特徴を理解し、耐震グレード、方策、費用、その他の与条件を整理し、ふさわしい耐震改修工法やボリュームを導くのは難しく、具体的な検討を進めるには専門家に相談することになる。

また、現状の老朽化の程度と耐震改修費用や方法を鑑みた場合、将来建替えも選択肢となる場合がある。この場合、当該マンションの敷地に関する法規制なども知っておかなければならない。耐震改修を前提とした場合には、耐震改修以外の修繕・改修の必要性の有無など、現在のマンションの状況、住宅・住環境に対する不満・問題点やニーズを整理しておくことが重要である。このような取り組みを無駄なく、効率的に行うためには、きちんと段階を踏んで進める必要がある。

今後の進め方と方向性を確認し、耐震改修推進決議で合意を得る

第1段階では、耐震化の方法として、耐震改修で進めていくのか、建替えを前提で進むのかの耐震化検討段階である。この判断材料を得るため、専門家に次の事項を依頼する。①区分所有者の現マンションに対する不満や改善ニーズなどの意向調査の専門的支援、②耐震改修構想の検討、③建替え構想の検討、④耐震改修と建替えとの比較検討、評価と合意形成に対する専門的支援などである。第1段階で、「耐震改修で進めていくこと」が決議された場合には、第2段階で段階である「耐震改修推進決議」に向けた準備に入る。初めから建替えが選択肢にない場合は、第1段階を省略できる。

第2段階では、耐震診断の結果や耐震改修の必要性、検討内容、耐震改修計画の検討費用の参考見積りなどを示したうえで、「計画組織の設置」や「耐震改修計画の検討資金の拠出方法」について管理組合の集会（総会）に諮る。耐震改修推進決議では、普通決議（過半数）で成立する。

耐震化検討段階は、これからの大きな方向性を検討し、確認しあう場である。さまざまな考えの区分所有者からの多角的な論点を経て、区分所有者の多数が耐震改修の推進に賛成という状況にあることが望まれる。

耐震化手法の検討手順

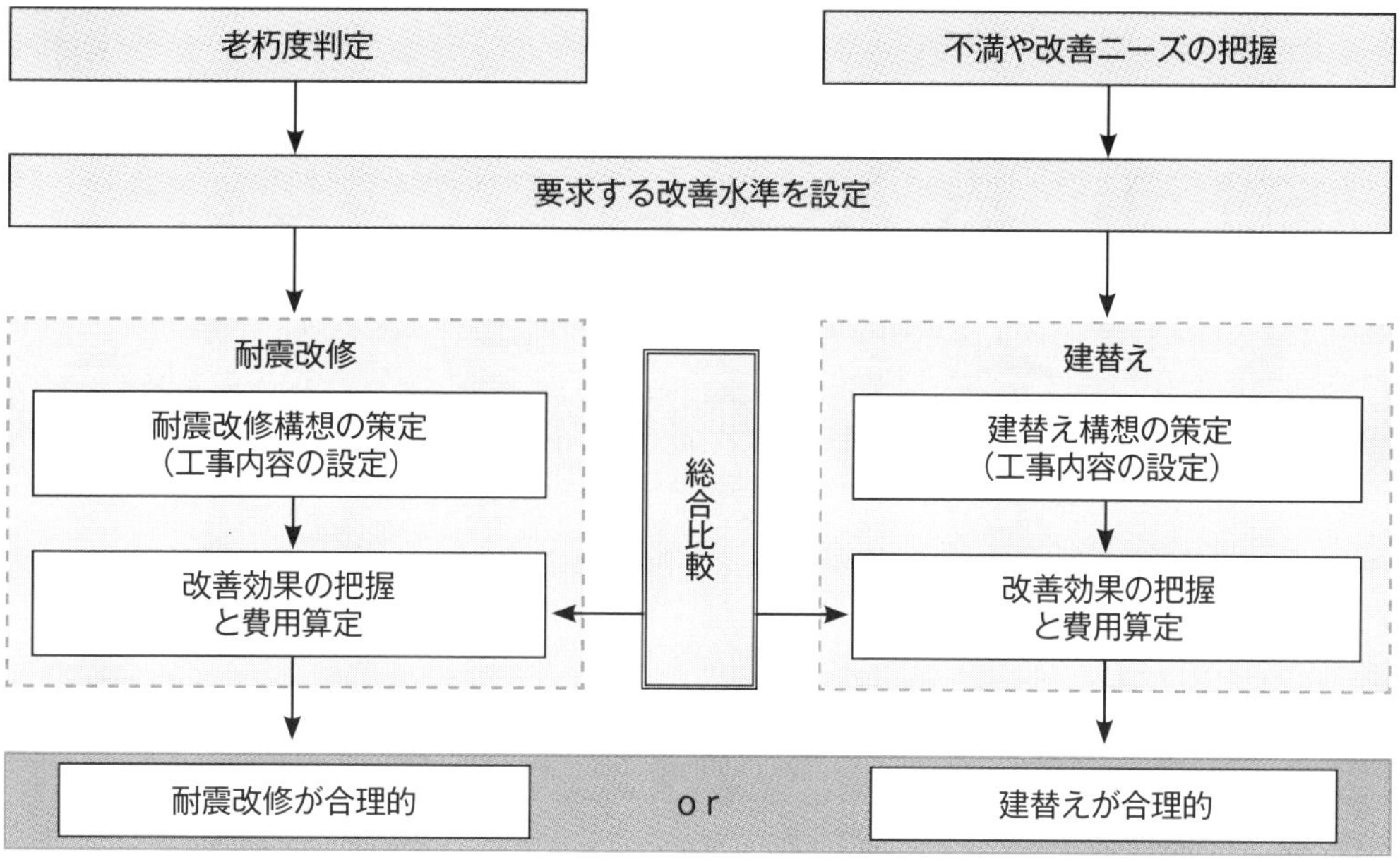

（国土交通省「マンション耐震化マニュアル」引用）

耐震改修推進決議の議案

	議案内容	議事資料	議決の多数決要件
議案1： 計画組織の設置について	耐震改修計画の検討をするための組織を管理組合理事会の専門機関として設置すること	組織の設置運営細則案	普通決議：区分所有者及び議決権の各過半数
議案2： 耐震改修計画の検討資金の拠出について	①管理費から拠出する場合 ・耐震改修実施設計を行うための資金を管理費（管理組合運営費）から拠出すること ・その予算額は○○円とすること	事業計画・予算の案	普通決議：区分所有者及び議決権の各過半数
	②修繕積立金から拠出する場合 ・耐震改修実施設計を行うための資金を修繕積立金から拠出すること→別添のように管理規約を変更すること ・修繕積立金を取崩して拠出する予算額は○○円とすること	事業計画・予算の案（管理規約「修繕積立金等の使途」の変更案）	普通決議：区分所有者及び議決権の各過半数 （規約変更の必要な場合は、特別多数決議：区分所有者及び議決権の各4分の3以上）
参考資料：耐震診断の結果や耐震改修の必要性（必要に応じて、建替えとの比較検討の結果）、耐震改修計画の検討の進め方、検討方針、耐震改修計画の検討費用の参考見積り等			

（国土交通省「マンション耐震化マニュアル」引用）

107

耐震改修計画段階でやるべきこと

管理組合における計画組織の設置で動き出す

管理組合の集会（総会）で耐震改修を推進することが決議されたことにより、耐震改修の計画段階に入る。最初に行うのが、耐震改修の計画内容の検討を行う計画組織（例：「耐震改修検討委員会」）の設置である。理事会が参加者を募り、この中から検討組織の委員を選出する。委員選定にあたっては、さまざまな立場の区分所有者が組織のメンバーになることが望ましい。

耐震改修工法の選定にあたって、耐震性能をどの程度向上しなければならないのか？　建物の耐震性能の特徴を理解し、どのような工法が最適なのか？　構造的に導き出すのは構造専門家の仕事であるが、マンションの耐震改修工事では、一般の建物とは違った特殊性がある。大きくは、①24時間居住環境にあること、②居住空間に影響する、③区分所有者によって影響差が出やすいことの3点である。具体的な影響として、工事完了後の外観の変化、スペースの変化、動線の変更、使い勝手、視界や眺望の変化、換気や採光の具合、工事のエリア（住戸内工事となるか）、騒音・振動、工事資機材の搬入、工事車両の動線など、多くの諸条件を整理する必要がある。いくつかの改修案について、これらの影響について洗い出し、概算費用を含めた比較検討を行い、採用すべき最善の耐震改修の方法を導き、具体案の基本設計に入ることが望ましい。

耐震改修計画案、資金計画案、費用負担案を決議する

耐震改修計画の検討は、耐震改修計画、資金調達、費用負担の項目を並行して検討し、管理組合としての資金計画および区分所有者の費用負担額を整理して計画原案を作成する。計画組織は、全体説明会などで耐震改修計画の最終案を区分所有者全員に周知する。そのうえで、理事会に対して耐震改修計画の検討結果を報告し、「耐震改修計画に基づき、耐震改修を実施すべき」との提起を行う。

耐震改修実施の方向になった場合には、理事会は耐震改修計画についての検討結果を踏まえて、「共用部分の変更に関する事項」「耐震改修実施設計を行うための資金の拠出に関する事項」を管理組合の集会（総会）の議案として提議し、決議する。

耐震計画段階では、具体的なかたちが見える。複数の計画案の比較検討を行い、最良案を導き、確認し合う。

耐震改修計画の検討内容

項目	検討内容	検討結果	【対象者】検討事項
耐震改修計画	耐震改修工法の選定	・耐震改修基本設計図書 ・耐震改修後の耐震性能の検証 ・概算工事費 ・工程表	【管理組合】 資金計画
資金調達	資金調達の基本方針	・修繕積立金、借入金、一時徴収金 ・補助金	
費用負担	費用負担の基本方針	・耐震改修に係る費用項目 ・費用負担の分配率と算定方法	【区分所有者】 費用負担額 （仮住まい等）

（国土交通省「マンション耐震化マニュアル」引用）

耐震改修決議と耐震改修実施設計の予算化

	議案内容	議事資料	議決の多数決要件
議案１： 耐震改修決議： 共用部分の変更について	耐震改修計画に基づき、共用部分を変更（耐震改修）すること	耐震改修計画	（1）形状又は効用の著しい変化を伴う場合 ①耐震改修の必要性に係る判定を受けていない場合 特別多数決議：区分所有者及び議決権の各４分の３以上 ②耐震改修の必要性に係る判定を受けた場合 普通決議：区分所有者及び議決権の各過半数 （2）軽微変更の場合 普通決議：区分所有者及び議決権の各過半数 注：専有部分への特別の影響を及ぼす場合は、その専有部分の所有者の承諾が必要
議案２： 耐震改修実施設計を行うための資金の拠出について	①管理費から拠出する場合 ・耐震改修実施設計を行うための資金を管理費（管理組合運営費）から拠出すること ・その予算額は○○円とすること	事業計画・予算の案	普通決議：区分所有者及び議決権の各過半数
	②修繕積立金から拠出する場合 ・耐震改修実施設計を行うための資金を修繕積立金から拠出すること ・修繕積立金を取崩して拠出する予算額は○○円とすること	事業計画・予算の案	普通決議：区分所有者及び議決権の各過半数
参考資料：耐震改修実施設計の内容、参考見積り等			

＊区分所有者からの一時金徴収、管理組合の借入れ、修繕積立金徴収額の変更については、管理規約での扱いに注意し、必要に応じて管理規約を変更する

（国土交通省「マンション耐震化マニュアル」引用）

108

耐震改修実施段階でやるべきこと

具現化に向けた作業を着実に行っていく

耐震改修計画に基づき、耐震改修を実施していくことの決議がなされると、次は耐震改修工事に向けた具体的作業に入る。運営組織を設置し、耐震改修の実施設計と運営をサポートする専門家を選出する。基本設計に盛り込んだ考え方を継承する意味でも、計画段階から関与している専門家が継続して行うのが一般的である。

実施設計を行っていくと、工事費がより具体的な数値となっていく。基本設計での検討が不十分であると、実施設計後の工事費と乖離し、実現できないこともあるため、実施段階に至る各ステップでの検討精度を高めていなければならない。

耐震改修促進法に基づく耐震改修計画の認定を受けると、建築基準法の既存不適格建築物に係る制限の緩和、耐火建築物に係る制限の緩和などを受けることができる。また、支援制度のうち、住宅・建築物耐震改修等事業の耐震改修費用に対する補助の要件となる場合がある。認定を受けるにあたって、耐震診断や耐震改修計画について専門機関による評価を求められるのが一般的である。

イメージ通りに工事が進捗していくことが最良

耐震改修工事の予算化が決議されると、工事会社の選定など実際の工事に向かっての準備に入る。工事仕様書と設計図、および見積要綱を示して、複数の工事会社から工事見積りを取り寄せるが、耐震改修工事では複雑な工事が多く、工事内容の難易度、工事中の住民生活への配慮など、工事金額以外の重要な要素について比較検討を行う必要がある。工事が始まってから、さまざまな問題が生じないように、工事会社の施工計画書でのチェック、ヒアリングによる確認などを行うことが重要である。また、工事会社から示される仮設計画図などの施工計画図は、当工事への理解度、姿勢を判断するのに有用である。

耐震改修工事では、工事後のかたちがイメージ通りであること。工事中の状況がイメージ通りに進捗していくことが最良である。そのためには、ここまでに至る各段階での検討が十分になされ、内容について区分所有者にしっかり伝達され、理解され、共有されていなければならない。各段階での情報開示と合意形成を丁寧に行っていくことが重要である。

耐震改修実施段階での実施事項

項目	内容	備考
1．運営組織の設置	耐震改修決議後の組織。主な作業が事務手続き的なもので合意形成に係る作業の比率は低い	・大規模修繕と同様に理事会が主体となることが考えられるが耐震改修計画段階の計画組織の再編も考えられる
2．専門家の選定	［専門家の役割］ ①耐震改修実施設計の作成 ②管理組合の運営の支援	・耐震改修計画段階で支援を得た専門家に引き続き協力を依頼するのが一般的である ・補助金などを受ける場合には、事前に地方公共団体に選定手続きについて確認しておく必要がある
3．実施計画の作成	①専門家が耐震改修設計を作成する ②耐震改修促進法に基づく認定手続きまたは建築確認手続きを行う	・耐震改修計画の認定は申請できるものであって、耐震改修を行う場合に必ずしも認定を受けなければならないものではないが、特例措置や支援制度の面で有効である
4．予算化の準備	理事会として耐震改修実施設計の設計予算書を参考に、耐震改修工事の予算化の資料を作成する	
5．耐震改修工事の予算化	理事会は耐震改修実施設計についての検討結果を踏まえて、「耐震改修工事の予算に関する事項」を管理組合の集会（総会）の議案としてとりまとめ決議する	下表、「耐震改修工事の予算化」参照
6．耐震改修工事・監理の専門家の選定	［専門家の役割］ ①耐震改修工事の実施 ②耐震改修工事の監理	・建設会社等の施工の専門家を新規選定 ・監理は実施設計作成について、支援を得た専門家に引き続き依頼する方法が一般的である
7．個別課題への対応	①個別事項への対応 ・資金調達の問題への対応 ・仮住居・仮駐車場の問題への対応 ・借家人への対応 ・権利関係についての課題の対応 ②負担金未納者への対応 ③専有部分の工事に協力しないものへの対応	・国土交通省「マンション耐震化マニュアル」に対応にあたっての留意点が示されているので、参考にされたい

（国土交通省「マンション耐震化マニュアル」引用、再編集）

耐震改修工事の予算化

	議案内容	議事資料	議決の多数決要件
議案1： 耐震改修工事を行うための資金の拠出について	①修繕積立金から拠出する場合 ・耐震改修工事を行うための資金を修繕積立金から拠出すること ・修繕積立金を取崩して拠出する予算額は○○円とすること	事業計画、予算の案	普通決議：区分所有者及び議決権の各過半数
参考資料：工事内容、設計予算書、工事スケジュール等			

（国土交通省「マンション耐震化マニュアル」引用）

109

耐震補強工事の実際と留意点

設計時の想定と実際が異なる！

実際に工事が始まると補強設計時の想定と異なる状況が多々ある。特に構造躯体が設計と異なる場合には、耐震性能に影響を及ぼすため要注意である。補強設計時には入念な現地調査を行うが、調査には限界があり、工事に入ってから隠蔽されていた部分などが明らかになると設計時の想定と異なることがある。鉄筋コンクリート造壁の想定が実際はブロック壁であった、補強箇所の柱・梁の内法寸法が違っていた、地中梁の位置が想定より深い位置にあった、壁にある開口部の位置、寸法が異なっていた、設備配管等の干渉で計画した補強ができない等がよくある事例である。このような違いは当然のことながら耐震補強後の耐震性能に影響がある。改めて、現状を反映したもので耐震診断を行う必要がある。

第三者機関の評定を取得しているものについては、評定機関に現状を反映した検討書を添えて「評定後の変更申し込み」を申請し、その取り扱いの判断を仰ぐ。取り扱いとは、変更後の補強計画検討書が妥当であり耐震性能に影響がないと判断される場合は、「軽微な変更」として扱われ工事継続が可能となる。一方、補強計画変更が当初の補強設計の耐震性能と比較し、補強の考え方を含め大きく異なると判断される場合には、評定機関において変更後の補強設計に対する評定部会が開催され、評定書の再取得となる。Ｉｓ値の変動が無視できない場合や補強箇所の大幅な変更、補強工法の変更を伴う場合には評定部会扱いとなる場合が多い。

工事ができない！

工事を始めてみると、当初の工事計画どおりの施工ができず、工事方法の変更も余儀なくされる場合がある。具体的な例を挙げれば、騒音問題で工事ができない、既存躯体との接合部材であるアンカー筋が入らない、水を使う工事での階下への漏水、工事が始まってからの住民の要望等がある。例えば解決となる新しい開発工法を採用すると一般に工事費が高くなることから従来工法が採用される場合が多い。工事が始まって大騒ぎになるまえに工法の選択を含めた施工計画を綿密に行うことが重要である。なお、評定取得物件において耐震性能に係る工法の変更は、評定機関への「評定後の変更申し込み」の申請が必要となる。

設計時の想定と実際が異なる

▲基礎梁の高さが違った例：腰壁コンクリートを基礎梁鉄筋位置まではつり出して確認

▲無開口耐震壁に開口があった例

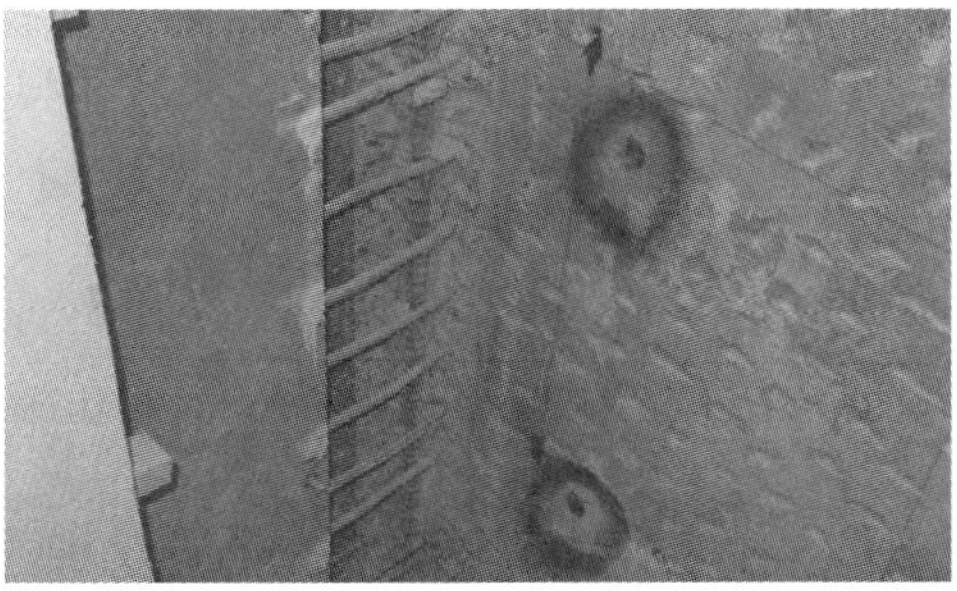

▲SRC造であと施工アンカーが鉄骨に当たって打てない例

▲鉄骨に鋼板を介して鉄筋を溶接した例

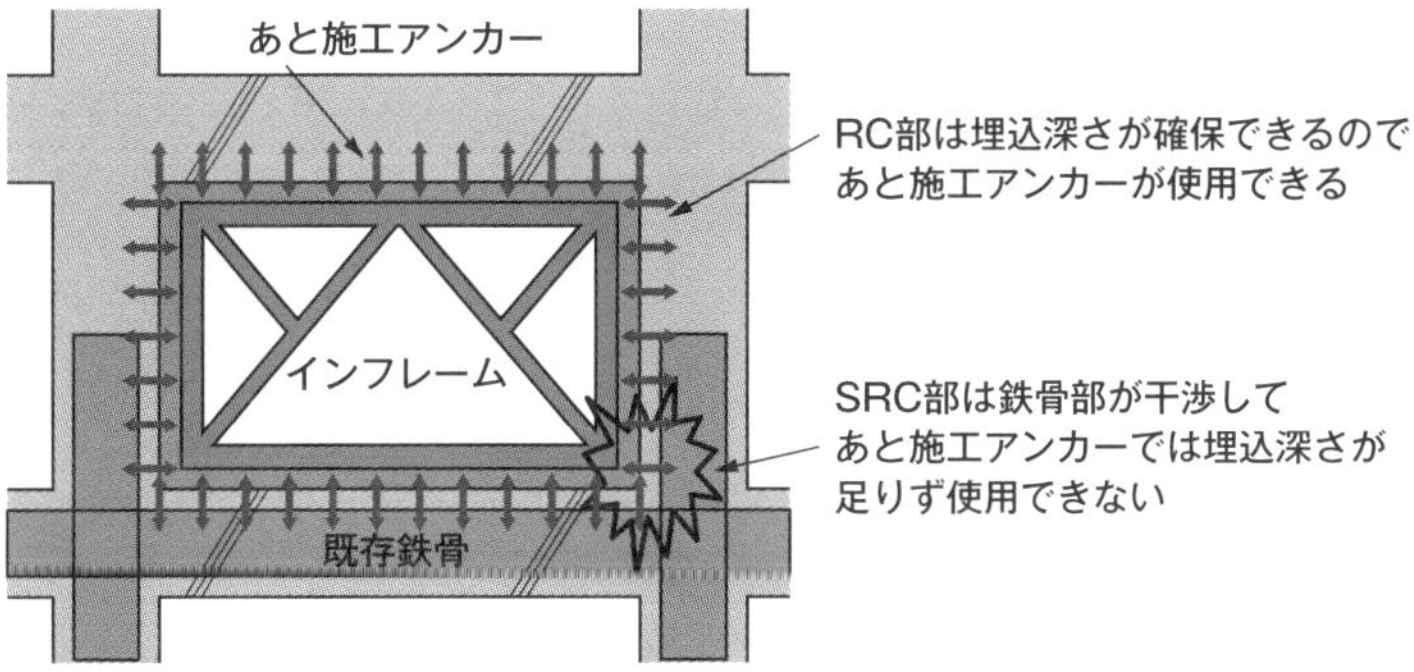

▲あと施工アンカーと構造躯体

【表1】補強計画変更の事例

変更の動機	変更内容	確認事項
躯体形状の相違	基礎、基礎梁形状が設計と異なっていたため、既存躯体形状に合わせてあと施工アンカーの配置を変更	再配置のアンカーで応力伝達能力を確認
	ピロティ部分の基礎梁の位置が、設計時の想定より深い位置にあったため、計算モデルを実際の寸法に変更	建物全体の耐震診断再計算にて確認
住民の要望	マンサード型鉄骨ブレース下部のスペースが小さく通行に支障があったため、ブレースの取付方法と寸法を変更	建物全体の耐震診断再計算にて確認
騒音問題	垂れ壁を撤去し一体打ちの耐震壁を構築する予定であったが、解体時の騒音がうるさく撤去を取りやめ、既存垂れ壁を含む一体壁に変更	一体壁の耐震性能を確認
工期短縮 騒音対策	鉄骨ブレース（一般工法）からブレース部材を変えずに間接接合部が簡潔な開発工法に変更	部材耐力の確認 認定工法であること
施工不能	増設耐震壁を鉄筋コンクリート造で計画していたがコンクリートポンプ車での施工ができないため、モルタル注入工法に変更	部材耐力とモルタル注入施工計画確認
	完全スリット工法で計画していたが、室内側でのスリットができないため、完全スリットと同等の開発工法に変更	認定工法であること

110

避難安全性の診断

マンションは地震の後も生活することが求められる

建築基準法が目指す建築物の最低限の耐震基準は、震度5強程度の中規模の地震に対してほとんど損傷せず、震度6強から7に達する程度の大規模の地震に対して、人命に危害を及ぼすような倒壊などの被害を生じないことを目標としている。これに対しマンションの居住者が求める耐震性は、死傷者が出ないことはもとより、一旦は安全な場所に避難でき、地震がおさまればマンションに戻り生活できるように生活や資産を守る、より高度な安全性を求めている。

住戸からの2方向避難

住戸からの2方向避難は、玄関から廊下や階段を通って道路まで避難する経路と、バルコニーから垂直避難器具で避難階に降り、道路まで避難する経路があるか確認する。

①玄関ドア

住戸の玄関ドアが地震で歪み開かなくなり閉じ込められる場合がある。玄関ドアの更新時には、地震に対しある程度の変形しても開閉できる、対震丁番を使った対震ドアに更新する事が望ましい。

②廊下・階段・エントランスホール

避難通路にある天井のボードや窓ガラスが落下しないか、また廊下や階段に避難上支障になる物がないか診断する。

③バルコニーからの避難

バルコニーの隣戸避難板を壊し、垂直避難器具を使って避難できるか診断する。建設時に垂直避難器具の設置が義務付けられておらず、垂直避難器具がないマンションは、バルコニーから避難できるよう、垂直避難器具を設置することを検討する。また、バルコニーに通行を妨げる物を置かないように、避難通路であることを周知徹底する。

④敷地内通路

敷地内通路やピロティに置かれた、自転車・バイク・物置などが避難通路を塞いでいないか、避難通路が確保できているか診断する。また、避難通路や道路に面したブロック塀や万年塀など、基準を満たしているか、傾いたり、ぐらついていないか診断する。

⑤住戸内の家具

専有部分ではあるが、住戸内でも玄関までの通路に家具が転倒して行く手をふさぐことがある。家具の配置を見直したり、出口に至る通路を確保するための転倒防止策など対策を行う。

避難の安全性の診断

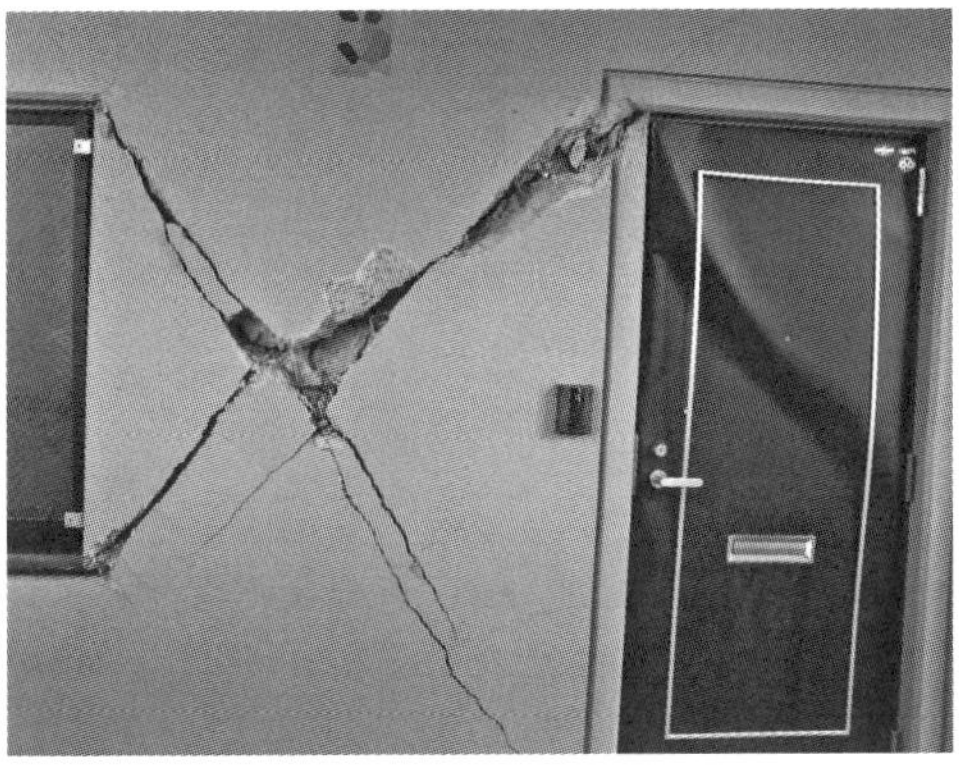

▲地震により潰れた玄関ドア

▲地震時にガラスが割れた、共用廊下スチール枠の防風スクリーン

▲区切られて垂直避難器具が設置されていないバルコニー

▲荷物で塞がれ、避難できないバルコニー

▲補強されているが、劣化が著しく、傾いている石塀

▲笠木や並板がはずれたままの万年塀

Chapter5

111

非構造部材の耐震診断

タイルなど、仕上げ材の浮きや剥落の危険性を診断する

建築基準法では、内装材や外装材など建築物の部分および広告塔など建築物の屋外に取り付けるものは、風圧並びに地震その他の震動および衝撃によって脱落しないようにしなければならない、とされている。また、東日本大震災において、大規模空間の天井が多数脱落したことを受け、一定の高さや規模を超える天井の脱落対策の規制強化が図られた。

①外壁材

鉄筋コンクリート造のマンションの外壁は、モルタル下地に塗装仕上げやタイル張りが多いが、それらの仕上げ材は地震により剥落することがある。特に道路に面した部分は人命に影響する被害が生じる恐れがあるため、モルタルやタイルなど仕上げ材の浮きや剥落の診断をする。

鉄骨造のマンションで、外壁にＡＬＣ版が使われている場合がある。過去の地震において、外壁パネルが剥落したり破壊したものがあり、多くは挿入筋工法で施工されていた。反対にスライド構法や、現在、一般的に採用されているロッキング構法の被害は少なかった。竣工図に工法が記載されている場合があるので確認する。

②内装材

建物内部の天井ボードの落下や、タイルなど壁材のひび割れや剥落の恐れを診断する。特にエントランスホールや廊下など、避難通路の天井にボード類を張っている場合、下地金物の不具合により、天井が落下する事故が起きる可能性がある。下地金物の取付け方法を確認するとともに、漏水などで腐食していないか診断する。

鉄骨階段や看板、外壁などへの設置物も診断する

鉄骨階段は建物と揺れ方が異なり、接合部が外れると隙間ができたり、傾き転倒することがある。建物との接合部がきちんと施工されているか、錆びて腐っていないか診断する。

また、踊場や踏板が錆びたり腐ったりしている場合がある。地震に限らず、避難時に外れれば惨事に繋がるため、普段は使用していなくても定期的な点検が欠かせない。

そのほか塔屋の目隠しや広告看板、外壁に固定された袖看板、屋根や庇に置かれた設置物などは、地震時に外れたり、飛び出して落下する恐れがある。固定方法が適切か、錆びて腐っていないか診断する。

非構造部材の耐震診断

▲外壁タイルの剥がれ

▲斜壁タイルの広範囲に渡る浮き。滑落の恐れがある。

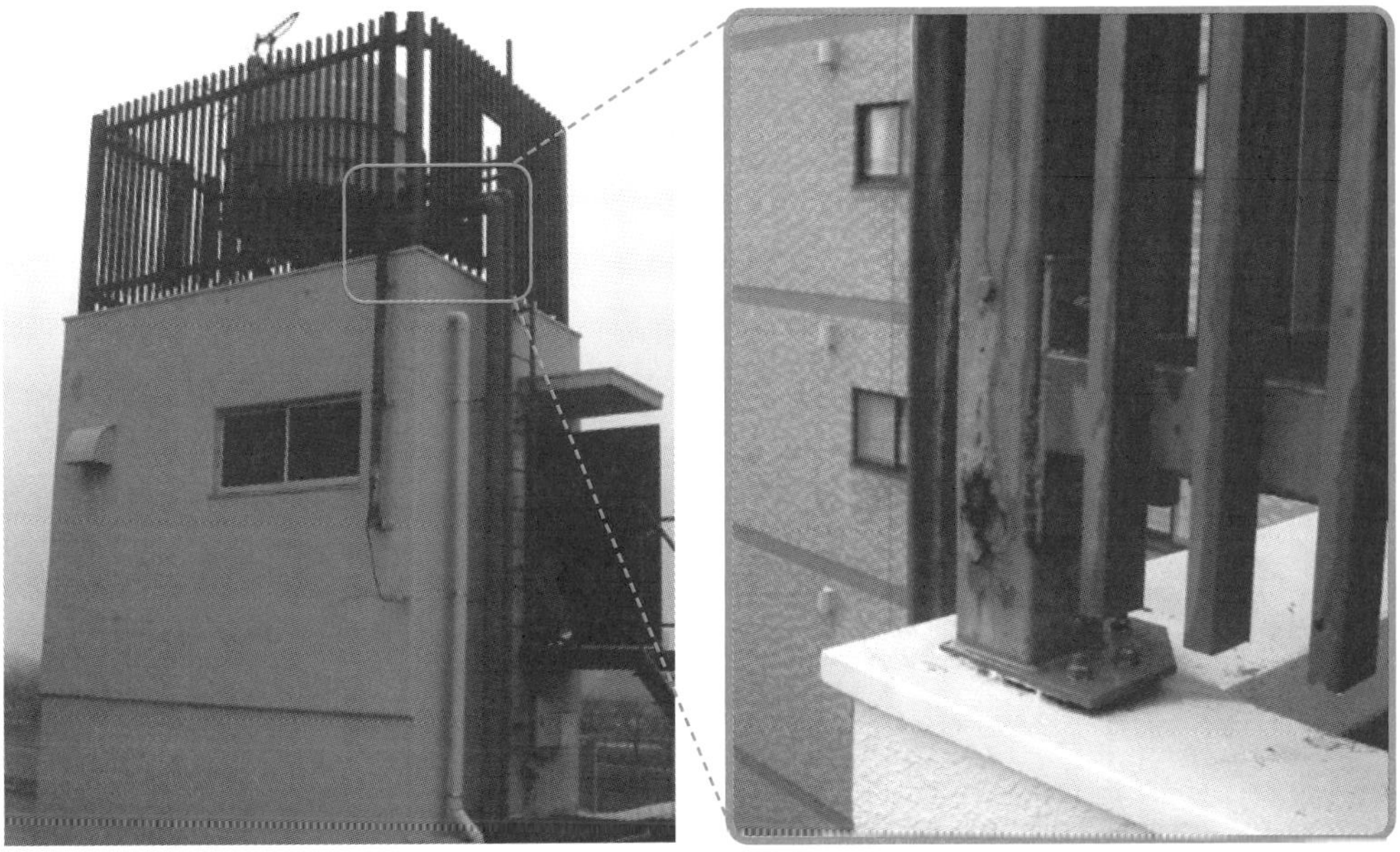

▲塔屋目隠しの支柱の腐れ

▲鉄骨階段の取り付けボルトの施工不良

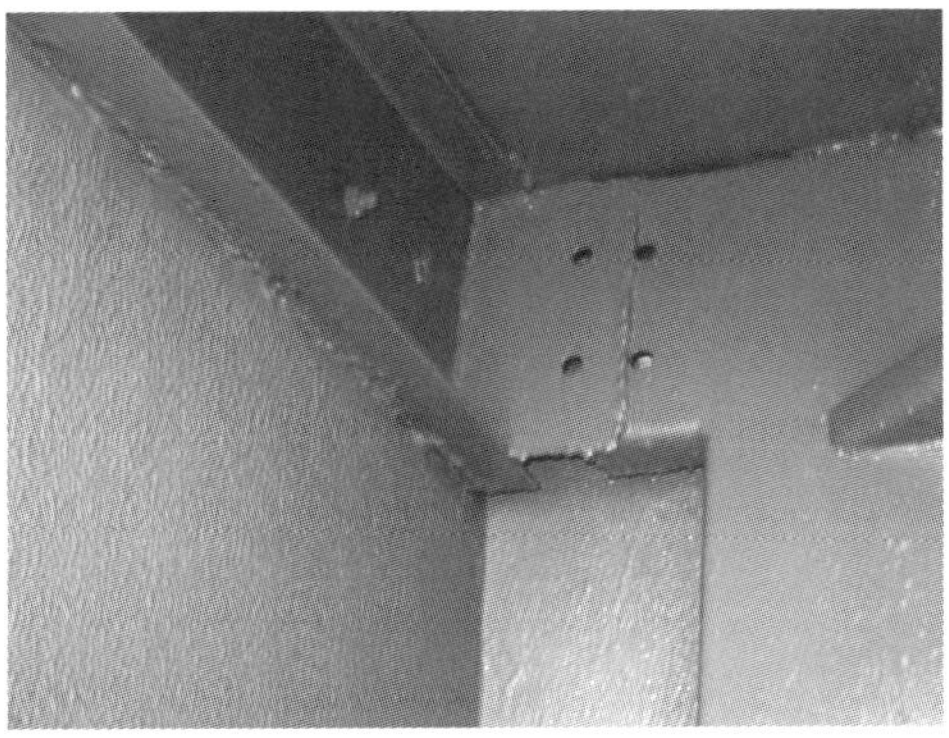

▲鉄骨階段の施工不良

Chapter 5

112

ブロック塀等の安全対策について

地震によるブロック塀等の倒壊による主な被害

1978年（昭和53年）宮城県沖地震で、補強コンクリートブロック造および組積造の塀等（以下本項ではブロック塀等と記述する）の倒壊により多くの人命が失われた。これらの被害を受け'81年の建築基準法施行令の改正に伴い、補強コンクリートブロック造の塀の高さが3.0m以下から2.2m以下となるなど、ブロック塀等に関する基準が強化され、各方面でブロック塀等の安全対策が進められてきた。

しかし、その後も大地震の度にブロック塀等が倒れて人命が失われ、'18年6月18日に発生した大阪府北部を震源とする地震では、ブロック塀等の倒壊により登校中の児童を含む二人の尊い命が失われた［表－1］。このような被害を繰り返さないように、新設時の適正な施工はもちろんのこと、既設の塀についても安全性を確かめ、必要があれば補強や建て替えをしなければならない。

ブロック塀に関する基準

建築物に附属する塀の構造基準については、建築基準法において規定されている。また、大阪府北部を震源とする地震で重大な被害が発生した塀は、いずれも現行の仕様基準に適合しないものとみられ、既存の塀については、現行規定に適合しないものの安全対策を推進することとされた。

ブロック塀等の安全対策について

①国土交通省は'18年（平成30年）6月21日付「建築物の既設の塀（ブロック塀や組積造の塀）の安全点検について」において、建築物に附属する塀について、所有者向けの安全点検のためのチェックポイント［図－1］を提示するとともに、特定行政庁に対し、安全点検の実施や、安全点検の結果、危険性が確認された場合に、付近通行者への速やかな注意表示及び補修・撤去等が必要である旨を、所有者等に対して注意喚起するよう要請した。

②耐震改修促進法による対策

'18年11月30日に耐震改修促進法施行令が改正され、'19年1月1日に施行された。これにより、都道府県又は市町村が耐震改修促進計画に記載する避難路の沿道にある一定規模以上の既存耐震不適格のブロック塀等は、耐震診断が義務付けられた。

ブロック塀の被害状況とチェックポイント

[表－1]過去の地震によるコンクリートブロック塀の倒壊による主な被害

1978年（昭和53年）	宮城県沖地震	ブロック塀等の倒壊により18名の死者
1987年（昭和62年）	千葉県東方沖地震	ブロック塀の倒壊により1名の死者
2005年（平成17年）	福岡県西方沖地震	ブロック塀の倒壊により1名の死者
2016年（平成28年）	熊本地震	ブロック塀の倒壊により1名の死者
2018年（平成30年）	大阪府北部を震源とする地震	ブロック塀等の倒壊により2名の死者

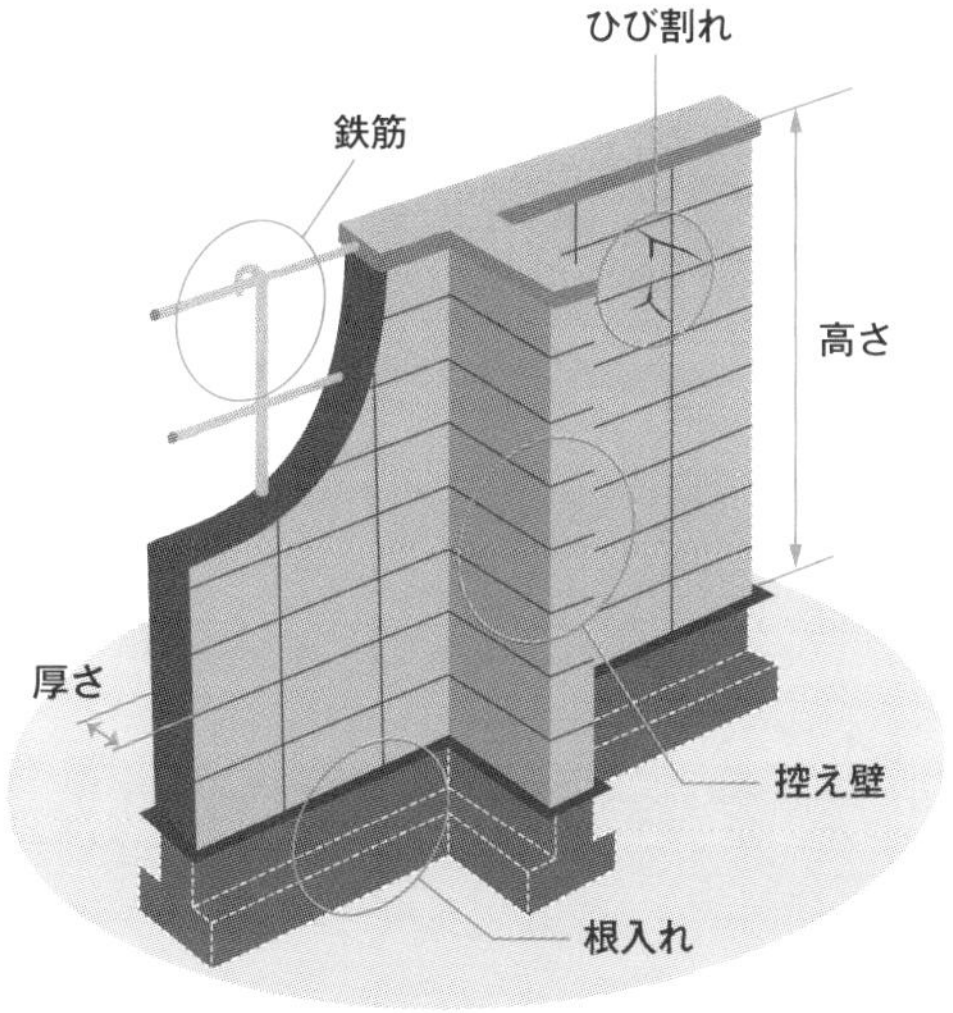

ブロック塀について、以下の項目を点検し、ひとつでも不具合があれば危険なので改善しましょう。

まず外観で1～5をチェックし、ひとつでも不適合がある場合や分からないことがあれば、専門家に相談しましょう。

□ 1.塀は高すぎないか
- 塀の高さは地盤から2.2m以下か。

□ 2.塀の厚さは十分か
- 塀の厚さは10cm以上か。（塀の高さが2m超2.2m以下の場合は15cm以上）

□ 3.控え壁はあるか。（塀の高さが1.2m超の場合）
- 塀の長さ3.4m以下ごとに、塀の高さの1/5以上突出した控え壁があるか。

□ 4.基礎があるか
- コンクリートの基礎があるか。

□ 5.塀は健全か
- 塀に傾き、ひび割れはないか。

<専門家に相談しましょう>

□ 6.塀に鉄筋は入っているか
- 塀の中に直径9mm以上の鉄筋が、縦横とも80cm間隔以上で配筋されており、縦筋は壁頂部および基礎の横筋に、横筋は縦筋にそれぞれかぎ掛けされているか。
- 基礎の根入れ深さは30cm以上か。（塀の高さが1.2m超の場合）

組積造（れんが造、石造、鉄筋のないブロック造）の塀の場合
□ 1.塀の高さは地盤から1.2m以下か。
□ 2.塀の厚さは十分か。
□ 3.塀の長さ4m以下ごとに、塀の厚さの1.5倍以上突出した控え壁があるか。
□ 4.基礎があるか
□ 5.塀に傾き、ひび割れはないか。
<専門家に相談しましょう>
□ 6.基礎の根入れ深さは20cm以上か。

▲[図－1]　ブロック塀の点検のチェックポイント　（国土交通省ホームページより）

▲熊本地震で倒壊したコンクリートブロック塀

▲塀の高さ1.8mだが、控え壁が無いコンクリートブロック塀

Chapter5

113

設備の耐震安全性

マンション設備耐震の始まりは、昭和53年の宮城県沖地震から

建築設備の耐震基準は、宮城県沖地震の被害を受け、昭和56年6月1日から施行された新耐震設計法、翌年の昭和57年に「建築設備耐震設計・施工指針」が発刊された。それ以前の建築設備は、アンカーボルトによる固定もなく、床に置かれているだけのような耐震性が低い状況であった。そのなごりは、維持管理が行き届いていない古いマンションの高置水槽などにおいて、いまだに見かける。

建築設備の耐震性の目標について、「建築設備・昇降機耐震診断基準及び改修指針（国土交通省監修）」に分かりやすい記述がある。

・建物の耐用年数中に数度は遭遇すると予想される中地震動に対して、建築設備には損傷がないこと

・建物の耐用年数中にまれに遭遇するかもしれない大地震動に対しては、機器が脱落したり、移動や転倒がなく、機能の確保または機能の回復が可能であること

要するに、中地震動程度で設備配管や機器は壊れてはならないが、まれな大地震動に対しては多少の破損は生じたとしても、復旧が可能であることが必要ということである。

また、まれな大地震動によって重量のある機器が脱落や転倒が生じてしまえば、人命に危険が及ぶことになるので、絶対に起きてはならないとしている。

重さ100キロを超える重量機器は、構造躯体に強固に固定

「建築設備耐震設計・施工指針」では、重量1kNを超える機器の設置方法について指針を定めており、マンションにおいては、水槽・ポンプ・受変電設備・貯湯式給湯器（電気温水器）などが挙げられる。設備機器に作用する地震力の計算は一般的に局部震度法により行われ、設備機器には設計用水平震度（KH）に機器の重量（W）を掛けあわせた「設計用水平地震力（FH＝KH・W）」が機器の重心に作用するものとして考え、要求する耐震クラスや地域などを考慮して求められる。

具体的には、左ページの表のような設計用標準震度（KS）から要求される耐震クラスにより、数値を選定する。

一般的にマンションにおいては「耐震クラスA以上」を求められる。たとえば、受水槽であれば耐震性能は1.0以上、高置水槽であれば1.5以上となる。

建築設備耐震に関する技術指針・指導書など

名称	編集・発行	最新発行年月
建築設備耐震設計・施工指針	(一財) 日本建築センター	2014年 (平成26年) 9月
建築電気設備の耐震設計・施工マニュアル	(一社) 日本電設工業協会 (一社) 電気設備学会	1999年 (平成11年) 6月
建築設備の耐震設計施工法	(公社) 空気調和・衛生工学会	2012年 (平成24年) 11月
建築設備・昇降機耐震診断基準および改修指針	(一財) 日本建築設備・昇降機センター	1996年 (平成 8年) 6月
FRP水槽耐震設計基準	(一社) 強化プラスチック協会	1996年 (平成 8年) 6月

	建築設備機器の耐震クラス			適用階の区分
	耐震クラスS	耐震クラスA	耐震クラスB	
上層階、屋上および塔屋	2.0	1.5	1.0	
中間階	1.5	1.0	0.6	
地階および1階	1.0 (1.5)	0.6 (1.0)	0.4 (0.6)	

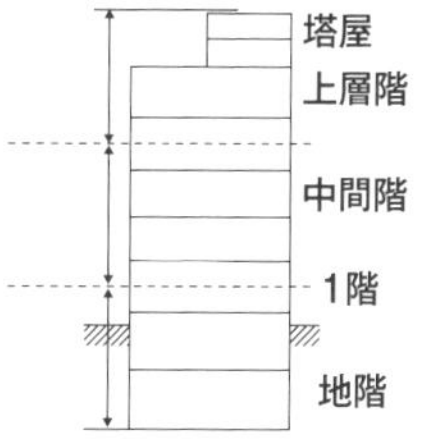

( ) 内の値は地下および1階 (地表) に設置する水槽の場合に適用する。

出典: 建築設備耐震設計・施工指針 ((一財) 日本建築センター)

上層階の定義

- 2～6階建ての建築物では、最上階を上層階とする
- 7～9階建ての建築物では、上層の2層を上層階とする
- 10～12階建ての建築物では、上層の3層を上層階とする
- 13階建て以上の建築物では、上層の4層を上層階とする

中間階の定義

- 地下、1階を除く各階で上層階に該当しない階を中間階とする

耐震クラスについて

- 耐震クラスは「B」が最も耐震性能が低く、「S」が最も高い
- 耐震クラスの適用は、建築物または設備機器の用途や重要度を考慮して選定する
- たとえば、防災拠点建築物や危険物を貯蔵する施設の設備、水害・火災・避難障害などの二次被害を引き起こすおそれのある設備機器などは重要機器であるのでクラスSを適用する
- 一般に、耐震クラス「B」は建築基準法を満たす最小限の耐震性能と考え、耐震クラス「A」はBに対して1.5倍、耐震クラス「S」はAに対して1.5倍 (ただし頭打ちを最大2.0G相当) と考える
- たとえば大地震時に耐震クラス「B」の機器据付け部のボルト本体の変形等で1～2㎝のずれが生じたとすると、耐震クラス「A」では0.3～0.5㎝程度のずれが生じ、耐震クラス「S」ではずれが生じないというイメージである
- 水槽類はライフライン確保のための耐震クラス「A」以上を採用することが推奨されている

114

耐震上問題な高置水槽の設置例

都市の頭上には、古くて危険な高置水槽がたくさんある

耐震改修促進法の改正や、東京都の緊急輸送道路沿道建築物の耐震化を推進する条例の制定など、耐震化の機運は高まっているはずである。しかし、実際の都市部のマションやビルの頭上は、大変ショッキングな状況と言わざるをえない。

高置水槽方式は過去の方式とお思いの方もおられるであろうが、意外にもまだまだ古いままの高置水槽が大都市の頭上に数多く存在している。

古いだけではなく、ずさんな改修が原因ということも少なくない

宮城県沖地震を踏まえた昭和56年の建築基準法の改正（いわゆる新耐震設計基準）の翌年である昭和57年に「建築設備耐震設計・施工指針」が始めて刊行され、必要な水平震度を満たすようアンカーボルトで堅固に固定するということになった。それより古い建物は数多く存在するが、その頃の高置水槽は「自重で大丈夫」といった感覚であったのだろう。

しかし、「昔の時代のものだから」という問題ではない。昭和57年以降に交換されてきた高置水槽が、何ら固定されていないことが多いことの方が問題なのである。水槽本体は1.5G仕様であるが、足下は何ら固定されていないものが多いのは、左ページ写真のとおりである。古いものは劣化により、自ずと交換されていくが、交換する時に適切な耐震固定が行われていないのである。

さらに、そのような「基準を守らない施工」をチェックする仕組みが存在しないことも問題である。

幸いにも、高置水槽が不要なポンプ圧送方式や直結給水方式が普及し、高置水槽そのものが減少してきてはいるが、まだまだ都市の頭上には数多く高置水槽が残っている。

落下すれば人命を奪いかねず、道路も封鎖する。落下しなかったとしても、水槽や周辺配管が破損すれば、断水は勿論のこと水害や停電といった二次的被害も起こる。

昨今、「災害に強い街造り」という言葉を耳にするが、実際に行われていることは、残念ながらあくまで「緊急輸送道路」を守るための沿道建築物の耐震化が精一杯なのである。建物骨組みの耐震補強は助成の対象となるが、建築設備の耐震化は助成の対象にならないのが運用上の現実だ。

耐震上問題な高置水槽の設置例

▲床に置かれたブロックの上に、円筒形の水槽が置いてあった事例。固定らしきものは見当たらない

▲水槽の底板を金物で挟んでいるだけの設置状態。水槽の下には幹線道路が見える

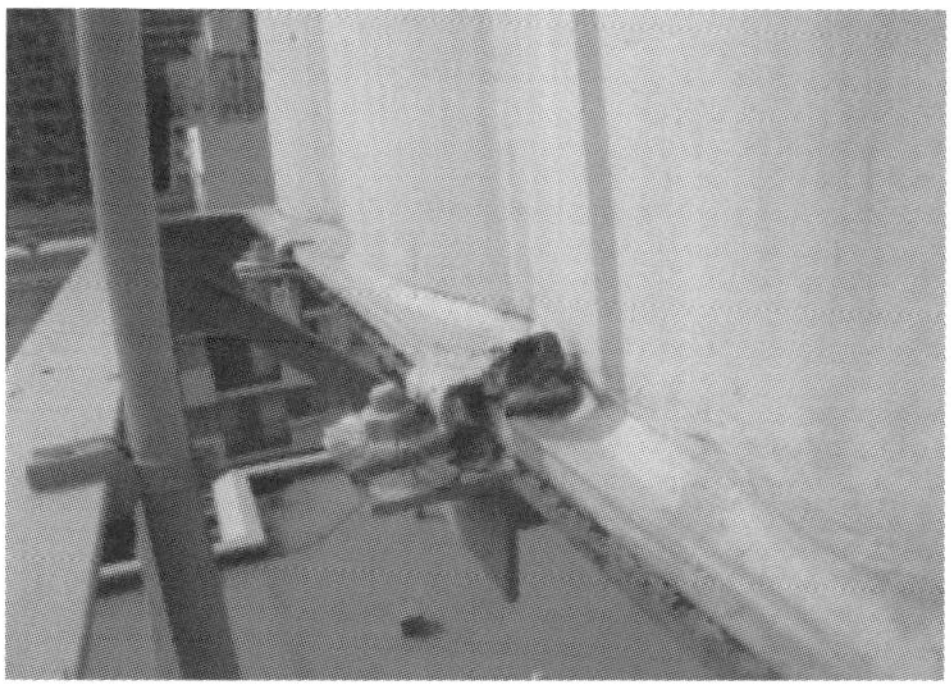

▲築35年を経過しているがまだ水槽は更新されていない。上にある水槽は腐食した金物で挟んでいるだけの状態

◀▲水槽本体は1.5G仕様に交換されているが、架台の足元は基礎に固定されておらず置いてあるだけの状態。さらに基礎自身も構造躯体と一体化していない

▲改修により水槽と架台が新しくなっている。左側に昔の水槽架台だけが残っているのが見える。水槽本体は1.5G仕様に交換されているが、架台の足元はウレタン防水が塗られた塔屋のスラブに置いてあるだけの状態。アンカーボルトは見当たらない

Chapter5

115

設備配管の耐震方法

設備配管の耐震に関する基本的考え方は「躯体への確実な固定」と「変形への追随」

地震時は、設備配管にいろいろな外力が加わる。揺れた時に落下しないよう、構造躯体に強固に固定しなければならないが、逆に建物が変形する部分は、その変形に追随しなければ配管が分断してしまう。固定は吊り棒鋼による吊り支持のみならず、例えば1スパンごとに形鋼による強固な振れ止め固定を設けることが必要であり、建物導入部などの地中埋設管やエキスパンションジョイントを通過する部分にはフレキシブル継手を複数方向に設けることなどが重要となる。

改修工事では、耐震固定がおろそかになりがちなので要注意

改修の現場では、パイプシャフトが狭く作業が困難であったり、アンカーボルト設置時の騒音が居住者から嫌がられたり、時間的制約があったりなど、満足のいく施工環境がなかなかそろわないのが実情で、耐震固定がおろそかになりがちである。しかし、改修工事というのはそのような環境のなかで行うのが当然であり、そのようなことを理由に施工を妥協することは「言い訳」である。

配管の耐震方法のポイントを以下に示す。

①配管の支持はできるだけ構造躯体から取る。ALC板やコンクリートブロック壁は、「建築物の構造耐力上主要な部分」ではなく、地震時に変形する可能性が高いので、できるだけ支持を取らない。

②仕様書や指針を遵守し、施工管理を徹底する。当たり前のことであるが、特に改修の場合は、臨機応変といいながら施工が安易な方法に流れがちである。

③立て管のスラブ貫通部のモルタル詰めは支持固定ではない。コンクリート躯体に埋まっていると、一見、しっかり固定されているように見えるかもしれないが、支持金物で固定を取る必要がある。特に、改修工事の埋め戻しモルタルは信用できるものではないし、埋め戻しモルタルはひび割れる。

④立て管は、建物の層間変形に追随させる必要がある。

⑤住棟導入部分やエキスパンションジョイント部分などは、地震動による変位が生じやすい部位である。これらの部位は、「フレキシブル継手」や「可とう性のある継手」を設け、確実に変位を3次元的に吸収させる必要がある。

立て配管の耐震方法

高層の建物を縦断する立て配管は、建物の層間変形に追随しなければならない。一般に建物の層間変形は、鉄筋コンクリート造で1/200、鉄骨造で1/100を想定するが、これを超えるおそれのある場合は、構造設計者と相談しながら対応していくことになる。

下図は、固定すべき所は強固に固定し、動きに追随させる所は可とう性をもたせ柔軟に対応させるという耐震設計の考え方の一例である

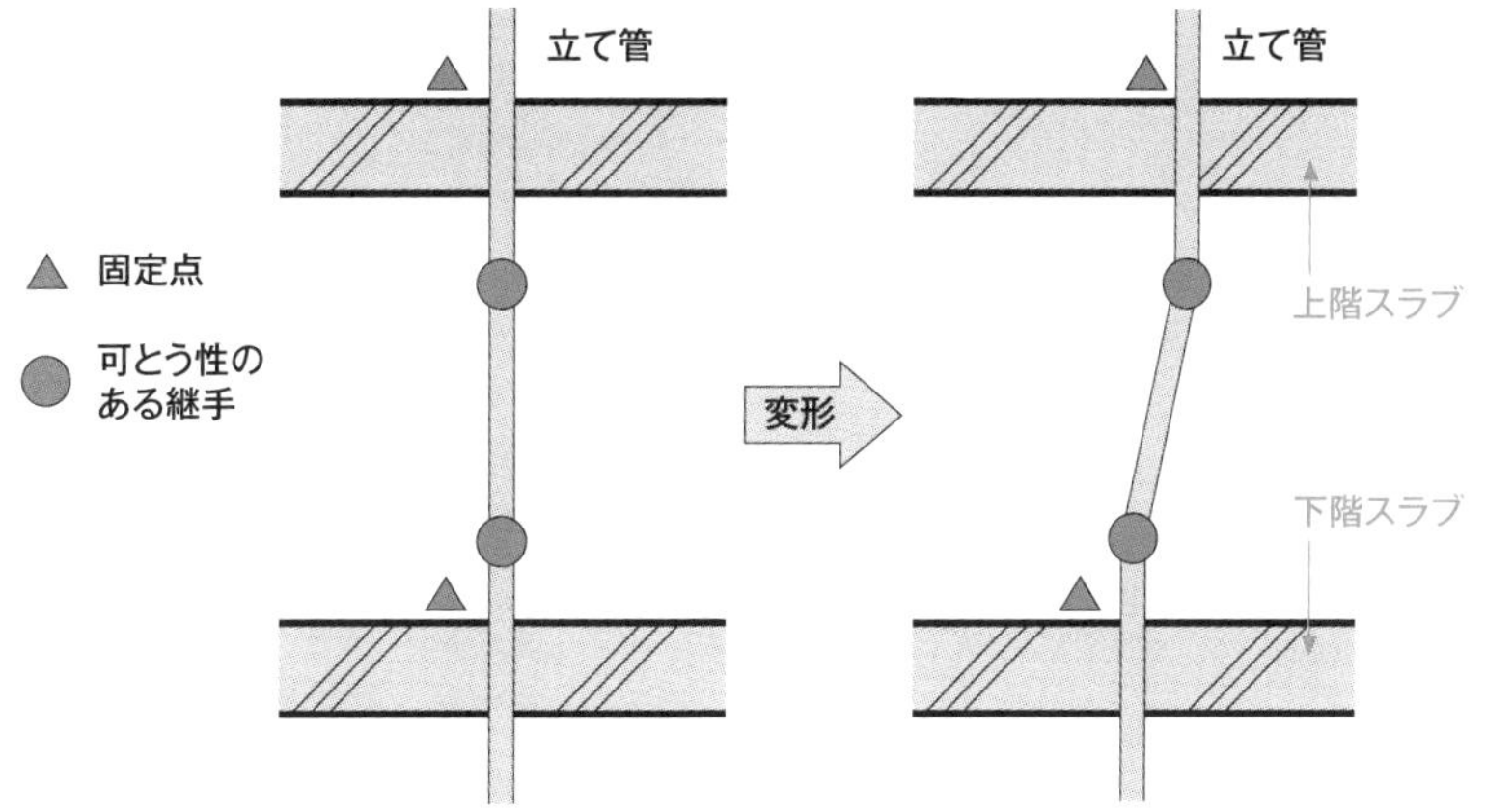

建物の層間変形に対応する立て配管のイメージ

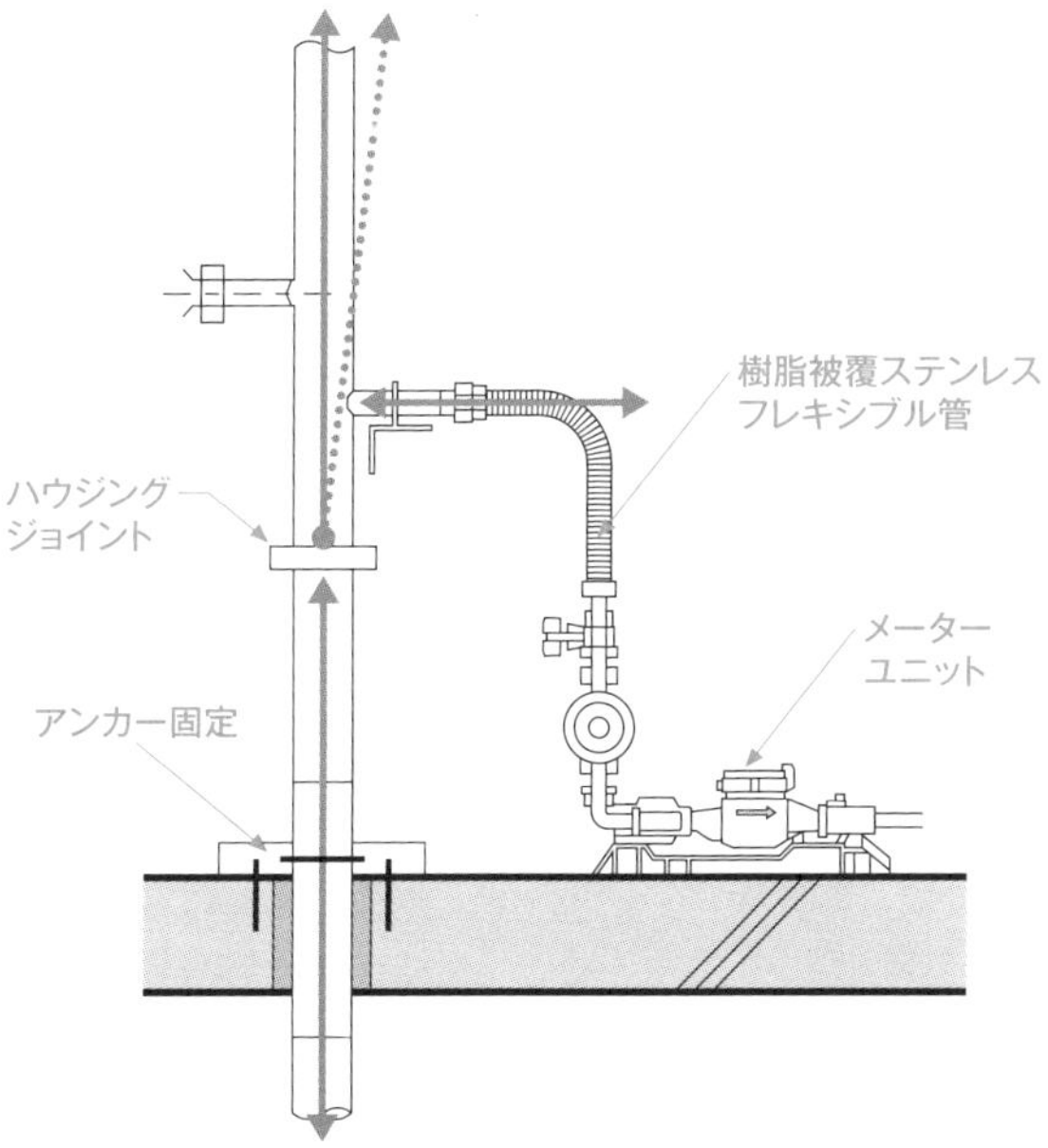

◀ 給水立て管のステンレス鋼管による耐震設計事例

継手は可とう性のある「ハウジングジョイント」を採用。管軸方向に対し最小で3°の変位吸収角を持っているので、1層2.75 mの階高とすると1層あたり「144 ㎜」の水平変位に対応できる。

1層で継手を2カ所とすれば、「288 ㎜」の水平変位に対応でき、層間変位が1/105あったとしても追随できる計算となる

▲ 建物導入部の給水管例

水道配水用ポリエチレン管(WPE)による3クッション配管（X・Y・Z方向）

Chapter 5 マンションの耐震補強

116

貯湯式給湯器の耐震方法

地震の度に転倒してきた貯湯式給湯器と東日本大震災を受けた法律改正

耐震性がおろそかになっている設備は、マンションの室内にもある。電気温水器など貯湯式の給湯器である。満水時の重量が300～500kgもあり強固な固定が必要な設備の1つだが、左ページの写真事例のように固定が甘いケースが少なくない。

それは古いマンションではなく比較的新しいマンションにおいてもそのような場合がある。たとえば、１９９５年の兵庫県南部地震（M7.3）では、ベランダや共用廊下にある電気温水器が転倒した。

２００５年の福岡県西方沖地震（M7.0）の被害を目撃した人の話では「マンションから湯気がもくもくと上がっていた」という声もあったぐらいだ。電気温水器の中には85℃のお湯が400リットルも入っているので、転倒し破損すれば湯気も上がるであろう。

壁に寄りかかり転倒しなかったとしても、温水器が移動してしまえば接続されている給水管や給湯管が分断し、かなりの流量が下階へ流れ漏水という二次的被害を発生させてしまう。

いずれの地震も旧耐震時代の話ではなく、比較的最近の地震の話であるのに、なぜこのような状況になってしまうのであろうか。

その原因の1つに温水器交換時の設置方法に問題がある。温水器は通常15～20年程度で更新されるが、その時は新築工事時と違い、温水器の周囲は内装壁に囲まれてアンカーボルトによる固定が十分に行えない事情がありそうだ。

温水器は足下部分を3個所、スラブ面など構造躯体へアンカー固定する必要がある。さらに転倒防止措置として、温水器上部の固定も施せば、1.5G相当の耐震性を確保でき、温水器内のお湯は、断水になっても非常用水として有効に使える意義のある設備になれる。

２０１１年の東北地方太平洋沖地震（M9.0）では、首都圏のマンションであいかわらず電気温水器が多数転倒したのを受け、平成23年9月に国土交通省から「電気温水器などの転倒防止措置について」という技術的提言が出された。

さらに平成25年4月に「建築設備の構造耐力上安全な構造方法を定めた告示（平成12年建設省告示第１３８８号）」の改正が施行され、転倒防止措置の基準として、15kgを超える給湯設備のアンカーボルトの径や必要な本数などが明確に示された。

電気温水器の耐震改修事例

▲大地震により共用廊下に倒れ、避難経路を封鎖してしまった電気温水器（東日本大震災での東京都内のマンション）

▲固定が何もされていない事例。
電気温水器の耐用年数は15年程度である。リフォーム業者がボルト締めを行わないで設置してしまったらしい

▲電気温水器の耐震改修例（架台の設置）
フローリングを撤去し、スラブへ架台をアンカー固定した

▲電気温水器の耐震改修例（固定方法）
スラブへ設置した架台の上に温水器を乗せ、ボルト固定する

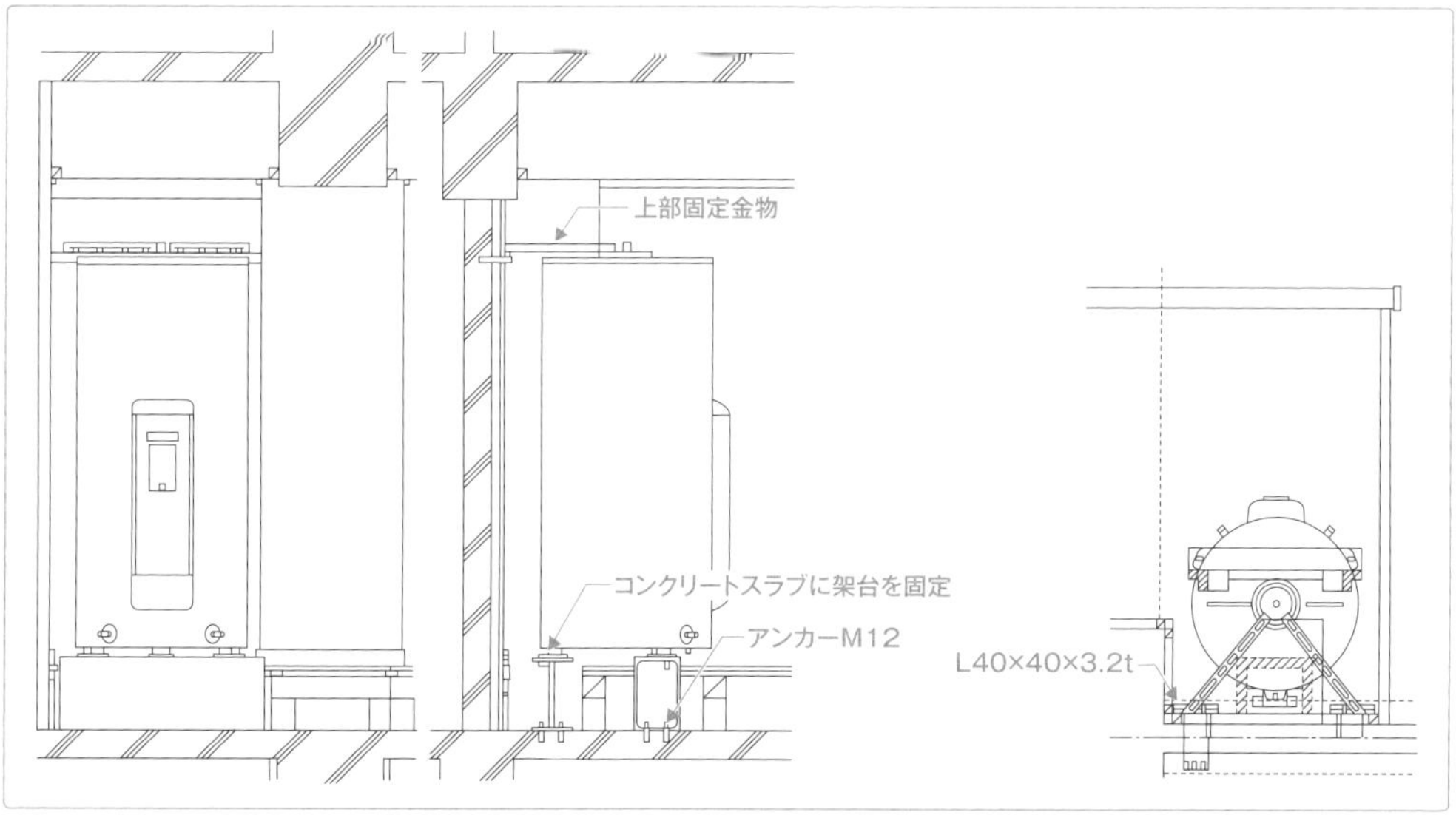

▲電気温水器の耐震改修図

column 05

マンションの耐震化成功の3大要素(三つのP)

マンションの耐震化を進めるにあたり、重要な三要素がある。どれかが不足するとうまくいかない。

People…マンションの住民がその気になること

耐震工事を必要とするマンションは、築年数も経過しているものが多い。設備の更新工事、バリアフリー化工事など、差し迫ったさまざまな修繕、改良工事が目白押しである。そのなかで耐震化を進めていくには、住民の耐震についての意識の高揚が不可欠である。今住んでいるマンションが地震で壊れないだろうか?といった心配を出発点として、地震被害や耐震診断の必要性、補強事例を知る機会を設けるなど、日常的な啓蒙が必要である。そのためには推進役が必要で、リーダーシップをとれる人が管理組合などの役員になることが望ましい。

Plan…最善の耐震改修計画であること

マンションの耐震補強工事では、一般の建物とは違ったマンション共通の特殊性がある。①24時間居住環境にある、②補強部材が居住空間に影響する、③区分所有者間で影響の度合いに差が生じやすい、などが挙げられる。さらに個々の諸条件を加味した計画与条件のなかで、最善の耐震改修計画を導く必要がある。最終的な耐震改修のかたちが、工事の進め方を含め限られた予算の中で最良の耐震グレードを実現しなければならない。

Partners…良き協力者を見つけること

耐震化を実現するには、各段階のステップを踏み、時間を費やしながら前進させる。多くの情報収集と、検討や判断をしていかなければならず、専門性も要求される。

このようななかで、方向性を誤ることなく進めるには、耐震化事業の経験豊富なアドバイザーやコンサルタントと協働することが結果的に無駄なく効率的である。耐震アドバイザー制度がある自治体もあるので相談するとよい。

このように、マンション耐震化成功の3大要素は、①マンションの住民がその気になること(People)、②最善の耐震改修計画であること(Plan)、③良き協力者を見つけること(Partners)である。この三つのPのトライアングル体制で推進していくことが、成功の鍵である。

Chapter 6

グレードアップ

117

省エネ改修
－外壁の外断熱改修－

一定規模以上の修繕または模様替でも、省エネ措置の届出対象

「エネルギーの使用の合理化等に関する法律」が2018年に改正された。住宅については外皮（外壁や窓等）の熱性能のみの基準に、建物全体の省エネルギー性能を評価する「一次エネルギー消費量」の基準が加わっている。一次エネルギーは化石燃料、原子力燃料、水力・太陽光など自然から得られるエネルギーのこと。二次エネルギーは電気、灯油、都市ガスなど一次エネルギーを変換・加工して得られるエネルギーのことである。

マンションの室内では結露によるカビ事例がかなり多い。寒冷地を除いては内断熱がほとんどで、図面にある断熱材がなかったり厚みが不足するなどで、結露が発生している。内断熱でもしっかり施工すれば改善できるが、抜本的に改良するには外壁の外断熱改修が望ましい。外断熱にすることは結露を防止するだけでなく、コンクリート躯体を日射や風雨から保護し、室内の空調機能も効率化され省エネルギーが図られる。修繕においても表層仕上の範囲にとどまり、コンクリート躯体改修の要素が省略できる。

多様な外断熱改修工法から、費用対効果で選定する

外壁の外断熱改修工法としては、断熱材ピンネット押さえ工法、GRC複合断熱パネル工法、胴縁サイディング材仕上工法などがある。

①断熱材ピンネット押さえ工法は、いわゆる湿式外断熱工法で、断熱材をピンネットと接着剤を併用して固定し、補強のメッシュをモルタル左官で押さえ、仕上は塗装やタイル張りなどが採用される。

②GRC複合断熱パネル工法は、GRCパネルに断熱材が裏打ちされた複合パネルを外壁に固定する工法で、パネルの表面は塗装もできる。

③胴縁サイディング材仕上工法はいわゆる乾式外断熱工法で、断熱材と仕上げ材の間に空気層を設けられるので、最も断熱効果が期待できる。

一般的な吹付塗装仕上げに比べると10倍以上のコストがかかるので、バルコニーやパラペットなどのヒートブリッジはある程度容認したり、北側外壁のみ、妻側外壁のみなど、範囲を限定した外断熱改修がむしろ現実的ともいえる。開口部を二重サッシとすれば、外断熱の効果はきわめて高いものとなる。

外壁の外断熱事例

▲札幌における既存マンションの外断熱改修事例

▲仕上げ材は塗装やサイディング材など多様なデザインを採用している

▲小樽の新築マンションで工事中の外断熱工法

▲外壁は断熱材をコンクリート躯体に打ち込み

一次エネルギー消費量基準の考え方

評価対象となる住宅において、①共通条件の下、②設計仕様（設計した省エネ手法を加味）で算定した値（設計一次エネルギー消費量）を、③基準仕様で算定した建築設備（暖冷房、換気、照明、給湯）に係る一次エネルギー消費量に0.9を乗じ、家電等に係る一次エネルギー消費量を足した値［基準一次エネルギー消費量］で除した値が1以下となることを基本とする。

<住宅の一次エネルギー消費量基準における算定のフロー>

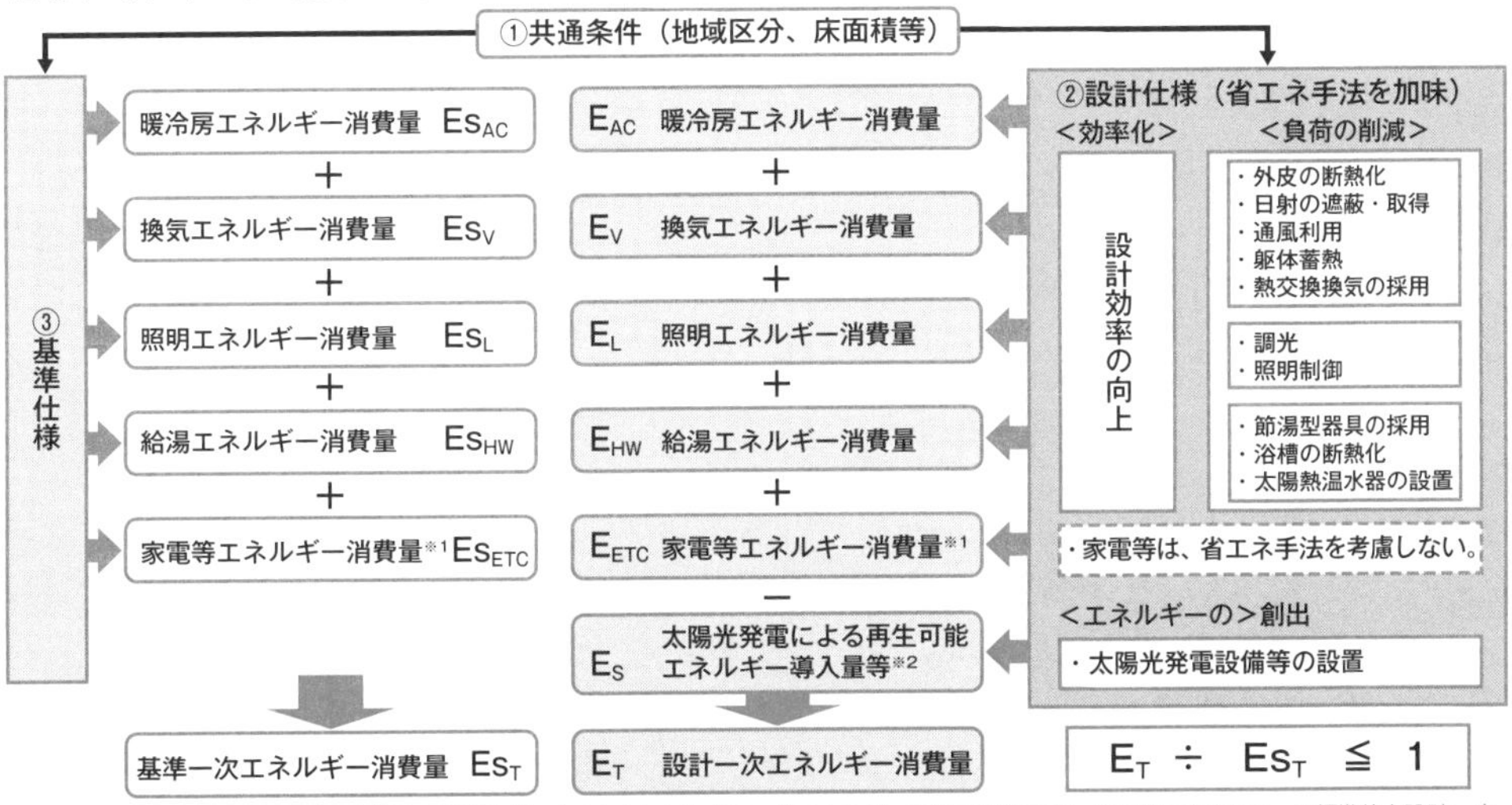

※1 家電及び調理のエネルギー消費量。建築設備に含まれないことから、省エネルギー手法は考慮せず、床面積に応じた同一の標準値を設計一次エネルギー消費量及び基準一次エネルギー消費量の両方に使用する

※2 コージェネレーション設備により発電されたエネルギー量も含まれる

118

省エネ改修
－屋根の外断熱改修－

適切な温熱環境の確保から、外皮の熱性能が求められる

省エネ法の改正により、住宅の外皮の熱性能について、従来基準の年間暖冷房負荷／熱損失係数・夏期日射取得係数から、外皮平均熱貫流率・冷房期の平均日射熱取得率の基準に変更された。すべての地域で断熱性能、日射遮蔽性能の基準があったものから、寒冷地においては日射遮蔽性能の基準が、蒸暑地においては断熱性能の基準が設けられていない。

外壁よりも屋根の外断熱改修は多くの実績がある。屋根スラブの室内側に断熱材を裏打ちする従来の内断熱工法では、屋根スラブも防水層も直達日射の影響が大きい。防水層の外側に断熱材を敷く外断熱工法にすれば、省エネの効果だけでなく防水層の耐久性向上にも寄与する。

屋上防水の外断熱改修は、単に最上階住戸の夏のほてりを低減したり、結露やカビを解消するだけの目的にとどまらない。マンション全体の資産価値向上に結びつく。

屋根の外断熱は防水改修に併せて行う

既存の防水層や断熱材は、原則的に撤去する。居住しながらの工事なので、突然の雨に対して仮防水などの処置は必要となる。改質アスファルト防水の熱工法であれば、アスファルトコンパウンドをスラブに一層入れてしまうのが手っ取り早いが、改修で採用する材料と同種の仮防水材料でなければ、将来の経年劣化で不具合が生じやすくなってしまう。新たな防水層はどのような材料であれ、絶縁通気工法を採用し、平場部分の密着工法は行わない。経年のなかで漏水事故もあり、屋根スラブに多くの水分が吸収されていることがあるため、下地の水分が蒸発することができる通気ルートを確保しておく。

防水層の上に断熱材を敷設するが、密着させずにレベラーを敷いて雨水の流れる道を確保しておく。やはり通気層がある方が断熱効果も高くなる。

断熱材の敷設範囲には、居室上部で、大庇などの部分は露出仕上げとすることが多い。トップコートで防水材の紫外線劣化は防ぐようにする。

軽い断熱材が風圧で飛ばされないように、ルーフブロックなどを連結して断熱材を押さえる。端部は縁石などで絶縁固定し、ルーフブロックの端部から、風の負圧で巻き上げられないように納めておく。

屋根の外断熱改修事例

▲既設の防水材と断熱材を撤去してあらたに改質アスファルト防水を熱工法絶縁通気仕様で流し張りをする

▲新規防水材の上にレベラーを据えて断熱材を敷き込む。雨水排水がスムーズにいくようにレベラーは水勾配方向に流し空隙をつくる

▲断熱材をルーフブロックで押さえる。ステンレス製の緊結金物でルーフブロックを連結して屋根面の耐風圧性能を保持する

一次エネルギー消費量による評価に加え、外皮が満たすべき熱性能に関する基準

- 外皮の熱性能に関する基準については、ヒートショックや結露の防止など、エネルギー消費量では評価されない適切な室内温度分布の確保の観点から設け、これまでの熱損失係数（Q値）に基づく基準を外皮平均熱貫流率に基づく基準に見直す
- 住宅の省エネ基準適合率は住宅エコポイントにより、ようやく約5～6割に達したところであること、戸建住宅の約4割を供給する中小工務店の適合率はその半分にも満たないと推測されることから、水準についてはH11基準程度とする

従来の熱性能基準（Q値による基準）

- 熱負荷（エネルギー負荷）の削減の観点から、Q値（床面積あたりの熱損失量）による基準を採用
- Q値を満たす標準的な仕様（設計、施工及び維持保全の指針）を提示

Q値 ＝ 総熱損失量 ／ 床面積

熱損失により必要となるエネルギー量を評価する指針

課題

小規模住宅及び複雑な形状の住宅では、床面積に対する外皮表面積の割合が大きいため、Q値を満たすために30cm越の断熱材の施工が必要となるケースもある（現行基準は小規模住宅用の基準値を導入）

▶

改正後の熱性能基準（外皮平均熱貫流率による基準）

- 一次エネルギー消費量の算定の過程において、熱負荷（エネルギー負荷）の削減によるエネルギー消費量の削減は評価されるため、外皮の熱性能に関する基準としては、外皮平均熱貫流率による基準を採用

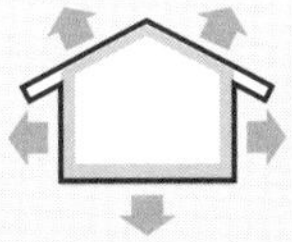

外皮平均熱貫流率 ＝ 総熱損失量※ ／ 外皮表面積

外皮の断熱性を評価する指針

対応

- 規模の大小や住宅の形状にかかわらず同一の基準値（外皮平均熱貫流率）を適用
- 小規模住宅など、Q値を満たす断熱材の施工が困難な場合には、設備による省エネで基準の達成が可能

※換気及び漏気によって失われる熱量は含まない

119

エコロジー改修

都市の低炭素化の促進に関する法律（エコまち法）

わが国における二酸化炭素の総排出量のうち、家庭部門や業務部門などが5割程度を占めている。このため、都市機能の集約や公共交通機関の利用促進、建築物の低炭素化などの施策として「都市の低炭素化の促進に関する法律（エコまち法）」が2012年12月に施行された。

既存マンションの大規模修繕工事の際には、エネルギーの使用の合理化を図る工夫に積極的に取り組みたい。外壁や屋根の外断熱にとどまらず、屋上に地被類などを植えたり、外壁に蔓状の植物を這わせて遮熱効果を高めるなど、エコロジー改修の視点が欠かせない。

屋上緑化にはまず、耐久性のある防水改修が必須となる。軽量土壌やセダム類により、屋根スラブへの積載荷重の負担は極力抑える。乾燥に強いといわれるセダム類でも、灌水装置がないと枯れてしまう。メンテナンスフリーは難しいので、むしろ居住者が積極的に緑の手入れに参加できるデザインを提供する方が、エコの視点が活かされる。

壁面緑化は、西日による外壁躯体の温度上昇をパッシブに遮ることができる。ポイントは蔓性植物の足がかりとなるネットやメッシュを、外壁面から離して外壁の修繕を行えるようにしておくこと。空気層にもなるので遮熱効果も高くなる。ただし、地震力や風圧力に耐えられる設計が前提である。

再生可能エネルギー固定価格買取制度がスタートしたが

私たちの暮らしや経済は、石油や石炭、天然ガスなど化石燃料に頼っている。日本のエネルギー自給率はわずか4％にすぎず、96％を海外から輸入する脆弱な構図である。太陽や風、水、森林など自然のなかにある豊富な再生可能エネルギー資源を活用するために「固定価格買取制度」が12年7月からスタートした。発電コストは変化していくため、調達価格は毎年見直され、月々の電力会社への電気料金には再生可能エネルギー賦課金と太陽光発電促進賦課金が加算されている。

施策の後押しもあって太陽光発電は、戸建て住宅では普及が進んでいる。既存マンションでも改修メニューの項目に挙げられることが多くなってきたが、実施例は少ない。屋上などの設置個所のメンテナンスの課題や、イニシャルコストなど、検討要素は多岐にわたる。

環境共生住宅の事例

▲屋上緑化も手入れをしないと雑草で覆われる。防水は防根仕様で耐久性のあるものを採用する。地被類でも灌水装置は不可欠である

▲ソーラーパネルに風車などはエコ改修のシンボル。風力発電には風の通り道や強さなどの細かい調査が必要となる

▲壁面緑化はハンギングメッシュの固定がポイント。安易に取り付けると大規模修繕工事のときに外壁の改修ができなくなる

なかなか増えない再生可能エネルギーの現状

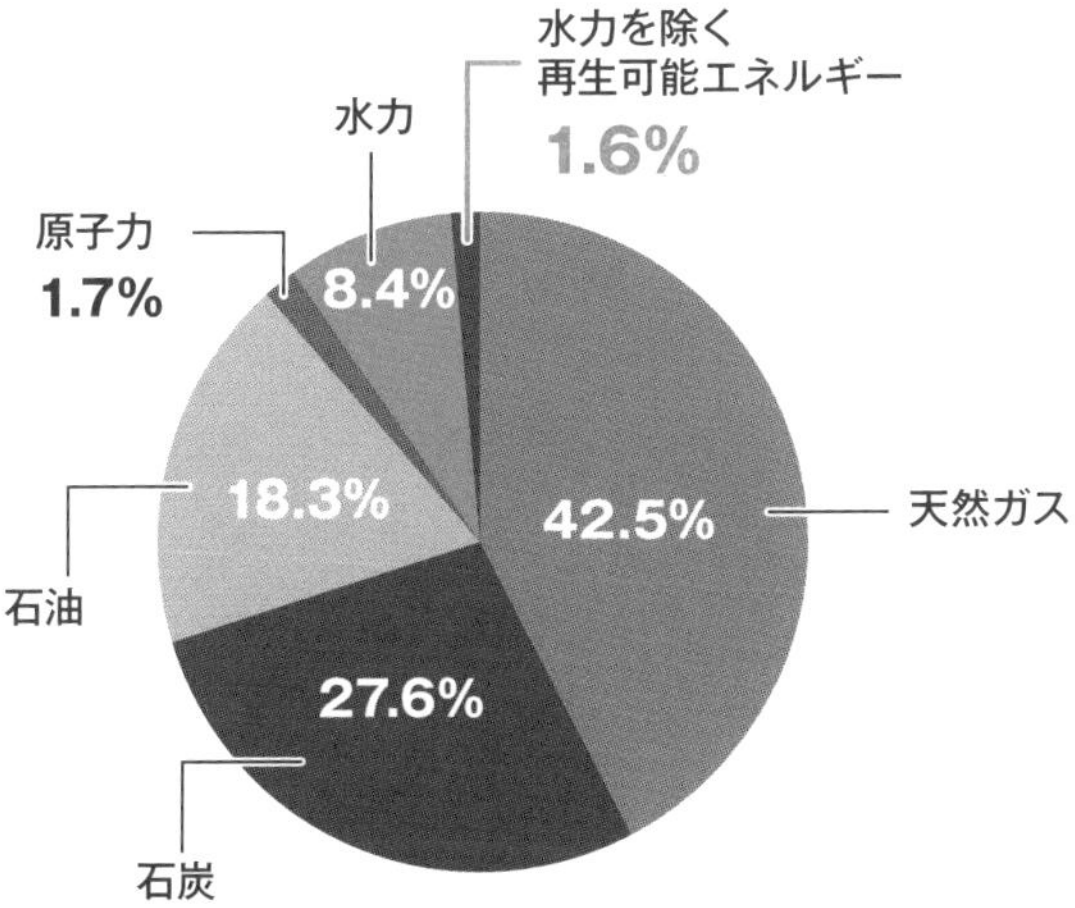

我が国の年間発電電力量の構成（2012年度）（出典）電気事業連合会「電源別発電電力量構成比」

（注）四捨五入の関係により構成比の合計が100%にならない場合があります

太陽の日照条件も良く、東北・北海道を中心に風力に恵まれた地域も多い日本。

縦に長い日本列島は、その地域ごとの多様な再生可能エネルギーに恵まれています。

しかも、火山国である日本は、地熱資源量でみると世界第三位。

しかし現在、日本の再生可能エネルギーは、大型ダムなどを含む水力を除くと、たったの1.6%しかありません

Chapter 6

120 バリアフリー改修

スロープ改修だけでも多くのハードルがある

「高齢者、障害者等の移動等の円滑化の促進に関する法律」（バリアフリー法）に基づいて、1／20や1／12勾配でスロープを設計すると、思いのほか面積を必要とする。エントランス廻りの植栽を大きくつぶすことになったり、1階住戸の北側の寝室に接近してしまい、プライバシーの確保もむずかしい。意外と合意形成までこぎつけない。特に北側の建物付近には、水道、ガス、電気、排水といったインフラの入口と出口が埋設されているので配慮する。有効幅の1.35mは車椅子と歩行者がすれ違える寸法と言われている。さまざまな障害と障害の部位を考えると、スロープ両側に2段の手摺も欠かせない。また、マンションのアプローチという建物の顔にあたる空間なので、デザインもおろそかにはできない。

エレベーターと共用廊下を新設するには、法規の壁がある

階段室型住棟へのエレベーターの新設は、高経年化した団地の高齢者にとって切実な願いである。公共賃貸集合住宅やモデル施工などで試行はされているが、階段室にエレベーターを1基ずつ設置すると、4階建で8戸、5階建でも10戸で1基のエレベーターを維持していかなければならない。イニシャルコストは工面できたとしても、将来のランニングコストを計算すると受け入れがたい数字になる。

住棟の北側敷地には給水管や排水管、ガス管などが埋設されているため、エレベーターの基礎工事で設備配管の盛り替え工事が道連れとなる。老朽化していれば更新工事となる。折り返しの階段を存続すると、エレベーターの着床は中間踊り場となり、住戸へはさらに半階上がったり下がったりしなくてはならない。完全なバリアフリーにはならないのである。

HCシステムは屋上から吊り構造で開放廊下を新設して、既存の階段は鉄砲階段に改修している。また階段一体型エレベーター付加システムは、エレベーターシャフトを回廊する階段室を一体化させている。完全なバリアフリーを確保して、北側に面する居室のプライバシーや、建物の顔であるエントランスのデザイン性など十分に完成度を高めた試作となっている。ただし、建築基準法が既存遡及されると、構造も含めた改修を余儀なくされるため、分譲マンションへの適用の課題は多い。

エレベーターの新設事例

▲HCシステム（Hung Corridor System）

▲階段室に1基ずつエレベーターを付けると、威圧的な外観が生じてしまう

▲階段一体型エレベーター付加システム

スロープ改修

■ 改修前

新築時のスロープも後から取り付けたスロープもあるが、勾配が急で車路に直交している。介助者は危険を感じていた

■ 改修後

勾配1/12、有効幅1.35m、両側手摺2段のスロープを新設した。床仕上げ材は、スロープ用磁器質タイル

Chapter 6

121

セキュリティ改修

防犯性に優れた共同住宅の普及の促進について

「防犯に配慮した共同住宅に係る設計指針」が2001（平成13）年に、国土交通省住宅局と警察庁との連携で通知されて、以下4つの基本原則が示されている。

①周囲からの見通しを確保する。

②居住者の帰属意識の向上、コミュニティ形成の促進を図る。

③犯罪企図者の動きを限定し、接近を妨げる。

④部材や設備などを破壊されにくいものとする。

エントランスホールには内外を見通せる構造の玄関扉を設け、オートロックシステムを導入する。人の顔、行動を明確に識別できる程度の照度（50ルクス以上）を確保する。共用メールコーナーは、エントランスホール、エレベーターホールまたは管理人室からの見通しを確保する。エレベーターかご内には、防犯カメラやインターホンにより、外部に連絡または吹鳴する装置を設置する。

共用廊下が各住戸のバルコニーに近接する部分は、侵入しにくい構造とし、照度は20ルクス以上を確保して、人の顔や行動を識別できるようにする。自転車置場、オートバイ置場、駐車場、児童遊園などは、道路や共用玄関または居室の窓から見通しが確保されたものにして、人の行動を視認できる照度（3ルクス以上）を確保する。

'06（平成18）年には設計指針が改正されて、エレベーターかご内の防犯カメラ設置が必須項目となり、住戸の玄関扉や窓などの防犯建物部品の使用が明記されるようになった。

オートロックシステムはマンションの必須アイテム

オートロック改修は、オートドアとインターホン設備の構成となるが、管理事務所には管理室親機が非常電源装置とともに置かれ、各戸のモニター付き親機は住宅情報盤としての機能も併せもつ。

新たな配線や電源が必要な場合は、配管配線の隠蔽にも工夫が求められる。従来の住宅情報盤を新たなシステムに変更する場合、各戸のモニター付き親機はおおむね小型化している。既存の埋込プレートが露出してしまうので、化粧プレートの用意も要る。既存設備との連動も機能に組み込むことになるため、自動火災報知設備、住宅用火災警報器、ガス漏れ警報器、非常通報設備などとの調整を図る。

防犯対策の事例

▲ステンレス製片引きオートドアーに変更する
大型荷物の搬入時には扉が回転し広い開口幅が確保できる。右はオートロックキー

■ オートロック

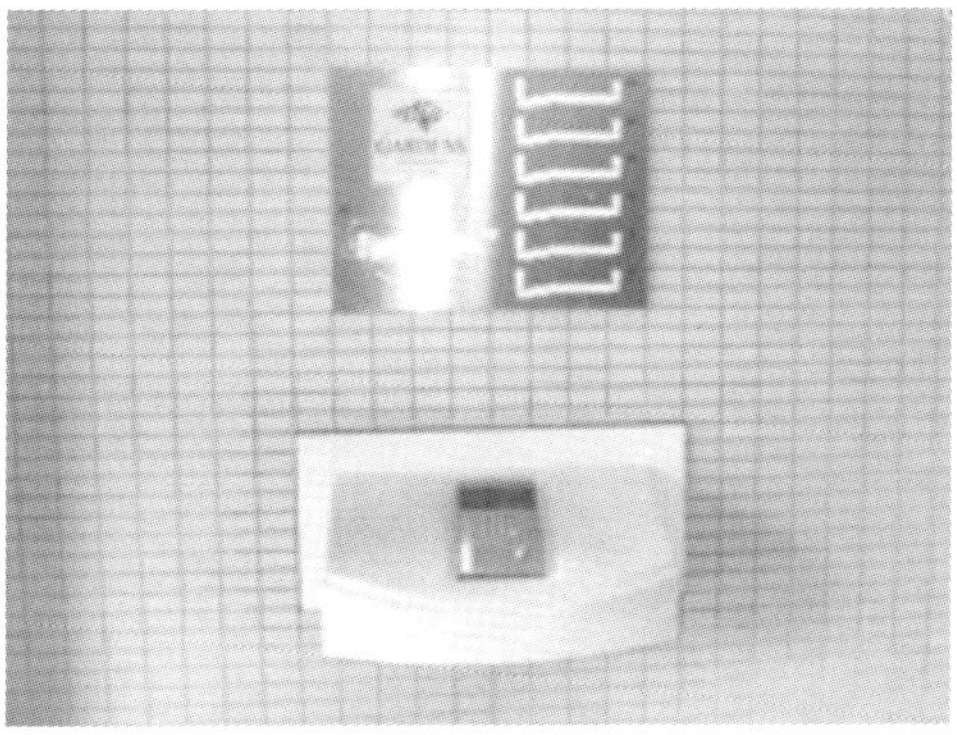

▲集合玄関機はその使用頻度から機器の劣化や周辺仕上げ材の摩耗が著しく早い

▲各戸の住宅情報盤は小型化しているので、従来の埋込プレートを隠蔽する化粧カバーが必要になる

防犯優良マンションのイメージ

● 共用部分

- 共用玄関は、見通しが確保された位置に配置
- 共用玄関には、オートロックシステムを設置
- エレベーターホールは、共用玄関又は管理人室等からの見通しを確保
- エレベーターかご内には、防犯カメラを設置
- 共用玄関、共用玄関の存する階のエレベーターホール及び共用メールコーナーの照明設備は、50ルクス以上の照度を確保
- 共用廊下及び共用階段は、乗り越え等による侵入が困難な構造
- 共用廊下及び共用階段の照明設備は、20ルクス以上の照度を確保
- 塀、柵又は垣などを設置する場合は、周囲の死角の原因及び住戸の窓等への侵入の足場とならないもの
- 防犯カメラを設置する場合は、見通しの補完、犯意の抑制等の観点から有効な位置、台数などを適切に配置

● 専用部分

- 住戸の玄関は、防犯建物部品等の扉及び錠を設置
- 住戸の玄関扉は、ドアスコープその他外部の来訪者を確認できるものを設置
- 住戸内には、住戸玄関の外側との間で通話が可能な機能などを有するインターホンを設置
- 共用廊下に面する住戸の窓は、防犯建物部品等のサッシ及びガラス、面格子その他の建具を設置
- 住戸のバルコニーは、縦樋、階段の手摺などを利用した侵入が困難な位置に配置

122

IT改修

世界最高水準のIT利活用社会の実現に向けて

わが国は2001年に高度情報通信ネットワーク社会推進戦略本部（IT戦略本部）を設置して「e-Japan 戦略」の策定を行い、主にインフラ整備とIT利活用を推進してきた。2013年の政府CIOの設置、2016年の官民データ基本法の成立によりデータ利活用とデジタル・ガバメントを戦略の新たな柱とした。2019年にはデジタル手続法が成立し、IT新戦略は社会全体のデジタル化に向けて取り組みを加速させている。

家庭や地域における効率的・安定的なエネルギーマネジメントの実現が求められている。これまで、電力需要を所与のものとして専ら電力会社による供給力の調整に依存してきた電力需給の管理については、需要者が供給側の状況に応じて需要を選択できる「ディマンドリスポンス」など、需要者が電気を始めとするエネルギーマネジメントに積極的に参加できるシステムの構築が欠かせない。

スマートマンションでエネルギーを可視化する

太陽光発電装置や家電製品を連携してコンピューターで制御し、家庭内のエネルギーをより効率的に使うための機能を備えたスマートハウスに注目が集まっている。これはスマートグリッド・スマートコミュニティという次世代電力網の家庭部門にあたる。家庭用電源で充電可能な、プラグインハイブリッド車（PHV）や電気自動車（EV）、充電器、蓄電池、家庭用燃料電池システムなどが、家庭用エナジーマネジメントシステム（HEMS）で結ばれて、電力の使用状況をリアルタイムにスマートホンなどで見ることができる。マンション版スマートハウス（MEMS）も新築マンションでは導入が始まった。

蓄電池という高価で古くさい設備の機能を、あるボリュームのPHVやEVのバッテリーが担うことができたら、マンションのスマートハウス化も現実味をおびてくる。電力を消費するだけだったマンションが、太陽光で発電し、うまく電気使用量をコントロールする。電気が余ったら電力会社に高い単価で売電する。目に見えなかった電気をモニターに表示することで、エネルギー消費のロスを減らしていく。新しい改革が始まり、マンション改修に適用するモデル事業も始まっている。

スマートマンションのイメージ

「MEMSアグリゲータ」がエネルギー管理することを前提とし、導入後も効率的･効果的な省エネ等を実現

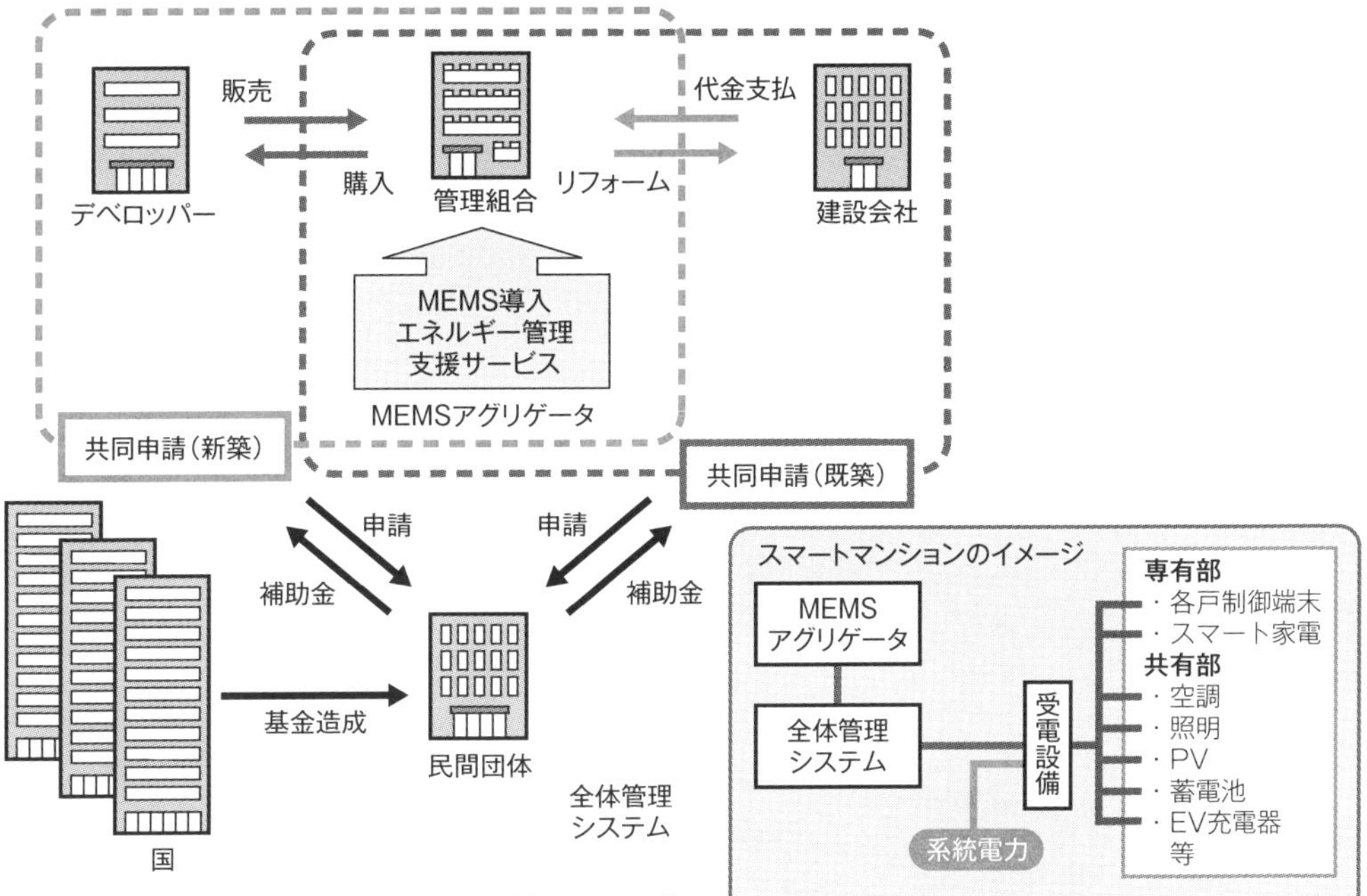

（出典：一般社団法人環境共創イニシアチブ）

スマートマンションのしくみ

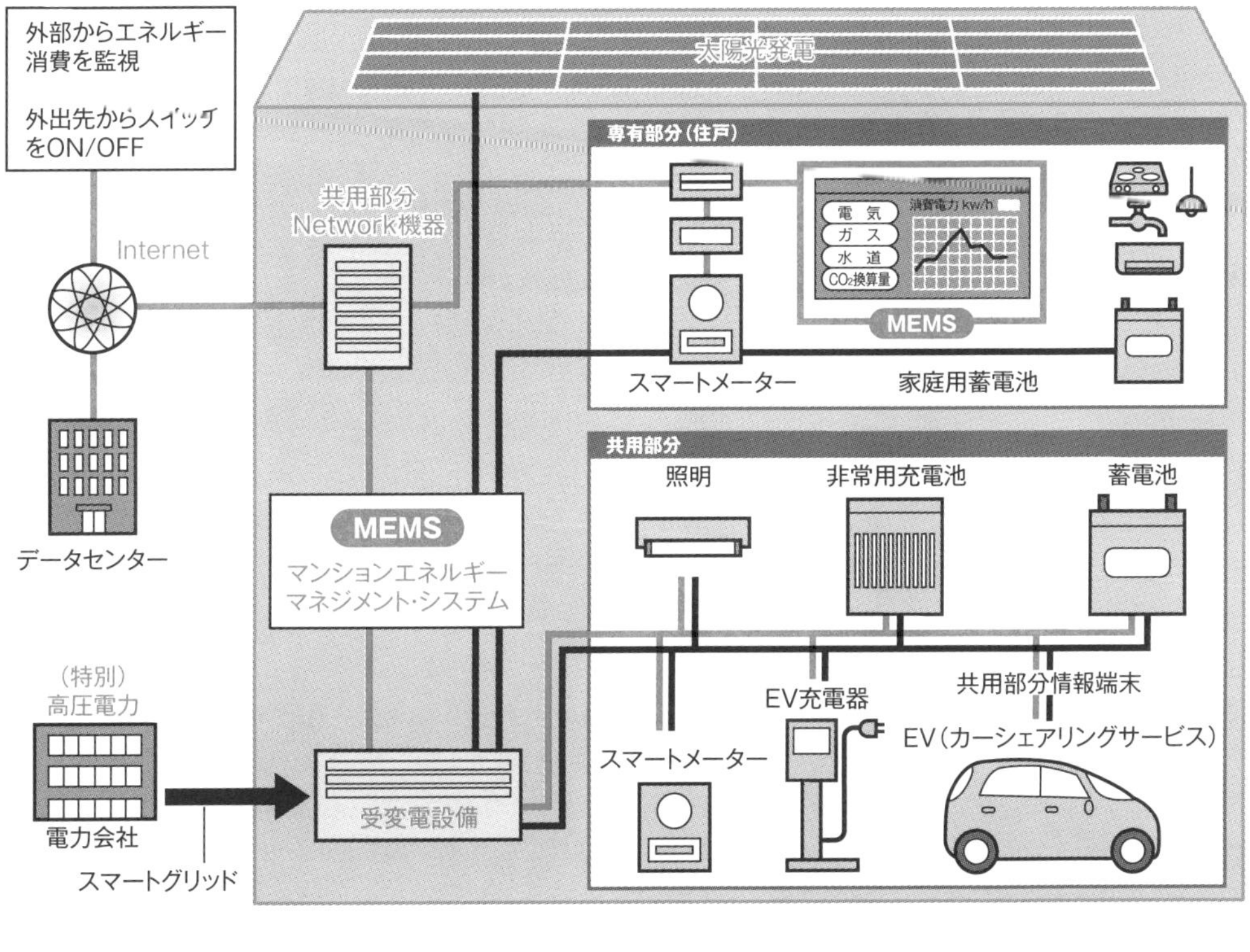

■ マンション大規模修繕研究会

日本建築家協会（JIA）メンテナンス部会を中心としてマンション大規模修繕を積極的に取り組む建築家が集まったグループ。建築再生総合設計協同組合(URD)ならびに耐震総合安全機構(JASO)でも活動し、建築・設備・構造の総合的な大規模修繕を提唱・実践している。

マンションの寿命をのばすために求められるソフトとハードに熱い想いを抱いているメンバー。

国土交通省の住宅履歴情報整備検討委員会では「いえかるて」マンション版を作成し、同じく多世代利用型超長期住宅および宅地の形成・管理技術の総合技術開発プロジェクトでは実務者WGとして診断・改修技術の作業をまとめている。

日本建築士会連合会では建築士法第22条の4に基づく総合研修テキスト（集合住宅コース）を執筆している。

■ 執筆者プロフィール（五十音順）

今井　章晴（いまい　あきはる）⇨ **049～058／085／107、108／COLUMN 3**
1958年静岡県生まれ。'81年日本大学生産工学部建築工学科卒業。松本設計、坂詰図雄建築設計事務所を経て、'98年（株）ハル建築設計を設立、現在に至る。一級建築士、マンション管理士、東京都分譲マンション管理アドバイザー、耐震総合安全機構（JASO）理事

江守　芙実（えもり　ふみ）⇨ **028～048／089**
1976年神奈川県生まれ。2000年東洋大学工学部建築学科卒業。同年共同設計・五月社 一級建築士事務所勤務。'11年江守設計一級建築士事務所を設立、現在に至る。一級建築士、東洋大学理工学部建築学科非常勤講師、日本建築家協会メンテナンス部会副部会長、耐震総合安全機構（JASO）理事、建築再生総合設計協同組合（URD）理事

奥澤　健一（おくざわ　けんいち）⇨ **059～073／086～088／090、091**
1970年埼玉県生まれ。'92年日本大学理工学部建築学科卒業。'94年日本大学大学院理工学研究科修士課程修了。大学院在学中より一級建築士事務所（株）スペースユニオン勤務、2010年同社代表取締役に就任、現在に至る。一級建築士、マンション管理士

坪内　真紀（つぼうち　まき）⇨ **008～018／021～027／COLUMN 2**
1974年兵庫県生まれ。'96年岐阜女子大学家政学部住居学科卒業。設計事務所勤務を経て2000～'06年（財）マンション管理センター委託研究員。'05年坪内一級建築士事務所設立、現在に至る。一級建築士、耐震総合安全機構（JASO）副理事長、建築再生総合設計協同組合（URD）理事

中村　茂（なかむら　しげる）⇨ **092～106／COLUMN 5**
1948年東京都生まれ。'71年武蔵工業大学（現東京都市大学）工学部建築学科卒業。'71～2013年戸田建設勤務、同年アルパ建築研究工房一級建築士事務所設立、現在に至る。一級建築士、耐震総合安全機構（JASO）理事

宮城　秋治（みやぎ　あきはる）⇨ **001～007／019～020／113～118／COLUMN 1／はじめに**
1963年兵庫県生まれ。'86年多摩美術大学卒業。'88年東京デザイナー学院卒業。'88～'97年共同設計・五月社一級建築士事務所勤務。同年宮城設計一級建築士事務所を設立、現在に至る。東京都立城南職業能力開発センター非常勤講師、耐震総合安全機構（JASO）監事、建築再生総合設計協同組合（URD）理事長

柳下　雅孝（やぎした　まさたか）⇨ **074～084／109～112／COLUMN 4**
1972年東京都生まれ。青山製図専門学校建築設計設備科卒業。設計事務所勤務を経て2003年（有）マンションライフパートナーズを設立、現在に至る。設備設計一級建築士、マンション管理士、日本建築家協会メンテナンス部会長、耐震総合安全機構（JASO）監事、建築再生総合設計協同組合（URD）副理事長

【協力】

日本建築家協会（JIA）メンテナンス部会　https://www.jia-kanto.org/mente/
建築再生総合設計協同組合（URD）　http://www.u-rd.jp/
耐震総合安全機構（JASO）　https://www.jaso.jp/
一般社団法人 住宅履歴情報蓄積・活用推進協議会　http://www.jutaku-rireki.jp/
国土交通省国土技術政策総合研究所　http://www.nilim.go.jp/lab/ieg/tasedai/portal.htm
日本建築士会連合会　http://www.kenchikushikai.or.jp/

【参考文献】

『管理組合･実務家のための　改修によるマンション再生マニュアル』（マンションリフォーム技術協会編集／ぎょうせい）
『マンション設備改修の手引』（マンションリフォーム技術協会編集／ぎょうせい）
『マンション改装読本』（日本建築家協会メンテナンス部会）
『新・マンション百科　建築家によるトータルメンテナンス』（日本建築家協会編／鹿島出版会）
『超高層マンション改修の手引』（マンションリフォーム技術協会）
『マンション耐震化マニュアル』（平成 26 年 7 月再改定：国土交通省）
『マンションの耐震化支援事業への取り組みと課題』（NPO 法人耐震総合安全機構パンフレット）
『阪神・淡路大震災と今後のＲＣ構造設計』（日本建築学会）
『2001 年改訂版　既存鉄筋コンクリート造建築物の耐震診断基準同解説』（日本建築防災協会）
『2009 年改訂版　既存鉄骨鉄筋コンクリート建築物の耐震診断基準同解説』（日本建築防災協会）
『既存壁式鉄筋コンクリート造等の建築物の簡易診断基準法』（日本建築防災協会）
『安心して暮らしていくためのマンション管理ガイドライン』（東京都都市整備局）
『耐震改修実例 50　工期、コストの実態から診断、設計、施工のノウハウまで』（ＮＰＯ法人耐震総合安全機構監修／日経アーキテクチュア編）
『マンションを長持ちさせる設備改修ノウハウ』（柳下雅孝／エクスナレッジ）
『マンション設備のトラブルと対策』（NPO 給排水設備研究会編／オーム社）
『マンション設備改修の手引き』（マンションリフォーム技術協会編／ぎょうせい）
『耐震総合安全性の考え方 2008』（NPO 法人耐震総合安全機構編／技報堂出版）
『すぐに役立つマンション管理ガイド資産を守る実践編』（日経 BP 社）
『管理組合のためのマンション大規模修繕のポイント』（大規模修繕を考える会編著／住宅新報社）
『マンション学事典』（日本マンション学会編／民事法研究会）
『マンションライフガイド』（（独）住宅金融支援機構）
『事例に学ぶマンションの大規模修繕』（（財）住宅総合研究財団マンション大規模修繕工事修繕研究委員会　星川晃二郎・田辺邦男・山口実／学芸出版社）
『マンションを 100 年持たせる 100 の方法』（[マンション再生] 研究会著／エクスナレッジ）
『耐震改修による安全・安心な街づくり』（建設業協会）
『マンションを 100 年以上使っていくために今やるべきこと』（（公社）日本建築家協会関東甲信越支部メンテナンス部会編著）
『建築物の改修・解体時における石綿含有建築用仕上塗材からの石綿粉じん飛散防止処理技術指針』平成 28 年 4 月 28 日　国立研究開発法人建築研究所・日本建築仕上材工業会
『石綿飛散漏洩防止対策徹底マニュアル（2.10 版）』平成 29 年 3 月　厚生労働省
『日本建築仕上材工業会：アスベスト含有建材情報ウェブページ』URL　http://www.nsk-web.org/asubesuto/index.html

装丁：chichols　山田知子／本文デザイン・DTP：TK クリエイト

これで完璧！
マンション大規模修繕 増補改訂版

2020年2月29日　初版第1刷発行

著者　マンション大規模修繕研究会
（今井 章晴／江守 芙実／奥澤 健一／坪内 真紀／中村 茂／宮城 秋治／柳下 雅孝）

発行者　澤井 聖一

発行所　株式会社エクスナレッジ
〒106-0032
東京都港区六本木7-2-26
http://www.xknowledge.co.jp/

問合せ先－編集　Tel 03-3403-1381
Fax 03-3403-1345
info@xknowledge.co.jp
販売　Tel 03-3403-1321
Fax 03-3403-1829